情报研究推荐图书　　国家安全培训资料

情报学

服务国家安全与发展的现代情报理论

赵冰峰 / 著

Intelligence Science

金城出版社
GOLD WALL PRESS
·北京·

图书在版编目（CIP）数据

情报学：服务国家安全与发展的现代情报理论 / 赵冰峰著 .—北京：金城出版社，2017.7（2023.5 重印）

ISBN 978-7-5155-1482-6

Ⅰ.①情… Ⅱ.①赵… Ⅲ.①情报学—研究 Ⅳ.①G250.2

中国版本图书馆 CIP 数据核字（2017）第 136618 号

情报学：服务国家安全与发展的现代情报理论

作　　者　赵冰峰
责任编辑　丁洪涛
开　　本　710 毫米 ×1000 毫米　1/16
印　　张　26.25
字　　数　250 千字
版　　次　2018 年 7 月第 1 版
印　　次　2023 年 5 月第 4 次印刷
印　　刷　天津旭丰源印刷有限公司
书　　号　ISBN 978-7-5155-1482-6
定　　价　68.00 元

出版发行　**金城出版社有限公司**　北京市朝阳区利泽东二路 3 号
邮编：100102
发 行 部　(010)84254364
编 辑 部　(010)84250838
交流邮箱　dinghongtaobooks@126.com
总 编 室　(010)64228516
网　　址　http://www.jccb.com.cn
电子邮箱　jinchengchuban@163.com
法律顾问　北京市安理律师事务所　（电话）18911105819

序

国家崛起首先是思想的崛起，然后才是国力的崛起。

理论即主张，即良心关照。理论的创造没有依照身份、欲望与投入次第实现，而是借助信念、智慧与技巧，用语言命名事物，用概念剖析结构，用逻辑建立关系。这是现代人类认识世界的全部机密。逻辑越抽象，穿透现实的能力就越高深。

情报是一类特殊的隐蔽战争（毛泽东，1939），是第一战斗力（郝在今，2015）。情报的实质不是信息，不是知识，而是组织的认知对抗活动，它的复杂性难以用简单的定义来规范，对它的认识需要体系化的逻辑来解释，需要超越现实的方法来驾驭。

本书是站在中国的立场看世界，而不是站在世界的立场看中国。本书通过增补和修订作者的《情报论》而成，吸收中国古代优秀情报思想和中外先进情报实践理论，打破安全、外宣、军事、公安、经济、科技等部门隔阂，在统一的逻辑框架指挥下，融合安全情报、外宣情报、军事情报、公安情报、科技情报、经济情报、竞争情报、国际情报等部门实践与国家情报实践经验，就情报学、情报历史、情报思想、情报概念、情报工作、情报场、情报侦察、情报分析、情报设计、情报行动、情报过程、情报部门、战略和决策、情报领域、国家情报、情报发展等展开全面论述，让现实参与逻辑，让逻辑回归现实，形成实践的理论与理论的实践，使得情报理论与国家安全、国家发展、全球治理以及社会发展等形成良好的交互融合，初步为当代中国的情报理论建设与工作实践提供体系化解决方案，为国家情报实践与社会情报实践提供通用型理论教材，为情报理论的科学化建设和情报实践及治理的科学化发展，铺平道路。毋庸置疑，本书的很多观点与理论不免粗浅孤陋，甚至难免存在错误，希望各位专家学者给予斧正。

感谢包昌火先生，在多次求教中，不仅研究上给予启发，精神上也加以鼓舞，是我学术研究道路上的一盏启明灯。感谢《情报杂志》张薇主编，在我研究过程中给了极大的支持与帮助，以鼓励创新的办社宗旨，以鼓呼中国情报学的大义之举，不断鞭策我深入研究。感谢国际关系学院的刘跃进教授，在我研究过程中无私地提供了大量的理论成果，并对本书的逻辑架构、概念体系、论述表达等给出了具体的建设性意见，让我获益匪浅。感谢中国科学技术信息研究所梁战平研究员和陈峰研究员、北京林业大学李艳教授、南京大学沈固朝教授、北京大学王延飞教授、八一电影制片厂郝在今老师、北京航空航天大学杨洪和教授、国际关系学院李文良教授和杨建英教授、中国人民公安大学马振超副教授和马德辉副教授、中国人民大学王宏伟副教授、军事科学院杨春长部长和王平主任等一直以来对我学术的支持和鼓励。感谢我的父亲母亲，是二老的认可鼓励，让我始终艰苦奋斗，不畏惧不放弃，奋勇前行、探索学术。感谢李辉、钟苇思、董丹杰、张博文等朋友们一直以来的鼎力帮助和支持，感谢很多支持和鼓励我学术研究的各界朋友同仁们。感谢我的妻子，彼此照顾、相濡以沫，希望以后能给你更加美好的生活。孩子在3年前的农历大寒之日诞生，这让我异常惊喜！我想对孩子说，爸爸想让这本书给你一种生活的勇气，爸爸会一辈子陪着你！

感谢金城出版社，以精益求精的专业精神和精湛优秀的编辑技术，为本书的最终面世提供了最佳平台，为扶持情报学界的发展、促进国家安全的建设，做出了贡献。

赵冰峰

2016年4月6日，北京

2018年3月5日，北京

目录

第1章
情报学概述

情报学在美国已经成为一门重要的和逐步成熟起来的显学，在情报侦察技术、情报分析理论、战略传播理论、国家情报治理等方面成果丰厚，为美国的帝国崛起和霸权维护提供了战略性支撑，但总体上依然存在部门理论隔阂、逻辑概念分散等问题。

而在中国，情报学研究随着新中国成立被大规模拆解，并在改革开放初期随着国防科技情报转型、国家对外政策调整以及国家军事战略变革，被进一步大规模缩减国家需求，还被硬性塞进了图书档案学和信息科学的内容，形成今日逻辑混乱、各说各话、力量羸弱的学术格局，至今尚未构建起融合各领域情报理论、能够服务国家安全与国家发展的统一的学科体系。

那么，我们该如何构建现代的情报学体系呢?

一、国外情报学研究

在现当代的全球范围内，美国是情报学研究的世界翘楚，欧洲大国、俄罗斯、日本等亦颇具特色和实力。

美国的现代情报学研究以谢尔曼·肯特的《战略情报：为美国世界

政策服务》为经典起始标志，其对情报分析的规范化研究[1]，开辟了现代情报学的科学化道路，不仅极大地扩展了美国安全情报界的分析势力，也极大地影响了世界各国的情报分析理论研究。肯特还定义了情报的“知识、过程与组织”三大内涵，基本框定了现代以来世界各国的情报基础理论研究范式。以美苏争霸为时代主题的冷战对抗，极大地刺激了美国安全情报和军事情报的理论发展，涌现了一大批世界级的理论专著，其研究者几乎是清一色的情报实战派高级官员，在情报历史、情报概念、情报流程、情报技术、情报侦察、情报分析、情报战略、情报战术、情报欺骗、情报失误、隐蔽行动、心理战、文化战、情报控制等方面成果丰富。艾布拉姆 · N. 舒尔斯基是现代情报理论的集大成者，不但系统地继承了肯特的理论衣钵，而且全面吸收了以中情局局长艾伦 · 杜勒斯为代表的情报实战派成功经验，将情报侦察和情报分析与情报谋略、反情报、隐蔽行动等较好地纳入统一的理论体系中。[2] 尤其是自 9 · 11 事件以来，美国情报学界在反恐情报、赛博战、战略传播、软实力等领域全面精进，引领全球，而且在情报学领域开始构建统一的情报理论体系，比如乔治亚大学的卢克 ·K. 约翰逊在 2007 年出版的《情报学手册》[3],汇编了多位美英优秀情报学者的文献，按照情报理论研究、情报历史演化、情报循环工作、反情报与情报行动、情报权责制度的框架体系为情报初学者提供了一本通用教材，尽管该书内容丰富、理论优秀，但其学科框架却拼凑粗糙，深浅不一。卡尔 · J. 延森三世等 3 位作者于 2012 年合著出版的《情报研究入门》[4],依照统一的学科逻辑,概要性地介绍了美国的情报概念、情报历史、情报界、情报收集、情报分析、情报循环、反情报、隐蔽行动、情报监督、情报报告、21 世纪的安全威胁与挑战、情报

[1] 谢尔曼 · 肯特 . 战略情报 : 为美国世界政策服务 [M]. 北京 : 金城出版社 ,2012.

[2] 艾布拉姆 · N. 舒尔斯基 . 无声的战争 : 认识情报世界 [M]. 北京 : 金城出版社 ,2011.

[3] Loch K. Johnson. Handbook of Intelligence Studies [M]. Routledge, 2007 : 1-14.

[4] Carl J. Jensen III, David H. McElreath, Melissa Graves. Introduction to Intelligence Studies [M]. CRC Press, 2012.

未来等内容，并增加两章节分别介绍了军事情报和司法情报；虽然该书的理论论述较浅，但其构建的学科逻辑比美国以往所有的情报著作要完整和系统。就情报学界的研究特征而言，美国的情报学研究具有门类齐全无死角、理论多元互相印证、学者云集全球顶尖的学科特征，研究内容与国家安全治理和情报实践需要紧密结合，既具有战略引领性又具有战术适用性。在研究方法上，美国的情报学研究极少走形而上的研究道路，而是注重历史经验的反思和方法论体系的创新；他们一方面对著名案例、情报失误等加以深度分析，以不断改善既有的理论体系和工作方法；另一方面竭力为侦察、分析、隐蔽行动等情报工作，建立起完备高效的方法模型、标准手册、信息系统和模拟系统；这种特征可能与美国长期奉行实用主义精神是高度相关的。美国学者杰姆斯 · J. 沃兹比较深入地研究了美国情报学界的研究方法，并将其总结为“情报研究的美国范式”（The American approach to intelligence studies），概括出学术开放精神、科学与历史相结合、重视情报民主监督、偏好技术情报等四大学界特性。[1] 当然，美国的情报学研究也存在比较明显的缺陷和不足，比如美国的情报理论主要围绕安全和军事情报展开，类似于司法情报（或警务情报，相当于中国的公安情报）等分支理论或部门理论都还没有建立起来[2]，或者说依然停留在基本概念的简单移植与组织实践尚未充分展开阶段[3]；另外，美国的情报学研究重历史经验而轻哲学反思，理论层面尚未将各个子门类学科概念体系统一到稳定的元理论体系中，导致基本的情报概念都还处于飘忽不定的状态。[4] 随着赛博战、机器人等新技术力量的介入，21 世纪的美国情报学研究似乎在形式上面临着一场基础理

[1] Loch K. Johnson. Handbook of Intelligence Studies [M]. Routledge, 2007:28-37.

[2] John William Coyne, Peter Bell. Strategic Intelligence in Law Enforcement: a Review [J]. Journal of Policing, Intelligence and Counter Terrorism, 2011(6):23-39.

[3] Calvert Jones. Intelligence reform: The Logic of Information Sharing [J]. Intelligence and National Security, 2007(22):384-401.

[4] Alan Breakspear. A New Definition of Intelligence [J]. Intelligence and National Security, 2013(28):678-683.

论的革命，但就美国国家安全态势和安全战略而言，以恐怖主义、核扩散等为代表的低烈度国家安全威胁远不足以唤起情报学界大规模的变革动力。因此，如果世界形势和美国国家安全战略都没有发生根本性转变，美国的情报学研究仍将维持在当前比较平稳发展的状态。

欧洲几个重要国家如英、法、德、西等的情报研究存在比较近似的发展状态，这些国家在一战和二战时期都维持世界级的、各具特色的情报研究水平，尤其是英帝国的情报理论，对美国等后发达国家极具吸引力和影响力。比如，英国早在 20 世纪 20 年代就提出了经济情报理论[1]，直至冷战初期依然能够创新出金融情报理论[2]，其情报思想创造能力处于世界领先地位。而从冷战开始，这些国家的安全格局受到美国军事、经济、技术和思想的战略性压制，其安全和军事情报严重依赖美国领导的北约体系[3]，国家间双边或多边情报合作则因互相的政治猜忌而分崩离析，最终导致这些国家的对外情报实践与理论体系整体处于战略受压与被动跟随状态，几乎没有什么根本性的突破和创新，包括军事指控系统 C4I 这样的军事情报依存体系都无力自行建设。[4] 比如英国著名的 Routledge 出版社 20 多年来连续出版了以欧洲情报学者为重点的 60 多本情报研究系列丛书；其中，重点围绕欧洲情报历史的专著占据一半以上；情报专题研究占据五分之一，专题内容覆盖军事、安全、政治、战争、战略、领袖、伦理、情报循环、间谍、情报分析、特别行动、情报控制等；情报未来发展研究占据 7%，情报机构研究占据 3%，纯基础理论研究占据 2%；而关于情报欺骗、隐蔽行动、电子战、心理战、战略

[1] Rousseau. Economic Intelligence [J]. Royal United Services Institution Journal, 1925(70):701-709.

[2] Lieut-Colonel, T. H. Sweeny, O.B.E. R.A.P.C. The Value of Financial Intelligence [J]. Royal United Services Institution Journal, 1948(93):444-451.

[3] Sigurd Hess. Intelligence Cooperation in Europe 1990 to the Present [J]. The Journal of Intelligence History, 2003(Summer): 61-68.

[4] Sigurd Hess. Intelligence Cooperation in Europe 1990 to the Present [J]. The Journal of Intelligence History, 2003(Summer): 61-68.

传播、赛博战等情报实践部分则几乎没有或甚少涉及；该系列丛书的一本精编文集比较具有代表性，其收集了荷兰情报联合会于2011年召开的20周年国际纪念会议的精选文献，围绕“情报的未来”主题，重点研究了“9·11”事件以来的恐怖主义、核扩散、资源短缺、赛博战等新安全威胁问题，提出基于早期预警的情报机制、国际情报共享、情报新伦理、警务情报、情报流程等面向21世纪的情报变革内容[1]；这些状况反映出欧洲学者的情报认知理论研究路径与研究格局与美国极为相似，整体研究水平处于美国20世纪末甚至更早的状态（英、法、西等较强，其他较弱），而且在情报实质性行动研究体系方面还存在着结构性的缺失；美国情报学家戴维·卡恩在关于欧洲情报学研究的一篇文章中，专门对法国、德国和西班牙的情报学专著做了比较系统性的梳理[2]，从中也可以得出上述的相似结论，而且该文还惊奇地发现西班牙的情报学研究自2005年以来非常繁荣，情报学研究议题涉及国家情报、军事情报、警务情报、情报运作、情报失误等非常前沿和十分广泛的领域，情报学会议也非常国际化，这些情况都是美国情报学界未曾引起重视的。

而与以安全和军事情报为主体的国家对外情报研究状况完全不同的是，欧洲几个重要国家的公共安全情报研究和国家经济情报研究却是风生水起。比如英国于20世纪末开始全球首次兴起情报主导警务方法，并在数年后将其升格为国家情报模式（NIM）[3]，还引领了全球警务理论的大变革。法国大规模的情报学研究始于20世纪90年代中期，关注“竞争与经济安全”问题的《马特报告》（1994年出版）起到了启蒙作用，以经济和管理与信息和通信为主体的学者掀起了长达11年的研究小高潮（1998—

[1] Isabelle Duyvesteyn, Ben de Jong, Joop van Reijn. The Future of Intelligence [M]. London: Routledge, 2014.

[2] David Kahn. Intelligence Studies on the Continent [J]. Intelligence and National Security, 2008(2):249-275.

[3] 吕雪梅. 英国国家情报模式对我国信息警务改革的几点启示 [J]. 北京人民警察学院学报,2007(3).

2010 年）[1]，还出现了所谓的“法国情报学派”（Peter Jackson，2006）；不仅如此，法国将经济情报确定为国家性质，实行举国体制，不但在总统下设经济情报主管，而且总统下属的多个部门中设有副部长级别的经济情报部门，被学者们称为“典型的法国概念”[2]；有意思的是，主管法国经济情报的部际委员会，是从原先的国防部门经过十多年的调整转型到经济与预算部门，而且部际委员中的国内安全、外交和军备部门成员依然占据半数位置。[3] 西班牙也将经济情报作为国家安全的重大战略议题，并在经济情报研究中具备了一定的理论水平，例如古斯塔沃关于西班牙经济安全与经济情报的评论性研究就比较系统。[4] 总之，这种将具有国内安全防御属性和国家经济安全属性的情报体系升格为国家情报体系或国家情报战略的做法，在美国乃至中、俄等区域性大国中都是不可想象的，这一方面反映了英、法等国的对外国家情报力量受到美国的压制，存在明显的战略性缺陷，另一方面也反映了这些国家依然具有极强的理论创新能力，毕竟欧洲强国是近现代哲学与科学的发源地和大本营，也在同时期诞生过几个世界性帝国。当然，欧洲学术界似乎一直没有放弃建立一种跨越国家之上的统一的安全情报合作体系的理论呼吁（如 Müller-Wille，2004；Walsh，2006；Edwards & Meyer，2008；Pallaris，2009；Mai'a K. Davis，2013）[5]，特别是互联网、开源情报等技术变革以及既成的欧洲公共安全情报合作体系等，创造了欧洲可能的情报合作与升级空间。

---

[1] Eric Denécé, Gérald Arboit. Intelligence Studies in France [J]. International Journal of Intelligence and CounterIntelligence, 2010(4): 725-747.

[2] Mylene Hardy，温建宏 . 法国经济情报研究：机遇与挑战 [J]. 竞争情报 :2009(4) :20.

[3] 蒋慧 . 法国国家经济情报体系的演变 [J]. 图书情报工作：2012(10):6-10.

[4] Gustavo Diaz Matey. From Cooperation to Competition:Economic Intelligence as Part of Spain's National Security Strategy [J]. International Journal of Intelligence and CounterIntelligence, 2016(29):151-164.

[5] Mai'a K. Davis Cross. A European Transgovernmental Intelligence Network and the Role of IntCen, Perspectives on European Politics and Society [J]. Perspectives on European Politics and Society, 2013(3):388-402.

俄罗斯的情报学研究恰如其国家战略一样，正在从苏联解体后的全球格局中寻求和建设一种新的以区域性大国为目标的国家地位和安全体系，如何在继承苏联社会主义遗产基础上，建立适应美国主导的全球资本主义的新国家情报体系，是其学术界面临的战略命题。整体而言，其学术界分为三类主张，一种主张走西方道路，全盘接受美国理论；一种主张走传统道路，继续苏联理论；还有一种主张走创新道路，建立本土理论。[1] 但无论如何，俄罗斯的基础理论主要继承自苏联体系，分为侦察和整编两大部类，其中的侦察包括秘密收集、秘密联络以及相关的隐蔽行动等，整编则分为情报分析和情报综合两大步骤。这些理论成果比较集中地反映在了经过多年编撰才得以在 20 世纪 90 年代末出版的六卷本《俄罗斯对外情报历史研究》图书集中。[2] 这种理论体系与中国的安全情报和军事情报较为相似，都在很大程度上受到苏联早期的情报理论影响。俄罗斯的情报研究集中于安全和军事两大领域，大致分为对外情报、国内安全和军事情报三大部类；经济情报研究较少，微观经济领域的竞争情报有所引进和吸收。[3] 在研究取向上，学术界与情报界一样，都存在比较明显的“重侦察轻分析”“重人力轻技术”的趋向，但这种状况经俄联邦对外情报总局第一任局长普里马科夫的多年呼吁后有所改观，特别是进入普京时代后，俄罗斯更加重视情报分析与情报技术的时代变革，强调政策建议与技术系统的重要性[4][5]，但这种改善还基本处于探索与建设阶段[6]。总体上，受情报保

[1] 彭亚平 . 俄罗斯对外情报分析力量发展研究 [M]. 北京：军事科学院出版社，2014:74-78.

[2] David Schimmelpenninck Van Der Oye. Russia's official intelligence history volume 1 [J]. Intelligence and National Security, 1999 (1) : 220-223.

[3] 彭亚平 . 俄罗斯对外情报分析力量发展研究 [M]. 北京：军事科学院出版社，2014:74-78.

[4] 彭亚平 . 俄罗斯对外情报分析力量发展研究 [M]. 北京：军事科学院出版社，2014:66-70.

[5] 新华网 . 普京说要加强俄战略设施、互联网信息安全 [EB]. http://news.xinhuanet.com/world/2016-02/26/c_128756489.htm.

[6] 新华网 . 普京强调俄罗斯应打好信息战 [EB]. http://news.xinhuanet.com/world/2013-07/06/c_124966196.htm.

密文化和实战文化的影响，现当代的俄罗斯情报学界还没有出现大师级的情报理论学术成果。

日本经济规模和军事实力排在世界前列，是中国的近邻，又以中国为国家安全重点目标，其情报学研究值得我们密切关注。从理论传统的角度分析，日本近现代以来一直比较重视人力情报的侦察、反间谍以及秘密活动等[1]，直到今日，日本依然实行举国经济情报体制，通过多个国家政府部门与大型商贸财团联合组成全球广泛分布的情报人脉与信息网络。而从国家情报的构成上看，日本情报界受二战后的国家战略影响，对外的安全情报、军事情报等活动主要依靠美国及其同盟国提供支持[2]，而经济情报活动和科技情报活动则获得替代性大发展。[3] 与此对应的是，日本情报学术界往往封闭保守、“作而不述”。但是冷战结束后，随着日本情报能力的大幅增强，情报学界也开始有所改变[4]，在对外公开的期刊中已经出现少量的关于近代以来至冷战以前的重要军事情报历史、美英等国的国家情报机制及其改革[5][6]、信息网络安全、赛博空间、经济安全、金融情报[7]、科技情

[1] 郝在今．中日秘密战 [M]. 北京：解放军出版社，2015.

[2] 张卫．日本对外情报工作的转型 [J]. 江南社会学院学报，2009(6):59-63.

[3] 曹志鸿，冯瑞健．情报战与日本经济的繁荣 [J]. 河北师范大学学报（自然科学版），1998(6):104-107.

[4] Andrew L. Oros. Japan’s Growing Intelligence Capability [J]. International Journal of Intelligence and CounterIntelligence, 2002(1): 1- 25.

[5] Yoshiki Kobayashi. Assessment of the United States Intelligence Community Reform: Effects of the Creation of Director of National Intelligence System [J]. International Relations，2009（158）182-195.

[6] Yasuhiro Okuda. The Intelligence-Oriented Strategic Culture of Britain: Its Consideration in the Admiralty and War Offices and the Committee of Imperial Defence Prior to the Establishment of the Secret Service Bureau [J]. International Relations, 2012(167):130-143.

[7] Toshiyuki Yasui. Birth and Development of Financial Intelligence [J]. Intelligence Management, 2009(1):23-34.

报[1]、开源情报[2]、情报循环[3]等综述性、评论性和改良性文献；在微观经济领域，则积极引入竞争情报理论[4]，并于 2008 年设立日本竞争情报学会[5]，依托全日本可能是唯一以 Intelligence（情报）命名的《情报管理》杂志，深入推广竞争情报理论，试图以此全面打开其他部门情报理论如国防科技、安全情报等的研究。正如日本东京经济大学的中川十郎教授所说，日本似乎在太平洋战争之后就"忽视"了情报战的作用，日本要通过产业、政府和教育的三方共同努力，最大限度地强化商业与经济情报教育，从而促进国家的风险与危机管理能力，更好地应对美国和欧洲。[6] 实际上，日本学者对中国的竞争情报活动与理论发展也加强了研究，并通过竞争情报理论交流，对中国的国防科技等情报信息获得一定程度的分析与研究。[7] 因此，对于拥有雄厚侦察网络与能力的日本情报界及其学术界，我们需要密切关注。

二、中国情报学研究

中国情报学界在 20 世纪 80 年代中期至 90 年代中期，就有以唯物主义认识论指导下的哲学流派，对情报的基础概念及元理论做了不少探索和

[1] Fumiyuki Takahashi, Yoshio SUGASAWA. Competitive Technical Intelligence in an Era of Open Innovation [J]. Intelligence Management,2009(1): 47-54.

[2] Yousuke Nakajima, Toshiyuki Yasui, Naohiko Kohtake. Strategic Framework of Open Source Intelligence for Competitive Analysis [J]. Intelligence Management, 2011(3):15-26.

[3] 鶴見隆 . インテリジェンス・サイクルと特許情報調査活動 [J]. 情報管理 , 2010(6):341-345.

[4] 缪其浩 . 日本"情报"概念及其对情报工作的影响 [J]. 情报理论与实践 ,1995(5):42-44.

[5] 日本竞争情报学会（JSCI）网址 :http://www.jsci.or.jp/index.html.

[6] Juro Nakagawa. Competition and Intelligence[J]. Intelligence Management, 2009(1):3-11.

[7] Fumiyuki Takahashi, Tadanori Mizuno, Yoshio Sugasawa. A Consideration of Intelligence Activities of Japanese Enterprises in China [J]. Intelligence Management,2010(2):37-48.

研究。[1] 在随后的研究中，以科技情报学界为代表的一批研究者引进和形成了各类学派和学术理论，大多局限在诸如情报技术、情报源特征、情报的内容形态、情报与决策的关系、情报与信息的不确定性、信息在组织中的分工、情报组织的结构类型、人际网络、知识管理、大数据、情报研究史等某个分支领域。也有军事、国防和经济领域的部分学者比较集中地提出了各自领域的学科方法与理论体系，包括李耐国、闫晋中、张晓军等提出的军事情报理论，陈亮、彭知辉、马德辉、谢晓专等提出的公安情报理论体系，包昌火、沈固朝、王延飞、李国秋等提出的竞争情报理论体系等。但这些工作基本处于概念提出阶段，各自论述、结构分散、良莠不齐，与我们的历史规律、国情现实与国家需要尚存较大距离。

中国情报学界在情报实践上受到了以下几个客观因素的制约：第一，以“和平发展时代”“引进国外先进技术”“以市场换技术”等为代表的国家意识形态和国家对外政策，极大地阻碍了情报学术的自主创新动力，极大地削减了情报学术的国家研究需求；第二，国有企业、产业机构等，因其国家垄断性，缺乏充分的竞争环境，对情报学界未形成有效的学术研究需求；第三，私营企业（除外资跨国企业外）因成长年龄短，机构发展尚不成熟，情报经验及情报意识淡薄，也未形成情报学研究的有效推动力；第四，情报学界自身受到社会调查能力和实践范围的限制，未形成有效的学术研究气候。

中国情报学界在情报理论研究方面受到以下几个主观因素的制约：第一，我们的情报学缺乏基于哲学体系的元理论，还构不成科学理论，在概念逻辑上还未超越《孙子兵法》和美国安全与军事情报理论的范畴；第二，我们的分支理论或部门理论，除军事、安全、犯罪情报已具备操作层级的方法论体系外，外宣情报（外交情报与对外宣传情报）、经济情报、科技情报、全面的公安情报等都还没有展开理论化研究；第三，我们还未掌握中国的情报历史状况和规律，也不清楚西方大国与俄印日等国在近现代以及当代的情报活动全貌及其规律，更迫切的是，我们对于中国应该建

[1] 靳娟娟．情报学哲学基础研究述评 [J]. 图书与情报，1995(2):7-10.

立什么样的情报理论架构以及如何去建构，缺乏战略想象力和顶级智慧；第四，我们一味引进的模式未能使中国情报学术获得理论大发展，更别提将这些外来的理论服务于国家治理。比如在中国科学技术情报学会竞争情报分会设立 14 年后的 2009 年，加拿大温莎大学克雷格 · S. 弗莱舍等发布的一份关于中日两国竞争情报理论与实践的比较研究报告认为，中国的竞争情报理论与实践都还处于初始萌芽状态，比日本还要落后。[1]

但随着中国的国家崛起和民族复兴，以美国为首的少数霸权国家掀起新一轮的全球性冲突，作为一种国家战略回应，学者们自觉地聚合在《情报杂志》下，形成一股可称之为中国情报学派的学术力量，融合了情报历史、知己知彼理论、情报研究理论、情报实践理论、因敌变化思想、谋略思想、保密与预警理论、情报治理理论、情报与创新等学术成果，充当起国家斗争的理论先锋，逐步尝试建立符合中国国情和国体的情报理论体系，取得了一定的学术影响力。在《情报杂志》主办的 2015 年学术论坛上，学者们就中国情报学的发展进行了集中研讨，阐述了“知”“诡”“间”和中国情报学、总体国家情报观、国家情报学等核心概念，提出了美国安全与军事情报理论研究体系分类、两 IS 融合思想、“服务于安全和发展国家战略的一体两翼式情报学体系”、军事情报学理论框架、公安情报学研究框架等学科理论体系。

三、时代和国家呼吁建立统一的情报学

学术即主张，学术在本质上属于服务于国家和社会集团的某种意识形态。因此，情报学是通过研究情报活动规律以制定方法策略的主张。本书的趣旨不仅在于比较和研究古今中外的情报体系及情报思想，不仅满足于构建一种合理的概念逻辑系统，更注重的是在中国特色社会主义制度下，依照中国现实情况和国家崛起与民族复兴的国家战略总目标，构建起现代

[1] Craig S. Fleisher, Sheila Wright. Examining Differences in Competitive Intelligence Practice: China, Japan and the West [J]. Thunderbird International Business Review, 2009(6):249-261.

化的情报学，以在理论上支撑起国家情报治理体系和各领域情报实践体系的建设与发展需要。

但由于长期的体制限制，自新中国成立以来，我们的情报学研究一直处于封闭甚至有些僵化的发展状态，除了科技情报和竞争情报以外，基本没有公开的、交叉融合的高端学术研究，也没有深度和广泛的实战经验总结，在一定程度上限制了情报学的创新与发展，乃至于形成今日只有史论没有理论、只有美国理论没有中国理论、只有部门经验总结没有国家整体学科建设的学术局面。

理论往往具有先导作用。在国家崛起和民族复兴的历史关键时期，中央国家安全委员会的设立和总体国家安全观的提出，为中国情报学的实质突破提出了历史性的核心命题。如何融合中国气派和中国梦，采用社会主义核心价值观和中国特色的话语逻辑，依照中国国情与国体的现实状况和未来趋势，为中国国家安全与情报体系的制度建设和工作实践注入先进的理论指导，完全地服务于国家安全战略和发展战略，不断地增强国家软实力，最终成为服务于国家崛起和民族复兴的助推器，中国情报学界需要广泛凝聚军事、政治、经济、外交、安全、公安、传媒、科技等各领域共识，齐心协力出谋划策，全面建设起具有世界先进水平的中国情报学术体系。

中国情报学和其支撑的情报工作至少应在如下两个主要方面回答中国的国家命题，以完成自身的国家使命：1. 深刻认识世界格局，精确预测世界未来。预测和预警是情报学的基础命题更是中国情报学的基本命题，深刻认识世界形势变迁规律，时刻掌握世界形势演化动态，精确剖析世界政治军事经济科技文化格局，为国家制定发展战略和进行宏观决策提供基本依据和技术保障；2. 做好制定国家发展战略的参谋和制度建设，并主导国家安全战略的实施。情报的“参谋”作用是中国情报学独有的历史经验总结[1]，如何在新的世界形势下集中集体智慧尤其是专家群体的智慧[2]，不断

[1] 包昌火，王秀玲等．中国情报研究发展纪实 [J]. 情报理论与实践，2010(1):1-2.

[2] 戴汝为，李耀东．基于综合集成的研讨厅体系与系统复杂性 [J]. 复杂系统与复杂性科学，2004(4):1-24.

制定出反对霸权主义和强权政治的应对策略，在国家军事、政治、经济、科技、文化等安全领域，构筑起国家利益防线，并以国家制度的方式以保障国家和平崛起，实现中华民族伟大复兴，是时代赋予中国情报学及其支撑的情报工作的重大历史使命。

对于处在由“和平战略期”转向“崛起战略期”的中国而言，中国情报学必须依照全球视野，借助顶级智慧，穿破现实迷障，超越过往窠臼，实现整合创新，并勇敢地肩负起国家使命与时代重托，全面建设富有中国特色社会主义的情报学理论体系。

四、走“综合创新”的学术道路

那么，中国的情报学该如何建设呢？我们应该首先停止与图书情报学界的无休止争论，停止互相的批驳攻陷，放下保护学术饭碗的偏见，采用两大学科并行式发展与交叉式融合的策略，将研究国家安全与发展等问题的 Intelligence Studies 或 Intelligence Science 学者群体与研究图书馆管理问题和信息资源管理问题的 Information Science 学者群体联合起来，共谋发展，将纷乱的概念歧见逐一厘清勘正，让学术精力重点关注国家需要和社会问题，在现代视野和全球视野下，超越美国情报理论局限，融合各家学术优长，服务国家现代化治理。总体而言，我们应该走“综合创新”的学术道路，即：

1. 将理论的解释性与建设性相结合

我们不能停留在概念辩论的层面，对空打炮，互相批驳，应该关注现实，解释现象，分析原因，形成理论。我们不能一味引进，贩卖美国理论，成为学术翻译家，造成理论与实际的两张皮状态，应该参照国际经验，考虑中国国情和国体，建设具有中国特色的情报学理论体系。我们不能停留于解释中国现实，阐述国家政策，应该主张人民的、和平的、建设性的、国家主义的情报理论，反对资本的、邪恶的、破坏性的、帝国主义的情报理论。我们不是空谈家，应突出问题意识，以服务国家崛起和民族复兴为宗旨，以建立现代化的国家情报治理体系为根本目标，注重国家实践和部门实践，强调情报的谋略功能和实战功能等。

2. 将理论的历史性与世界性相结合

现代情报学以解决国家情报治理为核心，我们需要基于两个重要的维度来阐述和构建当代的国家情报理论和各领域情报理论，即基于历史演变的维度和基于全球治理的维度，前者要求我们必须深入考察人类的情报历史演变逻辑以及中国和世界的情报活动演变规律，后者要求我们将情报学放置在国际环境当中，重点考虑中国的国家战略和世界性大国的国家战略及其各自的情报活动特征。因此，现代情报学应注重传承历史经验，挖掘社会基本规律，吸收现当代先进哲学和社会理论，注重辩证法思想，融会贯通，自成一体。

中国情报学必须走自己的道路，融合中国气派和中国梦，建立适合中国国情与国体的学术理论体系，并完全服务于中国国家安全战略和发展战略，不能重蹈类似于20世纪90年代以来的不彻底的“情报改名运动”对中国学术机构和学术教育带来的巨大影响。[1] 诚如科学真理都有前提条件一样，中外各国的国情和国体要求中国情报学的学术品格和理论结构与世界性大国的情报学迥然不同。比如，美国的国家综合国力多年以来始终排名世界第一，并且实行资本主义国家体制，主张符合美国霸权利益的外交政策，对那些不符合美国利益的国家奉行先发制人战略；而中国的综合国力一直低于美国排名，并且实行社会主义国家体制，坚持和平共处五项原则，反对霸权，主张求同存异，在军事上采取积极防御战略。这种特殊的国情和国体决定了中国情报学只能走“你打你的，我打我的”学术路线，美国情报学只能作为中国情报学的参考，引进和研究美国情报理论不是为了学习和模仿它，而是为了有针对性地寻求突破并制定应对策略。再如，美国情报界提出的网络战理论是基于美国绝对控制世界互联网基础设施为前提条件的[2]，同样的战略传播理论是基于以美国为首的西方大国垄断世

[1] 王洪林，赵冰峰.“科技情报”改名“科技信息”后的反思[J]. 情报杂志，2014(6):1-3.

[2] 新华网. 美国正布局网络战，扩编网络安全部队 [EB]. http://news.xinhuanet.com/fortune/2013-02/21/c_124369838.htm.

界 90% 的新闻资源为物质基础的 [1]，在这种情况下，中国情报学不能照搬美国的网络战和战略传播方法，而应从国情出发立足现实，提出能够发挥中国国家优势的学术理论以指导中国的国家情报实践。

诚如习近平总书记在 2015 年博鳌亚洲论坛演讲中指出，世界正在发生着深刻的变化，世界发展问题依然突出，经济深度调整复苏艰难，国际金融领域风险较多，保护主义上升，全球治理机制有待完善。在此背景下，中央国家安全委员会如何统一协调军事、政治、外交、安全、经济、科技、文化、传媒、教育等各领域，以服务于中国国家崛起和中华民族伟大复兴，尤其是在国家安全体系建设和“一带一路”倡议建设方面，如何集中全国情报学界和整个国家学术力量，按照总体国家安全观和《国家情报法》的建设要求，依照“国家情报服务国家安全、国家安全保障国家发展”的思路，遵照“四个全面”国家战略目标和“人类命运共同体”倡议，建立完全服务于现代化国家治理的情报学术体系，构建一支务实创新的研究队伍和一支综合现代的干部队伍，以提供高质量的国家情报服务和高水平的国家情报管理，我们建议采取如下的制度性措施以加速发展现代情报学：

1. 建设一批高等情报学院

人才是治国之要，人才需要教育的培养。经过 30 多年的改革开放与和平发展政策的实施，我国几乎所有高校和研究所难以找到以“情报”冠名的教育机构和学术机构，情报学专业已被缩编至图书馆学和信息资源管理体系之下，导致情报学教育日渐衰退，情报学研究日渐萎缩，情报后备人才储备严重不足，对我国国家安全与发展战略造成巨大的不利影响。因此建议选择北京大学、中国人民大学、中国人民公安大学、教育部国际关系学院、国防大学等设立专门的情报学院，广招社会学术精英，依照总体国家安全观要求，开展基础理论、应用理论、技术方法、案例总结等研究与教学培训工作。

2. 设立一个全国性的情报学术专业委员会

统一的组织是理论与学术整合的基础。中国目前还没有一个独立的学

[1] 环球网 . 西方“舆论战”惯用四招数 [EB]. http://world.huanqiu.com/Observation/2012-06/2779012.html.

术专业委员会统筹各领域的情报理论研究力量，根本无法满足总体国家安全观的理论创新要求。因此建议挂靠国家安全部或公安部，设立独立的全国性情报学术专业委员会，广泛吸收社会各界研究机构和学术精英，定期举行全国性学术会议，推广学术交流，促进我国情报理论研究的健康发展。

3. 设立学术研究专项扶持基金

资金支持是理论创新的必要条件。建议挂靠国家安全部、公安部或教育部，设立学术研究专项扶持基金，围绕总体国家安全观的需求，发起情报学术课题，重点在情报基础理论、情报应用技术、国际理论前沿、中国共产党情报工作实践经验总结以及情报法治建设等方面加以资金扶持，在国家情报体系建设、国际战略环境研究、国际未来发展态势研究、重要国家国情研究、世界性战略风险预警、世界重大事件危机应对、国家战略传播体系、国家特别行动体系、国家安全保障体系等方面重点发力，积极培育情报学术研究热情，努力培养一批学术精英人才，逐步完善一支国家级的学术研究梯队。

4. 建立两个国家级情报与安全智库

智库是现代化国家治理的重要手段。建议依靠北京大学和国防大学建立两所情报与安全智库机构（注：国防大学已于上述建议上报有关部门整整一个月后的 2015 年 7 月 9 日正式对外宣布设立“中国国家安全问题研究中心”），广招社会各界贤良，在国家安全与国家情报的制度化建设与实际工作中，提供全面的、系统的、科学的、先进的决策支持和谋略支持，为国家“一带一路”建设提供国际化的情报与谋略支持，为国家“四个全面”建设提供全方位的安全策略与情报策略支持。

同时，应防止情报学术的“信息泛化”“知识泛化”等不利倾向。这些泛化思想曾极大地削减情报服务于国家政策的本质目的，甚至误导国家情报走“去政治化”“去国家化”学术道路，误导国家情报走向低能和弱智状态。美国在冷战早期就将学术战作为国家软实力的重要部分，以哈佛大学为代表的学术机构曾有力地摧毁了苏联的学术防御体系，导致苏联出现严重的政治经济危机乃至最终解体。

同时，应防止情报学术的“空洞化”“垃圾化”等不良倾向。当代中国情报学界受国家体制影响，整体缺乏情报实践基础，在这种情况下，应加强历史事件与经典文献的深度研究和现实社会的精准观察，而不该以政论替代学术、口号替代论点，甚至明着抄袭或暗着抄袭他人成果，改头换面，装点门面，污染环境，浪费钱财。

应该说，中国的情报学研究处于“有需求、有空间、有能力”的良好态势中；在研究格局上，中国是个主权独立、政治稳定、国防稳固、经济强大的国家，与欧洲大国、俄罗斯、日本等相比，政治、军事、经济、技术和思想等各个领域都不受制于人，完全具备独立发展的广阔空间；在研究实力上，中国自古就是情报学的伟大故乡，拥有世界独一无二的情报传统文化，而且在中共成立后的近百年时间里，积累了全世界最独特的情报实践经验，这些经验与中国的国家成功和失败相伴随，其理论特征和逻辑方法完全是中国特色的。因此，中国的情报学研究成败标准，不是美俄日等国的理论体系，而是中国自己的国家成败实践，只要我们坚持不懈地走“综合创新”的道路，不断积极进取，就一定能成就伟业。

在“综合创新”思想的指引下，作者近年来通过批判和继承中美两国古今情报思想，融合哲学、政治、军事、社会、经济、技术等现当代理论成就，从基本的常识和简约的模型开始，逐步整合和创立起复杂的理论结构，形成结构相对完整、体系相对完备、逻辑上符合中国国情和国体的认知对抗理论，并最终完善成为面向国家安全、国家发展、全球治理以及社会发展的情报学理论体系；同时，积极推动和促进了中国情报学派的逐步成型，并进一步引导中国情报学派的军民融合与理论聚合工作，在理论上首次提出和总结了该学派的学术特点，指出其未来发展的理论方向和三大历史使命。另外，通过多种形式的文章发表和理论推广，呼吁国家机构和社会各界携起手来，共同构建现代化的情报理论体系和国家情报体系，在学术和社会影响方面都取得了一定效果。

五、情报概念与现代情报体系

尽管情报和情报学存在明确的活动边界与问题边界，但是不同的情报部门对情报的认识不尽相同。分析部门认为情报是知识和信息相关的内容或活动，实战部门认为情报是侦察内容或运作策略，领导部门认为情报是隐蔽斗争和谋略手段，甚至军事部门认为是军事的，科技部门认为是科技的，经济部门认为是经济的。情报认识的部门之争反映了社会利益分配的分歧，也反映了情报活动的复杂性与综合性。

研究不断证实，情报是组织的认知对抗活动。情报的组织主体可划分为四大类型，即逻辑主体、职能主体、领域主体和国家主体，分别从事情报逻辑活动、情报职能活动、情报领域活动和国家情报活动。情报活动具有三大基本属性，即对抗性（或斗争性）、认知性（或意识中介性）、组织性（或社会性与实践性）。因此，情报不是简单的某种特定信息或特殊知识，而是以信息与知识等作为中介的社会对抗活动。情报活动解决两大基本问题，一是通过情报认知活动，突破客体“不在场”的障碍，清晰认知客体的动向和意图；二是通过情报实践活动，一方面突破客体的反情报屏障，隐蔽打击客体或联络统战客体以消除客体对其造成的可能威胁，另一方面强化反情报工作，抵御客体可能的隐蔽冲击和瓦解威胁。

情报作为一个复杂概念具有丰富的内涵与外延，形成了非常庞大的情报体系。所谓的情报体系，是指由与情报认识活动和情报实践活动相关的一切事物所组成的整体。但无论是西方发达国家还是中俄等区域性大国的学术界，现代的情报学研究在情报技术与应用、情报分析与评估、情报过程与管控等方面都有了非常丰富的积累，但对于情报体系的整体结构关注不够，都还没有形成比较系统的研究成果。这一方面与情报实践体系的复杂性有关系，另一方面也与情报学科的不成熟亦有关系。实际上，现代情报体系囊括了现代人类情报活动所涉及的一切重要方面，对现代情报体系的研究可以在理论上形成整体视角，在战略上指导学术的未来发展路径。同时，现代情报体系的构建过程实质也是国家情报体系的构建过程，可在国家治理方面发挥纲举目张的作用。情报体系与情报系统不同，后者特指由人、计算机和资源等紧密连接起来的实现组织自动化的运行系统；但也有学者对此做了概念互换，如曾忠禄教授提出的结构、功能和方法组成的“竞争情报系统模型”[1]，实质是用体系的概念替代了主流学者所理解的竞争情报系统[2]概念。

人类经过无数的战争与冲突，已经逐步形成现代的复杂情报体系，但总括起来无非包括情报逻辑、情报问题、情报中介、情报过程、情报方法、情报部门以及情报保障等七大部分。在更为具体的层面上，参照刘跃进教授的当代国家安全体系图谱[3]，可将现代情报体系构建成如图 1–1 所示的逻辑框架。其中，情报逻辑由主体组织和客体组织在组织环境中，借助认知中介、组织中介和物质中介，采用对抗或合作的策略，解决社会矛盾冲突问题，努力形成有利于自身的对抗形势。情报问题包括国家安全问题、国家发展问题、全球治理问题和社会发展问题四大部分，涵盖政治、经济、军事、社会、文化、科技、信息、企业等领域，涉及国际与国内两大范围。情报中介则包括以心理意识、新闻、信息、知识等为代表的认知中介，以政治组织、军事组织、安全组织、外交组织、宣传组织、经济组织、科技组织、文化组织、群众组织甚至特定个体为代表的组织中介，以及以传媒、互联网、通信网络、卫星系统、电子设备、机械装置、交通工具等构成的物质中介。情报过程与组织过程构成嵌套循环关系，包括情报问题、情报侦察、情报分析、情报设计、情报行动等部分，对应于组织过程的组织问题、信息调查、信息分析、组织决策和组织行动。情报方法包括情报历史、情报思想、情报技术和情报教育研究四大板块，形成复杂的理论指导体系。情报部门由国家顶层体系、国家部门体系和国家行动体系三级体系组成，具有各自不同的治理结构，并与情报法律制度、情报资金费用、情报配套体系等形成庞大的组织保障网络。

---

[1] 曾忠禄 . 企业竞争情报系统的再定义 [J]. 图书情报工作，2007(11):13.

[2] 包昌火 . 中国情报工作和情报学研究 [M]. 北京：科学出版社，2014:318.

[3] 刘跃进 . 信息安全、网络安全、国家安全之间的概念关系与构成关系 [J]. 保密科学技术，2014(5):12-19.

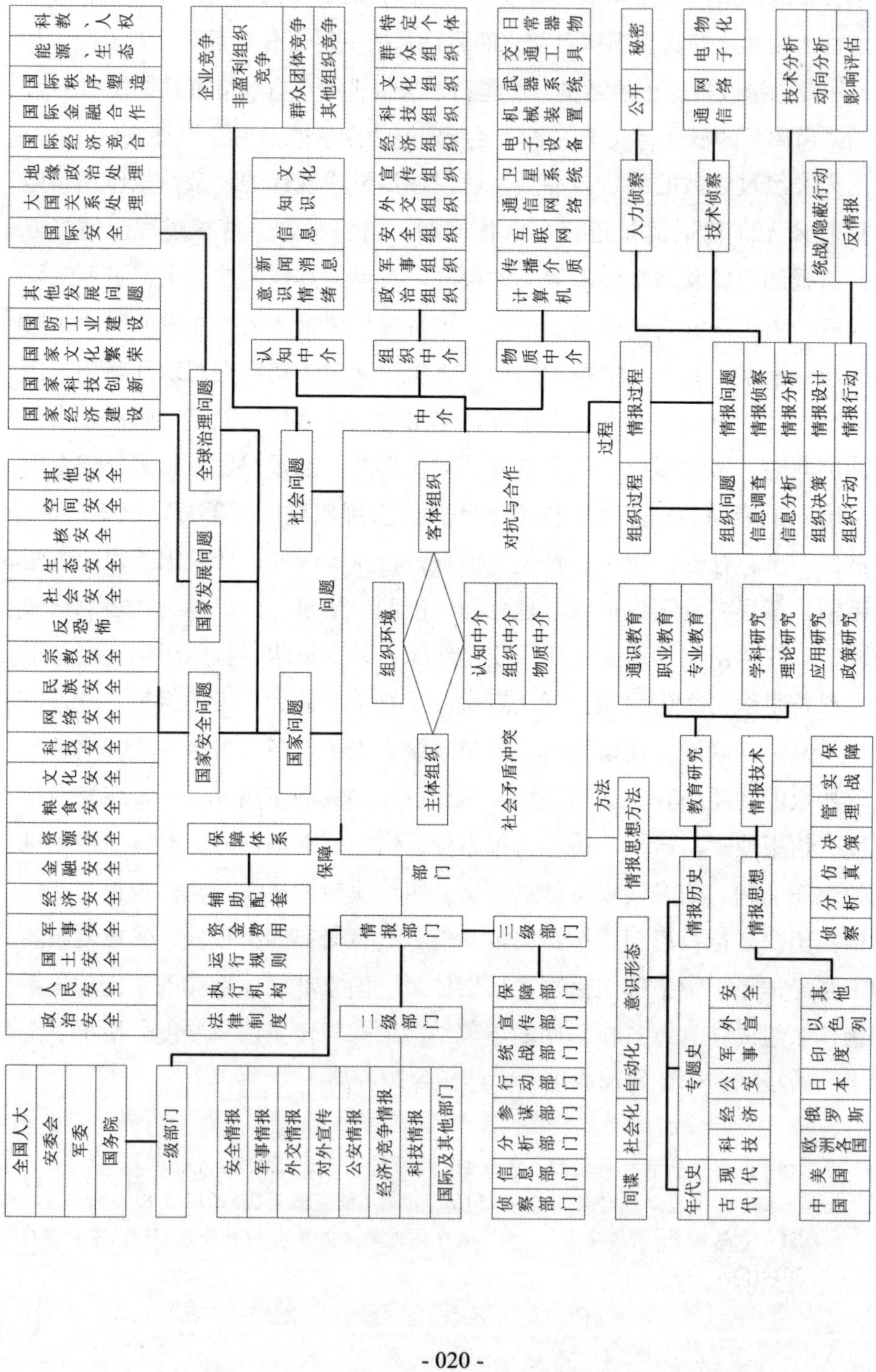
全国人大
安委会
军委
国务院
一级部门
安全情报
军事情报
外交情报
对外宣传
公安情报
经济/竞争情报
科技情报
国际及其他部门
二级部门
情报部门
三级部门
侦察部门
信息部门
分析部门
参谋部门
行动部门
统战部门
宣传部门
保障部门
部门
法律制度
执行机构
运行规则
资金费用
辅助配套
保障体系
保障
政治安全
人民安全
国土安全
军事安全
经济安全
金融安全
资源安全
粮食安全
文化安全
科技安全
网络安全
民族安全
宗教安全
反恐怖
社会安全
生态安全
核安全
空间安全
其他安全
国家安全问题
国家发展问题
全球治理问题
国家问题
社会问题
问题
国家经济建设
国家科技创新
国家文化繁荣
国防工业建设
其他发展问题
国际安全
大国关系处理
地缘政治处理
国际经济竞合
国际金融合作
国际秩序塑造
能源、生态
科教、人权
企业竞争
非盈利组织竞争
群众团体竞争
其他组织竞争
主体组织
客体组织
组织环境
认知中介
组织中介
物质中介
社会矛盾冲突
对抗与合作
中介
认知中介
意识情绪
新闻消息
信息
知识
文化
组织中介
政治组织
军事组织
安全组织
外交组织
宣传组织
经济组织
科技组织
文化组织
群众组织
特定个体
物质中介
计算机
传播介质
互联网络
通信网络
卫星系统
电子设备
机械装置
武器系统
交通工具
日常器物
过程
组织过程
情报过程
组织问题
信息调查
信息分析
组织决策
组织行动
情报问题
情报侦察
情报分析
情报设计
情报行动
人力侦察
公开
秘密
技术侦察
通信
网络
电子
物化
技术分析
动向分析
影响评估
统战/隐蔽行动
反情报
方法
情报思想方法
教育研究
通识教育
职业教育
专业教育
学科研究
理论研究
应用研究
政策研究
情报技术
侦察
分析
仿真
决策
管理
实战
保障
情报思想
情报历史
意识形态
间谍
社会化
自动化
年代史
古代
现代
专题史
科技
经济
公安
军事
外宣
安全
中国
美国
欧洲各国
俄罗斯
日本
印度
以色列
其他

图 1-1 现代情报体系

六、情报学概念与学科特征

自从有了战争，人类就开展了情报活动，在宏观上发展出了超人类和超国家的战争功效，在微观上更深入了日常的社会生活乃至成为人人必备的教育形式。但是今天的人类对情报活动依然赋予神秘、畏惧甚至幻想的特性。显然，这种特性是直觉的、经验主义的、非理性的。情报学的根本目的就是要破除这种偏颇的、混沌的、非理性的认识，使其变得更加科学与理性。

情报学是研究国家、国家部门和社会组织的认知对抗活动现象与发展规律的科学，是研究人类情报历史与活动中的组织、过程、中介等现象及其本质规律，探索情报实践方法以指导我们开展情报斗争与合作的一门学科。情报学也是一门关于斗争与合作的学术，将围绕认知要素探索人类的对抗与合作规律，指导我们在不懈的斗争与合作中赢得胜利。具体而言，情报学具有描述情报现象、探索和总结情报本质与规律、预测和指导情报实践的三大基本功能。

在学科关系方面，情报学是多领域交叉学科或者说是有着广泛交叉领

图 1–2 情报学的学科交叉范围

域的独立学科，有着广泛的学科交叉范围，如图 1–2 所示。它在安全、军事、外交、科教文宣、公安、经济、信息，甚至更细分的反恐、边防、禁毒、犯罪治理、尖端科技、金融安全等领域，都发挥着广泛的效用。有些内容在当前的学科划分和设置上仍然不属于情报学范畴，但其实际效用与情报学是同属的，如战略传播、公共外交、统一战线、宣传战、心理战、欺骗战、认知战、思想战、学术战、和平演变理论、专利战等，这些内容应逐步纳入情报学的学科范畴。

在学科内容方面，情报学应该满足政治保卫、外交文宣、军事武装、社会稳定、公共经济、私营经济、科技装备等各方面的服务需要，并在国内和国际两个范畴，形成如图 1–3 所示的囊括安全情报学科、外交情报学科、文宣情报学科、军事情报学科、武警情报学科、公安情报学科、经济情报学科、竞争情报学科（含超组织竞争情报，即竞争情报与经济情报的交互融合范畴）、科技情报学科等全域的学科群。

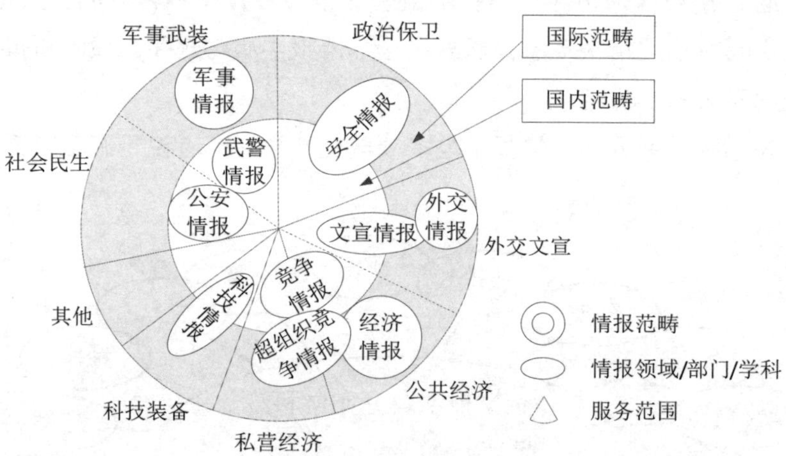

图 1–3　情报学的学科群

在学科建设方面，情报学应与图书情报学（Information Science，实质是信息学）形成并行式发展与交叉式融合关系，根本上改观“不彻底”的情报“改名”运动造成的情报学科分歧与混乱局面（即只调整情报机构名称和研究课题为“信息”，但遗留了“情报”的学科设置和学术用语）。中国的图书情报学界是从 20 世纪的科技情报转型而来，尽管其核心理论 Information Science 冠以“情报学”之名，但解决的理论问题却是图书馆管理和信息资源管理，与安全与军事学界解决国家安全治理等问题的 Intelligence 理论，学理根基截然不同。诚如我们根本不可能将解决不同基本理论问题的数学和经济学进行完全融合，但在其两者交叉领域却可生发出诸如博弈论、线性规划等新的理论增长点或新学科一样，情报学与图书情报学根本不存在学科整体融合的可能，美国的状况也证明了这一点 [1]，但在它们的交叉领域发展出新的理论生长点是完全必要的。因此，在学科发展上，情报学与图书情报学应该采用如图 1–4 所示的并行式发展与交叉式融合路径，从而将学者们规范在各自的优势领域内，解决学科分歧的同时在交叉领域创建出理论生长点。在这方面，沈固朝教授提出了两 IS 融合典范 [2]，并带领团队做了融合尝试。因此，我们有理由相信情报融合思想会给中国的情报学研究带来新的理论空间。

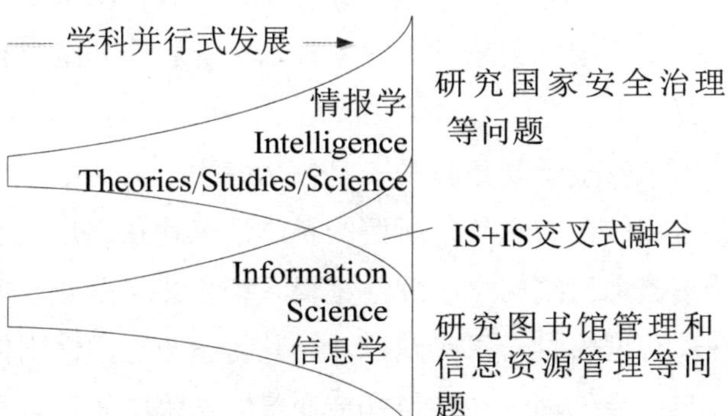

图 1–4 情报学与信息学的并行式发展与交叉式融合关系

---

[1] 沈固朝．情报与信息：一船两夫——读《隐秘与公开：情报服务与信息科学的追忆与联系》[J]. 情报探索 2010(2):3-5.

[2] 沈固朝．两种情报观 :Information 还是 Intelligence?——在情报学和情报工作中引入 “Intelligence” 的思考 [J]. 情报学报，2005(6):259-267.

情报活动及情报学科的广泛分布表明，情报学即狭义的国家安全学。情报学并不仅局限于中国图书馆情报学门类下设立的情报学一级学科（等同于科技情报学范畴，现已改名为信息资源管理学），还有军事学门类下军队指挥学中设立的军事情报学二级学科，以及法学门类下公安学中设立的公安情报学与侦查学两个二级学科。作为一门跨领域的、统一的通用型学科，情报学或可与组织社会学、军事社会学等并列在社会学门类下成为专门研究组织冲突的一级学科，或可与管理理论和未来学等并列在管理学门类下成为专门研究组织冲突的一级学科。当然，还可以将情报学与国家安全学联合设立为独立的学科门类，其下的情报类分支学科包括国家情报、部门情报（或情报领域，包括安全情报、军事情报、外宣情报、公安情报、经济情报、科技情报、国际情报等）、情报史（包括人类情报史、中国情报史、美国情报史等）、情报保障（包括情报机构、情报法律制度、情报伦理等）、情报职能（包括情报搜集与调查、情报分析、情报设计与谋略、情报行动、情报管理、情报组织等）、情报技术（包括情报侦察技术、情报系统、情报装备等）等，这些分支学科与其他国家安全学（比如军事安全学、公安学、国际关系学、安全技术学等）合并组成独立的国家安全学门类。

因此，如同国家安全学既是科学又是哲学一样[1]，情报学也是一门科学与哲学以及艺术相结合的学科。所谓的科学性表现在它是从感性的实践经验中，逐步升华提炼出结构化的理性逻辑系统，让实践变成理性的和逻辑的，同时让理性与逻辑参与再实践运动。其哲学与艺术性则体现在它需要遵循国家意志与社会伦理，在参与社会变革的过程中实现自身的历史辩证法；对于参与者而言，只有发挥出高超的智慧以战胜情报运动的不确定性，才能获得比较有利的历史地位。

情报学的成熟标志在于：一是我们能够“认识规律”，有能力辨别其形式的多样性与统一性、过程的科学性与艺术性、结果的效用性与危害

[1] 刘跃进．为国家安全立学 [M]. 长春：吉林大学出版社，2014:3.

性等；二是我们有能力借助它“参与实践”，掌握利用它与防范它的方法、控制利益与道德之间的边界、学会目的与适度之间的平衡；三是我们有能力给它“订立规矩”。情报的最终目的不是去偷盗信物、挑唆关系和捣乱秩序，而是实现世界和平，为人类谋取幸福，具有非常巨大的积极意义。中国人民饱受战争之苦，深深懂得“武为止戈”的道理，一向倡导战争始终是和平的手段而非目的。情报不仅是斗篷加匕首的隐蔽活动，也是包括战略传播与外交统战等在内的广泛参与国家政治、军事、外交、文宣、统战、司法、治安、经济、科技、信息等国家治理领域的基本手段，其目的是降低国家与组织的冲突风险，维护人民基本的生存与发展权利，不与虎谋皮，不为虎作伥。中国人民的情报观重在维护自身公平与正义的政治性，而不像西方国家政府那样，首先将资本集团的利益放在首位。

七、情报学研究方法与理论架构

情报学大致研究情报认识与情报实践两大领域，其方法可以划分为哲学与伦理、科学与逻辑、技术与方法三个层次，具体而言，包括历史研究方法（比如人类情报史、人类情报思想史、中国情报思想史等）、实践研究方法（比如国家情报实践、安全情报实践、安全情报分析方法等）、比较研究方法（比如中美情报历史比较、中美情报思想史比较、中美情报伦理比较等），以及案例研究方法（比如《孙子兵法》研究、冷战情报活动研究等）。

我们主张情报学重点研究六大活动内容，即情报历史、情报思想、情报逻辑、情报职能、情报领域和国家情报。情报历史是研究所有情报活动主体的总和即人类社会总体的情报活动规律，情报思想是研究情报学界研究情报规律并参与情报实践的活动规律，情报逻辑是研究逻辑主体的情报活动规律，情报职能是研究三级情报部门即情报职能部门的情报活动规律，情报领域是研究二级情报部门即各情报领域的活动规律，国家情报是研究一级情报部门即国家之间以及国家治理中的情报活动规律。

我们主张情报学要重点研究三大情报历史体系，即人类情报历史、现代中国情报历史、现代美国情报历史。对该三大历史体系的研究可以基本满足理性化地陈述和构建中国当代的情报历史脉络，当然如果我们要进一步提高历史比较基准的精度，也应关注其他国家的情报历史诸如俄罗斯情报历史、英法德情报历史、日本情报历史等。

我们主张情报学重点研究三大情报思想体系，即中国古代情报思想、中国现代情报思想和美国现代情报思想。通过研究我们发现，这三大体系不仅是考察和建立现代情报学所必须的基准点，也是人类情报历史演变过程中最具有典型意义的三大理论高峰。

参照其他学科的理论研究框架，结合中国当前的研究与实践状况，依照研究主体与对象的差别，大致可将现代情报学的研究框架划分为学科域、理论域、应用域和实践域四大板块，如图 1–5 所示，分别对应基础学科研究群体、情报理论研究群体、情报应用研究群体和情报实践研究群体。

作为基础理论的学科支撑，情报学需要吸收逻辑哲学、政治、军事、安全、外交、公安、经济、历史、数学等广泛的学科研究成果，作为情报学研究的学科养分，从而在整个学科体系中兼容并蓄，彼此吸收，繁荣学

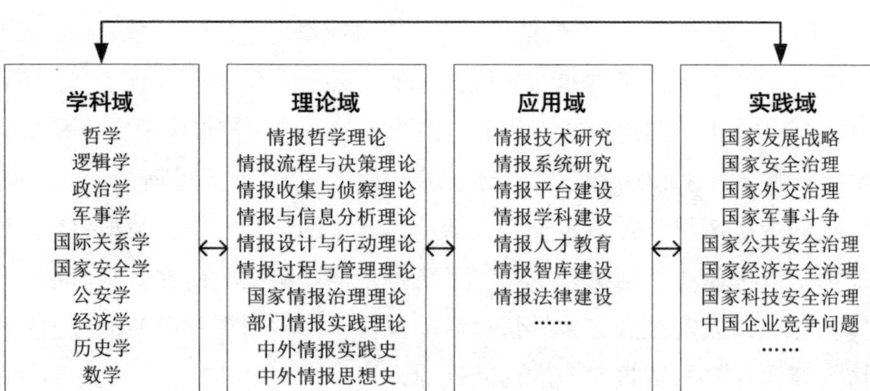

图 1–5　现代情报学研究框架

术。情报学自身的理论研究，应重点在哲学、历史、流程、侦察、分析、设计与行动、决策、管理、国家治理、部门实践等方面开阔视野，综合集成，厚积薄发，全面突破。应用研究方面，现代情报学应在技术、系统、教育、智库、法律等方面重点发力，结合国家需求，解决社会问题。而在实践研究方面，应积极参与国家战略、安全治理、外交活动、军事斗争、公共安全、经济安全、科技安全、企业竞争等多领域活动，通过实践检验理论，通过实践提升理论。

本书以广义国家安全学为基础，以狭义国家安全学为核心，依照现代情报体系和情报学研究框架，结合实践域重点对理论域展开系统论述，共分为七章。第一章以认知对抗理论为基础，研究了情报学在世界各国的发展情况及其与中国国家现代化治理的关系，主张以“综合创新”的学术路径开展情报学建设，提出现代情报体系与情报学理论构架等。第二章概要性地研究了人类情报历史的演变规律、情报思想的演变规律、中国古代情报思想、中国现代情报理论、美国现代情报理论以及中国情报学派等。第三章以认知对抗理论为框架，深入阐述了情报的问题、概念、本质、工作模型、中介等。第四章以情报场的嵌套循环模型为核心，详细阐述了情报侦察（侦查）与信息调查、情报分析与信息分析、情报设计与组织决策、情报行动与组织行动、情报组织与过程管理等情报职能活动规律。第五章以安全、外宣、军事、公安、经济、竞争、科技、国际等分支部门为重点，阐述了情报在这些领域的差异化特征。第六章以国家为重点，建立国家情报规律，对美国、俄罗斯、欧洲大国、日本、印度、以色列等国的国家情报规律加以深入研究。第七章论述了情报的发展机制、战略环境变革与任务转型，以及情报方法论革命等未来发展问题。本书结合情报活动机理、时代特征与国家治理等多个维度展开阐述，尤其重点研究了中美两国的情报体系及思想体系，并依照统一的逻辑概念，将这些散落在各个历史时期、各个学科领域的内容进行了理论整合与升华，尝试为中国情报实践和学术研究提供统一的、系统的理论框架，并为国家情报治理指明未来变革方向与可能参考模式。

总之，中国的现代情报学应以“综合创新”为路径，以广义国家安全学为基础，以狭义国家安全学为核心，依托认知对抗理论，以现代情报体系为框架，以古今中外情报思想和情报历史为参考，以认知对抗循环模型为流程，以安全、外宣、军事、公安、科技、经济、国际等为情报分支领域，以国家情报治理为落脚点，依照统一的概念逻辑整合升华，结合情报学研究框架中的实践域，重点对其理论域展开系统论述，形成体系完备、思想先进、方法适合中国国情和国体的现代情报理论，以解释、预测国家安全和国家发展中的情报现象并引领、指导国家安全和国家发展的治理以及全球治理。

第2章
情报历史与情报思想

在框定情报学的学科范围与逻辑结构之后，我们应该首先提炼和总结情报的历史演变规律和前人已有的理论研究成果，从而在历史脉络与学理根基上，构建起新时代的情报学。

人类作为一个绵延不断的发展整体，在社会生产与社会生活的历史长河中留下了自己的辩证规律。如同人类的所有常规性活动一样，情报历史也具有自己的辩证法。人类的情报历史与生命的演化史一样，遵循着遗传和变异的基因特征，一种功能的出现不会短暂性消失，而是在新的历史条件下不断地完善和丰富，并在一定的量变基础上形成质变，从而蜕生出新的功能形态，并与旧的功能形态共生。即使在今天网络与传媒异常发达的时代或者往后的若干年，我们依然需要技术来实现情报的自动化、需要中介组织来实现情报的社会化，甚至还需要间谍作为情报工作的备选模式。

情报思想研究是20世纪20年代逐渐兴起的一个新领域。情报思想史不能依照欧美学者的观念从欧美国家的情报历史开始研究，而应从整个全人类的情报活动历史及其思想历史开始。通过研究人类情报思想，我们可以发现，情报概念实质是情报历史演化的产物。情报究竟是什么，在不同的历史时期和不同的国别与现实条件下是存在认识差别的，但这种差别不是杂乱无章的，而是与客观历史现实相一致的，即在情报活动的历史中，情报思想在不断融合、解释并指导新生事物的基础上，通过概念逻辑的自我生长，最终产生出体系庞杂、子概念互相继承与吸收的情报思想总集合。

第1节　人类情报历史

情报作为一种社会活动，目前在情报学界尚未发现关于其一般历史演化特征较为完整和系统的研究成果，虽然在社会学领域不乏关于间谍史的研究，但都局限于具体的现象或事件的描述，都以经典案例排序为主要逻辑结构，因而缺乏历史辩证法，尚无法覆盖全部的情报内容和整个的情报演化进程，更无法上升到理论化的层次。除此以外，我国学者多对竞争情报进行深入探讨，以至于将竞争情报的历史当做情报发展的历史，给情报学的进一步研究带来了认识上的障碍。

我们在关于情报历史演化的研究中，参照了马克思关于人类社会演化阶段划分中突出生产工具的历史意义，从情报的认知对抗中介工具入手，将整个人类情报历史归纳为间谍、社会化、自动化和意识形态化四个演化形态，而且发现这个历史结构存在与生物分类方法类似的可称之为情报历史“何新树”的进化特征，即四种情报活动形态相继出现、互相继承、共同演化至今。当然，情报历史的划分并不是单一的，比如依照活动领域，可将人类情报历史归纳为军事、科技、经济和文化相继出现的历史演化形态。

一、情报进化动因

情报是组织的认知对抗行为，具有一般社会运动行为的演化特征。情报的演化历史依附于人类社会的组织形态演变过程及其认知对抗形态演变过程，融合于人类社会组织之间的认知对抗活动之中。总体而言，情报的历史演化主要取决于以下几个方面的动因：

1. 人口增长与资源的有限性所导致的社会组织形态演变

世界人口从古至今一直处于数量增长之中，受到地球物质资源有限性的制约，人类社会内部自我地调节着资源在不同人口中的分配比例，从而形成不同的组织形态和组织对抗形态，而组织的这种形态演变更加剧了组织的对抗冲突，促进了包括政治对抗、军事对抗、经济对抗以及意识形态对抗等在内的各种组织对抗活动。由人口增长与资源的有限性所导致的社会组织形态演变是情报进化的物质基础。

2. 生产与分工导致的组织形态分化

自人类从牧猎向农业生产转型以及从农业生产向手工业生产和工商业生产转变过程中，人类社会就走向了严重的组织分工道路，而这种组织分工一方面提高了社会整体的生产效率，另一方面却导致了社会整体的矛盾冲突，从而形成了不同类型的组织对抗形态。由生产与分工导致的组织形态分化是情报演化的社会基础。

3. 文明的进化

人类的文明进化突出地体现在工具的生产与消亡，尤其是技术与思想的进步或退化上。无论是工具的生产还是技术的进步都促进了文明的发展，同时加剧了组织的对抗激烈程度。同样，思想的革命与反动、进步与落后以及积极或消极等的差别，也激化了不同社会组织之间的矛盾冲突与对抗。文明的进化过程是情报进化的意识基础。

二、情报历史进程

从情报的历史动因分析中，我们可以清晰地看到，人类社会的两条主线，即社会的组织形态及其认知对抗形态，决定着情报的历史演化进程。这两条主线交叉变化并共同决定了情报演化的历史形态。

根据组织形态及其认知对抗形态的变化，按照不同的演化时期，可将情报历史划分成原始阶段、社会化阶段、自动化阶段以及意识形态化阶段等前后相继出现并共同延续至今的四个时期，分别对应间谍形态、社会化形态、自动化形态以及意识形态化形态等分布于不同历史衍生时期的四种情报活动方式，在图 2–1 中，简要地描述了情报的发展进程。在图中可以看出，受人类社会内部各类斗争运动的推动，社会组织形态及其认知对抗形态处于不断的演变之中，新的情报形态总是在继承原有情报形态属性的基础之上自然地演化而来。

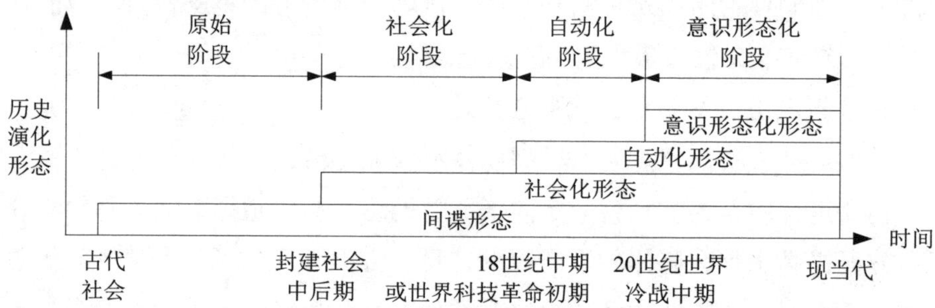

图 2–1 情报的历史发展进程

三、情报演化形态

根据上述论述，人类情报历史演化的形态包括：

1. 情报间谍形态

间谍是以独立个体为认识中介和实践中介的情报演化形态。无论是在东方社会还是在西方社会，间谍的历史都可以追溯到 3000—5000 年前的文明起始阶段。中国文字记载最早的间谍行为发生在夏朝的“少康中兴”时期，有“用间始于夏之康”之说[1]，而西方记录最早的间谍活动发生在公元前 1217 年的埃及[2]，而那时候的间谍主要服务于邦国或政治集团的政治

[1] 闫晋中. 军事情报学 [M]. 北京：时事出版社，2003:36-37.

[2] 厄内斯特 · 沃克曼. 间谍的历史 [M]. 上海：文汇出版社，2009:330.

斗争运动，直接服从于战争征伐的需要，是秘密的小范围的组织认知对抗活动。随着社会组织形态的演化，如今间谍活动已经广泛分布在社会的各个领域和各个方面，并且以社会职业活动比如信息咨询服务、技术服务、商贸活动、学术交流、外交活动、社会活动等进行身份掩护，成为从古至今一直存续并且广泛分布的一种古老的斗争方式。美国情报学界流行的人际网络分析理论，就是主要研究间谍交往活动规律的现代形式。

2. 情报社会化形态

社会化大生产引发了情报组织的社会中介化，即情报的社会化。社会化大生产导致了生产领域的功能分化和生产过程的专业分化，导致了组织间的社会化裂变和组织内部的结构化分解。在中国，这个过程以明朝中叶萌芽的资本主义生产为主要标志，而在以欧洲为代表的西方，则以 17 世纪早期英国工业革命为代表，从而在世界范围的资本运动浪潮中，生产组织从国家行政权力组织中脱离出来，并且在生产组织体系内部又进行了更大范围的自我分化和相互分工，构成领域更多、范围更广的专业化社会组织，形成情报的社会化基础。

从此，以报馆及报纸等为媒介的中介组织力量大量兴起，以社会身份或借助社会力量从事情报活动的组织不断地发展起来。中国的报纸始设于唐代（公元 618—907 年）的官方行政系统，发达于宋代，明朝时期从国家行政系统中独立出来，于清朝时期走向完备。[1] 报纸的内容也由官员言论，历经朝廷言论、民间小道消息等，最终形成社会各方情况汇报的情报枢纽。西方的报刊始于公元 1493 年的罗马时期，报道了哥伦布发现新大陆的经历。1609 年，德国的索恩出版了《艾维苏事务报》，每周出版一次，报道商人所关心的消息。西方的现代报纸则始于 1615 年创刊的《法兰克福新闻》。直到 18 世纪以后的日报普及，西方的新闻业才得以走向成熟，成为各方从事情报活动的最重要社会中介力量。报馆及报纸的兴盛，与社会化大生产和社会组织认知对抗的形态转变，在历史进程上是同步的，在

[1] 陈力丹. 我国古代报纸的历史前推 800 年 [J]. 当代传播，2004(1).

历史演化上是交互的。

情报的社会化导致了组织的认知对抗从间谍形态主要地转向了社会化形态，故美国情报界流行一个说法，即其80%的情报内容是通过公开信息渠道获得的，而只有20%的情报内容是通过秘密渠道获取的，究其原因就在于媒体等第三方社会化组织力量空前提高所致。广泛分布的社会化中介组织不断地生产海量的情报内容并能够从事更为复杂的社会活动，从而极大地丰富了情报的来源和活动的形式，执行更为复杂和高级的情报生产和反击行动，实现了情报活动的公开化和普遍化。

情报社会化的最高级阶段是人民情报，即“群策群力”阶段。如果从组织的视角看，可称它为“全员情报”阶段，是由国家全体成员以及所有支持国家生存和发展的社会成员组成国家情报体系的主要社会中介力量，通过松散的组织关系和实行了系统的职能分工的情报组织网络以及相应技术系统，实现在全世界的全时空域内的情报活动功能。中国于20世纪70—80年代实行的专业科技情报网即人民情报的雏形[1]，但这一体系并没有存续下来，更没有壮大和发展起来。

如今，从事情报社会化活动的组织极其多样，包括新闻媒体、调查机构、咨询机构、研究所、各类名目的基金会等，而从事情报社会化服务的组织也更加完善起来，比如图书馆、互联网公司、公共信息服务单位等。广泛分布的社会化情报组织不断地生产海量的情报内容，极大地丰富了情报内容的来源和认知对抗的形式。目前，世界上实现情报社会化程度最高的当属日本商业体系，其主要的情报活动就是通过遍布全球的“商社”来获得各类情报内容。

情报组织的社会化程度可通过线性规划模型和神经网络模型[2]来模拟和评估，进而为情报组织的社会化程度评价提供量化测算工具，比如具有简单功能结构的情报组织，可采用线性的和具有固定约束条件的规划模型

[1] 任冠甲. 专业科技情报网及其管理 [J]. 图书情报工作, 1985(3).

[2] 陈元琳. 基于人工神经网络的动态系统仿真模型和算法研究 [D]. 黑龙江：大庆石油学院, 2006.

来模拟和评估，而对于有复杂功能结构的情报组织，则可采用非线性的动态神经网络模型来模拟和评估。社会化程度评价又为情报组织的整体评价和相互比较提供了技术依据和数据基础。

3. 情报自动化形态

人类的文明进步对情报的主要影响之一是技术或机器对组织部分功能的替代，即随着自然科学技术和社会管理技术的不断开发与应用，人类的认知对抗行为在组织的体力方面和脑力方面不断地被技术或机器所取代，将原来由组织完成的部分认知对抗功能转换为由技术系统或机器来完成。情报自动化是情报社会化形态的历史延续及发展，是突出地以技术系统或机器等物质为主要的情报中介部分地代替社会组织认知对抗活动为标志的情报活动方式。

从 18 世纪中期开始，以通信技术和照相技术的不断发明与应用以及在 20 世纪以计算机技术的兴起为标志，以人机一体化为特征，通过情报组织的信息（包括情报内容）获取、处理及表达的机器替代，使情报活动逐步地走向了自动化的发展道路，尤其是传感器和计算机等的应用，起到了类似于机器对工业生产所带来的影响，使外部工具低成本和高效率地替代了组织成员的躯体及大脑的部分功能，造成情报组织的能动感知、人际传播、人工分析及其他一些人工活动等，持续不断地向机器感知、自动传输、智能分析及电子对抗行为等方向转化。信息系统的逐步应用，让情报组织的智能及其他功能发生了巨大的内部延伸和外部扩张。目前正处于发展和繁荣阶段的“信息化”浪潮，即是组织自动化的一种特殊表现。当前，世界上实现情报组织自动化程度最高的当属美国军事情报体系[1]，其不仅装备了最先进的信息系统，通过全球广泛分布的传感器、卫星系统、通信及网络、智能软件等实现全球地形与天气、安全与威胁、战场作战态势等动态信息的实时获取，并把数据及时整合成直接可读的可视化模型，而且利用信息系统实行情报伪装、舆论控制、电子攻击等杀伤力极大的情报

[1] 李章瑞，邹振宁. 美军情报系统综合集成现状与发展趋势 [J]. 外国军事学术，2006(8).

反击行为，为部队的一体化协作与联合作战乃至与国家经济和政治的军事互动提供了有力的保障。

信息化水平的评估技术以及人际效能的评估方法为情报组织自动化水平的评价和测量提供了可假借的理论工具，前者可用于评估情报组织在自动化过程中所具备的物质资源及技术资源数量和质量，后者可用于评估情报组织在实现自动化过程中利用外部物质资源和技术资源的效率。自动化水平的评估又为情报组织的整体评价和相互比较提供了技术依据和数据基础。

4．情报意识形态化形态

情报过程的意识形态化是情报组织社会化的必然结果。这里，意识形态是指被有意识地推荐给社会成员的一组观念的概括，在马克思语系中是作为统治阶级向被统治阶级输出的一种统治思想，分为正确的意识形态和虚假的意识形态。情报过程的意识形态化是指组织的情报过程不再局限于传统的情报内容收集以及其他决策支持服务，而是将意识形态作为一种组织对抗工具，直接输入对方组织内部，以弱化对方的反抗意志，迷惑对方的决策判断，使对方“坐以待毙”，最终实现“不战而屈人之兵”，即将情报活动的方式从改善组织的认知状态来实现对抗的间接形态转变为向对方输出有利于组织的认知工具，来达到扭转对抗局面的直接形态。情报意识形态化是以人类意识为主要的情报中介，将人类意识作为主要的组织认知对抗手段的情报活动方式，是情报组织的社会化所必然导致的结果。

情报过程的意识形态化现象在情报文化极其发达的中国古代战争时期早已有之，例如明朝罗贯中《三国演义》第五十五回《周郎妙计安天下，赔了夫人又折兵》的故事，说的就是利用诱导民众方式以改变民意，从而实现政治对抗的企图。三国时期，吴国孙权欲从蜀国取回荆州，都督周瑜设计邀蜀国刘备入吴国娶孙权之妹孙公主，以为人质，不料被蜀国丞相诸葛亮识破，叫五百士兵在吴国大肆宣扬刘备欲娶孙公主的消息，使吴国所属各地士官百姓皆已获知而举国大喜。后吴国见木已成舟，畏违民意，只得将孙公主嫁于刘备，虽后追杀刘备，却被诸葛亮设连环计所败。

但是，人类真正大规模地利用意识形态作为组织认知对抗的情报工具，将对意识形态的认识由感性上升为理性，并形成一定理论支撑体系的，则是从 20 世纪中后期，世界“冷战”中期开始的。当时在主要的世界大国之间，发生了剧烈的意识形态对抗运动，以美国为首的北约组织顺利地向苏联社会主义国家阵营输入了向资本主义方向改革的意识形态，仅用十几年的时间即将整个苏联社会主义阵营土崩瓦解，从而深刻地改变了 20 世纪末的世界政治格局，对整个人类历史的进程也产生了巨大的影响。曾任美国总统的艾森豪威尔以及美国国务院政策计划处主任乔治·凯南等曾明确表示，设立于 1947 年的美国中央情报局，其主要目的就是对外进行“文化战”或称“文化冷战”“心理战”等[1][2][3]，以争取人的思想和争取人的意志为目的，通过全世界广泛分布的数百个基金组织和社团组织，有目的地资助甚至直接安插间谍培植亲美的文学界、电影界、音乐界、律师界、学生界、教育界等各方社会名流，传播所谓的美国民主与自由，宣扬反共产主义运动的意识形态。其于第二次世界大战后支持欧洲重建的马歇尔计划中就有 5%的资金约 2 亿美元划入中情局以用于支持“文化冷战”。[4] 欧美国家不但利用意识形态工具成功地进行了政治组织的认知对抗，而且在苏联解体后，又将这一工具成功地应用到了经济生产领域，从而在世界消费市场上掀起了以广告和品牌为主的营销大战，通过建立超前的消费符号及消费理念等消费文化，控制住了整个全球消费者的价值取向，为欧美等大型跨国企业赢得了超过 65%以上的全球商品贸易份额[5]，从而取得了绝对的市场垄断地位和消费文化霸权。

---

[1] 河清. 美国中央情报局是怎样进行“文化冷战”的？ [J]. 史事 , 2006(3).

[2] 李剑林. 美国文化霸权建立轨迹考察 [J]. 长沙理工大学学报 (社会科学版), 2007(3).

[3] 弗朗西斯·斯托纳·桑德斯. 文化冷战与中央情报局 [M]. 北京 : 国际文化出版公司 , 2003:1-564.

[4] 弗朗西斯·斯托纳·桑德斯. 文化冷战与中央情报局 [M]. 北京 : 国际文化出版公司 , 2003:1-564.

[5] 何曼青. 中国加入 WTO 与跨国公司在华投资新动向——兼谈中国企业的应对策略 [J]. 制造技术与机床 , 2002(9).

情报过程的意识形态化也处于不断的形式演变过程之中，尤其是20世纪90年代以后，随着世界政治经济形势的剧变，意识形态化从直接的文化输出方式向经济领域的意识占领方式转化，从而使情报过程直接为经济活动和政治活动服务，其主要的表现形式有：第一，跨国企业集团市场竞争的营销形式由产品功能宣传向产品或组织的品牌宣传转变，以试图直接控制全球消费文化形态；第二，跨国企业集团的资本竞争由市场手段向通过改变国家民意或国家政策从而获得更为超级的垄断收益方式转变，使国际外交力量逐步演变成为替跨国企业集团服务的游说组织。

情报的意识形态化趋势对组织的情报意识培养与认知对抗形式的使用提出了更高的要求。情报意识教育内容不能再局限于决策服务及组织安全等传统情报意识领域，必须扩展到意识形态领域，即通过提高组织成员的思想觉悟与组织纪律，为组织意识边界的日益壮大与巩固提供思想保障。情报的意识形态化趋势也表明了组织的意识产出将作为一种可产生局部替代武器弹药的具有进攻性特征的战争工具或对抗工具，有目的地走上人类社会组织对抗运动的历史舞台，成为破除对抗阵营的有效工具。

5. 情报历史的另外一种演变结构

从活动类型的角度分析，情报活动起始于军事斗争。在人类记载的历史中，所谓的文攻武伐中的“文攻”，多半说的是与军事斗争相伴随的情报活动，比如清代朱逢甲所著《间书》就论述了从夏朝到清代的几乎所有经典的重大的情报历史事件。这些活动因其涉及国家的生死存亡，可归入军事情报或政治情报范畴。围绕先进军事武器制造技术的研制所展开的情报活动，则是最早从军事情报分化出来的科技情报活动，比如汉朝军队获取西域的精钢制刀技术。[1] 而自宋代以后，世界经济的资本主义化，经济组织的逐步强大伴随着经济情报（以及微观领域的竞争情报）的发展，即经济情报活动逐步突显出来，而随着资本主义国家制度的建立，以国家的市场经济制度做保障的经济情报才成为人类情报历史

[1] 人民网. 与历史有多远《汉武大帝》历史顾问答问 [EB]. http://news.xinhuanet.com/newscenter/2005-01/29/content_2522479.htm.

的独立演变体系。进入近现代社会后，由于有了广播、电视以及互联网等现代传媒技术的发展，“心理影响”这种意在改造对方文化形态或意识形态以符合自身目的的高级情报手段逐步地从组织的决策层扩散至普通的民众当中，包括新闻战、文化战、心理战、信息战、舆论战等在内的文化情报（或者叫意识形态情报）活动逐步成为区别于军事情报、科技情报和经济情报的另一个独立的演变体系。也就是说，人类的情报活动是历经军事情报、科技情报、经济情报和文化情报等活动类型逐步形成今天这种多种情报活动并举的格局。

四、情报思想爆发

与情报历史相对应的，是情报思想的演变结构。

纵观全部人类历史，人类的情报思想大爆发可能只发生在两个时期(如图 2–2 所示)，第一个是中国的春秋战国时期，从公元前 770 年至公元前 221 年，历时 550 年，产生了以《孙子兵法》《鬼谷子》等为代表的经典情报理论；第二个是现代的“一战—二战—冷战—后冷战”时期，从公元 1914 年至今，已历时 100 余年，在人民民主发展路径上产生了以毛泽东思想为代表的人民情报理论，在资本主义发展路径上产生了以中央情报局为代表的美国安全情报理论。

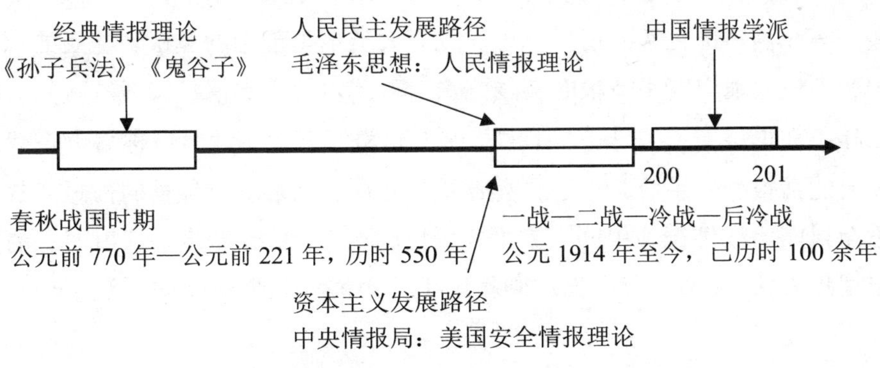

图 2–2　人类情报思想的两次大爆发

这两次情报思想的大爆发都集中在人类前所未有的超规模的国家冲突高潮时期，这既是情报与战争相伴相生的特殊历史结果，又是情报实践与情报认识互相辩证发展的历史结果。从演变结构上看，我们正处于大规模国家冲突的历史高潮时期，世界大国尤其是中美两国的情报思想也必然随之不断变革创新，迎来大突破与大发展的时代，比如中国情报学派的兴起正是新的国际格局与国家战略引导下，继承与发扬中国古代经典情报理论、人民情报理论与安全情报理论的综合创新结果。

根据上述人类情报思想的大爆发特点可以推定，我们对人类情报历史及其伴生的情报思想研究主要集中于中国古代、中国现代和美国现代三个时期及对应的三个领域。

第2节　中国古代情报思想

一、情报思想演变

在中国古代情报思想中最早提出情报理论纲领的是《孙子兵法》，其中除了大众熟知的“用间”思想外，还包括“诡道”“知彼知己”“先知”“庙算”“度、量、数、称、胜”“料敌”“伐谋”“诈立”“奇正”“虚实”等充满辩证色彩的情报思想，成为人类情报理论的鼻祖。随后的《六韬》则极大地丰富了情报的实践方法，可谓古代人类情报实践方法的大家之作。在情报实操方法方面，《鬼谷子》和《三十六计》可称得上古代最经典的情报操作手册[1]，几乎囊括了人类有史以来所有种类的情报实战计策与谋略。在情报“用间”方面，《孙子兵法》系统论述了“用间”的情报搜集方法，《李卫公兵法》则扩展了“用间”的情报离间方法；《间书》

[1]　赵冰峰．情报论 [M]. 北京：兵器工业出版社，2011:88.

则系统总结了清代以往几乎所有中国古代的重要“间论”与“间例”，并将外交游说、统战等思想纳入“间”的范畴。除此之外，中国大量史书和文学作品非常完整地记载了我国古代情报实践的最佳案例，如《三国志》《三国演义》就详细记述了三国时期几乎所有的重要情报活动历史与故事。

中国古代兵学著作中的情报思想是极其深厚和发达的，只是中国古代情报思想没有像西方现代科学逻辑体系那样采用抽象的概念分析系统，没有形成完整的情报概念结构体系。但很明显，中国古代情报思想是整体地融入战争的整个对抗运动之中的，其中的道理是基于战争实践经验的顿悟式的形而上，道理的表述也采用鲜活的情景式语言，具有身临其境的沟通传播效果。所以中国古代情报思想不能被强行塞进西方现代科学概念体系的研究之中，而只能采用西方为我所用的方式回归到中国国家利益主体，从中挖掘指导意义，以对中国国家利益给予切实的实践与理论指导。

二、情报思想概述

中国自古以来就是一个战争频仍的国家，战争使得中国的情报文化瑰丽无比，其思想内涵之深厚举世无双。中国的情报文化主要集中或散落在浩瀚的兵学及经、史、子、集当中，尤以兵家、纵横家、杂家和阴阳家等的思想为最，大致可分为“间”“计”“谋”三类，分别对应情报活动的执行、战术和战略层面，并形成逻辑包含关系。[1] 或可对应情报活动的短周期、中周期及长周期，并形成大致的包含关系，即一个“计”中可能包含有多个“间”，一个“谋”中又可能包含有多个“计”，所谓“连环计”说的就是“谋”与“计”的这种关系。

中国古代的“间”是最常见也是当前学术界最为热心研究的内容。情报学概念中的“间”可以定义为以人际交往的方式实现“知彼”的目的。

[1] 赵冰峰 . 情报论 [M]. 北京 : 兵器工业出版社 , 2011: 87.

关于“间”的描述以《孙子兵法》最为经典,而清代朱逢甲《间书》[1]则有了一定的系统性总结。

而“计”在情报学界少有人提及和认识，虽然中国古人所用的“计”并非全是情报的范畴，但是大量的“计”中却有完全的或者部分的情报内容和情报手段，比如“美人计”“反间计”“瞒天过海”“声东击西”“抛砖引玉”“指桑骂槐”等。因此，情报学概念中的“计”可以定义为以某种特定的活动完成一个涉及局部问题的认知对抗运动，日常用语“计上心来”和“略施小计”可分别作为情报活动的认识过程和实践过程。中国古代关于“计”的论述与描写以《三十六计》最为经典，而大量“计”的经典案例则常见于古代战争历史著作之中。

同样，关于中国古代“谋”的历史论述与记载中所包含的情报活动更少有人研究，一个“谋”可以包含大量的“计”和更多的“间”的活动，比如我们熟知的三国时期“火烧赤壁”的典故就包含曹操送信恐吓孙权、孙权派鲁肃出使荆州劝说刘备联合攻曹、刘备遣诸葛亮联吴攻曹、周瑜设计离间曹军杀蔡瑁张允二将、周瑜打黄盖送伪降书骗曹并用火攻曹等一系列情报活动，是魏蜀吴三足鼎立之势从此形成的主要主观因素。因此，情报学概念中的“谋”可以定义为以一整套系统的活动完成一个涉及主体全局问题的认知对抗运动。中国古代关于“谋”的论述与描写则在浩如烟海的经史子集中随处可见。

但是现代的情报学研究者受到西方科学主义的误导，认为中国古代没有情报科学，其实是极大的谬论。西方科学是建立在抽象概念基础之上的逻辑体系，对问题的研究走的是追求外部的“真”或“是”的认识路径，采用的方式是通过概念对问题的属性割裂进行研究，其中就包括情报的概念。以概念为基础的逻辑体系在中国古人的观念中属于一种华而不实的“诡辩之术”，都不齿于使用，而更乐于和善于应用“天人合一”的、完整的和鲜活的“道”与“理”作为基本的认识路径，比如在一个“计谋”

[1] 朱逢甲. 间书 [M]. 南宁：广西人民出版社，2007.

中，不会去单独考虑如何做好“知己知彼”的方法和技术，而是考虑如何通过全盘筹划以实现整体的对抗目标。总之，中国古代的兵、史、经等书籍是一个值得深挖的情报学宝库，研究者不仅要依照科学逻辑的概念工具加以分析和推理，更应该深刻掌握其中的整体智谋及其精神内涵。由于情报的认知对抗本质，一般而言，情报活动的频率与战争的规模和激烈程度呈正相关关系，这就为研究中国古代的情报理论提供了一把按照历史时间进行检索的钥匙。

中文“情报”一词译自现代日语，在中国古代没有“情报”这个词语，也就更不可能有情报词语所表述的概念。但是情报文化在中国却是十分发达，这首先是因为中国是个战争频繁的国家，同时又是个智谋发达的文明国家。中国古人创造了大量用于表述情报活动的词语、概念、方法、手段、策略等，这种丰富程度远远超过当今世界任何一个国家关于情报理论研究的丰富程度。下面简单罗列了一些中国古人在情报活动中常用的并且至今仍然在使用的以单个字组成的古语：

用以表述情报不同层次或类型的有：符、情、事、间、计、谋等。

用以表述情报不同途径或手段的有：知、策、度、较、权、量、料、数、算、审、猜、揣、辨、证、了、索、投、饵、钓、刺、探、耳、目、侦、听、望、窥、视、察、查、见、验、测、说、辞、辩、谣、谗、示、形、佯、装、迷、藏、匿、塞、危、威、胁、恐、吓、却、屈、诱、使、离、恶、劳、消、耗、亲、疏、害、露、泄、防、守、堵、备、整、齐等。

用以表述情报不同策略方法的有：诈、伪、假、疑、惑、乱、愚、惊、喜、怒、哀、骄、衰、惰、弱等。

用以表述情报活动应遵循的不同原则有：阴、神、虚、合、密、周、详、细、微、慎、反、奇、隙、诡、鬼、隐、私、贼、偷等。

三、情报名著研究

中国古代情报历史和思想史蔚为壮观，各种兵书、智谋奇书、史书、野史、小说等，于其中记录有情报活动的著作浩如烟海，各种情报理论和各个情报典故不胜枚举，是有待我们认真学习和深刻总结的情报理论空白区域。

1.《武经七书》情报思想

由张晓军主编的《〈武经七书〉军事情报思想研究》，于2001年由军事科学出版社首次出版发行，属于中国人民解放军外国语学院重点科研项目。该书以《武经七书》为切入点，展开研究了中国古代军事情报思想，取得了丰富的成果，本文将其精彩观点摘录汇总如下：

《武经七书》由《孙子兵法》《吴子兵法》《司马法》《尉缭子》《六韬》《三略》《唐太宗李卫公问对》七部兵书汇编而成，是北宋朝廷作为官方颁行的兵法丛书，是中国古代第一部军事教科书。

关于古代军事情报工作的研究，一是缺乏研究阵地，研究者少，研究队伍分散；二是缺乏宏观整体研究，轻理论总结，重现象描绘。

令人惊叹不已的是，现代军事情报理论的基本范畴如：情报认识、情报收集、情报分析、情报应用等内容，在《武经七书》中均有所论及，它们构成了有机统一的理论体系。

古代兵家认识到，情报并不是凝固不变的，它的发展变化决定了情报工作的动态性，因此在应用情报指挥作战时，就要跟踪并掌握敌情的具体特殊性和不断变化，制定出极具针对性的作战谋略。

所谓欺诈，就是施放假情报，诱使敌人据此决策而致误致败。《孙子兵法》主张通过诡诈手段来夺取整个作战过程中的情报主动权，保证己方自始至终掌握战场情报的获取权、控制权和使用权。

依据军人战场心理活动规律应用情报是古代兵家情报应用的一个鲜明特色。《孙子兵法》《吴子兵法》特别主张利用间谍开展心理战，达到“不战而屈人之兵”的功效。逐利求胜是作战双方共同的心理活动，诱之以利、慑之以威，均可造成对方的心理及行为失常，从而削弱其战斗力。

“诡道”的确立，使战场上的力量时刻围绕着“知”的智慧展开。

“知”贯穿于《孙子兵法》的始终，它是孙子论兵的出发点，也是《孙子兵法》的归结点。孙子在将“知”作为纲维，贯通整个理论体系的同时，在客观上也使关于“知”本身的理论体系化了。

“以礼为固，以仁为胜”是《司马法》的军事思想主线。

2.《孙子兵法》情报思想

情报学起源于军事对垒，比较系统化的情报学理论总结首先是由中国古代春秋时期的孙子完成的。

“间”是《孙子兵法》[1]中最著名的情报理论。“间”实质有两层含义，第一，“间”主要是为了解决军事对垒中“知己知彼”的问题。第二，“间”即“离间”，是指通过主动的情报反击行动，以较小的代价实现“上兵伐谋”的效果，成为对抗运动中最具有杀伤力的进攻方式。

《孙子兵法》对“知”有深刻的论述：(1) 孙子指出了“知”的对象，即“知己知彼”。(2) 孙子论述了知的要素，即“道、天、地、将、法”。(3) 孙子隐含地论述了知、战、胜的辩证关系，即情报是“知”而“战”和“战”而“知”的过程反复，“知”不是孤立的行为，“知”必须为“战”服务，否则“知”的军事意义很小，“知”必须通过“战”而为“胜”服务，否则也没有太大的价值；“知、战、胜”是三位一体的动态过程，经过多次的“即知即战”和“即战即知”，继而取得战争胜利。(4) 孙子指出了情报的先知功能，即“故明君贤将，所以动而胜人，成功出于众者，先知也”。先知于敌的思想是非常深刻的，美军提出的 OODA 决策循环理论[2]就是这一思想的现代延伸。(5) 孙子还指出，情报认知的目的不仅包含“知”客体，还包含破坏客体的“知”，即隐藏、迷惑、欺骗客体等，从而达到改善军事对抗形态的目的。

《孙子兵法》对情报的欺骗功能有深刻论述。首先，其主张使用诡辩之术，如“计利以听，乃为之势，以佐其外”；其次，主张使用诡道之术，如

[1] 孙武 . 孙子兵法 [M]. 北京：高等教育出版社，2008:1-224.

[2] 肖裕声 . 21 世纪初大国军事理论发展新动向 [M]. 北京：军事科学出版社，2008:54-78.

“兵者，诡道也。故能而示之不能，用而示之不用，近而示之远，远而示之近。利而诱之，乱而取之，实而备之，强而避之，怒而挠之，卑而骄之，佚而劳之，亲而离之，攻其无备，出其不意。此兵家之胜，不可先传也”。

《孙子兵法》对情报的谋略功能亦论述精到。总体上，其主张“上兵伐谋”的战争原则；在战争策略上主张“形人而我无形”；在战术上主张采用“动敌”方法，以创造战机；在行动上主张采用“相敌”和“用间”，以知晓敌军，如“有因间，有内间，有反间，有死间，有生间”；在整个谋略实施上，建议采用“非微密者，不能得间之实”的治理标准。

3.《六韬》情报思想

《六韬》又称《太公兵法》[1]，可能为周初太公望吕尚所著，或为后人伪托。全书以对话形式论述了战争的各种谋略策术问题。

在侦察方面，《五音》《兵征》和《垒虚》等篇论述了情报侦察的方法，如“律章之声，可以知三军之消息、胜负之决”“胜负之征，精神先见，明将察之，其效在人”“望其垒，即知其虚实”等。

在传递方面，《阴符》和《阴书》篇论述了情报的传递方法，如“八符者，主将秘闻，所以阴通言语不泄，中外相知之术”“诸有阴事大虑，当用书，不用符，主以书遗将，将以书问主，书皆一合而再离，三发而一知。再离者，分书为三部；三发而一知者，言三人，人操一分，相参而不知情也。此谓阴书，敌虽圣智，莫知能识”。

另外，《发启》和《文启》篇论述了对抗形势分析和谋略设计，如“若同舟而济，济则皆同其利，败则皆同其害”“古之圣人聚人而为家，聚家而为国，聚国而为天下”。

《兵道》篇论述了情报策略，如“阴其谋，密其机，高其垒，伏其锐”。

《临境》《动静》《金鼓》《略地》《突战》《敌武》《鸟云山兵》《鸟云泽兵》《少众》《分险》等篇论述了战略欺骗和战术欺骗，如“发我锐士，潜

[1] 徐玉清，王国民注．六韬 [M]. 郑州：中州古籍出版社，2008.

袭其中，击其不意，攻其无备，敌人不知我情，则止不来矣”“发吾伏兵，以冲其内，或击其外”“鸟云之陈，阴阳皆备，或屯其阴，或屯其阳”。

《文伐》篇则系统性简述了统战、外交欺骗、政治离间与收买、政治代理人、经济误导、舆论控制、公共外交等在内的“和平演变”的所有可能模式，如“辅其淫乐，以广其志，厚赂珠玉，娱以美人。卑辞委听，顺命而合。彼将不争，奸节乃定”“收其内，间其外，才臣外相，敌国内侵，国鲜不亡”“尊之以名，无难其身；示以大势，从之必信，致其大尊；先为之荣，微饰圣人，国乃大偷”“阴纳智士，使图其计；纳勇士，使高其气。富贵甚足，而常有繁滋。徒党已具，是谓塞之。有国而塞，安能有国”。

4.《鬼谷子》情报思想

《鬼谷子》[1] 成书于战国时期，系纵横家鬼谷子所著。因其言辞诡秘，历史名家对其颇有争议。总体而言，《鬼谷子》论述了纵横家或谋士如何发挥游说之术、言辞之辩、权谋之决以实现纵横之道，甚至暗含作为君王的“牧”天下之法。全书以超人类的眼光看待世界，描述的是圣人如何借助诸侯王公大化天下的处世哲学，而非民间生活俗事，亦非圣人自身道德修为。但当代人多以世俗态度解读，试图从中寻道问术、操练权谋以获得财物私利，实为大谬。

捭阖——纵横家开展外交、游说的两种基本策略。《捭阖第一》论述了谋士（或圣人）的两种互为辩证的游说原则，捭即公开，阖即隐蔽。捭要周全，要点是掌握情况，并以对方的善德喜好作为引导。阖要私密，要点是取得信任，并以对方的恶害贫苦作为基础。

观以反应——纵横家观察诸侯王公反馈的方法。《反应第二》论述了谋士如何了解诸侯王公心意的策略方法。总体而言，要“反以求之、其应必出”。反即主动引导，应即回应验证。观反应的方法需要遵循“象→心→情→牧”四个核心环节。象，利害假设或权谋陈述；心，诸侯王公的欲

[1] 许富宏评注．鬼谷子 [M]. 北京：中华书局，2013.

望；情，诸侯王公的意图；牧，诸侯王公的天下治理。

击中欲望——纵横家如何掌控诸侯王公的“心”。《内揵第三》论述了谋士如何激起和掌控诸侯王公的欲望。揵即锁，比喻人内心的欲望。内揵即主动深入以击中对方的欲望。在此过程中，须分两类情况，过往的利欲要顺承，将来的利欲要求变、设谋、引导。

应对分歧——纵横家处理多个“心”的方法。《抵巇第四》论述了谋士如何利用诸侯王公大臣们之间的欲望分歧和人际隔阂。分两种情况，一种是“五帝之政，抵而塞之”，即善政之事要修复分歧；一种是“三王之事，抵而得之”，即恶政之事要加以操纵利用。

勾钓——纵横家“象”的方法。《飞箝第五》论述了谋士用沟通之术勾钓和了解诸侯王公内心深处的真实欲望。对方的欲望大致分三种：获得财货、获得谋势和解决分歧。使用方法分两种，一种用在处理对方的天下大事上，须审时度势，以天下事说之；一种用在处理对方的个人事务上，要度权量能，迎合本意。

磨合——纵横家与他人磨合的方法，即“牧”的前奏。《忤合第六》论述了谋士如何与诸侯王公反复磨合后达成合作的方法。忤合即磨合，磨合阶段的合作。“牧”的前提条件是“因事物之会，观天时之宜”；“牧”的对象是天下、国、家、身；磨合的目的是“忤合之地而化转之，然后求合”。

量权揣情——纵横家“牧”的两手。《揣篇第七》论述了谋士如何在合作中掌握诸侯王公的意图。“牧”分两手，一手要“量权天下”，掌握货财、人民、饶乏（生产）、地形、谋虑、决断等；一手要“揣情诸侯”，掌握君臣、宾客、天时、诸侯欲望、百姓疾苦等。“揣”的基本原理是“情变于内者，形见于外，故常必以其见者而知隐者”，即找到对方的知情人了解隐秘情况，相当于现代的“人际网络”理论。“揣”需要遵循的基本规则是“守司”，即掌握适度和分寸。

揣情——纵横家“牧”的两手之一手，揣情之术。《摩篇第八》论述了谋士如何借助沟通技巧掌握诸侯王公的意图。摩即揣摩心意，依据的基本原理是“测而探出，内符必应”，即做出的各种试探中，与对方本意相符的必有反应。诸侯王公性情不同，须使用不同揣情方法。先以大类测试，效果不佳则以“心”（即欲望）测试，必定成功。

权说——纵横家的游说言辞通变方法。《权篇第九》论述了谋士在对诸侯王公的游说中如何展开说辞。基本原则是“言者，有忌讳也”“智者以明，不智者以教”，不同性情之人，用不同说辞。其关键是对善听的人采用使其聪明的说辞，对有智慧的人采用使其明理的说辞，对善于辞辩的人采用使其惊奇的说辞。

谋设——纵横家的谋略设计。《谋篇第十》论述了谋士的谋略设计方法。谋略的逻辑过程是“利害亲疏（矛盾冲突）→变化生事（生出问题）→谋（思虑）→三仪（上、中、下三种方案）→奇（计较优选出最好的计策）→事（佐证）→制（规则方法）”。其中，“仪”相当于现代情报理论中的情景设定；事（佐证）分为“古之所从”（成功的历史实践）和“度材量能揣情”（当下现实与诸侯意图）。谋略设计的基本原则是“因事而裁之”，分为三大类型：仁人出费、勇士据危、智者立功。谋略设计的策略是“因其疑以变之，因其见以然之，因其说以要之，因其势以成之，因其恶以权之，因其患以斥之”。谋略的最终目的是“事贵于制人，而不贵于见制于人”。

决疑——纵横家的决断正治。《决篇第十一》论述了谋士如何协助诸侯王公决断疑惑的方法。决的原因是“疑”，目的是“正乱治、决成败”，核心是趋利避害。决的方法是“度之往事、验之来事、参之平素”。可“决”之事包括：美名之事、易成之事、费力但不得已之事、去患之事、从福之事。

符言——纵横家“牧”天下之根本。《符言第十二》论述了谋士作为君王需要具备的立命根本，或辅佐的君王所需要具备的立命根本。君王的根本包括：正位，安徐正静，虚心平意；聪明，目明、耳聪、心智；修德，德术正静；赏刑，用赏贵信，用刑贵正；问惑，勤问惑于天、地、人；循因，遵因循理；事周，以周防乱；身恭，明知天下，洞悉隐微；名实，循名而为，实安而完。

纵横家的活动循环链条——《鬼谷子》具有清晰的逻辑结构和论证

结构，围绕“观反应”时提出的核心链条“象→心→情→牧”，实际上建立了一套完整的纵横家理论，全书在总论基础上，分章详述了每一个核心环节的策略要点，显得系统完整，逻辑清晰，丝丝相扣，不似中国古代其他诸子断言式的、西方古代多数哲人寓言式的论述方式。特别是其强调的核心链条循环往复思想，如“先知而楗万物”的先知方法、“得其情乃制其术”的揣情方法、“先谋虑计定，而后行之以忤合之术”的先谋方法等，充满了高级的辩证思想。

《鬼谷子》的本意似乎并不是论述情报活动，但其纵横之术是非常经典的情报设计与情报行动的方法体系，所以，《鬼谷子》可称作经典的情报手册。

5.《三十六计》情报思想

《三十六计》相传为我国南北朝时期刘宋名将檀道济所作[1]，书中的36个计谋中有19个属于利用客体的认知实现主体计谋的目的，即一半以上的“计”属于情报活动或情报活动策略的范畴。

该书开头便说“六六三十六，数中有术，术中有数。阴阳燮理，机在其空。机不可设，设则不中”，短短二十九字道出了“计”的本质要求。其中，“数”是“胸中有数”，表示对战争的各方形势和斗争态势要做到了如指掌，权衡计较出其中的轻重缓急。“数”相当于现代情报学概念中的环境调查，但很显然，中国古人的“数”不是环境调查中对直观现实的精确描写，而是一种在关键和核心问题上的计量比较和关系权衡，更强调战争双方情况的对比关系。在“数”的基础上“术”便自然地形成了。“数”是“术”的基础和原因，“术”是“数”的升华和结果，可见在《三十六计》作者的观念中，“计”的行为在本质上还属于一种“术”的范畴。文中的“机”即关键、枢纽或者本质，“空”则是道家所谓“无为的自然之境”，表明“术”或“情报”的应用必须深藏于现实既有的物质基础、社会基础以及意识基础背后，任何具体的存在物及其存在形态都不能

[1] 马继业，全晰纲评注．三十六计 [M]. 北京：崇文书局，2009.

透露出“术”或“情报”的存在，即实现情报对象的“密不透风”，情报过程的“严丝合缝”，情报内容的“滴水不漏”，情报中介工具的“平淡无奇”。故而文中提出了“机不可设”的原则，就是说“术”或“情报”的活动不能让战争的客体看起来有“假”的存在物或“虚”的存在形态，一切“术”或“情报”都深深地隐藏在“真”的和实在的存在物和存在形态当中。这是情报行为的最高级境界。《三十六计》的开篇之言反映了中国古人对于“计”这种“术”的深刻认识，是对春秋战国时期兵家所主张的“诡道”“奇正”之理，以及“不战而屈人之兵”的最高战争目的，做出了进一步的融合和深化，并提出了具体的指导思想。就认知对抗这一情报的本质而言，《三十六计》显然比《孙子兵法》中关于“间”的论述内容和范围更为深刻和精到得多。下文将围绕情报主客体、情报内容、情报过程和情报中介四个要素，依照《三十六计》中原文出现的顺序和内容进行典型类型的分析，并依照主体行动或中介对客体认知造成的影响进行分类，以便于揭示和归纳其中的逻辑结构。

“瞒天过海”是三十六计第一计，足见其在作者观念中的重要地位。“瞒天过海”中“备周则意怠；常见则不疑。阴在阳之内，不在阳之对。太阳，太阴”，说的是情报主体在保证自身认知准确和真实的情况下，化“计”于平淡无奇的常规活动中，使客体的认知出现重大错误，主动放弃对抗意图和对抗行动，从而形成主体的认知优势。这是一种基于主体过程的常规化，导致客体的认知错误，从而赢得对抗运动胜利的情报活动方式。过程常规化的具体方式可以有：隐藏主体对抗意图、在对抗价值方面主动向客体示弱、将规模化的运动分解到日常过程之中、将情报手段和形式内置到常规手段和形式中，做到“大象无形，大音希声”。近年来，欧美国家强烈要求中国大幅度地增加经济方面、政治方面和军事方面的透明度，主要原因之一就是防止中国采用这种情报形态。

“声东击西”是三十六计第六计，其中“敌志乱萃，不虞，坤上兑下之象。利其不自主而取之”，说的是情报主体在保证自身认知准确和真实的情况下，通过异常行动，打乱和破坏客体的认知体系，使客体失去正常的认知能力，从而实现主体的认知优势。这是一种基于主体过程的异常化，破坏客体的正常认知，从而赢得对抗胜利的情报活动方式。过程异常化的具体方式有：主体在时间和空间位置出现的随机性和虚假性、过程的机动性和无规律性、内容的伪装性和欺骗性、手段和形式的多变性和迷惑性，做到“以假乱真，寓真于假”。

“无中生有”是三十六计第七计，其中“诳也，非诳也，实其所诳也。少阴、太阴、太阳”，说的是情报主体在保证自身认知准确和真实的情况下，通过虚假的预期行动，破坏客体的认知能力，使客体失去正确的判断，从而在争取到足够时间的条件下，建设和完善主体的整体对抗优势。这是一种基于主体假的预期过程，以破坏客体的正常认知，从而通过争取准备时间而赢得胜利的情报活动方式。由假而实的具体方式可以有：主体过程的迷惑性和务实性、情报内容的伪装性和欺骗性、情报手段与形式的迷惑性等，做到“以时间换空间”。比如微软公司在快速发展时期，通过每年发布超前于正常技术条件的软件版本预告方式，让竞争对手跟风于超常规技术的研发从而拖住了对手的大量资源投入，而自己却深耕于常规技术的不断整合与扩张，从而将竞争对手纷纷排挤出市场，获得操作系统和软件系统的垄断地位。

“打草惊蛇”是三十六计第十三计，其中“疑以叩实，察而后动；复者，阴之媒也”，说的是情报主体为了获得准确和真实的认知，通过多次反复的试探性行动，逐步暴露客体的认知能力和认知目标，使客体的当下认知状态和未来认知状态都表露出来，从而在整体对抗中把握主动权，争得优势。这是一种基于主体多次试探行动，逐步暴露客体的认知，从而通过认知主动权赢得胜利的情报活动方式。试探性行动可以有：主动释放虚假意图、主动泄密虚假情报内容、小规模对抗测试运动等，做到“反复验证、胸中有数”。“打草惊蛇”是勾钓和暴露客体认知的主要方式，在军事对抗运动中常常使用，比如侦察兵种的设置和先遣部队的使用都说明这种方法的应用，其在竞争情报领域也属于一种惯用手段，比如外国企业常常通过参观学习、收购洽谈、技术交流、经营合作等方式掌握中国企业的经营状况和技术资料等。

“指桑骂槐”是三十六计第二十六计，其中“大凌小者，警以诱之。刚中而应，行险而顺”，说的是情报主体对弱于自身的客体，通过中介方法威慑和削弱客体的气势或者意识形态[1]，以把握对抗运动的主动优势。这是一种基于主客体存在地位差别的条件下，采用压迫客体的认知体系、决策体系或者意识形态，而赢得对抗运动主动权的情报活动方式。需要指出的是，“指桑骂槐”有时属于直接的物质对抗或社会对抗形态，情报活动只是其中的一种方式，比如舆论战、心理战等。

“釜底抽薪”是三十六计第十九计，其中“不敌其力，而消其势，兑下乾上之象”，说的是情报主体为了获得认知优势，通过认知中介，削弱或者彻底破坏对方的气势或者意识形态，以把握对抗运动的主动优势。这是一种基于主体的中介误导，摧毁客体认知体系、决策体系或者意识形态，而赢得认知主动权的情报活动方式。摧毁客体气势的方式有：向客体释放虚假的价值观念、诱发客体内部的认知冲突和矛盾、诱发客体主动放弃对抗意图和对抗行动等，做到“攻心为上”。这种情报方式以 20 世纪冷战时期欧美国家向苏联国家输入资本主义意识形态而导致后者崩溃的历史事件最为规模宏大和惊心动魄[2]，其在当前世界经济领域内的应用则以发达国家所主导的技术专利保护法剥夺后进国家的技术创新能力和生产能力最为典型。

“反间计”是三十六计第三十三计，其中“疑中之疑，比之自内，不自失也”，说的是情报主体为了获得认知优势，通过客体投送过来的社会中介，透露虚假内容以破坏对方的正确认知，从而把握认知主动权，获得对抗优势。这是一种基于客体的中介误导，破坏客体认知体系、决策体系或者意识形态，而赢得认知主动权的情报活动方式。

值得一提的是“连环计”，虽然不是直接的情报活动，但其中“将多兵众，不可以敌，使其自累，以杀其势。在师中吉，承天宠也”，说的是

[1] 赵冰峰 . 论情报的过程 [J]. 情报杂志 , 2010(2).

[2] 赵冰峰 . 论情报的过程 [J]. 情报杂志 , 2010(2).

当对抗客体比较强大时，需要主体通过多次反复推进的手段和方式让客体自身减弱对抗优势，从而实现自己的目的。其一方面证明了情报过程的复杂性、艰巨性和持续演进性，另一方面也指明了情报活动的巨大价值和意义，即战争的最高阶段不是实力和物资的消耗，而是通过计谋策略以“不战而屈人之兵”，这也正是情报的精妙所在。

根据上述分析，可根据主体所采用的行动方式或手段以及对客体认知体系造成的不同影响，将《三十六计》中的情报逻辑结构总结和汇总如表2–1所示，同时将其他与情报活动相关的“计”分别对号入座放入结构表中，从而为我国古代情报思想的研究提供一种可能模式或可能途径。

表 2–1 《三十六计》中的情报活动类型

主体的行动方式和手段	对客体认识的影响（括号内数字为其出现在《三十六计》中的先后顺序）				
	暴露客体认知	维持客体认知	压迫客体认知	破坏客体认知	摧毁客体认知
采取试探行动	打草惊蛇（13）				
采取常规行动		瞒天过海（1） 暗度陈仓（8） 笑里藏刀（10） 抛砖引玉（17） 金蝉脱壳（21） 假痴不癫（27）			
行动由假而实		无中生有（7） 上屋抽梯（28） 树上开花（29）			
利用中介误导			指桑骂槐（26）	美人计（31） 反间计（33） 苦肉计（34）	釜底抽薪（19）
采取异常行动				声东击西（6） 调虎离山（15） 欲擒故纵（16） 空城计（32）	

6.《间书》情报思想

《间书》[1] 系朱逢甲所著。朱逢甲，字莲生，清代道光、咸丰年间人，生于江苏华亭。2007 年广西人民出版社出版了由杨易唯编译的《间书》通俗版本。

（1）中国的间谍史

《间书》大致简述了中国古代的情报历史，现摘录于下：

中国古人称间谍为“间”。“间”字的本意是“空隙”“缝隙”，后来发展为对敌方制造可乘之机，乘机加以利用，以刺探情报、击败对手。“间”和“谍”在古代是两个词，《大戴礼记·千乘》云：“以中情出，小曰间，大曰谍。”意思是说，小的窃密活动叫做“间”，大的窃密活动叫做“谍”。

《间书》是中国第一本也是唯一的一本间谍研究专书，同时也是世界第一本间谍研究专书，主要收集和阐述了从先秦到清朝时期的所有与间谍活动有关的史料，对中国古代间谍问题进行了系统论述。

中国历史上最初的间谍活动历史具有：①从事间谍活动的人通常是一些青史留名的明君贤将；②间谍活动的目的在于刺探对方的军事情报；③间谍活动处于自发状态，没有形成完整独立的间谍机构和组织，并直接受最高统治者掌控。

春秋时期的子贡纵横说列国，在中国的间谍活动史上有重要意义：①他的活动标志着“士”这个阶层的人物登上间谍活动的舞台；②他的活动表明间谍符合“上智”的素质。

春秋战国时期的间谍活动不但在政客中相当活跃，而且还形成了一定规模，《六韬》中记载了一个间谍组织的构成，有“耳目七人，主管通过与外界的交往，听风声，观动静，察明天下形势，了解敌军情况；羽翼四人，主管宣扬将帅的威名声誉，以震骇远方、动摇邻国、削弱敌军；游士八人，主管察明敌方奸佞，刺探敌国变乱，操纵敌国民心，观察敌人意

[1] 朱逢甲．间书 [M]. 南宁：广西人民出版社，2007.

图，进行间谍活动”。虽然这种分工有点粗糙，但已初具规模。

在秦朝统一中国的过程中，秦国的“金钱外交”使齐国不战而亡。秦朝为了攻灭齐国，辅臣李斯先派间谍进入齐国，以巨金收买了齐王身边的权臣后胜，后胜则派大量门客赴秦。秦朝对这些人一律投其所好，重金收买。而后这些门客大批返回齐国，在后胜的举荐下纷纷登居高位，这样秦国就在齐王的周围建构了一个活跃的间谍网，间谍人员从各方面影响齐王。在间谍的诱劝下，齐王放弃“合纵”，屈从秦国。当秦兵大举压境时，齐王六神无主，只好向后胜和左右大臣征询战守之策，后胜和左右达成就按秦国的旨意劝齐王向秦王投降，这样齐王就做了秦王的俘虏。之后，秦朝统一六国，被载入史册。

两汉时期，中央政府在与匈奴、西域等少数民族诸国的外交活动中，以积极主动的姿态在游牧民族间利用间谍活动进行多方分化瓦解，达到“以夷制夷”的目的，比如东汉的班超。

三国时期，在魏蜀吴互派间谍搜集敌方情报，诈降渗透、瓦解敌方，比如黄盖受刑诈降、庞统巧授连环计、火烧赤壁等。

南北朝时期，政权更迭动荡，兼并与反兼并战争频繁激烈，间谍活动在其中起了非常重要作用。或者暗杀地方政治重要人物，或者采用离间计离间君臣，使敌方政权越来越衰弱，然后再强兵压境，达到削弱敌方政权的目的。

唐朝中晚期，藩镇节度使李师道以大规模的间谍活动来扰乱地方战略部署的做法，从经济、心理方面都对唐朝中央集权削藩的军事行动产生了很大的牵制，把中国古代间谍活动提高到了一个新的水平。

唐后的五代十国时期，凡是有分裂，就有战争；有战争，就必定有间谍活动。

北宋时期，西夏皇帝李元昊利用一切可以利用的途径，在经济、外交、宗教等方面展开对北宋的间谍活动，具有现代间谍活动的特点。南宋时期，金国派遣间谍打入南宋内部，担任官职，并互相利用暗号表明自己的间谍身份，组织一个秘密的间谍网络，活动之深、范围之广、组织之强，已发展到相当的水平。

明朝时期，诸藩王对中央政权展开间谍活动，手法多变、准备充分、组织严密，超过明朝之前的任何王室藩镇，比如朱棣皇帝夺权活动等。

清朝始祖皇太极善于用间，计杀名将袁崇焕，为推翻明朝建立清朝扫清道路。

清朝鼎盛时期，西方列强的传教士纷纷涌入，渗透到朝廷内部，参政议政，大肆活动，企图左右清廷政事，比如耶稣教会南怀仁、葡萄牙传教士徐日升、法国传教士张诚等对中俄《尼布楚条约》的签订起了巨大的作用，普鲁士传教士郭士立对中英《南京条约》的签订发挥了极大的作用。

虽然该书对中国古代的间谍历史并未给出明确的带有规律性的挖掘，但是其提供的关于间谍活动的历史材料还是十分丰富和有价值的。

（2）“间”的概念

“间”在古代是个复杂的概念，《间书》提供了不同著作中关于“间”的论述，这些论述反映了中国古人关于间的认识的不断深化过程。比如《周礼》中的“间”只包括盗取密事和刺探情况的含义；而在《左传》中，“间”增加了反间的功用，名之为“谍”；《史记》中，“间”增加了通过公开的政治活动实现其图谋的意义。然而，历史现实远远地走在了史书的前面，人们关于间谍的认识和总结都落在了历史的后面。比如上文中出现的战国时期秦国使用“金钱外交”的手段“瘫痪”齐国国家政治决策体系，就没有在同时期的史书中提炼成为理论上的概念，而且直至今天，秦国的“金钱外交”这种典型的情报活动方式不断地被世界各国广泛采用，甚至有些活动的结果影响了整个人类的历史进程（如美国和平演变之于苏联崩溃），但其依然被学术界纳入了政治学的范畴，而在情报学中却少有研究。由此看来，清代的朱逢甲能够将其列为中国古代的一种情报活动方式，至少在情报学的研究中扩大了学术的视野和理论的范围。

“间”即间战，是与兵战、水战和火战等同样的一种战争形式。间战的主客体与整体战争的主客体是同一的，间战具备独立的战争目的，并符合整体战争的战略需求；间战具备独立的战争条件，拥有独立的作战力量，采用独特的作战样式，起到其他战争形式不具备的独立意义上的战争后果。间战同其他战争形式一样，离不开谋略的作用，中国古代的无数计谋往往有过半属于间战范畴。“谋”作为对抗决策或战争决策的统称，与“间”存在互有包含互相影响的交互关系，“间”中有“谋”的成分，“谋”中有“间”的影响。

“间”不等同于恐怖活动，不等同于盗窃信物，“间”是道德的圣人(李零，2010)，“间”是比沙场陈兵和武器攻击更为高级的、更充满人类智慧的战争形式。几乎每一个中国古代新王朝的建立，都没有离开过“间”的作用，“间”对中国古代历史的形成具有不可或缺的地位。文臣武将，刚健雄浑，一张一弛，各竞风流。

“间”有其社会成因。马克思说“人是一切社会关系的总和”，正因为人的这种社会性存在，“间”才具备了社会基础，“间”就是利用人的社会关系存在，以个体为中介或以个体为目标，从事关于人类认知方面的对抗和斗争。战争是一种特殊的社会关系形式，是社会矛盾发展到一定阶段后两个对立的社会集团或两个对立的社会组织，只有通过冲突的方式才能够彼此互为存在的社会关系形式，战争为“间”提供了现实政治需要。没有战争，“间”就不会存在；没有战争，“间”就没有独立的社会意义。《孙子兵法》说：“故惟明君贤将，能以上智为间者，必成大功。此兵之要，三军之所恃而动者也。”

“间”也是高级智谋对抗活动，是用兵作战的基本方法，“间”不仅是刺探军情，更是用兵之策，“间”不是间谍的事，而是从统帅到士兵的事，统帅是“间”的领导者和推动者，是情报活动主体的核心力量，领导者的智谋水平决定了“间”的社会成效。

现代情报则极大地扩展了“间”的中介力量。“间”是以独立个体为认识中介和实践中介的，而现代情报不但继承了这一特性，而且发展出了各种类型的社会组织中介和多样化的信息媒介，使得情报不但能够在小范围内秘密地和直接对抗性地从事活动，而且能够在大范围内、公开合法地借助第三方社会力量（如社会组织包括新闻媒体、调查机构、咨询机构、研究所，信息机构包括互联网公司、图书馆、公共信息服务单位等）的认识能力和实践能力，以完成对垒型决策的需要，使“间”的实践过程走向了社会化。

（3）“间”的高级智谋对抗属性

《孔子家语》中记载的子贡通过游说列国而“存鲁、乱齐、破吴、强晋而霸越”的事迹，正说明了“间”的高级智谋对抗属性。子贡之所以取得成功，就在于春秋时期的各诸侯国互相牵制，矛盾重重，在政治上互相分离，在军事上互相对抗，这是子贡行“间”的社会原因，也是行“间”的客观条件，而且子贡拥有利用矛盾化解矛盾的智谋，故而取得了游说成功。子贡行“间”造成了巨大的社会影响，甚至影响了中国古代的局部历史进程，可见“间”的历史意义是巨大的。

《孔子家语》中子贡的故事从另外一个侧面来解读，也可以发现，行“间”的主观原因是目标对象内部（把子贡服务的鲁国以外的所有诸侯国当做鲁国的外部整体来看待）存在着社会分歧，这种分歧可以是政治上的，可以是军事上的，也可以是文化上的，从而为行“间”提供了现实机会，俗语“苍蝇不叮无缝的蛋”说的就是这个情景。寻找目标对象内部存在的分歧是行“间”的主要途径，“挑拨离间”是行“间”的主要方法。《孙子兵法》总结的“五间”中，“乡间”“内间”“反间”和“生间”就是利用目标对象内部的分歧实现行“间”的目的，而“死间”则是伪装自己的内部分歧从而达到行“间”的目的。《李卫公兵法》中的“间君、间亲、间能、间助、间邻、间左右、间纵横”则更加直接地指出了主动扩大目标对象内部分歧的方法以实现自己的目的。

在寻找目标对象内部分歧的过程中，代理人是个十分关键的角色。代理人来自于目标对象的内部，是与目标对象内部原有目标不一致而能被行“间”的活动者所利用的组织成员。代理人的作用十分关键，通过代理人可以实现扩大目标对象内部的分歧，进而提升目标对象内部的冲突级别，使目标对象自行走向组织体系的解体或崩溃。《鬼谷子》“抵戏篇”中的

“自天地之合离终始，必有戏隙，不可不察也。察之以捭阖，能用此道，圣人也。圣人者，天地之使也。世无可抵，则深隐而待时；时有可抵，则为之谋；可以上合，可以检下。能因能循，为天地守神”，是利用目标对象内部分歧以行“间”的最好注解，鬼谷子的论述同时也证明了“间”的这种高级智谋对抗属性。

由此可见，情报的主要目的不仅仅停留于“知己知彼”的一般层次，利用目标对象内部分歧通过扩大这种分歧进而导致对方的组织体系趋于解体或走向崩溃则是情报的高级层次，比如三国时期的周瑜，用计杀死张允、蔡瑁二将，后以火烧赤壁退却曹操，就属于情报的这种高级层次。而且，行“间”要比行“军”更能实现孙子“不战而屈人之兵”的战争效果。《间书》原书著有“必用间，乃能先知敌情；必用间，乃能离散敌众也”，这两个论断的前者从《孙子兵法》“知己知彼”论中总结而来，后者则从《吴子兵法》“善行间谍，轻兵往来，分散其众，使其上下相咎，是为时机”论述中总结而来，可见古人关于行“间”的认识已是十分的深刻。

行“间”的另一种高级层次是，迷惑目标对象的决策目标，破坏目标对象的决策体系，滞缓目标对象的决策进程，比如，伪装自己或者欺诈和恐吓对方，从事震慑活动，从事游说活动，从事学术误导活动等。东汉的班超出使西域，以外交官身份说服西域五十国归附汉朝，其行“间”活动功不可没。行“间”的这种高级层次，也更加清晰地证明了情报认知对抗的本质。

“间”在攻防两方面，既要能够“行间”，又要能够“防间”；只能“行间”不能“防间”，或者只能“防间”不能“行间”都是不能战胜对方的，就如同《孙子兵法》中所述的“知彼知己，百战不殆；不知彼而知己，一胜一负；不知彼不知己，每战必殆”一样，“行间防间”是比“知彼知己”范围更大、层次更高的情报活动形式。

（4）兵不厌诈

《韩非子 · 难一》：“臣闻之，繁礼君子，不厌忠信；战阵之间，不厌诈伪。”

《孙子兵法》:“故兵以诈立，以利动，以分合为变者也。”

“兵不厌诈”是一种军事策略，也是一种军事谋略。“诈”即“欺也”(《说文解字》)、“伪也”(《尔雅》)，与“诈”有关的词组包括：诈唬、诈混、诈骗、欺诈、诈取、诈死、诈降、尔虞我诈等。无论是军事伪装还是军事震慑或者军事欺骗，都是“诈”的军事变种。孙子的“不战而屈人之兵”方法，除了以军队运动造成物质方面的优势以外，还有通过“诡计”造成精神方面的优势。《三十六计》几乎整篇都在论述各种各样的“诈”的方法。

总之，“诈”是典型的情报方法，是比刺探军情更高级的情报方法。

第 3 节　中国现代情报思想

一、情报思想演变

中国现代情报思想以中国共产党的情报思想为典型，并可划分为经典情报工作时期和现代情报工作时期。经典情报工作时期从中共成立开始，情报活动围绕侦察和情报（即情报分析）两个核心开展秘密工作，具备情报搜集分析与安全保卫两个职能，并以周恩来等代表人物为领导的特务理论作为指导。直到 1941 年，中共中央发布《关于调查研究的决定》《关于改进情报工作的通知》等文件，设立中央调查局（类似于现代国家治理机构中的国家安全委员会）[1]，以统一领导各部门情报工作，并在全国各层级各单位系统性地建设了分支机构。随后又合并中社部与军委总参谋部的一部分，设立中央情报部，实现了军事、政治、社会、安全等跨领域的情报

[1]　郝在今．中国秘密战 [M]. 北京：金城出版社，2015:157, 361.

分析和跨部门的情报分析，从而将以往战术性的部门情报工作上升为战略性的国家情报工作，将破坏型的谍战工作上升为瓦解型的统战工作[1]，一举实现国家情报工作制度的现代化。这种国家情报制度是史无前例的，比美国国家安全委员会的设立早了6年。这时期的情报工作以毛泽东思想为指导，具体依照革命军事理论、人民战争理论、统一战线理论、社会调查理论等做支撑，不仅与安全保卫相结合，还与作战参谋、军民联合、群众动员、统战联络、新闻宣传等相结合，成为一种新型的国家战争手段。

新中国成立后至改革开放前，随着国家工作重点从军事斗争转向生产发展，在国际方面，国家情报先以中苏同盟后以第三世界国家为主体，建立广泛的国际统一战线，开展有声有色的国际情报斗争活动。在国内方面，以罗瑞卿等为代表的安全保卫系统，在公安情报领域初步建立了以侦查学为核心的国内安全与公安情报理论体系；以张爱萍、聂荣臻等为代表的国家领导人，在科技情报领域延续军事情报思想，提炼出了广为人知的“耳目、尖兵、参谋”理论。改革开放后，中国推行“和平”战略，国家情报工作和理论研究处于低潮时期，直到1991年海湾战争爆发，信息化战争时代来临，中国才开始先后出现诸如信息战、法律战、超限战、心理战、认知战等与情报紧密相关的军事理论[2]；公安领域则吸收西方侦查理论，涌现了诸如犯罪场、侦查场、侦查谋略学、情报主导侦查等颇具中国特色的创新理论，近年来又系统性地引入了情报主导警务理论，共同为市场经济制度下的中国国家安全治理做出了贡献；在情报组织方法方面，以钱学森等为代表的科学家，在毛泽东思想基础上，结合系统论与计算机技术，逐步总结出了综合集成研讨厅体系，为中国科技事业的国际赶超战略做出历史性贡献。同时，在经过市场经济制度改革和美国竞争情报理论的系统性引进后，以包昌火等为代表的中国情报学界结合中国科技情报工作，建立了具有中国特色的情报研究理论和信息转化理论，提出通过定向选择和科学抽象的信息加工过程，让情报研究在科技进步和经济发展中起

[1] 郝在今. 中国秘密战 [M]. 北京：金城出版社, 2015:157, 361.

[2] 赵冰峰. 论国家情报与国家安全及国家发展的互动关系 [J]. 情报杂志, 2015(01):1-5.

到参谋作用，并直接服务于战略决策。[1] 进入 21 世纪后，中国进一步出现了以张晓军、包昌火、高金虎等为代表的中国情报学派，主张在情报研究中关注中国问题，重视对抗博弈关系，着力挖掘和发扬中国古代情报思想与 Intelligence 理论方法，为中国国家安全与国家发展提供谋略支持，特别是以《〈武经七书〉军事情报思想研究》为代表的一批作品在理论上实现了质的突破，堪称经典。

二、特情侦察思想

特情是传统特务等概念的时代变称，本质是以个体为中介的人力侦察力量，相当于欧美情报理论中的间谍及人际网络等。

特情侦察是国家安全保卫的集中体现（王树欣，2015），是隐蔽战线、秘密工作等的核心战斗力。中国共产党在 1927 年设立的中央特科具有两项基本任务，即政治保卫和情报侦察，具体包括情报搜集、惩处叛徒和执行各种特殊任务等，在解放区和白区开展了镇压叛徒、主动打入和积极拉拢三种行动。全面抗战后，中国共产党在 1938 年开始积极推动特情侦察的制度化建设和系统化建设，特别是 1941 年中央调查局设立后，特情侦察与群众工作、社会调查、情报分析、统战联络、对敌宣传等相结合，开展了包括系统化引进苏联情报理论、大规模培养特情干部、改造党委领导下的安保组织（比如军委规定锄奸部门受同级党委领导，上下级锄奸部门转为业务指导关系）、在日伪系统和国统区大规模建立情报力量等工作，取得了破获远东慕尼黑阴谋、德国闪击苏联和日本偷袭珍珠港等具有国际意义的三大战略情报成果。[2]1945 年开始的解放战争和新中国成立过程中，特情侦察与军事剿匪、策反防特、肃反防叛、接管城市等党的政治与军事工作相结合，取得了丰硕成果。新中国成立后，随着公安部的设立至今，中国开展了大规模的特情侦察的正规化建设工作，在国家全面建设与

[1] 包昌火 . 中国情报工作和情报学研究 [M]. 北京：科学出版社，2014:50, 75, 221-256, 284.

[2] 郝在今 . 毛泽东的秘密战法（下）[J]. 党史博览 2013(8):16-18.

社会治理工作中做出了杰出贡献。

特情侦察理论与中国共产党的政治理论和政治纪律往往互相交融配合。比如，周恩来在中央特科设立初期就做出“三任务一不准”的指示(搞情报、惩叛徒、执行特殊任务、不准内部侦察等)，规定特务工作不准威逼、不准色诱，尽量职业化和社会化等准则。1936 年，刘少奇在恢复白区工作时，提出以预防为主的斗争策略，主张利用一切合法的斗争方式和合法的组织形式开展工作。[1] 随着全面抗战的爆发和为了防止国民党对统一战线的破坏，毛泽东于 1939 年提出了“隐蔽精干、长期埋伏、积蓄力量、以待时机”的十六字方针，成为往后我党秘密工作的基本方针；这时期，周恩来也总结出了著名的“职业化、社会化、合法化”“三化”政策[2]，成为敌占区和国统区开展秘密工作的核心指南。进入解放战争后，毛泽东于 1947 年提出了第二战线理论，大规模支持反对蒋介石的学生运动和爱国民主运动，有力地配合了人民解放战争的军事斗争战线。新中国成立后，我国陆续出台了《特情工作手册》等重要的政策文件，逐步提高了特情侦察理论的正规化和系统化水平。

2015 年，王树欣编制的《鉴古论今：特情工作纵横谈》，围绕“选、建、用、管”的特情工作链条，在物色人选、建情策略、指挥谋略、保护策略、奖惩治理等方面，结合历史案例与国情现实，在历史、理论与实务三个维度做了较为系统的阐述，并对我国特情工作的政治属性、理论规律以及当下的工作得失做了概要分析。全书还进行了人类特情历史与美国特情现状的概要性总结。本节所涉及的中国现代特情历史知识，也主要地来源于该书，特此说明。

三、人民情报思想

人民情报是国家情报体系的一种高级形态，是从组织的角度出发，对

[1] 徐焰 . 中共隐蔽战线斗争历史真相：不采取色诱和暗杀 . 中新网，2011-5-9.
[2] 徐焰 . 中共隐蔽战线斗争历史真相：不采取色诱和暗杀 . 中新网，2011-5-9.

情报组织和情报活动所进行的高级管理手段，其首要目的是在针对反人民的敌对势力进行斗争的运动过程中，通过人民的力量取得认知对抗优势乃至最终的斗争胜利，这是人民情报存在的主客观原因。人民情报的核心内涵是把人民组织起来，让人民紧密地参与到国家的情报斗争中去，通过人民情报的这种高级的认知斗争，为争取人民的独立与解放奠定胜利基础。

人民情报不但是通过调查活动，把群众所掌握的情报收集起来，而且是在组织的框架内，使人民具备情报调查能力和情报分析能力，并通过有效的组织体系，将这些调查和研究成果集中起来，为组织和人民自己服务。人民情报与发动群众搞情报这两个概念有些接近，但是，人民情报是国家政治和国家战略的重要组成部分，是国家战略决策的基本依据和基本方法，具有宏观性和持久性，而发动群众搞情报是从领导者的角度出发，单就情报工作的具体手段和具体方法而论，属于领导者为完成情报任务所采取的特殊的行动措施，具有局部性和短暂性，群众是否在政治上实现了统一，是否有效地组织了起来，是否有效地参与到国家政治活动当中去，是判断群体性情报活动是否属于人民情报的一部分的主要依据。全员情报也与人民情报的概念相近，但全员情报否定了人民情报的政治立场，特别是阶级的政治立场，其社会意义和社会价值与人民情报相去甚远。

人民情报作为一种国家情报形态，起始于中国共产党的情报实践，并在新中国成立之前已经臻于成熟。但作为一种概念或理论，则在当前的中国情报学界尚未见有明确的和理论化的阐释，这不得不说是一种历史的缺憾。人民情报作为一个词汇，则往往散见于各类媒体或文章中，比如设立于 2006 年声称其目的在于揭露政府及企业腐败行为的维基解密网（Wikileaks），就自命为“人民情报机构”（an intelligence agency of the people）。[1]

中国共产党的情报活动经历了从经典的侦察保卫型活动到高级的人

[1] Iraq Video Brings Notice to a Web Site , By NOAM COHEN and BRIAN STELTER, April 6, 2010, Http://www.nytimes.com/2010/04/07/world/07wikileaks.html?_r=1&scp=4&sq=Noam%20Cohen&st=cse.

民统战型活动的转变，这个转变发生在20世纪40年代初皖南事变后的延安时期，以1941年8月1日由毛泽东起草、中共中央刊发的《中共中央关于调查研究的决定》文件为标志，代表着中国共产党的情报工作由原来的局部职能上升到了关乎国家政治大局的全局职能，并通过有效的组织体系、科学的工作方法和先进的革命指导思想，为中国共产党随后的各类重大战略决策奠定了组织基础，为日后争得国内外军事斗争的主动权和解放全中国打下了关键的物质基础。

该文件不但指出指导情报工作的理论方法是马克思主义和毛泽东思想，而且将党性建设同情报组织的纪律强化联系起来，从而保障了组织在思想战线上的统一，并在这个旗帜下将全党、全军和全体人民紧密地团结在一起。该文件不但提出了情报组织建设的理论体系，而且在深刻总结以往历史经验教训的基础上，高度概括出了情报工作的具体方法、手段和措施等，从而形成了完整的情报方法论体系，这个体系在今天看来依然是崭新的和先进的。该文件将情报工作与革命工作紧密地联系起来，最大限度地发挥全党、全军和全体人民的力量，最大限度地将其集中到当前的主要任务当中来。这也为随后的抗日战争和解放战争的最终胜利奠定了战略基础，并被历史所证明。

如果说自中国共产党建党始至《中共中央关于调查研究的决定》文件发布日止，该时期的情报工作属于一般的和经典的情报阶段的话，从该文件发布之日起，情报工作就进入了高级的和现代的情报阶段；如果说前一个时期属于战术性情报阶段的话，后一时期则进入了战略性情报阶段，即从组织局部的情报功能上升到组织全局的情报功能，将仅仅属于秘密的和具体的情报行动扩展为具有一般意义的和普遍价值的调查研究活动层面上去，使情报活动上升到了国家政治的层面。这在中国的情报历史上是独特而罕见的，在人类的情报历史上也是独特而罕见的，这是迄今为止出现过的动员人口最多、建设机构最完备、组织纪律最严密、工作方法最科学、调查内容最广泛而深入的国家情报体系。这是中国共产党实践“实事求是”和“群众路线”哲学思想在情报工作方面的最杰出表现。事实上，中国共产党在这个时期的情报工作在方法论上有了质的飞跃，包括《实践论》《矛盾论》《人的正确思想是从哪里来的？》等著作对人类的认识活动有了深刻而全面的总结和论述，为中国共产党的情报工作提供了最高的哲学指导。

四、统一战线理论

统战工作的本质要求是大团结大联合，解决的就是人心和力量问题。[1]统战工作具有瓦解敌人和团结队伍两大功能，在革命斗争中，比间谍离间、欺骗分化等策略更有政治意义和组织意义。因此，毛泽东曾在1939年的《〈共产党人〉发刊词》中指出，统一战线是与武装斗争和党的建设并列的党的三大法宝之一。

在统一战线的战略方面，根据革命斗争与国家建设的需要，在不同的历史时期，中国共产党实行了不同战略的统一战线，比如大革命时期实行国共统一战线，土地革命时期实行工农民主联合统一战线，抗日战争时期实行抗日民族统一战线，解放战争时期实行人民民主统一战线，社会主义时期实行爱国统一战线。

在统一战线的策略方面，总体而言，可以总结为团结一切可以团结的力量，同时对敌对势力采取“既斗争又联合”的方针政策。比如，1943年中央总学委发布《反对统一战线中的机会主义》通知，其中转载了苏联理论界关于统一战线的策略方法，主要强调了在统一战线中，应实行积极的政策，不放弃批评反动势力，反对投降主义和机会主义，以斗争求团结，实行有原则的联合。1945年，周恩来在党的七大作了《论统一战线》的报告，比较系统地总结了统一战线的成功经验，指出在大革命、十年内战和抗日战争三个历史时期的统一战线都属于新民主主义性质，是“无产阶级领导下的人民大众反帝反封建的统一战线”，在瓦解敌人方面，应采取利

[1] 孙春兰．新形势下统一战线事业的科学指导和行动指南 [EB]. http://gb.cri.cn/42071/2015/06/04/882s4985438_1.htm.

用矛盾、争取多数、反对少数、各个击破的方针，在团结队伍方面，应确保以无产阶级为代表的中国共产党在统一战线中的领导权。[1]

在统一战线的工作内容方面，1939 年的《中央关于统战部工作的指示》，明确提出了当时统战工作的五大内容，包括：(1) 调研各党派友军情况；(2) 研究国民党及其他党派与各地驻军政权对我党我军态度，提出适当的对策打击顽固分子，巩固扩大抗日统一战线；(3) 指导各党派各友军的统一战线；(4) 帮助和爱护同情分子及非党干部；(5) 争取和帮助友党友军中的进步分子，严守秘密避免打击。1944 年《中央关于外交工作指示》明确指出，国际统一战线是外交工作的开始，国际统战的政策就是抗日和民主合作，也就是斗争与团结的两手工作，其外交涉及军事、政治、文化宣传、对敌军民宣传、宗教、救济、经济等多个领域。

如今，随着中央统一战线工作领导小组的设立，以习近平总书记为领导的统一战线工作全面铺开，为实现国家全面建成小康社会、全面深化改革、全面依法治国、全面从严治党的战略布局，奠定坚实的组织基础。

五、宣传动员理论

在孙中山领导的国民党政府中，毛泽东曾是负责宣传的笔杆子。随着抗日战争的推进，毛泽东领导下的中国共产党新闻宣传活动也迎来了革命性转变，使以往报道事实的新闻模式，转向宣传鼓动、发动群众、对敌斗争的全新模式，开创了人类新闻史的先河，成为人民情报体系的有力支撑。

毛泽东说，文化思想阵地我们不去占领，敌人就会占领。1941 年，日军与国民党两大敌对势力重重围困，中国共产党传播体系被缩小在互相分割零散的狭小话语空间之内，《解放日报》就诞生在这样一个传播生态环境中，它由《新中华报》和新华社《今日新闻》合并而来，一开始就被确

[1] 中国政府网 . http://www.gov.cn/test/2008-06/02/content_1002374.htm.

立为中央党报。毛泽东在其发刊词中确立了“团结人民以战胜日本帝国主义”的使命，并规定每篇社论都由中央领导干部亲自执笔撰写，显示出党开展新闻宣传的特殊政策。这样的定位与安排，突破了传统新闻只具有报道事实的属性，赋予了报纸动员群众和对敌开展宣传战的新使命，让“报纸成为战斗的武器”。中共中央宣传部在同年发布的《关于党的宣传鼓动工作提纲》文件，将“国民教育、党内教育、文化工作、群众鼓动、对敌伪宣传、出版发行、通讯广播”等非常广泛的传播内容纳人宣传体系，突破了新闻传播的脱臼，成为新时期宣传工作的总纲领，其发展历程与主要兴起于冷战时期的美国和平演变、学术战、思想战、公共外交等理论相比，也是比较早的。

1942 年，毛泽东推动了整风运动，树立了群众路线，《解放日报》也一改以往城市办报、精英办报的模式，将其赋予优秀的党性、战斗性、群众性及传播性[1]，在广大的农村地区建立了基层通讯网（同时也具有传递情报的秘密交通作用），让党员、士兵、基层群众通过“写条条”“捎话”的形式写稿子表达意见，使用秧歌剧、戏曲、木刻画、快板、民歌等群众语言，采取典型报道方式，头版头条宣传优秀劳动人物和先进英雄事迹，反映群众的生产生活与革命斗争，并辅助以读报组、黑板报等形式，彻底地把劳动人民作为新闻传播的主体，打破了古今中外千百年来一致歌颂才子佳人的旧例，树立了劳动模范、民兵英雄、战斗英雄等光辉形象，从而在组织层面起到了发动群众、教育群众和启发群众的作用，真正走上了“从群众中来，到群众中去”的新闻宣传道路。这时期也提出了“全党办报”的理论体系[2]，形成具有人民民主政治色彩的新闻学理论。1944 年《解放日报》文章《本报创刊一千期》明确指出其是“抗日人民大众的报纸，鼓吹抗战、鼓吹民主，鼓吹进步号角”“要把人民大众的生活，人民大众的抗战活动，人民大众的意见，在报纸上反映出来”“中国共产党的

[1] 李晓灵，王晓梅．渊源与化变：延安《解放日报》的传播体系及其当代价值之研究[M]. 北京：中国社会科学出版社，2015:153.

[2] 刘家林．中国新闻史 [M]. 武汉：武汉大学出版社，2012:631-634.

党报，是人民大众的报纸”。[1]

在新闻与传播体系取得革命性突破的同时，宣传组织体系也发生了实质性转变。中共于 1943 年设立了中央宣传委员会，由毛泽东统一指挥中宣部、解放日报、新华社、出版局等单位，使宣传工作与军事斗争、政治活动、统一战线、情报体系等产生高度的融合互动，形成整体的革命效果。随着抗战的胜利和解放战争的需要，《解放日报》的党报地位于 1946 年让位于新华通讯社，从而开启了中国共产党面向全国的电子媒介时代。但《解放日报》所开创的发动群众、团结人民、对敌斗争、宣传鼓动的传播格局已成为中国现代传媒的典范和成熟模式，在世界新闻史上留下了特殊的地位。

附件 1　中共中央关于调查研究的决定（注：这个决定是毛泽东起草的）

（1941 年 8 月 1 日）

二十年来，我党对于中国历史、中国社会与国际情况的研究，虽然是逐渐进步的，逐渐增加其知识的，但仍然是非常不足；粗枝大叶、不求甚解、自以为是、主观主义、形式主义的作风，仍然在党内严重地存在着。抗战以来，我党在了解日本、了解国民党、了解社会情况诸方面是大进一步了，主观主义、形式主义作风也减少了。但所了解者仍然多属粗枝大叶的、漫画式的，缺乏系统的周密的了解，主观主义与形式主义作风并未彻底消灭。对于二十年来由于主观主义与形式主义，由于幼稚无知识，使革命工作遭受损失的严重性，尚未被全党领导机关及一切同志所彻底认识。到延安来报告工作的同志，其中的多数，对于他们自己从事工作区域的内外环境，不论在社会阶级关系方面，在敌伪方面，在友党友军方面，在自己工作方面，均缺乏系统的周密的了解。党内许多同志，还不了解没有调查就没有发言权这一真理。还不了解系统的周密的社会调查，是决定政策

[1] 李晓灵，王晓梅．渊源与化变：延安《解放日报》的传播体系及其当代价值之研究[M]．北京：中国社会科学出版社，2015:201.

的基础。还不知道领导机关的基本任务，就在于了解情况与掌握政策，而情况如不了解，则政策势必错误。还不知道，不但日本帝国主义对于中国的调查研究，是如何的无微不至，就是国民党对于国内外情况，亦比我党所了解的丰富得多。还不知道，粗枝大叶、自以为是的主观主义作风，就是党性不纯的第一个表现；而实事求是，理论与实际密切联系，则是一个党性坚强的党员的起码态度。我党现在已是一个担负着伟大革命任务的大政党，必须力戒空疏，力戒肤浅，扫除主观主义作风，采取具体办法，加重对于历史，对于环境，对于国内外、省内外、县内外具体情况的调查与研究，方能有效地组织革命力量，推翻日本帝国主义及其走狗的统治。为此目的，特决定办法如下：

（一）中央设置调查研究机关，收集国内外政治、军事、经济、文化及社会阶级关系各方面材料，加以研究，以为中央工作的直接助手。

（二）各中央局、中央分局、独立区域的区党委或省委，八路军、新四军之高级机关，各根据地高级政府，均须设置调查研究机关，收集有关该地敌友我政治、军事、经济、文化及社会阶级关系各方面材料，加以研究，以为各该地工作的直接助手，同时供给中央以材料。

（三）关于收集材料的方法，举例如下：

第一，收集敌、友、我三方关于政治、军事、经济、文化及社会阶级关系的各种报纸、刊物、书籍，加以采录、编辑与研究。

第二，邀集有经验的人开调查会，每次三五人至七八人，调查一乡、一区、一县、一城、一镇、一军、一师、一工厂、一商店、一学校、一问题（例如土地问题、劳动问题、游民问题、会门问题）的典型。从研究典型着手是最切实的办法，由一典型再及另一典型。

第三，在农村中，应着重对于地主、富农、商人、中农、贫农、雇农、手工工人、游民等各阶层生活情况及其相互关系的详细调查；在城市中，应着重对于买办大资产阶级、民族资产阶级、小资产阶级、贫民群众、游民群众及无产阶级的生活情况及其相互关系的详细调查。

第四，利用各种干部会、代表会收集材料。

第五，写名人列传。凡地主、资本家财产五万元以上者，敌军、伪军、友军团长以上的军官，敌区、友区县长以上的官长，敌党、伪党、友党县以上的负责人，名流、学者、文化人、新闻记者在一县内外闻名者，会门首领、教派首领、流氓头、土匪头、名优、名娼，以及在华外人活动分子，替他们每人写一数百字到数千字的传记。此种传记，要责成地委及县委同志分负责任，传记内容须切合本人实际。同时注意收集各种人员的照片。

第六，个别口头询问。或派人去问，或调人来问，问干部、问工人、问农民、问文化人、问商人、问官吏、问流氓、问俘虏、问同情者，均属之。

第七，收集县志、府志、省志、家谱，加以研究。

（四）除中央及各地的调查研究机关外，必须动员全党、全军及政府之各级机关及全体同志，着重对于敌友我各方情况的调查研究，并供给上级调查研究机关以材料。

（五）向各级在职干部与训练干部的学校，进行关于了解客观情况（敌、友、我三方）的教育。鼓励那些了解客观情况较多较好的同志，批评那些尚空谈不实际的同志；鼓励那些既了解情况又注意政策的同志，批评那些既不了解情况又不注意政策的同志。使这种了解情况、注意政策的风气，与学习马列主义理论的风气密切联系起来。在学习中反对不管实际只记条文的风气，反对将学习马列主义原理原则与了解中国社会情况、解决中国革命问题互相脱节的恶劣现象。要提倡干部与学生看报，指导看报方法，指导他们分析时局的每一变动。要供给干部与学生关于国内外、省内外、县内外各种情况的实际材料，把讲授与研究这些材料及其结论当做正式课程，给予必要时间，并实行考绩。

（六）责成各级党部将本决定与中央七月一日所发关于增强党性的决定联系起来，向党的委员会及干部会议作报告，并讨论实施办法。

根据中共中央书记处一九四一年编印的《六大以来》刊印。

附件 2　中共中央关于实施调查研究的决定

根据中央关于调查研究的决定，规定实施办法如下：

（一）在中央下设中央调查研究局，担负国内外政治、军事、经济、文化及社会阶级关系各种具体情况的调查与研究。内设调查局，政治研究室，党务研究室三个部门，作为中央一切实际工作的助手。

甲，调查局担负收集材料之责。在晋察冀边区设第一分局，担负收集日本、满洲及华北材料；在香港设第二分局，担负收集欧美材料，同时收集日本及华中、华南沦陷区材料；在重庆设第三分局，担负收集大后方材料；在延安设第四分局，担负收集西北各省材料（交西北中央局负责）。

乙，政治研究室担负根据材料加以整理与研究之责。内分下列诸组：

一、中国政治研究组。

二、中国经济研究组。

三、敌伪研究组（包括日本中国沦陷区及其他被日本侵略地带）。

四、国际研究组（包括苏联欧美及各殖民地半殖民地）。

丙，党务研究室担负研究各地党的现状与党的政策，内分下列诸组：

一、根据地研究组。

二、大后方研究组。

三、敌占区研究组。

四、海外研究组（研究南洋印度各地党的现状与政策）。

（二）北方局、华中局、晋察冀分局、山东分局、上海省委，南方工委及各独立区域之区党委或省委，均须设立调查研究室，专任收集该区域内外敌、友、我三方政治、军事、经济、文化及社会阶级关系各种具体详细材料，加以研究，编成材料书籍行总结性文件，成为该局委工作之助手；并责成各局委将所得材料供给中央调查研究局。各局委之调查研究室设主任一人，必要时由各该局委的委员 之一兼任，内设若干有能力的研究员；拨给必要经费，给予各种便利，以达系统的周密的调查与研究一切必要情况之目的。秘密工作区域的省委必须周密研究客观情况，但专任研究人员则应是最少的。

根据一九四一年出版的《六大以来》刊印

附件 3　中共中央宣传部关于党的宣传鼓动工作提纲

一、宣传鼓动工作的任务与范围

我们党的宣传鼓动工作的任务，是在宣传党的马列主义的理论，党的纲领与主张，党的战略与策略，在思想意识上动员全民族与全国人民为革命在一定阶段内的彻底胜利而奋斗。这种宣传与鼓动，同时包含有对共同思想进行联合，对敌对思想进行斗争的两个方面。

宣传鼓动是思想意识方面的活动，举凡一切理论、主张、教育、文化、文艺等等均属于宣传鼓动活动的范围。因此，宣传鼓动工作的活动范围是非常广泛的。所以把宣传鼓动限制在狭小的范围内的了解，是错误的。这种了解的结果，往往放弃许多重要的宣传鼓动工作的阵地，因此就不能把我们宣传鼓动工作的活动扩展到社会的各方面去。而只有扩展我们宣传鼓动工作的范围，才能使党的宣传鼓动工作的任务得到完成。

二、我党宣传鼓动工作的特点

我党宣传鼓动与其他党派的宣传鼓动有基本原则的区别，就在于我党的宣传鼓动工作是以马列主义为指导原则。这些基本的原则的区别，具体表现在：

第一，我党所宣传的理论、纲领、政策等，是符合于客观真理的，符合于客观发展的规律的。我们在认识客观真理、客观规律中，指出历史发展的倾向和前途，并为着这种前途而奋斗。因此，我党的宣传鼓动工作是有生命的，有力量的。

第二，我党所宣传的理论、纲领、政策等，是符合于全民族与全国人民的利益的。我党的宣传鼓动工作就是为着全民族与全国人民的利益而服务。因此，我党的宣传鼓动是能为群众所接受与拥护的。

第三，我党的宣传鼓动工作是与党的行动相符合的，言论和行动的一致，是我党的特点。群众所重视的不仅是言论，而主要的是行动。要是一个政党，它的言论与它的行动不相符合，要是它不履行自己的言论，要是它的言论不兑现，这样的政党必然要失去群众的信任，必然要遭受失败，共产党有别于其他阶级的政党，就是严格的保持言论和行动的一致。因此，我们党的宣传鼓动，是行动的、战斗的。

三、宣传与鼓动的相互关系

宣传与鼓动是组成我党整个宣传鼓动工作的两个部分，这两个部分是统一的，同时又是有区别的。宣传工作是在于把一个问题从理论上解说得明白，使比较少数的人了解这个问题的原因、结果、前途和发展规律，给比较少数的人以许多观念。鼓动工作是在于从一个问题中抓住人人都知道的事实，给广大群众以一个观念，极力救起群众的感情，所以从任务上、内容上、对象上、方式上来说，宣传与鼓动都是有区别的。宣传工作主要是文字上的，并带更多的经常性，而鼓动工作则主要是口头的，并多带临时性。

鼓动工作为宣传工作开拓更广泛的基础，鼓动工作可能在一个场合中就取得广大群众的同情。宣传工作又帮助巩固鼓动工作中已经取得的地盘。宣传工作又是鼓动工作的加深，使群众由对某一事实的同情和愤怒，而走向对某一总是的发展规律的认识。鼓动工作做得愈好，则宣传工作愈容易进行；宣传工作做得愈好，则愈容易扩大鼓动工作的范围。

要善于适应情况，当使用鼓动时就使用鼓动，当使用宣传时就使用宣传。要善于根据情况的不同，环境的变化，由鼓动工作过渡到宣传工作，或由宣传工作转变为鼓动工作。

四、宣传鼓动的基本原则

在宣传鼓动工作的进行中，我们必须注意下列基本原则：

第一，必须掌握党的路线与党的政策。这是决定宣传鼓动工作成败的中心关键，不根据党的政策的宣传鼓动工作是一定要闹乱子的，而且一定是收不到效果的。

第二，必须正确估计客观的环境，了解具体的情况，了解宣传鼓动的对象。不然我们的宣传鼓动工作就成为无的放矢，成为教条主义与公式主义的叫喊。

第三，必须区别各种不同情况下的宣传鼓动工作：(1) 党内与党外；(2) 干部与群众；(3) 公开环境与秘密环境；(4) 战时与平时；(5) 各种不同的区域（如大后方、抗日根据地、敌占区、城市、农村等等）。

第四，必须根据群众自身的政治经验，使群众接受党的宣传鼓动。我们的宣传鼓动工作是要使得群众在自身的政治经验上来认识我们党的理论、政策、主张、口号的正确。因此，必须根据群众今天所切身懂得的东西，根据群众今天的觉悟程度与文化水平来进行宣传鼓动，必须使我们的宣传鼓动是能引起群众的兴趣与行动的，并在这种同群众打成一片的基础上逐渐提高群众的政治觉悟。

第五，必须使我党的宣传鼓动工作，循着建立最广泛的统一战线的道路来进行，并善于同各种不同的同盟军建立各种不同程度的合作。这里，总的方针是巩固与发展自己，联合大多数，争取中间分子，孤立妥协分子，分化顽固分子，集中力量打击敌人、汉奸及少数亲日派分子。

第六，必须留下使用一切宣传鼓动的方式，从通俗的形式到高级的形式，以及由这种形式过渡、转变到另种形式。要善于采用通俗化的形式，群众所能了解的语言，去进行宣传鼓动工作。

第七，必须善于使用一切宣传鼓动的工具，熟知它们一切的性能。在近代科学和技术发达的条件之下，许多科学上的成就，都应该运用到宣传鼓动上来，尤其是近代的印刷业、无线电及电影等等，成为近代宣传鼓动的有力工具。

五、宣传鼓动工作的方法

在宣传鼓动工作的进行中，我们必须注意留心研究宣传鼓动工作一般的方法，以及宣传工作和鼓动工作所应特别注意的方法，这是我们宣传鼓动工作能够更顺利的进行和收到更大的效果所必要的。关于宣传鼓动的一般的方法，应注意下列几个问题：

第一，你要讲什么？事先必须自己充分准备好所要讲的东西，不然，就不能使你的宣传鼓动有清楚的内容，而收不到应有的效果。

第二，对什么人讲？把对农民讲的话，拿去对工人讲，有时就会牛头不对马嘴。你讲话的对象是何人，他们的情绪是怎样，都要预先弄清楚。

第三，要达到什么目的？或者是为了解释一个问题，使他们明白事实的真象，或者是为了要发动一个运动，使听众听了你的话就拥护这个运动。总之，你的讲话或文章以及其他宣传鼓动品也好，是为了要达到一定的目的的。

第四，怎样讲？既然讲什么，对什么人讲，达到什么目的，你都想好了，那么问题就是怎样讲，才能把你的意思讲得清楚，使对方了解，以达到你所要达到的目的了。

第五，随时留心群众的反映，讲话中及讲话后应注意听众的反映，以便随时改变你的宣传鼓动的内容与方法。

第六，除了应注意上述宣传鼓动工作一般的方法外，在进行宣传工作时，又应特别注意下列各项：(1) 宣传的内容必须是充实的，而不是空洞的；(2) 宣传的语句应当是简单、明了、清楚、透彻；(3) 宣传的事实应当是真实的，生动的，恳切而带有说服性的；(4) 由具体到抽象，由近到远，由中国到外国。

第七，在进行鼓动工作时，又应特别注意下列各项：(1) 抓住为广大群众所熟悉的事实；(2) 抓住为广大群众最切身的，最迫切的，最易感动的事实；(3) 讲话要生动，富于情感，富于煽动性；(4) 时间要短。

六、党内教育工作

党内教育工作是党的宣传鼓动工作中一个重要的部分。党内教育的目的，就是提高全党政治理论的水准，思想上巩固党的队伍，培养掌握马列主义的能独立解决问题的工作干部。党内教育的内容，应当集中在几门主要的课程上：(1) 马列主义；(2) 中国共产党的建设；(3) 中国革命运动的经验教训，党在各个革命时期的政治路线与具体政策；(4) 中国历史；(5) 中国社会政治经济知识。党内教育应当是普遍的，从最高级的领导干部到每个党员都应当把学习当作是自己的责任。党内教育应当是有计划的、经常的、不间断的进行。解决党内教育的基本问题就是：(1) 供给教材；(2) 培养指导员教员；(3) 领导机关对学习制度的建立、监督、检查。

党内教育可分为三个主要部分：

第一，在职干部教育，是党内教育的一个重要的环节。这是工作与学习互相联系的最好办法。每个在职干部应当了解学习是每个共产党员的责任，党的领导机关应当把每个干部学习成绩之优劣作为鉴定一个干部许多标准中之一个。在全党内应建立在职干部学习的制度，提倡学习的风气，养成独立的看书、独立的思考问题的习惯。

第二，支部教育，或普通党员的教育。每个党员应当了解做一个共产党员的起码知识，共产党是什么，做一个党员的资格、责任和权利义务，党的组织原则，党的纪律等等，进而了解党的理论，党纲党章。党的支部教育，应当经常有计划的进行。除了党的决议、策略政治教育外，还应提高每个党员的文化水准。对新党员应加以特别的教育。

第三，党校，党的训练班及政治学校，这也是党内教育一个重要部分。每个党的干部经过相当时期的工作后，进党的学校去学习，以提高理论水准是非常必要的，尤其在根据地内办党校办训练班及政治军事学校，大批的培养干部是非常必要的。应当逐渐使党校正规化，提高党校的质量，慎重挑选党校的教员。

在公开环境下与秘密环境下的党内教育，应加以区别。在秘密环境下党内教育的进行，必须不妨碍党的组织的安全，主要的应采取个别教育的方式。

七、群众鼓动工作

群众鼓动工作是党的宣传鼓动工作的一个组成部分。群众鼓动工作的任务就是利用群众所熟悉的事实及切身的问题，目前国际国内或当时当地所发生的事件向群众解释，使群众认识事件的真象，提高群众的情绪，提高群众的积极性，引导他们到革命的道路上去

群众鼓动工作有下列两方面的任务：

第一，政治的、经济的、社会的揭露工作。这就是对异民族残暴奴

役，及旧社会内各种压迫人民的黑暗的揭露。共产党应当从各方面担任揭露异民族、旧社会压迫各阶层人民的黑暗，应当担任揭露各阶级因异民族旧社会的黑暗所引起的不满。这是从各方面训练群众的革命积极性的最好的方法。

在抗战中我们首先就要对日本帝国主义的侵略、压迫、残暴，从各方面加以揭露，唤起人民的民族觉悟、参加抗战的热情以及对抗战胜利的信心。

同时也要对当权的国民党在抗战中各种不合理的设施加以揭露，尤其是对它的反共政策、妥协阴谋以及危害人民的民主民生的办法加以揭露，使人民认识到这种办法只能引导中国走向亡国的道路，使群众了解到只有改变当权的国民党这套办法抗战才能胜利。

第二，在各种运动中、动员中的群众鼓动工作。这就是为当时当地的一定的任务吸引群众参加到这个运动那个动员中来，利用当时的情况解释运动的任务，动员的办法，使群众了解而自动的参加这个运动和那个动员中来。

尤其在根据地内，在战争的环境下，各种运动与各种动员是很多的，要使群众能够迅速的了解运动或动员的任务和目的，这就依靠于我们的群众鼓动工作。

每个共产党员应当经常的在群众中进行个别的或集体的鼓动工作，揭露旧社会的黑暗，解释党的政策。

八、文化运动

文化运动实际上是党对外宣传工作的一个有力的武器。党应当经过文化运动来宣传革命的思想，科学社会主义的思想。党应当从各方面领导和组织文化运动，帮助文化运动的发展，在大后方、在敌占区、在根据地内都应当依照各种不同的情况发展文化运动。

党在文化运动上的任务：

第一，团结一切抗日不反共的文化力量，建立文化运动上最广泛的统一战线，向着一个共同的目标：反对民族敌人——日本帝国主义，反对民族投降主义，反对黑暗复古主义。

第二，发展进步的文化力量，发展民主思想，主张思想自由，研究各种学术，宣传科学的社会主义，推进中国的文化向前发展。

第三，团结文化干部，培养文化干部，爱护文化干部，尤其在根据地内更应大批的吸收知识分子，各种专家学者参加一切抗战的工作。

第四，参加国民教育，发展国民教育，这是文化运动最基层的工作。

九、报纸、刊物、通讯社及出版工作

报纸、刊物、书籍是党的宣传鼓动工作最锐利的武器，党应当充分的善于利用这些武器。办报，办刊物，出书籍应当成为党的宣传鼓动工作中的最重要的任务。除了中央的机关报机关杂志及出版机关外，各地方党应办地方的出版机关、报纸、杂志。除了出版马恩列斯的原著外，应大量出版中级读物，补助读物以及各级的教科书。应当大量的印刷和发行各种革命的书报。

在现代无线电业发展的情形下，以及在中国交通工具困难的情形下，发展通讯社的事业，无线电广播事业，是非常重要的。应当在党的统一的宣传政策之下，改进现有通讯社及广播事业的工作。

十、宣传鼓动工作与组织工作的关系

宣传鼓动工作和组织工作是我党工作中两个有机的部门，也是其他一切部门工作中两个有机的部分。宣传鼓动工作和组织工作对于我们整个党的工作正如鸟之两翼，车之两轮，不可缺一。宣传鼓动工作与组织工作对于我们党都是同样重要的。对于宣传鼓动工作与组织工作相互关系的正确了解，对全党是必须的。在党的某些机关与党员中存在有某种忽视宣传鼓动工作的观点，必须加以纠正。

党的宣传鼓动工作是为党的组织工作开辟道路，组织工作为宣传鼓动工作巩固地盘，反转来，组织工作为宣传鼓动工作扩大地盘，宣传鼓动工作又为组织工作巩固阵地。

没有宣传鼓动也就没有组织工作，没有组织工作也就不能把宣传鼓动工作变为物质的力量。

宣传鼓动工作本身也带有组织工作，组织工作本身也带有宣传鼓动工作。

因此，正确的了解宣传鼓动工作与组织工作的相互关系与有机联系，是使我们党的整个工作相互配合的必要条件。

十一、宣传鼓动工作干部的培养

党的宣传鼓动工作的发展，首先决定于宣传鼓动工作干部的培养。培养掌握马列主义而又富于实际工作经验的宣传干部，这是党的一个严重的和长期的任务。党应当经常的注意到从知识分子党员和知识分子工人中培养出党的宣传家。

在目前党的宣传鼓动工作达到异常广大范围的情形之下，在各级党的组织之下，应该有相当数量的宣传员和鼓动员，并经常进行对他们的教育，以提高他们的质量。

除此以外，在高级党校内设立专门培养宣传鼓动工作者，报纸编辑，及新闻记者的科系，是非常必要的。

对宣传家与鼓动家的品质和素养的要求是：

对一个布尔塞维克的宣传家要求：(1) 对无产阶级事业的忠实，通晓马列主义学说，深刻了解党的路线与政策；(2) 有政治的眼光，善于揭破敌人的一切欺骗，有很高的革命警觉性；(3) 自我学习的精神；(4) 不是教条式的解说马列主义，而是创造性的解说马列主义。

对一个鼓动家的要求：(1) 了解党的路线政策；(2) 有鼓动的能力，不管他是用激昂、比喻、幽默来达到都可以；(3) 熟悉群众的语言；(4) 与群众有密切的联系，了解群众的生活和心理。

我们党应该向着培养大批的有上述品质的宣传家和鼓动家的道路上走去。

十二、宣传鼓动工作的统一领导和组织系统

宣传鼓动工作的发展，有赖于宣传鼓动组织机构的健全。在各级党的组织内建立强有力的宣传鼓动部门，集中宣传鼓动的人材，统一宣传鼓动工作的领导，这是非常必要的。现在还有不少的党部，对于这个部门的工作的忽视，应加以纠正。

各级党的组织都应设立宣传部（科或股），统一同级党的一切宣传鼓动工作。凡关于国民教育、党内教育、文化工作、群众鼓动、对敌伪宣传、出版发行、通讯广播等工作均应受宣传部的直接领导。各级党部应依各地不同情况，在宣传部内设立必需的不同的部门。

全党的宣传鼓动工作必须统一在中央总的宣传政策领导之下。如果各自为政的不履行中央统一的宣传政策的方针，这是非常危险的，只有在中央统一的宣传政策之下，才能在现代的宣传战中，战胜我们的敌人。

中央宣传部 一九四一年六月二十日

根据一九四一年八月出版的《共产党人》刊印

第 4 节　中国情报学派

一、学派群体特征

在二战时期的国共第二次合作期间，国民党于 1941 年发动了皖南事变，促使中共中央设立中央调查局，并在其下将中社部与军委总参谋部一部分合并设立中央情报部[1]，统筹军事、政治、外宣、社会、安全等情报工作，从而建立了人类历史上第一个真正意义上的现代国家情报体系。与传统侦察保卫型情报体系不同，新设的人民统战型国家情报体系，注重情报侦察与信息调查工作相结合，对敌统战和文宣工作相结合，并将人民群众作为情报力量的重要来源，在抗日战争和解放战争中发挥了伟大的作用。但是这种适用于人民战争环境下的国家情报体系并没有随着新中国的诞生

[1] 郝在今 . 中国秘密战 [M]. 北京：金城出版社，2015:157.

而延续下来，尤其是改革开放后，中国实行和平发展战略，情报工作和情报理论研究严重滞后，最典型的标志是发生在 20 世纪 90 年代初期的科技情报改名运动[1]，象征着国家科技情报力量彻底进入市场经济体系，导致情报研究和情报教育进入“黎明静悄悄”[2]的状态。

1999 年，以美国为首的北约发动科索沃战争，炸毁我驻南联盟大使馆，引起国际轰动。随后我国军事斗争和国家战略开始调整，例如，与《1998 年中国的国防》白皮书对世界安全形势持乐观评估相比，《2000 年中国的国防》明显强调了美国的“新干涉主义”、新“炮舰政策”和新经济殖民主义，并指出其严重损害了他国主权与利益，威胁他国安全。[3]2001 年，解放军外国语学院的重点科研项目成果之一《〈武经七书〉军事情报思想研究》出版，标志着以张晓军将军为代表的一批军事情报学家开始走上历史舞台，继而掀起了一股全面重建中国情报理论体系的浪潮。2002 年，情报与国家安全课题组出版了《情报与国家安全》[4]一书，在机构调整、任务转变、情报手段、人事后勤、经费预算、国际竞合、立法教育等方面，系统梳理和总结了当代世界各国情报机构的改革与发展情况，为中国情报学的发展提供了难得的理论基础。

学派是具有某种共同学术主张的学者网络群体。人类大规模的学派兴起于中国春秋战国时期的诸子百家，《孙子兵法》就出自其兵家代表人物孙武之手。2001 年以来的中国情报学界在军事情报、安全情报、经济情报、科技情报等领域分别出现了一批具有相似学术特征的研究团队和代表人物，与美国的安全情报理论研究体系相比，他们：(1) 面对同一的国家命题，即中国情报学术如何服务于国家崛起；(2) 遵循相同的研究路径，即融合中国古代与现代情报思想和美国安全情报理论；(3) 拥有共同的学

[1] 王洪林，赵冰峰．“科技情报”改名“科技信息”后的反思 [J]. 情报杂志，2014(6):1-3.

[2] 包昌火．中国情报工作和情报学研究 [M]. 北京：科学出版社，2014:185,529,593,602.

[3] 国务院新闻办公室．2000 年中国的国防 [EB]. http://www.gov.cn/gongbao/content/2001/content_61220.htm.

[4] 情报与国家安全课题组．情报与国家安全 [M]. 北京：时事出版社，2002.

术目的，即重建中国情报理论；(4) 秉持一致的学术传统，即师承《孙子兵法》；(5) 提出类似的学术逻辑，即“认知对手、提出谋略”。这个研究群体虽然分属不同的学术机构，但因其具有共同的学术主张，逐步从独立的学术研究走向日常的学术交流，开展了较为一致的学术研究活动，特别是从 2013 年开始，以张薇主编领导的《情报杂志》和包昌火领导的编委会逐步成为这个学术群体交流学习的大本营，以情报研究栏目作为常年学术交流传播平台，以华山情报论坛作为年度学术会议形式，极大地促进了中国情报学派的学者联络与学术聚合，逐步明晰了独具风格的学术群体特征。因其特别强调中国传统情报思想的传承和为中国国家提供谋略参考，故而将这个学术群体称为中国情报学派。

根据学者的重点研究领域，中国情报学派大致可分为军事、安全、经济和科技四大类学者群体，学术机构包括军事方面的解放军外国语学院和解放军国际关系学院，安全方面的南京大学和中国人民公安大学，经济方面的北京大学和上海图书馆，科技方面的国防科技体系、中国科学技术信息研究所和中国科学院文献情报中心等。学派在军事与安全情报方面的代表人物有张晓军、徐焰、高金虎、刘强、郝在今、马振超、王树欣、沈固朝、梅建明、孟宪文、姜春晖、吕雪梅、彭知辉、马德辉等，其代表作包括《〈武经七书〉军事情报思想研究》《美国军事情报理论研究》《国家安全与情报丛书》等；在经济与科技情报方面的代表人物有包昌火、缪其浩、王延飞、陈峰、李艳、真溱、吕斌、李国秋、彭靖里、曾忠禄、刘细文、陈坚钢等，其代表作有《中国情报工作和情报学研究》《组织情报学》《情报研究论》等。比较有意思的是，中国情报学派重视新生力量的培养，出现了申华、王亮、彭亚平、王沙骋、谢晓专、李本先、赵筱媛、王琳、胡荟、胡雅萍、严贝妮、张家年、蒋飞、王定等一大批中青年学者群体；包括马费成教授等在内的一大批中国图书情报学派的知名学者正逐步认识、支持甚至走向中国情报学派的行列，成为一支重要的学术转型力量。当然，中国情报学派也可以进一步细分，比如以军事情报学者为代表并与美国情报学界基本理论较为接近的西方情报学派，以包昌火先生为代表的情报研究学派，以沈固朝教授为代表尝试融合安全情报学与图书情报学（或发展情报学）的情报融合学派；中国图书情报学派也可以进一步细分为中国情报信息学派（由 20 世纪 80—90 年代的高校科技情报学者经过学科转型而来，以信息传播理论和信息分析理论为核心理论）以及图书馆信息学派（由传统的图书馆学界和档案学界组成，与美国图书馆学和档案学在核心理论上保持一致），从而与美国情报学界形成较为复杂的理论竞合格局，如图 2–3 所示。

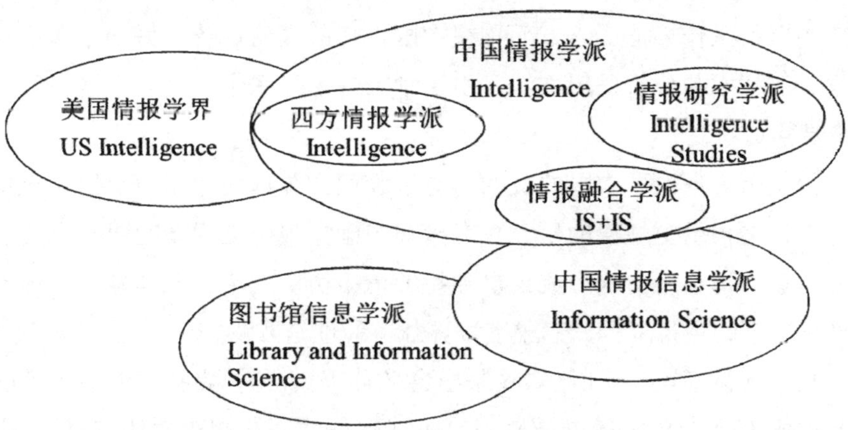

图 2–3　中国情报学派的学术竞合格局

二、学派理论特色

尽管兴起时间不长，但与中国图书情报学派相比，中国情报学派具有十分鲜明的学术特征。前者在理论上始于 20 世纪 50 年代中后期的科技情报学，曾为中国科技情报事业立下了汗马功劳，后经逐步演变并最终占据图书馆学科和信息资源管理学科，重点研究文献、信息和知识的存储、计量与检索应用，并与计算机科学形成紧密的学科联姻，彻底脱离对经济竞争与科技竞争等问题的关注。而后者则以军事、政治、公安、经济、管理等与情报的交叉学科为重点，强调历史视野与国家视野，将人类的情报历史拉深到所有古代战争，在理论视角上与《孙子兵法》保持一致，同时注重研究情报活动对国家和社会的实质性影响，突出军事斗争、安全斗争、经济竞争和科技竞争的特殊性，并且在理论建构上深度融合中国情报经典思想与美、欧、日等当代发达国家和地区的情报实践，从而保持了学术研究的时代性与自主性。总体而言，中国情报学派深度融合了中国古代兵家的情报思想和美国安全与军事情报理论，既具有中国特色，又兼备美国风格；在坚持中国古代“慎战”“仁义”思想的同时，吸收美国务实、精准、高效的情报工作方法；一方面重视中国古代的谋略传统，另一方面注重美国学者的技术与分析逻辑方法。由于学派理论体系十分庞大丰富，现摘录部分要点如下。

情报历史理论：中国的文明历史远较西方久远而深厚，中国情报学派特别重视情报历史规律的研究，在探究中国情报历史规律的同时还比较了西方国家的情报历史，形成自己独特的情报历史理论。尤其是关于中国古代情报名著的现代阐释，形成了世界独特的理论体系。

知己知彼理论：“知己知彼”出自《孙子兵法》，囊括了情报活动的己方和彼方两个斗争主体以及情报基本活动样式“获知双方的信息”。中国情报学派也常将“知”作为情报的主要内容甚至本质。例如张晓军将军等就专门论述了情报的认识论[1]，并注重情报侦察的重要性。再如，作者将“知己知彼”概念深化为认知对抗模型。[2]

情报研究理论：情报研究是情报调研的别称[3]，实质是情报获取与情报分析的综合。包昌火先生对情报研究有深入的理论探索，早在20世纪90年代初出版的《情报研究方法论》中已经建立了十分完整的学术体系，特别是对科学抽象和思维方法的研究非常深入；后来又提出信息的序化和转化理论，建立了颇具中国特色的情报分析方法。近年来，沈固朝教授领导

[1] 张晓军.《武经七书》军事情报思想研究[M].北京：军事科学出版,2001:19, 28, 45.

[2] 赵冰峰.论国家情报与国家安全及国家发展的互动关系[J].情报杂志,2015(01):1-5.

[3] 包昌火.中国情报工作和情报学研究[M].北京：科学出版社,2014:185, 529, 593, 602.

的团队对 information 与 intelligence 的两化融合深入研究并取得初步成果，可能会在情报研究的本质层面上再次实现突破。另外，张晓军将军领导的团队对美国军事与安全情报分析理论在历史脉络与系统比较两个维度做了深度剖析，建立了研究美国情报理论的参照系统。

情报实践理论：关于情报分析之后的活动部分，理论分歧较大，主要原因在于受信息观念和经典情报循环模型的影响，将分析成果交付之后的工作排除在了情报活动之外，并与决策者保持了一定的距离。在作者关于情报循环模型的改造中，将情报设计和情报行动两个环节作为情报实践的组成部分[1]，与由情报搜集和情报分析构成的情报认知部分共同组成情报活动。而在军事部门和经济部门的研究中，情报实践以情报应用的概念出现，包括心理作战、欺骗战、情报防御等内容。也有学者概括为情报工作、反情报、隐蔽行动等，各自强调的重点有所区别。

因敌变化思想：因敌变化是《〈武经七书〉军事情报思想研究》中的一个章节标题，比较精准地体现了中国情报学派对情报活动规律及其应对策略的认识。“兵者，诡道也”，情报活动不是文书活动，而是全面的斗争活动，应在情报搜集、情报分析、情报行动、情报治理等方面全面体现出这种情报思想。比如，情报搜集就包括相敌、动敌和用间三种。[2] 学派对《武经七书》《三十六计》《间书》等中国经典著作的深入剖析，更从情报实战的角度说明了因敌变化的计谋性和必要性。高金虎教授还在他的《国家安全与情报丛书》中首先对战略欺骗做了理论建构。[3]

谋略思想：谋略是中国古代情报思想的精髓，也是中国情报学派研究的核心内容。从概念上讲，谋略是情报转化为行动的过程。[4] 包昌火先生几乎在他的每一篇重要学术文献中都强调了“耳目、尖兵、参谋”的观念，特别是其“将信息转化为情报和谋略”的思想对年轻一代的学

[1] 赵冰峰 . 论情报设计及情报行动在情报活动中的意义 [J]. 情报杂志 ,2012(11):30-34.

[2] 张晓军 .《武经七书》军事情报思想研究 [M]. 北京 : 军事科学出版社 , 2001:19,28,45.

[3] 高金虎 . 战略欺骗 [M]. 北京 : 金城出版社 , 2005:2.

[4] 张晓军 .《武经七书》军事情报思想研究 [M]. 北京 : 军事科学出版社 , 2001:19,28,45.

术研究产生了一定影响，比如情报设计概念的提出[1]就是情报谋略的理论化体现。

保密与预警理论：在孙子主张的“形人而我无形”的高级军事目的中，保密与预警是情报活动的核心环节。由于新中国成立以来一直采用积极防御的军事战略，中国情报学派特别重视二者的研究，更把保密放在情报活动的核心位置，将预警作为保密的前置措施。解放军国际关系学院的刘强教授在《战略预警视野下的战略情报工作》一书中非常系统地阐述了征候研判与预警处置的方法，堪称经典。

情报治理理论：情报如何服务于国家治理是中国情报学派非常重视的研究课题。在这方面，张晓军在《美国军事情报理论研究》中专门划出一章情报控制对美国的情报立法、监督与预算等做了深度研究，为我们系统化地提供了情报治理的理论参照。刘宗和与高金虎合著的《外国情报体制研究》对重要国家的情报与决策互动关系做了结构化梳理。以缪其浩等为代表的上海科技情报所，在《国家竞争情报研究》项目中提出了建立国家领导企业并在全国范围内统一实施的国家竞争情报体系，从社会角度提出了情报参与国家治理的可能模式。赵冰峰论述了国家情报与国家安全及国家发展的互动关系[2]，为情报与国家的协同治理提供了理论框架。马德辉提出了 Intelligence Studies 是“源于军事战争、基于国家情报体系、面向社会情报活动的情报学”[3]，为将国家治理纳入情报研究提供了学科建设的逻辑支撑。以陈峰等为代表的中国科学技术信息研究所对产业竞争情报深入研究，为中国企业的产业竞争力提升提供了理论模式。刘细文等对科技情报应用提出了系统性的服务模式。[4] 另外，沈固朝、王延飞等还对情报智库的建设提出了建议。

[1] 赵冰峰．论情报设计及情报行动在情报活动中的意义 [J]. 情报杂志 ,2012(11):30-34.
[2] 赵冰峰．论国家情报与国家安全及国家发展的互动关系 [J]. 情报杂志 , 2015(01):1-5.
[3] 马德辉．“Intelligence Studies”视域下的中国公安情报学若干基本问题研究 [J]. 情报理论与实践 , 2013(5):50-57.
[4] 刘细文．技术竞争情报服务的理论框架构建 [J]. 图书情报工作 , 2014(13):5-10.

情报与创新：中国情报学派也注重对新技术、新理论和新生事物的研究，比如，缪其浩很早就开始关注情报获取与大数据的关系，梅建明、谢晓专等重点关注情报在反恐工作的应用，曾润喜等为代表的一批中青年学者开展了舆情研究，并与《情报杂志》编辑部联合出版了《网络舆情学》。

当然，与美国的情报理论研究水平相比，中国情报学派的研究还存在很大不足：(1) 基础理论单薄，对核心概念缺乏系统的逻辑论证，无法对本质性问题、重大现实问题展开全面的学理阐述，比如情报侦察、情报行动、情报策略、情报治理、情报控制、情报立法等；(2) 理论研究视野尚不开阔，大部分研究范围局限于部门情报范畴，缺少跨越军事、安全、政治、外交、经济、科技、新闻等的融合理论，研究内容缺乏与意识形态、公共外交、社会化、传播、软实力、学术战等的深度互动；(3) 在情报本质的认识上，依然固守情报静态观念，将情报作为特定的信息或报告，忽视或轻视了情报的社会矛盾与冲突属性，在整合微观与宏观的情报规律、整合不同部门的情报规律时，逻辑生硬冲突、论证论述困难；(4) 学术结构上严重依赖美国情报理论，以引进为主自主创新为辅，在课题设立、问题假设、逻辑推导、实证研究等方面缺乏独立性，在结合中国国情方面明显不足，不重视中西方国家体制差异与情报伦理传统，导致引进的理论对现实问题的解释力较差、指导能力较弱；(5) 学术研究力量各自为战，部门隔阂严重，缺乏联合研究机制。

但无论如何，中国情报学派的崛起至少具有两大意义，第一，学派批判性地继承了古今中外最重要的和最优秀的情报思想与成熟理论，初步建立起了适合国情与国体的中国现代情报学术体系，使得中国情报学界拥有了一定的学术理论自信。第二，学派紧密配合国家发展战略，深度融合社会各界需要，初步形成了服务于国家安全治理与部门实践的情报理论与方法，使中国情报学界拥有了一定的学术道路自信。

三、学派人物思想

在中国情报学派中，有四位比较典型的具有一定影响力的人物，其情报思想值得重点关注和研究，即张晓军将军的因敌变化情报思想、高金虎教授的战略欺骗情报理论、包昌火先生的中国情报学思想、沈固朝教授的情报融合思想。

1. 张晓军因敌变化思想

张晓军将军是中国情报学派的领军人物，是中国军事院校中研究中外情报思想与情报历史的核心人物，其领导的研究团队在中国古代情报思想研究和美国军事情报思想研究两个路径上，试图总结古今中外情报思想基础上，全面重建统一的情报理论。研究团队于 2001 年出版《〈武经七书〉军事情报思想研究》，将《武经七书》作为中国古代情报思想的集大成者与代表，分门别类给予详细剖析，获得“敌、知、间、权、谋、诡、心理、保密”等全新的情报理论体系。2007 年出版《美国军事情报理论研究》，将美国情报理论体系划分为基础理论、情报分析、情报失误、情报控制和联合作战情报支援五大部分，系统阐述了美国情报学界的主要观点及其学术成果（安全情报理论为主，军事情报理论其次），为我们研究美国情报理论提供了厚实的学术基础。

梳理张晓军的情报思想及其变化可以发现，“因敌变化”是其引导始终但又逐步深化的核心支柱。大致而言，张晓军的因敌变化思想经历了三个重要的阶段：第一阶段是在中国古代情报思想研究之前，主要内涵是“情报的斗争性”，即情报具有区别于信息与交流活动的特殊社会关系。第二阶段发生在《〈武经七书〉军事情报思想研究》的项目过程中，以“知”作为切口，研究了《孙子兵法》“谋”和“诈”、《司马法》“诡道”以及《吴子》《尉缭子》《三略》等相关思想，在内涵上提出“因敌变化”概念（书中采用“因敌变化”作为章节标题[1]，由申华撰写、张晓军统稿定稿），

[1] 张晓军 .《武经七书》军事情报思想研究 [M]. 北京：军事科学出版社，2001:36.

指出情报工作的动态性需要在战争中根据敌情变化做出针对性谋略，并总结出三种典型的情报侦察模式："相敌、动敌和用间"。第三阶段发生在 2011 年以后，历经数年的糅合沉思，在其指导的博士论文《美国情报分析理论发展研究》出版序言中有了比较系统化的阐述，将侦察的斗争性扩展到情报分析的斗争性上，将美国失误理论与分析理论的逻辑关联起来，指出情报分析对象的遮蔽性、情报分析过程的博弈性和对抗性、情报分析结论的风险性与高难度，"情报分析、情报失误是同一主题的正反面"[1] 等，从而超脱了美国情报理论的窠臼，杂糅其内涵，更胜一筹。

"因敌变化"是情报"隐真示假""心理作战""情报保护"等其他中国古代情报应用的内在原因与基本策略，是中国古代情报思想辩证法与情报谋略的精髓。张晓军及其团队始终抓住这个牛鼻子一路走来，成果丰硕，开一代先河，为中国情报学科的彻底重建开启了窗户。

2. 高金虎战略欺骗理论

高金虎教授是中国当代军事情报学领域中的领头人，不仅组织编译了大量的美国情报理论名著，还撰写了高质量的西方情报史和情报体制方面的著作，出版了《军事情报学》专著，是中国情报学界研究西方情报史和美国情报理论的大家。高金虎凭借丰富的研究经历，对如何构建具有中国特色的情报学体系，已经有了比较系统化的思考。比如，其在《战略欺骗》一书中指出，情报学是研究情报工作规律和改进情报工作途径的学科，相当于西方的情报研究和中国的军事情报学；军事情报学是探讨军事情报工作基本理论和应用理论，从整体上认识军事情报工作的一般发展规律，揭示军事情报工作的本质，提升军事情报工作的水平，更好地服务于政治、经济、军事和外交决策 [2]；军事情报学包括基础理论、情报历史、情报思想、情报应用（包括情报搜集、情报分析、反情报、隐蔽行动等）。应该说，高金虎将情报学的概念视同为军事情报学，是现代战争突破传统军事战争范畴，成为国家冲突的普遍样式的一种理论反映，具有一定的合

[1] 李景龙 . 美国情报分析理论发展研究 [M]. 北京：军事科学出版社，2014:1-5.

[2] 高金虎 . 战略欺骗 [M]. 北京：金城出版社，2005:1-2.

理性。

尽管在《论情报的定义》一文中，高金虎将情报明确定义为“政府、军队和企业为制定和执行政策而搜集、分析与处理的信息，是知识与信息的增值，是对事物本质、发展态势的评估与预测，是决策者制订计划、定下决心、采取行动的重要依据”[1]，但高金虎的情报思想实际上隐含着大情报与小情报的概念差别（大情报是指情报机构开展的相关对抗活动，小情报是指情报机构获取的情报内容本身，即相关信息和知识）。比如，在《战略欺骗》中，“战略欺骗是情报机构的职能，情报是战略欺骗的核心”[2]，很显然，该论断的前半部分将战略欺骗作为情报职能的一种，属于情报活动的特殊样式，情报概念属于大情报范畴；而后者将情报内容视作战略欺骗的核心要素，其情报概念属于小情报范畴。

高金虎在建立情报理论体系过程中，战略欺骗是重要的理论领域之一，其中指出，战略欺骗是中国古代“诡道”的现代样式，也是古代谋略思想在现代情报领域的具体实现功能之一。在具体理论结构上，欺骗具有突然性，可以发挥战争倍增器的作用，可构成战争的杀手锏，同时也可发挥误导对方的作用；欺骗的核心是隐真示假，其基本原理是通过建立误导性知觉体系，从双方的决策体系入手，采用随机应变等策略，按照一定的流程和实现渠道（包括政治的、外交的、情报的、新闻的、网络的），开展具体的据止（包括安全保密、新闻审查、物理安全等）和示假（包括模仿、设置假目标、牵制 / 佯动、电子示形、假情报等）措施。对欺骗实施的效能，则可从成本、风险、局限性等方面加以具体考量。高金虎的《战略欺骗》一书突出了欺骗理论的系统性和欺骗活动的可操作性，从而建立了丰富的、现代的理论体系。

关于国家安全与国家情报治理，高金虎从战略欺骗理论出发，指出中国在处理国家安全问题时，应从研究敌对情报机构的行为模式和活动技巧入手，在认知对手的情况下，采用据止和欺骗等反情报措施实行有

[1] 高金虎 . 论情报的定义 [J]. 情报杂志，2014(3):1.

[2] 高金虎 . 战略欺骗 [M]. 北京：金城出版社，2005:228.

效防御。[1]实质上，该思想可被视作为中国国家情报积极防御策略的主要模式，也是我军积极防御战略和灵活机动战术在现代情报治理领域的具体实现。

3. 包昌火中国情报学思想

包昌火先生是中国情报学派中情报研究学派的代表人物，出身于国防科技情报，业余时间从事情报学研究，已发表文章约900万字，是中国知名的情报学家，为国防科技事业、经济建设、情报学研究、情报学界组织、情报学新人培养等做出杰出贡献。包昌火在情报学术上的贡献集中于情报研究、竞争情报和中国情报学三大领域，尤其是不断深化的中国情报学概念为情报学术的发展提供了逻辑基点。

中国当代学术界关于情报研究的兴起，在很大程度上是得益于包昌火集一生之心血，在比较中美两国情报思想与理论方法基础上，不断批驳中国情报学术的研究偏差与失误，逐步进入呼吁建立系统化的中国情报学理论框架的高度。本文将零散地分布在包昌火理论成果中的中国情报学相关概念进行梳理，初步形成一份框架式的中国情报学纲要示意图。从中可以看出，包昌火的中国情报学思想极具中国特色，其对中国情报学术的深入研究具有较大的启示意义。

包昌火情报学思想中的中国情报学，不是指“中国的情报学”，而是指具有中国特征的情报学科体系，其概念在《中国情报工作和情报学研究》学术专著“情报科学”篇章中有相对集中的阐释。归纳起来，其逻辑路径可大致确定为“对象问题研究（如中国赶超战略下国防科技情报中的武器研发问题、中国加入WTO后经济竞争情报中的企业竞争问题）→客体规律研究（资源、文献、信息、知识、情报等的序化与转化）→应用规律研究（机构、流程、技术、学科、功能等）→情报概念升华（情报定义、情报内涵、情报外延）→情报理论构建（中国情报学）”。在该路径中，各种理论要素的含义是随着时代主题的变迁与国家发展，经历了深刻的

[1] 高金虎. 战略欺骗 [M]. 北京：金城出版社，2005:2.

逻辑演变。比如，对象问题由20世纪80年代的科技情报转向20世纪90年代的竞争情报和2007年后的中国情报；对应地，客体的内涵由文献资料与信息资源，经过信息和知识的过渡，最后指向“情报”本身；对情报概念的认识也由最初的“研究”，深化为Information的Intelligence化过程，最终定性为“组织对环境的感知和响应”；情报理论的含义也由最初的“情报研究”，经“我国的情报学研究”过渡到“中国情报学”。总之，视野随着时代不断扩大，理论随之不断加深，最终形成相对稳定的逻辑结构。

在内涵与概念层面，包昌火情报学思想中的中国情报学可以归纳为如下的大致逻辑：融合西方Intelligence Studies理论和中国情报思想（孙子兵法、参谋理论、钱学森情报思想），形成以Information的Intelligence化为核心的中国情报工作方法体系，以服务于中国机构，解决中国问题，如图2–4所示。

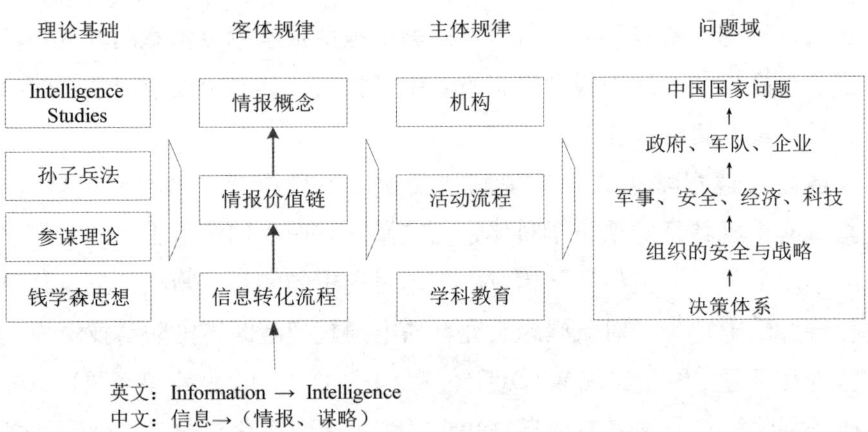

图2–4 根据包昌火先生的中国情报学概念构建的学科纲要示意图

其中，Information的Intelligence化又囊括了内容维度上的信息、情报、谋略的相互转化关系，以及过程维度上的序化和转化因果逻辑关系，Intelligence覆盖了情报到谋略的转化过程，如图2–5所示，这是包昌火区别于其他情报学家的核心思想所在。

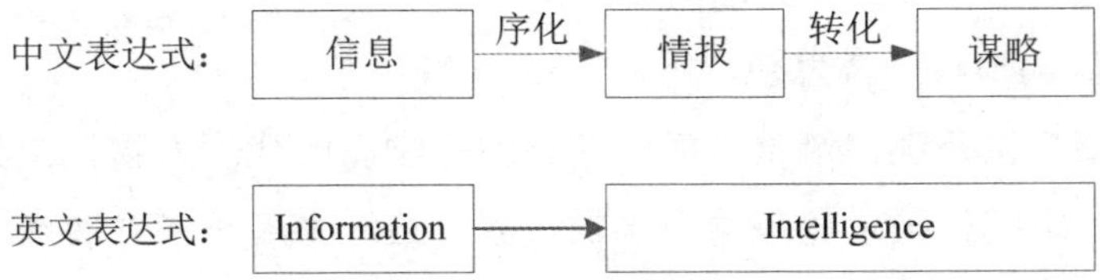

图 2–5 包昌火先生提出的 Information 的 Intelligence 化概念

在《情报杂志》与北京大学联合举办的华山论坛 2015 年会上，包昌火联合马德辉副教授和李艳教授，比较明确地定义了中国情报学中的信息、知识、情报、中国情报学等核心概念，并集中其他专家学者的意见，提出建设总体国家情报观、变革国家情报体制、打造国家情报模式、制定国家情报战略、完善国家情报法律，以及构建国家情报学说、建设国家情报学院和国家情报研究院等战略性倡议，尝试将中国情报学的理论研究推进到国家谋略的层面。

除此之外，包昌火在大量的文献中，深入研究了情报与信息的分析方法问题，作为中国情报学的核心支撑内容，包括工作方法层面的文献信息调查、实证研究、人际网络研究与应用、情报与社会经济的结合、情报与谋略问题、我国科技情报工作、我国竞争情报工作、我国情报战略与决策问题等，也包括技术层面的科学抽象、思维方法、信息分析、信息资源、情报系统、学科体系等。

从学术作品可以看出，包昌火的中国情报学思想较为概念化，并且偏重情报研究理论和竞争情报理论，带有较为鲜明的情报分析部门和微观经济部门的观念和主张（比如，2011 年“春之声”竞争情报沙龙上，包昌火提出“以情报研究工作主导”的情报学与情报工作发展方向；2014 年“春之声”竞争情报沙龙上，包昌火又提出“市场经济条件下，不论是企业、科研机构、产业和政府部门，竞争情报工作就是情报工作”），但包昌火的学术探索距离构建完善的中国情报学学科框架已十分接近，这样的努力对构建中国的情报学学科框架是不可或缺的。期待包昌火先生在中国情报学思想上，给我们带来更大的理论突破。

4. 沈固朝情报融合思想

沈固朝教授是中国情报学派中情报融合学派的代表人物，出身于图书馆学专业，中间经历了竞争情报学的过渡，最近十多年来发展成为面向安全与发展的情报学学科代表人物，在信息检索、信息搜集、竞争情报等领域著作丰富，带领的众多博士生在情报获取、情报分析、情报保密、情报失察、竞争情报等多个领域进行了高质量的理论探索与构建。

沈固朝的情报融合思想产生于这样的客观背景：中国情报学界长期处于名实不符、歧义混乱的学科发展状态。Information Science 在西方被叫做信息学，在中国也被几乎所有学科领域包括一直从事图书馆学和档案学研究的学者称之为信息学，而只有由 20 世纪 90 年代科技情报转型为信息资源管理或图书馆与档案管理的部分中国学者称其为情报学，但这些学者的学科研究内容又与西方相同，这就产生了所谓的名实不符问题。该问题实质是由 20 世纪 90 年代的所谓科技情报“改名”运动的不彻底造成的；本来通过改名运动实现科技情报工作的转型是国家根据经济建设的发展实际制定出的必要措施，其变革的方向是完全适当的，但在改名过程中，只将组织机构名称及研究任务由“情报”改为“信息”，但遗留了科技情报的学科设置和学术用语，从而导致中国科技情报研究所和地方科技情报研究所以及各大院校的图书情报院校发生了“身心已换位，但帽子却还挂在原地”的尴尬局面。

沈固朝的情报融合思想集中地体现在《两种情报观 :Information 还是 Intelligence?—— 在情报学和情报工作中引入“Intelligence”的思考》(2005)、《“耳目、尖兵、参谋”——在情报服务和情报研究中引入 intelligence studies 的一些思考》(2009)、《情报与信息：一船两夫——读〈隐秘与公开：情报服务与信息科学的追忆与联系〉》(2010) 三篇文章中，在中国情报学界关于情报与信息的学科定位大讨论中可谓独树一帜，其主要观念是指在 Information Science 学科体系中引进 Intelligence Studies 研究

体系 [1]，以解决情报学的现代发展问题和名实不符问题。

沈固朝在 2005 年左右的情报融合思想，主要表现为：(1) 在研究方法方面，没有直接就既有的情报与信息概念加以术语式辩述，而是提出“概念的争议应考虑它们对实践产生的作用”和“找出分歧点和原因，形成统一认识” [2]，因此他比较了中美两国对“情报”术语的使用情况，并且按照历史脉络陈述了这些理论在实践层面的发展状况；(2) 在概念辨析方面，将情报定义为“情报是冲突或是竞争的产物，在对抗双方利益冲突的关系中不具备共享性，是‘检索’不到的，其传播具有一定的隐匿性和定向性，使用对象一般局限于特定决策主体，具有一定的指向性” [3]，这就与“信息”进行了直接的逻辑区分；(3) 在论证逻辑上，首先提出西方的情报学和信息科学具有严格区分的基本事实，并指出中国 20 世纪 90 年代的科技情报“改名”运动是造成当代学科混乱的原因。

而在 2009—2010 年期间，其思想有了进一步的深化，主要表现为：(1) 在学科构成上，提出情报学应该在图书馆为研究对象的信息科学体系中增加研究军事、政治、安全、警务、边防、经济和科技等西方情报学的安全问题内容，并与现有的信息科学形成功能互补 [4][5]，并借鉴了西方关于 Information Science 和 Intelligence Studies 相互吸收学习的一些研究成果，这样的建议和观念要比批驳式的学科争论要理性和有力得多，而且更具有建设性意义；(2) 在 Intelligence 的研究方法上，提出重点关注西方国家的

[1] 沈固朝．情报与信息：一船两夫 —— 读《隐秘与公开：情报服务与信息科学的追忆与联系》[J]. 情报探索 2010(2):3-5.

[2] 沈固朝．两种情报观 :Information 还是 Intelligence?—— 在情报学和情报工作中引入 “Intelligence” 的思考 [J]. 情报学报，2005(6):259-267.

[3] 沈固朝．两种情报观 :Information 还是 Intelligence?—— 在情报学和情报工作中引入 “Intelligence” 的思考 [J]. 情报学报，2005(6):259-267.

[4] 沈固朝．“耳目、尖兵、参谋”—— 在情报服务和情报研究中引入 intelligence studies 的一些思考 [J]. 医学信息杂志，2009(4):1-5.

[5] 沈固朝．情报与信息：一船两夫 —— 读《隐秘与公开：情报服务与信息科学的追忆与联系》[J]. 情报探索 2010(2):3-5.

情报专业、情报刊物和最新议题，以及采用质疑等专业研究思维等，即要紧盯国际发展趋势，强化中外理论比较。

可以说，情报融合思想是解决中国情报学究竟是“Information Science”还是“Intelligence Studies”的一种方案，沈固朝在这个问题上采用的是现实主义的、审慎的和建设性的态度，而不是抱怨式的、批驳式的和分裂式的，这对中国情报学的良性发展起到了巨大的推动作用。尤其是其近年来带领的学术团队在理论层面特别是情报信息获取和情报信息分析方法方面进行了融合尝试，取得了一定进展。

四、学派历史使命

人类进入 21 世纪以后，世界形势正在发生自苏联解体以来最严重的变化，全球格局逐步进入类似于中国春秋战国时期的大国竞合状态，这为中国情报学派的崛起提供了历史机遇。2014 年 1 月，中共中央正式设立国家安全委员会，随后确立了总体国家安全观，为中国情报学派的发展提出了国家命题。如何在新的历史时期，突破美国以美元、信息、传媒和军事构筑的世界霸权体系，实现中国倡导的和平、发展、合作、共赢的世界新秩序，是中国情报学派的理论命题。因此可以预测，中国情报学派未来至少应解决情报部门理论的统一化、情报工作与部门工作的融合化、情报参与国家治理的制度化三大问题，即：(1) 通过跨领域的学术交流和联合研究项目，统一军事、安全、外交、文宣、公安、经济、科技等部门情报思想，形成融通古今中外的服务于中国特色社会主义的情报理论创新体系；(2) 通过情报智库建设、情报高等教育体系建设，解决当代中国情报工作实践中情报与统一战线的结合、情报与外交的结合、情报与经济的结合、情报与科技的结合、情报与反恐的结合、情报与网络治理的结合、情报立法等重大理论建设与组织建设问题；(3) 构建中国国家情报理论体系，参与国家情报与安全制度建设、法制建设与机构建设，承接国家重大理论项目、参与国家情报立法、参与国家“一带一路”倡议，全面服务于国家安全与发展的现代化治理和全球治理。

中国情报学派只有在这些关涉自身命运与国家命运问题的解决过程中，通过完善理论进而纠正混乱的学科设置成为中国情报学科教育的正统，通过成功实践进而获得社会认可成为中国情报应用的主流，通过服务于治理进而形成国家制度成为中国国家安全体系的核心，唯有如此才能成就自身的历史地位。

中国情报学派是相对于美国情报研究群体和中国图书情报研究群体，融合古今中外情报理论与成功实践基础上，逐步成长起来的意在重组中国情报学以服务于国家崛起和民族复兴的学术中坚力量，具有世界性意义。中国情报学派在过往的理论建设与社会实践中，已经取得了巨大的成就。面对未来的历史重任，中国情报学派应当继续发扬坚忍不拔、奋勇前进的精神，为国谋略，为民鼓呼。相信中国情报学派会成为中国情报历史乃至世界情报历史的一颗不朽明珠。

第 5 节　美国现代情报思想

一、情报思想演变

美国大规模的情报理论研究始于冷战，并深受《孙子兵法》中“知己知彼、诡道、用间、伐谋”等思想影响，大量情报学家的学术作品甚至直接引用《孙子兵法》的原话或原意。在情报元概念和理论架构方面，中央情报局的谢尔曼 · 肯特于 1949 年提出了著名的“情报是知识”的理论体系，认为情报分析是情报活动的核心，在比较科学研究的基础上，系统地建立了情报分析工作体系，并提出情报“去政治化”等主张。[1] 经过美

[1] 张晓军 . 美国军事情报理论著作评介 [M]. 北京 : 时事出版社 , 2005:30,113.

苏争霸的长期实践后，学者亚伯拉罕 · N. 舒尔斯基继承并突破了肯特的理论，在 1991 年出版的《无声的战争：理解情报世界》中将情报搜集、情报分析、隐秘行动和反情报作为情报活动的核心，把情报实践纳入研究范畴，并提出了情报的伐谋理论，为情报欺骗、心理战等提供了理论依据。在情报分析方面，美国从情景规划等传统分析理论基础上不断创新，提出了定量分析、群体分析、竞争性假设、机会分析、可选择性分析、枢纽分析等理论，逐步强化了情报与决策的互动关系并加大了对策性研究的深度。[1] 在情报管理方面，美国情报界推崇组织分工理论，提出了简明扼要的近乎标准化的情报循环模型（或情报周期模型），有力地确立了情报学作为一门独立学科的价值和意义；20 世纪 90 年代后，美国情报界又吸收流程思想，进一步将情报循环模型修正为情报流程模型 [2]。在情报技术方面，美国首先基于信息化战争理论，构建了 C3I → C4I → C4ISR 为代表的不断演进的情报支持与作战指挥控制监视侦察系统，有力地支撑了美国的信息化战争；随着互联网的应用，美国又提出了网络中心战理论和赛博战理论，并促使美军于 2010 年设立网络司令部；网络中心战思想也深刻地影响了美国安全情报组织的建设，比如，中央情报局宣布将在 2015 年进行自设立以来最大规模的机构重组，将现有体系按照全球地域和情报职能划入十个任务中心。[3]

在国家情报研究方面，基于二战中的心理战实践，美国情报界在 1947 年中央情报局成立后，迅速衍生出文化战、新闻战、舆论战、学术战等和平演变理论体系 [4]，为美苏冷战对抗提供了理论支撑；随着实战经验的增加，以新闻传播为载体以意识形态进攻为目的的心理战，后来提升为战略

[1] 张晓军 . 美国军事情报理论研究 [M]. 北京：军事科学出版社 , 2011:15,103-107,168-170,132-134.

[2] 马克 · 洛文塔尔 . 情报：从秘密到政策 [M]. 北京：金城出版社 , 2015:90-91,246-250.

[3] 央广网 . 美国中情局推史上最大规模重组改革 [EB]. http://china.cnr.cn/qqhygbw/20150308/t20150308_517926061.shtml.

[4] 于群 . 新冷战史研究：美国的心理宣传战和情报战 [M]. 上海：上海三联书店 , 2009:14,191-220.

传播和公共外交等更为精细化和体系化的国家情报理论，为解体苏联和稳固帝国霸权发挥了历史性作用。在军事情报方面，从二战开始美军特别重视心理战的研究，在冷战时期进一步强化为战争宣传；从 20 世纪 70 年代开始，在诸如珍珠港突袭、盟军诺曼底登陆等案例基础上重点研究战略欺骗与突袭、情报失误等内容，迈克尔 · 汉德尔的《二战中的战略战役欺骗》、巴顿 · 惠利的《代号“巴巴罗萨”》、理查德 · 贝茨的《突然袭击》等一系列作品 [1]，为情报的信号分析、情报评估、战略预警、威慑战、心理战等理论提供了厚实的案例基础；1977 年，约翰 · 博伊德总结出 OODA 决策周期模型，为情报威慑与欺骗、信息致盲与拒止等军事行为提供了基础理论，极大地提高了军事情报的研究水平，该模型后来作为美军国防政策被写入了美军作战条例 [2]；到 20 世纪 90 年代后,美军在心理战和欺骗战等基础上形成信息战理论，其实质是情报实战理论，为避讳舆论监督，在表述上采用 Information Operations 隐语替代 Intelligence Warfare 一词，在美军联合信息战条令 JP3–13 中囊括了心理战、欺骗战、保密战、电子战和网络战等五大功能，形成了一系列的具有深远影响的情报思想。在执法情报（大体类似于中国的公安情报）方面，随着全球化浪潮的冲击和网络技术在警务领域的应用，美、英等国在吸收社区警务、问题导向警务等基础上，于 20 世纪 90 年代提出了情报主导警务模式 [3]，以“犯罪—环境—决策者”三者互动的“3i”模型为核心原理，强调联合情报对社会犯罪的整体预防与战略控制，强调借助情报研判实行精确打击；该模式已逐步成为美国国内安全治理的主流思想。在经济情报方面，美国较少系统地学术讨论国家经济和产业经济层面的情报理论，但从乔治 · 索罗斯的《这个时代的无知与傲慢》等著作可以看出，美国的经济情报组织深度参与国际活动，如推广经济理论、输出金融资本、影响别国经济政策、参与他国政治

[1] 张晓军 . 美国军事情报理论著作评介 [M]. 北京：时事出版社 , 2005:30,113.

[2] 肖裕声 . 21 世纪初大国军事理论发展新动向 [M]. 北京：军事科学出版社 , 2008:54-78.

[3] 马德辉 .“Intelligence Studies”视域下的中国公安情报学若干基本问题研究 [J]. 情报理论与实践 , 2013(5):50-57.

活动和社会运动等，在苏联解体、波兰改革、亚洲金融危机、颜色革命等国际重大事件中发挥了巨大作用；而在微观经济情报层面则异军突起，成为世界竞争情报理论的输出地，在情报循环、人际网络、对手分析、情报系统、危机预警、最佳实践案例等方面颇有建树。[1]

二、情报历史观念

《美国对外情报活动：美国历史的秘密一面》[2] 是美国历史学家查理斯 · D. 阿美林格关于美国国家情报活动历史的专题论著，该书从历史的角度讲述了情报活动在美国历史事件和历史转折时期所起的作用。

尽管作者自己并未在理论上作出总结，但是该书无论从体例还是内容，都可以印证情报的社会对抗属性。美国的国家情报活动总是发生在美国对外扩张和侵略的时期；对外军事活动越频繁，情报活动就越激烈；对外军事活动减少，情报活动也随之减少；情报活动与国家对外对抗活动相伴随，并由对外对抗活动的性质、范围、广度和深度决定了情报活动的性质、范围、广度和深度。比如：

第三章《秘密的美国革命》，主要描写了美国独立战争时期包括对法国等国家的情报活动；

第四章《情报与大陆扩张》，主要描写了美国建国后到 1848 年之间大陆扩张时期包括吞并路易斯安那和西佛罗里达以及美英战争时的情报活动；

第五章《命定扩张》，主要描写了 19 世纪 40 年代之后到美国南北战争之前包括吞并加利福尼亚以及美墨战争时的情报活动；

第六章《内战中的秘密战争》，主要描写了美国南北战争时期的情报

[1] 包昌火 . 中国情报工作和情报学研究 [M]. 北京：科学出版社 , 2014:50,75,221-256,284.

[2] 张晓军 . 美国军事情报理论著作评介 [M]. 北京：时事出版社，2010，本节双引号引用内容均出自本参考文献 .

活动；

第七章《发展能力》，主要描写了美国 20 世纪初国内专注经济大发展时期情报活动锐减的主要原因；

第八章《情报与帝国》，主要介绍了 19 世纪末到第一次世界大战前美国海外扩张时期包括吞并夏威夷、入侵巴拿马时的情报活动；

第十章《走向战争的情报》，主要描写了第一次世界大战时期的情报活动；

第十一章《君子不看他人信件》，主要描写了第一次世界大战结束到第二次世界大战之前，美国情报活动逐渐减弱的一些重要事件；

第十二章《珍珠港》，主要描写了第二次世界大战时期美国参与太平洋战争中以珍珠港为代表的国家重要情报失误的详细原因；

第十三章《成功的秘密：魔术与超级情报》，主要描写了第二次世界大战时期美国对日本和德国等的情报活动；

第十四章《战略情报局》，主要描写了中央情报局前身战略情报局的 3 年历史；

第十五章《情报大讨论》，主要描写了第二次世界大战后到 20 世纪 40 年代末，美国对抗加剧导致情报加强的历史；

第十六至十九章，主要描写了以中央情报局为代表的美国国家情报机构在冷战时期的部门设置、工作机制、工作方法以及主要的情报活动方式；

第二十至二十三章，分别以古巴事件、U–2 事件、越南战争、水门事件为例描写了美国在冷战时期的国家情报活动内容；

第二十四和二十五章，主要描写了冷战时期 20 世纪 70 年代中期到 80 年代初期的国家情报活动；

第二十六章，主要描写了冷战后期的国家情报活动；

第一章、第二章、第九章和结尾部分，分别介绍了情报的概念、间谍活动、密码学和情报控制等问题。

从上述美国国家情报历史概要可以看出，凡是美国对外发生对抗活动，情报活动就发生；凡是对外对抗活动停止，情报活动也随之停止；情报与对抗活动相伴相生，社会对抗活动构成了情报活动的社会基础。或者说，“人类社会实践是情报活动的历史渊源，情报活动是当时军事实践的伴生物”，情报的历史也是一部人类的特殊斗争史。

三、情报认知理论

美国情报学界在情报获取与研究方面积累了丰富的成果，比较典型的有情报知识观、情报谋略观、情报分析理论、情报自动化理论等，具有非常高的研究价值和理论参考价值。

1. 情报知识观

谢尔曼·肯特的《服务于美国世界政策的战略情报》[1] 出版于 1949 年，据称是“美国迄今为止有关战略情报和情报分析领域的著述中最具影响力的一部”。

在该书中，谢尔曼·肯特关于情报的定义“情报是一种知识”“情报是一种组织”和“情报是一种行动”在后来的情报学界流行很广。谢尔曼·肯特的定义反映了情报的某些外在形态，但并未明确指出情报的外延和内涵，无法与很多概念相区别，比如管理、技术、科研、工业设计等。所以在严格意义上，他的情报定义不能称为科学的定义。首先，谢尔曼·肯特的三种知识（情报）即“关于过去静态状况的基本描述”“关于现在动态能力的动态报告”和“关于未来潜在意图的预测研究判断”，只是情报分析阶段的三种不同成果表述形式，并不是情报的本质属性规定，更不是情报本身；其次，谢尔曼·肯特的组织（情报）只包括负责侦察监控的人员和负责情报分析的人员两部分，没有考虑情报的外围组织和情报客体内部的代理人，没有考虑到在组织中起指挥、控制以及领导作用的情报组织核心成员，也没有考虑情报消费、情报防御、情报反击等情报必备

[1] 张晓军. 美国军事情报理论著作评介 [M]. 北京：时事出版社，2010，本节双引号引用内容均出自本参考文献.

组织成员，因而是偏狭的和存在重大缺陷的；最后，谢尔曼 · 肯特的行动（情报）只包括侦察和研究两部分，同其组织定义一样是偏狭的和存在重大缺陷的。

尽管谢尔曼 · 肯特在中央情报局的工作中严格要求训练情报分析人员，并且要求吸引最优秀的人才进入情报分析行业，但是，谢尔曼 · 肯特的情报定义只描述了情报的三个外在特征，并且遗漏了情报的许多重要属性特征，尤其是没有提及任何与"对抗"有关的属性特征，在他关于战略情报的定义中明确地否定了反间谍和反情报这两种主要的活动形式，主张"情报组织不应该过分热衷于政策决策，情报组织必须与政策制定者保持一定的距离，不然就会犯主观性的错误"，即情报必须"去政治化"，并与他的战略情报定义"身居高位的军事和文职人员为保卫国家利益所必须掌握的知识"自相矛盾（身居高位的军事和任职人员怎么可能做到"去政治化"呢）。尽管他的定义如此模糊不清并存在重大遗漏，但是其著作却"被多次再版并被翻译成多种语言在许多国家出版发行"。这是否能够说明，谢尔曼 · 肯特的情报学是属于美国于 20 世纪 50 年代初发起的"学术宣传项目"[1]的一部分，使美国能够在情报学研究上误导其他国家的情报活动从而起到保障美国国家利益的作用呢？谢尔曼 · 肯特作为美国战略情报局以及后来的中央情报局成员，他的这一职业身份更能证明其为美国国家利益服务的目的要优先于为情报学作出科学定义的目的。当后来的学者为他的定义"摆脱了狭隘的军事情报观念""指出了情报的知识本质"而庆幸的时候，谢尔曼 · 肯特的目的达到了。

谢尔曼 · 肯特的情报"去政治化"观点与其"情报是一种知识"的定义在逻辑上是相呼应的。如果情报是知识，那么情报就是科学，就要追求真理性，就应符合理性原则和遵循客观公正原则，乃至情报必须无政治偏见、无政治立场和无国界分歧，不为政策进行辩护。因此，谢尔曼 · 肯特在战略情报定义中排除"反情报"和"反间谍"（对于该学术的受动者

[1] 于群．新冷战史研究：美国的心理宣传战和情报战 [M]. 上海：上海三联书店，2009，社会科学研究与美国心理冷战战略章节．

而言就是不要去“反情报”和不要去“反间谍”）也就在情理之中了。所以谢尔曼 · 肯特说“情报组织很像一个综合性大学”“情报组织必须尊重克服巨大困难寻求真理的努力”。这种远离政治的政治行动，必然消解政治组织边界，离散政治组织关系，破坏政治组织生活，化解政治组织防御能力。“去政治”的政治组织不是保卫了政治组织，而是扰乱了政治组织。如果谢尔曼 · 肯特在中央情报局内部看到有分析员追求“共产主义真理”的时候，他是否也会对其格外尊重呢？而他的作品偏偏就叫“服务于美国的战略情报”，而不是叫“服务于世界的战略情报”。谢尔曼 · 肯特的著作符合美国对外实施“文化战”和“学术战”的标准与条件。

欺骗、震慑、预警等情报行为的存在表明，情报不是一种知识科学活动，情报学不同于知识管理，不是以知识的编码、排序、索引和存储等作为情报研究的核心内容；情报学不同于科学研究，情报活动不追求科学性和真理性，而以对抗性为第一前提，没有对抗性，就没有情报需求，没有对抗性，情报活动就不存在。

2. 情报谋略观

在西方国家的情报学界有大量学者持有谋略思想，特别推崇《孙子兵法》中的“诡道”等概念。其中，赫尔曼与舒尔斯基最为典型。

（1）赫尔曼的参谋理论

迈克尔 · 赫尔曼的《信息时代的情报机构》[1]是来自老牌帝国英国的关于情报理论的著作，基本上代表了英国学者关于情报理论的最新研究成果。

迈克尔 · 赫尔曼首先从情报与信息的区别分析中定义情报的概念。他认为情报活动不同于一般的信息采集和信息处理，情报部门不是一般的信息生产线，情报是在信息采集和信息处理的基础上，对特定问题进行“全源”分析，是服务于国家中央政府的专家们的活动；情报工作者在军事上被称作参谋；就英国的情报机构而言，情报部门几乎是在19世纪和官方

[1] 张晓军 . 美国军事情报理论著作评介 [M]. 北京：时事出版社，2010，本节双引号引用内容均出自本参考文献 .

统计部门一起发展起来的。

迈克尔 · 赫尔曼认为，包括间谍、颠覆、破坏和秘密的外交影响在内，情报应该针对“他们”而不是“我们”，这是一个很正确的观点。在国家层面，“我们”属于主体国家，“他们”属于主体国家的敌对国家。“我们”作为情报主体的同时“他们”作为情报的客体，共同构成情报认知对抗运动的参与者。相对于“他们”而言，“我们”的内部不构成矛盾的主要方面，不存在情报认知对抗运动的社会基础，“我们”与“他们”之间则构成主要的矛盾或矛盾的主要方面，形成情报认知对抗运动的社会动力。所以在暴力变革及其所带来的威胁、不稳定和复杂局势等方面，情报是“我们”的专家。

迈克尔 · 赫尔曼的情报概念在其关于情报产品的论述中最为深刻。他认为情报产品评估应通过“换位思考”，实现“洞察对象心理”的目的，这就与其“情报工作者是参谋”的观点在情报的具体环节上契合了起来，接近于舒尔斯基的“伐谋”论。

（2）舒尔斯基的伐谋理论

亚伯拉罕 · N. 舒尔斯基于 1991 年出版的《无声的战争：理解情报世界》[1] 一书，也许是美国情报学界迄今为止理论研究水平最高的一本著作。

舒尔斯基吸收了谢尔曼 · 肯特的情报定义，并扩充了后者的内涵。舒尔斯基认为情报活动可分为：情报搜集、情报分析、隐秘行动和反情报活动，这就比谢尔曼 · 肯特的定义要完整得多，更接近于作为一类社会对抗运动的认识与实践的交互特征。尤其是，舒尔斯基把当时人们关于情报本质认识的两种观点总结成情报的双重本性，即一方面“情报就是搜出敌人的秘密计划并把它交给统治者来赢得一场战役”，另一方面“情报就是一种有效的伐谋手段”；虽然舒尔斯基只是将两种本该属于情报不同层次的属性并列出来，但是这远比谢尔曼 · 肯特的观点要深刻得多。在舒尔斯基眼中，情报是一种人与人的斗争或是涉及斗争的那部分信息，是区别于科

[1] 张晓军 . 美国军事情报理论著作评介 [M]. 北京：时事出版社，2010，本节双引号引用内容均出自本参考文献 .

学的征服与控制的活动；情报是一种斗争形式，具有欺骗对方和信息风险的内在矛盾。

舒尔斯基的《无声的战争》指出了谢尔曼 · 肯特情报理论的特指性，即谢尔曼 · 肯特的战略情报仅指美国的对外情报，“是用美国政府所要求的语言来表达的”，这意味着后者是为美国政府做对外宣传服务之用的，而不是在做情报科学的研究。同时，作者批判了谢尔曼 · 肯特的去“反情报”论点，认为“国家的防卫既有赖于它的军事行动，也有赖于挫败对手的情报活动，反情报和正面的情报活动一样应被视为国家防卫所必需的”。另外，作者认为谢尔曼 · 肯特混淆了情报与一般知识以及情报活动与科学研究的关系，认为秘密是情报区别于其他智力活动的基本特征之一，情报是两国之间斗争的一部分，是一种斗争的武器，是诸如欺骗与反欺骗的伐谋行动。作者还通过论述情报分析对国家政策的支持关系进一步否定了谢尔曼 · 肯特的“去政治化”观点，认为情报“必须为作出实际决定的决策者提供支持”。

总之，舒尔斯基是在继承和批判谢尔曼 · 肯特情报理论的基础上作出了十分深刻的理论探索。

3. 情报分析理论

情报分析与评估是情报活动的核心步骤，是所有情报活动中最集中体现对抗智慧的环节，比如，中央情报局的情报评估很大程度上决定了美国对外和防卫政策的形成。美国情报学界关于情报分析形成了蔚为壮观的理论形态，成就了非常多的情报学家，这里仅以戴维的情报分析理论和中情局的情报评估方法作为研究引子。

（1）戴维的情报分析理论

戴维 ·A. 舒姆在 1987 年出版的《情报分析依据与推理》[1] 中，总结了情报分析推理的要素，即情报分析推理的活动包括：①对某类感兴趣的事件进行预测、估计、预想，并形成报告；②采用逻辑推理方式对某类事件

[1] 张晓军 . 美国军事情报理论著作评介 [M]. 北京：时事出版社，2010.

的原因或重要性作出解释；③以不确定信息类别为依据，对人物、对象和事件等进行分类。

情报分析推理要素分为：问题分析、形成假设、寻求依据并进行假设论证、论据和结论的重要性评估、推理形式。

问题分析：一个问题可能要经历多次定义；某个问题是否重要不能由情报分析人员自行确定；问题的提出往往不完整；问题是随着事态变化的，事态变化了问题就要重新定义；问题总是复杂地出现的，需要厘清各方面的问题；发现重要问题需要想象力和创造力；并不是所有的问题都可以通过推理来回答。

形成假设：问题之后需要一些初步的假定、推测、猜测和预感；假设提高了资料搜集效率；假设是一个反复的过程；假设是推理的关键因素。

寻求依据并进行假设论证：依据就是支持假设的资料；过程性评估或论证将不断修订假设；论证的不严密将导致重大推理错误。

论据和结论的重要性评估：不同的人具有不同的逻辑观念和推理方法；为了弥补不同人作出不同结论的缺陷，需要对不同人采用的论据重要性和结论可靠性进行再评估。

推理形式：两种常规的逻辑推理形式是演绎推理和归纳推理；情报分析中创造性思维（非常规思维，或叫溯因推理形式）也十分重要。

(2) 情报评估实践

情报评估是情报内容采集的升华，这种升华是针对当前的情报主题，即针对战争的当下状态提出对抗策略。因为情报评估的有效性来自战争对抗运动的实践成效，而不是学理的论证，所以情报评估报告中的应对策略并非学理的，并不追求科学性和真理性。情报评估不是一种知识产品，而是一套应对计谋或对抗策略，哪怕这种计谋是虚伪的和反人性的。那些把情报当做“某种升华了的知识”的人，即是把情报评估当做情报运动的本身，是见物不见人和见树不见林的表现，这种人对情报的现实对抗运动视而不见或避而不谈，是浅薄的也是危险的，这种观念是否也属于美国国家情报“学术宣传项目”的成果之一呢？

情报评估是美国中央情报局的主要任务，在《美国中央情报局对越南的情报评估与美国对越政策（1948—1960）》[1]一文中，至少出现和论述了24份被提交于1948年至1960年间关于越南的情报分析与评估报告，这些评估报告正是针对越南战争的发展现状，持续而不断地向决策者推出应对策略和方法。这些文件按照时间顺序摘录如下：

①1947年12月29日，提交第一份关于越南问题的情报报告，指出法国在越南的军事行动前景黯淡；

②1948年9月3日，提交《殖民帝国的崩溃及其对美国安全的影响》报告，编号为：ORE25–48，认为法国赢得印度支那的可能性极其渺茫；

③1949年12月，提交《美国关于亚洲的立场》报告，编号为：NSC48/1和NSC48/2，成为美国战后亚洲政策的第一份纲领性文件；

④1950年9月7日，提交一份关于当前越南军事状况的情报评估报告，认为“中国共产党入侵印度支那将使法国几乎失去全部越南”；

⑤1950年10月13日，提交《共产党控制东南亚大陆对美国的影响》报告，编号为：ORE29–50，指出共产党控制东南亚会带来哪些负面作用；

⑥1950年12月29日，提交《印度支那：当前形势及可能的发展》报告，编号为：NIE5，指出中国共产党已经给越南提供支助，并预测法国可能在6—9个月内会被赶出北越；

⑦1951年3月20日，提交《泰国、缅甸和马来西亚对1951年共产党在印度支那胜利导致的共产党的威胁的抵抗》报告，编号为：NIE20，评估了中国共产党可能对这些地区造成的影响；

⑧1951年8月7日，提交《1951年余下的时间内印度支那可能的发展》报告，编号为：NIE35，认为军事僵局可能持续到年终，但如果中国共产党在朝鲜全面参战，中国共产党就不会干涉越南；

⑨1952年1月10日，国家情报评估办公室向中央情报主任提交了一份备忘录，详细说明了当时法国的印度支那政策的可能发展；

[1] 于群. 新冷战史研究：美国的心理宣传战和情报战 [M]. 上海：上海三联书店，2009，本节双引号引用内容均出自本参考文献.

⑩1952 年 3 月 3 日，提交《1952 年中印度支那可能的发展》报告，编号为：NIE35/1，认为中国共产党在支援朝鲜战争的同时也会支援越南的共产党；

⑪1952 年 6 月，国家安全委员会通过了《美国在东南亚的目标和行动方针》报告，编号为：NSC124/2，确定了美国在东南亚的目标是阻止东南亚国家进入共产主义的轨道，如果共产党控制了该地区，将危及欧美的国内政治和美国在远东的根本利益，建议支持法国在该地区的继续存在和预防中国的参战；

⑫1953 年 6 月 4 日，提交《1954 年中以前印度支那可能的发展》报告，编号为：NIE91，对法国和共产党的能力及各自的行动方针做出评估；

⑬1954 年 4 月 19 日，国家评估办公室提交给中央情报主任的备忘录，详细分析了共产党国家在日内瓦会议上的目标和策略；

⑭1954 年 4 月 30 日，提交《奠边府失败在印度支那的影响》报告，编号为：NIE63–54，认为奠边府的失败会导致法国在印度支那的形势加速恶化，但不会立即崩溃，同时探讨了美国干预的可能性；

⑮1954 年 5 月 21 日，提交《之后 30 天印度支那可能的军事和政治发展》报告，编号为：NIE63–3–54，认为未来 30 天内越南中央政府可能分裂，但不会使法国在该地区的控制突然崩溃；

⑯1954 年 5 月 25 日，提交《共产党在印度支那的能力》报告，编号为：NIE10–3–54，对美国陆海空军事干涉和中越两国的反应做出了详细的评估；

⑰1954 年 6 月 15 日，提交《共产党对于美国必然的对印度支那的行动路线的反应》报告，编号为：SNIE10–4–54，对美国联合东南亚几个国家对越南实行军事干涉条件下中国和苏联的可能反应进行了评估；

⑱1954 年 8 月 3 日，提交《日内瓦会议后印度支那前景展望》报告，编号为：NIE63–5–54，根据日内瓦会议达成的协议评估印度支那可能的前景；

⑲1954 年 8 月 4 日，美国国家安全委员会下属计划委员会提出《美国

远东政策考察》报告，编号为：NSC5429，在共产党日内瓦会议取得胜利的情况下，美国建立东南亚条约组织的必要性；

⑳1954年11月23日，提交《关于共产党，特别是中国共产党，到1957年在亚洲行动的方针》报告，编号为NIE10–7–54；

㉑1954年12月21日，美国国家安全委员会通过了NSC5429/5文件；

㉒1955年4月26日，提交《南越的可能发展》报告，编号为：NIE631–2–55，分析了吴庭艳政府的危机和优势，建议美国在越南组成一个稳定的反攻政府，以应付共产党的长期挑战；

㉓1955年10月11日，提交《到1956年7月越南可能的发展》报告，编号为：NIE631–3–55，肯定了吴庭艳在南越的努力和美国支持的必要性，并认为直到1956年7月前，北越不会武力推翻吴庭艳政府；

㉔1956年11月17日，提交《到1957年中北越和南越可能的发展》报告，编号为：NIE63–56，认为北越不会公开入侵南越，南越也基本保持稳定。

从上述美国对越政策的评估历史可以看出，情报评估都是随着共产主义国家与反共产主义国家之间斗争运动形势的不断演化而进行持续的策略调整与修正，这种调整与修正不是把错误的知识修正为正确的知识，不是对某一个固定属性进行逐步深化以更加深刻地认识这一固定属性，没有固定的知识演绎框架，没有知识反复验证的需要，而是根据对抗形势和对抗条件不断地提出新的应对策略。情报评估是“不断构成对新形势的正确认识”，不是“关于正确认识的进一步深化”；是认识的先人一步，不是使当前的认识比先前的认识更深刻；是一种面向对抗问题提出应对策略的方法，不是关于知识的管理。

4．情报自动化理论

技术是一个改造自然和控制自然的过程，对情报而言，技术的意义是使情报能够借助自然的力量实现活动的自动化。所谓的自动化，就是情报活动逐渐步入以自然因素作为活动中介从而替代社会成员作为情报活动的中介。但是，尽管中介形式发生了变化，情报认知对抗的本质并未发生改变，只是其比以社会个体和各种社会中介组织所能参与的情报活动范围、活动广度与深度等都发生了深刻的变化。

技术的发展特别是通信技术、传感技术、信息技术的应用，都极大地促进了情报的自动化历程。因此，情报学界提出了情报技术的概念。《不为人知的秘密》[1]一书对于情报技术的意义进行了深入探讨。技术的自动化功用主要地体现在：(1) 在信息传播方式上，技术替代了人际网络，提高了传输时效和传输质量，降低了传输噪声和传输缺陷，这方面以印刷术、无线电和互联网的发明最为典型；(2) 在信息采集手段上，由技术系统替代了人力系统，提高了侦察范围和侦察效率，降低了侦察成本和侦察风险，这方面以照相技术和传感器技术最为典型；(3) 在信息整理方面，技术系统替代了智力系统，提高了信息处理的容量和速度等，降低了处理成本和处理难度。

美国是个技术至上的国家，技术之于情报也是美国国家情报的一大特色。美国关于情报技术的投入在所有情报活动投资中比例是最高的，甚至出现了“技术支配情报”“情报工作中社会学家正在被电子专家、物理学家和其他精通搜集、比较和解读数据的技术方法的专家所代替”“国防情报局里的高级职位人员中技术人员是情报生产人员的三倍”。所以在 1970 年的美国“总统蓝带国防事务小组”报告认为“搜集工作被传感技术的发展推动着，而不是被情报用户的需求推动着”，尽管如此，美国国家情报机构对技术的投入仍乐此不疲，“进入 20 世纪 80 年代，技术情报继续向高技术发展，促成其活动的爆炸性扩张，特别是军事情报部分”。这也说明，情报的自动化是一个历史的必然趋势。

四、情报实践策略

美国情报学界在情报实践方面的理论成果也是特别丰富，尤以心理战、欺骗战、战略传播、软实力、隐蔽行动等方面最为突出，值得我们深

[1] 张晓军．美国军事情报理论著作评介 [M]. 北京：时事出版社，2010，本节双引号引用内容均出自本参考文献．

入研究。

1. 心理战

理论上，心理战是情报认知对抗运动的一种特殊形式，是利用意识中介（或叫认知中介）进行进攻、拉拢、防御的一种特殊的情报活动方式。

（1）心理战的历史

于群主编的《新冷战史研究：美国的心理宣传战和情报战》[1]，于2009年由上海三联书店出版发行。该书系国家教育部重点研究基地重大项目“冷战：东西方文明的冲突”研究成果之一，是一部严肃而认真的学术著作。该书分为心理宣传战和情报战两部分，虽然该著作将心理宣传战与情报战进行了硬性区分，而不是在理论上当做情报活动的两种形式，但这并不影响该著作关于美国情报活动研究的巨大价值。

对抗运动是情报活动的前提条件。美国自第一次世界大战开始至今的情报组织演化历史可以证明这一情况，而《美国心理战略委员会简史》则提供了有关心理战略为情报主题的材料：

第一次世界大战初期的1917年4月，美国加入协约国一周后，总统威尔逊宣布设立“公众信息委员会”（CPI）；1918年1月，美国威尔逊总统以“十四点原则”为中心建立了心理战略攻势，为巩固协约国关系、瓦解同盟国立下了不朽功劳。在第一次世界大战末期，随着停战协议签订，美国国会于1919年取消了“公众信息委员会”的财政拨款，战时宣传机构瓦解。

第二次世界大战爆发后，美国总统罗斯福于1940年8月任命纳尔逊·洛克菲勒为“拉丁美洲商业和文化关系的协调人”，以在拉丁美洲展开对轴心国的宣传攻势；1941年7月，任命威廉·杜诺为“国家信息情报协调处”负责人，开展了对欧洲的情报活动，以宣传美国的思想与政策；美国参战后于1942年6月成立了“战争情报局”（OWI），以此机构为领导建立了包括“美国之音”（VOA）在内的26个新闻机构，负责公开的心

[1] 于群. 新冷战史研究：美国的心理宣传战和情报战 [M]. 上海：上海三联书店,2009，本节双引号引用内容均出自本参考文献.

理战；同时设立“战略服务局”（OSS），负责隐蔽的宣传和心理战；1942 年，美国军队设立了“心理战联合委员会”，负责战场心理战。截至 1945 年，美国从事心理战的人有 3 万多人，国会每年拨款 1.5 亿美元。之后，随着第二次世界大战的结束，美国旋即取消了心理战行动。

战后的 1946 年到 1947 年，美国的心理战处于暂停状态。

但是随着冷战的开始，1947 年 9 月，美国设立了中央情报局。1947 年 12 月，美国国家安全委员会发布了“协调对外信息宣传措施”和“心理宣传行动”两份文件，成为指导中央情报局在全球范围内开展对苏联心理战的纲领性文件。1948 年 6 月，杜鲁门总统发布命令设立了“10/2 小组”，由总统直接领导，开展了包括新闻宣传、经济战、阴谋破坏、颠覆敌对政府、支持地下抵抗运动等在内的一系列情报活动。1950 年 9 月发布的国家安全委员会文件规定，美国将在 5 年内拨款 7.55 亿美元用于支持覆盖全球 93 个国家和地区的对外宣传活动。由此进入了漫长的对共产主义国家的“和平演变”时期，一直至今，从未停止。

从上面的历史可以明显地看出，美国情报机构的强化和弱化是与美国国家的外部战争环境相一致的，即当美国遭遇外部对抗压力时，美国就强化情报组织机构的建设，反之则弱化。这一历史事实证明，情报作为一种社会运动，其客观存在的现实基础是社会组织之间的对抗冲突。美国于第一次世界大战和第二次世界大战后都弱化了情报机构，正反映了美国外部战争环境的好转，战争停止了，情报活动也就停止了。同时，情报活动参与了社会组织对抗运动本身，情报活动成为社会组织对抗运动的一部分，反过来也证明了情报的对抗本质属性。因此，美国的心理战可以归结为“进行心理对抗的战争”。

（2）心理战原理

心理战作为一种客观存在的现实战争形态，必须具有两个前提条件，一个条件是传媒系统，分为传媒机构、传媒介质和传媒内容三部分；传媒机构如美国之音、出版社等；传媒介质如无线广播、电视、报纸、书刊等；传媒内容如新闻作品、电影、文学、社会科学等。另一个条件是政治系统，分为政治组织、政治关系和政治目的三部分，政治组织利用其与传媒机构的政治关系，借助于传媒介质传播传媒内容，从而实现其政治目的，由此构成政治系统发动心理战争的运作体系。比如，1917 年 4 月美国总统借助于其设立的“公众信息委员会”，通过无线电公告、新闻、特写文章、小册子、地图、标语、图片等向敌人、盟国和中立国宣扬“十四点原则”，实现了在强化协约国关系的同时瓦解同盟国关系的政治目的。与此同时，德国的希特勒也利用“第五专栏作家”、泛德意志主义群体、学生群体和秘密媒介等宣扬法西斯主义，实现了对德国国内及其周边国家政权控制的目的。[1] 而政治组织是利益集团的代表，不同的利益集团通过不同的政治组织来实现其利益诉求，不同利益集团之间的利益关系决定了政治组织之间不同的政治关系，不同利益集团的利益诉求形成了不同政治组织的政治目的，如果发动战争的主体是由不同的利益集团构成时，从事心理战争的领导者也可能是多头的，比如，以 1942 年美国的心理战领导机构就包括由总统直接领导的美洲国家间事务协调处、战争情报局、战略服务局，由军方领导的心理战机构，以及由其他政治团体组织领导的经济战委员会、检察局、联邦通信委员会等，这种情报机构的混乱状态反映了美国利益集团之间的混乱关系。

心理战的核心问题是“民心向背”，即通过控制民众对不同政治系统的认同程度，以实现对政治系统的瓦解或强化。因此，心理战首先需要考虑民众的心理价值取向，比如，心理战在民众的心目中类似于“恐怖活动”，那么公开的心理战活动将具有适得其反的效果。美国于第二次世界大战时期的 1942 年设立“战争情报局”“战略服务局”“心理战联合委员会”等，以分别开展公开的、秘密的和战场的心理宣传活动，正是基于美国国内外民众对美国政治系统认同与否的考虑。其次，心理战还需要考虑目标国家的民众传媒偏好和传媒条件，比如，对于年轻人而言，电影往往要比图书更具有吸引力；而对于战场上的战士而言，传单和广播比图书和

[1] 于群．新冷战史研究：美国的心理宣传战和情报战 [M]. 上海：上海三联书店，2009，本节双引号引用内容均出自本参考文献．

电影更容易被接受。另外，心理战中的“民心”不是目标国家民众的一般价值观，而是由影响民众根本利益的关乎政治统治法理基础的意识形态，“民心”的“向”与“背”之间存在着一个互为逆反的复杂的社会转换结构，需要心理战的发动者精确识别与精准引导。心理战作为一种战争形式和战争手段，一旦从政治组织的概念转换为具体的社会对抗运动时，其战争受动国家的民众就存在对战争进行道德与价值判断的问题，这种判断的前提条件是战争发动国家政治组织的政治目的与战争受动国家政治组织的政治目的，与其根本利益保持一致还是存在冲突，由此构成战争受动国家民众意识形态与战争发动国家政治组织政治目的的“向”与“背”关系。比如，第二次世界大战后美国为了防止共产主义在欧洲的扩张而推出的“马歇尔计划”能够顺利实行，就是因为美国的经济扶持计划与以“真理运动”为代表的意识形态进攻共同满足了欧洲国家和欧洲人民对战后复兴的需求和渴望。

心理战的成功必须求助于一个区域、一个国家或是一类群体意识形态的利用与改造，可以说心理战的进攻就是对战争受动国家政治体系所主导的意识形态的进攻，心理战的防御就是对战争发动国家政治体系所主导的意识形态的防御，所以以舆论为方向标的、以统治阶级（或领导者）主导的意识形态在作为被统治阶级（或者被领导者）的民众中的接受程度，是心理战发动者必须关心的关键领域。因此，心理战也常常被称为新闻战，后者是适用于一个国家的范围，而心理战则不仅包括新闻战，也包括超越一个国家的学术推荐、风俗推广、思潮推行等，还包括特定人群中的情绪影响、认识引导等。比如，杜鲁门总统在1950年4月“真理运动”的演说中强调：“我们必须使我们自己知道我们真实的形象，而不是向苏联宣传所描写的那样，我们必须尽我们最大的努力，连同自由世界各国人民在一场伟大的、持续的宣传运动中提升我们自由的理想，以反击苏联奴役的宣传，我们必须在一场伟大的真理运动中让全世界听到我们的声音。”杜鲁门的演说把美国当做自由和拥有真理的形象，而把苏联视作集权和侵略者的形象，这是美国向苏联发出的整个意识形态进攻的基本基调和主要内容，这种基调符合当时美国政府的利益，符合当时西欧国家政府的利益，这种内容被美欧宣传体系灌输到欧洲各国人民的意识当中，成为向共产主义意识形态进攻的有力武器，而苏联也是如此。心理战对战争受动国家意识形态的依赖，也决定了国家层面的心理战必须在国家政治组织的统一领导下，以强大的政治目的为引导，发动包括意识形态在内的政治、军事、经济、科技、社会等国家的整体力量和战争受动国家尽可能多的代理力量或是支持力量，形成战争复合体系，才可能获得胜利。

代理人是任何形式的战争中的支持力量，而在心理战中，代理人则往往成为支柱力量。国家层面心理战的代理人是来自于战争受动国家中的强有力的团体组织，其与战争发动国家的政治关系属于代理关系。代理人至少包括三种类型，一是媒体机构和文化机构；二是特定政治组织或其成员；三是特定类型的社会组织或个体，比如学术机构、宗教机构以及社会名流等。媒体机构和文化机构是心理战的作战平台，凭借其传媒力量成为心理战代理人的首要目标，如美国洛克菲勒的“美洲事务协调处”在拉丁美洲说服或收买当地广播电台、报社等，借助于当地传媒系统，宣传美国政策。特定政治组织或其成员是心理战的侧翼势力，通过其掌握的政治力量保护媒体机构和文化机构的代理人身份，成为心理战代理人的关键目标甚至是战争的合谋者。特定类型的社会组织或个体，是心理战的参谋人和发言人，通过其控制的学术地位和社会地位为心理战提供包括意识形态产品等在内的战争资源，成为心理战代言人的重要目标，比如，美国于 1948 年在意大利发动的“书信运动”就是利用意大利裔美国人向意大利的亲朋好友发送书信和礼物，一个星期内从纽约寄往意大利的信件就有 100 万封之多，这些信件都是按照美国政府的要求，建议意大利亲友不要投票给意大利共产党，并介绍美国生活方式的好处，最后使美国如愿以偿地扶持了意大利基督教民主党上台。在这一过程中，美国还利用 400 个战争新娘录制广播节目并投放给意大利民众以配合书信运动。同时，美国还发动了梵蒂冈和罗马天主教参与了意大利的这一次选举。

（3）心理战与技术

技术是一个控制自然和改造自然的社会过程，而科学是正确理解自然的社会过程。[1] 战争促进了技术的发展，而技术的进步推动了战争形式的演变。心理战作为一种特殊的战争形式，其与技术的发展息息相关。技术的国家整体领先优势奠定了心理战的传播资本，最典型的例子是原子弹生产技术造成的国家安全威慑力量，以及卫星生产与发射技术造成的国家军事科技领先地位。其次，技术的改进至少在三个方面促进和推动了心理战传播媒介形式的转变：①心理战传播样式的改进；②心理战传播范围的扩大；③心理战传播质量的提高。比如，无线广播扩大了报纸与书刊的传播范围，而电视的发明又改善了无线广播的传媒样式和传播质量。

（4）心理战与情报机构的 Information 名称

美国的许多情报机构名称大多采用“Information”这个词，比如 1917 年设立的公众信息委员会名称为“Committee on Public Information”；1941 年设立的国家信息情报协调处名称为“Office of the Coordinator of Information”；1942 年设立的战争情报局名称为“Office of War Information”；1948 年设立的美国新闻机构名称为“US Information Service”，都是为了避免美国民众把美国政府发动的情报活动视同为恐怖活动所采取的变通的结果。美国这种采用“Information”作为情报机构名称的做法一方面避开了美国国内外民众对情报活动的憎恶心理，将美国试图改造民众思想和行为的政治企图悄悄地掩盖了起来，而另一方面却直接影响了情报学界关于信息科学与情报学的研究，导致情报学研究走向“信息化”的趋势，甚至在许多时候把信息与情报的概念混淆起来，最典型的是布鲁克斯公式，其采用的是“Information”这个词，而中国的情报学界往往把情报等同于信息，把情报概念的定义限定于“特定的信息”，并与计算机技术、数据管理等混为一谈，看不清情报的社会活动属性，更无法认清情报的认知对抗本质。这都是美国情报机构的欺骗行为在学术上造成

[1] 远德玉．技术是一个过程 [J]. 东北大学学报 (社会科学版) 2008(3).

的不良后果。

美国情报机构不但在“Information”这个词的用法上颇费心机，而且在其他方面，也把机构的行动和任务进行隐蔽，防止民众和他国反感，比如，美国国家安全委员会在文件中均采用“心理行动”（Psychological Operation）代替“心理战”（ Psychological Warfare），作为特定情报活动的规定用语。

2. 情报欺骗与突袭

在安全情报和军事情报中，隐蔽行动具有欺骗与突袭功能，杜勒斯与贝茨的研究是这方面的代表。

（1）杜勒斯的欺骗理论

《情报术》[1] 系艾伦·杜勒斯于 20 世纪 60 年代初出版，论述了人类情报历史、美国情报体系、苏联情报体系、情报任务、情报搜集、情报管理、反情报、情报工作者与间谍、情报利用、欺骗策略、美国情报在冷战中的策略、美国国家安全管理等庞杂而丰富的内容，展现了美国最高情报领导者对情报工作的深刻洞见能力和娴熟的操作能力。除去其中的“意识形态偏见”，该书的理论阐释和经验总结值得深入研究。

该书认为，孙子对情报研究的贡献在于首次系统地介绍了情报工作，这不仅包括五种“用间”方式，还包括反情报、心理战、欺诈手法、保密措施、组织结构等，由此可见，杜勒斯对孙子情报思想的解读是很有深度的。另外，杜勒斯在论述情报历史时，认为人类（主要指欧美国家）的私人情报部门始于 16 世纪的富格家族的金融情报系统，发展于 19 世纪的罗斯柴尔德家族的金融情报系统。实际上，当今的私人情报部门已普遍存在于各类公司组织体系当中，成为与国家公共情报部门相对应的情报组织体系。

杜勒斯指出，1942 年设立的美国战略情报局，主要负责“搜集与分析战略信息，并策划和执行秘密工作”。这个组织的任务如此明确，不得不

[1] 艾伦·杜勒斯．情报术 [M]．北京：金城出版社，2014，本节双引号引用内容均出自本参考文献．

让我们怀疑从美国军事情报理论体系中总结出来的所谓“情报循环模型”仅仅指出了情报工作的前半部分，而神秘地隐藏了情报工作的后半部分，即用“情报分析工作”替换了“情报工作”本身。这种隐藏将后世的情报理论研究带入了一片极大的误区，以至于当下中国情报学的主流已将情报工作与信息工作混为一谈。来自美国情报理论的“情报循环模型”已经到了必须正确地修正的时候。

实际上，情报搜集具有两种风格偏向，即精英主义与平民主义。前者强调使用外表精明、内心强悍的英雄式的人物从事情报活动，后者强调使用外表平庸、内心热烈的群众式的人物从事情报活动。人类历史上，国共两党的情报战线是这两种用人风格的典型代表。

在情报组织建设方面，杜勒斯认为情报联合或情报机构整合不是机械式的合并，而是重新建立一种更大规模更高层次的情报体系，包括更加职业化的情报队伍，更具有战略意义的情报功能等。由于情报问题的复杂性，要求复合专业的协作团队来完成，而职业情报专家在团队中起到领导者作用，专业情报专家在团队中起到专家作用。从杜勒斯对美国现代情报机构教父威廉 · 多诺万的评价中可以得出，杜勒斯认为一个合格的情报长官所具有的素质至少包括：①充分认识世界格局；②对信息明察秋毫；③组织管理中善解人意；④强大的趋势预见能力和风险识别能力。而在情报机构中，情报人员的使用，最重要的是思想品质问题（即政治素质），其次包括观察力、合作能力、谋划能力、信息敏感能力、表述能力、保密素质等。

在情报工作方面，杜勒斯认为，保密与公开是个辩证关系，公开身份有时比秘密身份更容易获得公众理解和支持，公开那些“不言自明”的信息至少可以极大地降低情报开支与成本。其关于情报预警的工作要求，可以总结为：①公开相关活动以威慑敌人；②情报分析采用“政策中立”原则；③使用秘密技术；④实行联盟政策并控制联盟体系；⑤防止敌人偷袭。

杜勒斯关于情报欺骗策略的论述也十分精彩。他将欺骗视作为一种情报手段，欺骗不仅是制作伪造物进行伪装，还有设立骗局（如此看来，庞氏骗局算不算一场典型的经济情报活动？），以及离间情报客体；他还指出，苏联通过图书、宣传册、新闻、无线电节目等，败坏美国情报机构的名声属于“离间”行为，通过媒体“离间”公众与国家属于一种惯用的情报手段。

情报技术也是杜勒斯比较关心的问题。他认为现代技术可以让我们通过关注别国科技实验的“边缘效应”，如无线电信号、核辐射等，来实现科学、军事实验的监测。这与认知对抗理论中的“场”概念异曲同工，即尽管在情报活动中存在“客体不在场”的现实困境，但是情报工作可以利用“踪迹法”来寻找情报客体活动的轨迹，从而知悉和监控客体的活动行为。

此外，从该书中可以让我们获得其他的启示，比如情报学家肯特提出“去政治化”概念的背后，除了规避情报失误的原因外，还有多重政治原因：①美国利益集团之间长期存在利益分歧，情报部门不能单独地服务于其中任何一个利益集团，这就要求情报部门在情报服务中必须去除集团利益取向，“情报中立”是情报部门的平衡术和生存之本；②“去政治化”主张在一定程度上消除了公众对情报部门的畏惧心理，部分地赢得了公众对情报部门的理解。再如，美国情报界的情报教学，主要依靠典型案例教学法和情景模拟教学法，强调了情报教学的实战性。还有在杜勒斯的书中，其指出“在自由世界其他几个主要国家的支持下，我们自己必须判断出何时何地以及如何行动，时时牢记我们自己国家安全的需要”，从这个论断可以看出：①美国情报是基于自身实力的主动出击；②美国情报体系采用独立自主原则；③国家安全是美国情报体系的工作底线。

（2）贝茨的突袭理论

《突然袭击：防御计划的教训》[1]是美国理查德·贝茨于20世纪80年代初完成的，该书以珍珠港突袭为案例，剖析了突袭发生的原因，

[1] 张晓军. 美国军事情报理论著作评介 [M]. 北京：时事出版社，2010，本节双引号引用内容均出自本参考文献.

但作者似乎更注重政治的、军事的和历史的论述，在理论研究上则着墨不多。

在《突然袭击》中，预警是防御的重要措施，但是预警与防御行动的结构性脱节或过程性脱节也会导致被突袭，“导致突袭发生的主要原因不是由于情报的失误，而是由于政治领导层不愿意相信情报或是不能对情报作出足够迅速的反应”。作者的这种分析说明，情报的认知对抗与以武器为代表的物质对抗和以军队为代表的组织对抗一样，在战争中起着极为重要的作用，如果情报的认知对抗活动处理不好，或者认知对抗活动不能与物质对抗活动和组织对抗活动融为一体，都将遭到“被突袭”而受损，比如日本偷袭珍珠港暴露了美国情报部门的混乱、德国入侵苏联反映了苏联情报部门与斯大林之间的意识分歧，后期的“9 · 11”事件则反映了美国情报体系的混乱和情报部门与决策者之间的意识分歧。情报活动与整个对抗活动的一体化必须在意识一体化、组织一体化和技术一体化三个方面都实现之后，才能在整体上发挥出系统效果，否则将功亏一篑。

“进攻方如果利用周而复始的欺骗，突袭的成功率非常高”，这证明了以诈骗和反诈骗为高级手段的情报认知对抗活动是战争的常态。“如果能够使对方的决策者发生误判，突袭往往成功”。可见，认知的对抗比武器的对抗在对抗决策的关键时期作用更大，认知对抗策略的应用水平反映出对抗双方控制对方以避免战争的能力。迈克尔 · 汉德尔的《二战中的战略战役欺骗》[1] 一书提供了大量第二次世界大战时的情报战素材，其中盟军利用“超级”密码破译系统实施战略欺骗，诱使德军采取错误行动，使盟军成功登陆诺曼底，可算得上是现代的经典情报战。即使在突袭与防止突袭中，认知对抗的主观内容也不仅仅是《突然袭击：防御计划的教训》作者所论述的决策者思维方式问题，更重要的是决策者的全盘谋略水平以及整个军队的意志品质问题等更为复杂的思维形式。

《突然袭击》提出了“威慑”型突袭防御计划，是很独到的。“震慑”

[1] 张晓军 . 美国军事情报理论著作评介 [M]. 北京：时事出版社，2010.

是心理战的一种样式，是情报认知对抗活动的一种特殊形式。所谓“震慑”，就是通过某种方式，迷惑对方或打乱对方对当前形式的判断，起到阻止对方行动的目的。震慑的本质要求是在对方关于战前的认知体系中形成对自己有利的对抗优势。震慑就是兵“诈”。

《突然袭击》认为“情报的任务是从不确定性中提取确定性”。事实上，情报面临的不确定性有两个主要原因：一是客观上的信息不完整和不真实，二是主观上的信息伪装和情报欺诈。这两个主客观可能性往往使得“不确定性”成为对抗双方进行情报对抗的主要认知依据，即战争的双方都在试图增加对方的不确定性认知的同时减少自己的不确定性认知，这是情报的认知对抗本质属性的表现。美国学者罗伯特·沃尔斯塔特提出的“信噪比”概念，可以应用于情报的认知对抗属性论述中，即战争双方都试图提高对方获得情报内容的“信噪比”，同时降低自己获得情报内容的“信噪比”。这与美国约翰·博伊德于 1977 年提出决策周期理论〔Observe（观察）、Orient（定向）、Decide（决策）、Act（行动）循环理论〕，认为在战争中应确保自己的决策与行动循环能够顺利进行，同时最大限度地打乱和剥夺敌方的 OODA 循环，从而赢得战争的主动和胜利的论述是相通的。

3. 学术战

美国政府将社会科学应用于国家情报活动，开展了所谓的学术战。

社会科学不是自然科学，社会科学无法超越人类的阶级属性。社会科学成为美国实行冷战的一种手段这一事实再一次表明，社会科学不具备超社会的独立地位。《社会科学研究与美国心理冷战战略》[1] 一文就美国如何在冷战中将社会科学作为意识形态进攻武器提供了丰富的材料并展开精彩的论述。

社会科学在美国心理战的作用与意义是其为后者提供了丰富的成熟的意识形态作战武器。美国在心理战略的相关文件中，除了常规的社会科学外，还包括人文科学、经济学以及地理学和精神病学的一部分，尤其是政

[1] 于群．新冷战史研究：美国的心理宣传战和情报战 [M]. 上海：上海三联书店，2009，本节双引号引用内容均出自本参考文献．

治学和经济学作为一种意识形态武器在国家政治基础和经济基础中的影响是十分巨大的，其对受害国的影响也是惨痛的。

社会科学参与心理作战，表明了美国政府关于国家情报活动的认识得到了深化。美国从第一次世界大战开始直至 1952 年才在理论上认识到意识形态对于美国国家对外政治关系的重大意义，直到 1952 年才在理论上认识到苏联共产主义扩张之所以不断取得成功的奥妙所在。而事实上，作为一种对抗活动，意识形态要比心理战更适合于描写情报活动的类型，第一，“心理”的概念常常反映的是个体的感觉，而意识形态反映的是群体的普遍认识；第二，意识形态可以囊括文化、风俗、宗教、艺术、科学、技术、政治思想、经济思想等十分宽泛的形式类型对于人们认知活动的影响，而“心理”一词则不具备这种功能；第三，当作为国家层面的战争形式时，情报活动不是进行一般的心理干预，而是要对国家的法理基础进行瓦解或巩固，只有在法理基础上进行瓦解和巩固，才能瓦解或巩固国家的统治理论根基，才能实现民心的“向”与“背”；如果在国家的法理基础上打不倒，政治统治的民众基础就是牢不可破的；这种类似丁武器在战斗中的作用一样，在瓦解国家统治的理论根基方面，意识形态是最有力的武器。故美国的“学术宣传战”就是想通过对苏联整个知识分子阶层和所有识字民众的思想引导，从根本上“瓦解国际共产主义的学说体系和理论基础”，而苏联在美国提出“学术宣传战”的前 35 年里，已经全球发行 9 亿多部有关马克思、列宁和斯大林的著作。苏联共产主义前期扩张成功的首要原因在于其持续地广泛宣传共产主义意识形态，从而统一了民众的思想认识，构筑了民众的思想防御体系。而当其放弃共产主义意识形态宣传时，就为以美国为首的西方资本主义国家进行资本主义虚假民主、虚假自由和否定阶级思想提供了宣传空间。意识形态是一块阵地，谁占领了这块阵地，民众就跟着谁走。

社会科学参与美国国家情报运动的具体途径是文化教育和新闻传播。

社会科学参与美国政府的国家情报活动，破坏了人们对于科学改造人类生存环境的善良愿望，把大量科学家领上了从事反民主和甚至反人类的学术道路和政治道路，让一些政客披着科学的名义从事欺骗民众的勾当。

4. 战略传播

美国国防部将战略传播定义为“美国政府为理解并触及关键受众以便创造、强化或保持有利于增进美国政府的利益、政策和目标的环境而进行的针对性努力，战略传播与国家权力的所有手段相同步，使用协调一致的方案、规划、主题、信息和产品”[1]。美国的战略传播体系的目标对象主要是外国公众，目的无非是让外国公众接受美国的价值观念，从而认同美国的利益。战略传播的运作体系包括公众外交、国际广播、公共事务、信息 / 心理运作四大内容[2]，其中，公众外交与国际广播由美国政府直接负责，公共事务由国务院和国防部面向国内受众展开，信息 / 心理运作是心理战的替代词，是国防部和中央情报局等开展的隐蔽传播活动。在运作体系上，美国的战略传播体系被融合到国家安全委员会体系之中，与国家情报、军事武装、外交活动、国际活动等形成紧密互动关系。在运作方法上，“叙述”起到了核心作用，叙述通过对事件和经历的竞争性描述，以劝导、说服、施压甚至诱骗的方式使得受众与目标对象之间产生分歧，从而赢得受众的价值转向甚至支持，最终实现目标对象的对抗打击。[3]

与以国家身份推进的战略传播体系相比，以社会身份或市场身份出现的美国战略传播体系则更加具有威胁性。比如，金融专家索罗斯领导的“开放社会基金网络”[4]就非常具有攻击性。索罗斯是犹太人，无国界政治家，崇尚人类精英主义，热衷于参与人类历史事件，服务于人类“共同事业”，致力于建设“全球开放社会”政治运动，建立和领导着“开放社

[1] 吕祥 . 美国国家战略传播体系与美国对外宣传 [M]. 北京 : 社会科学文献出版社, 2011, 原载于黄平主编《美国蓝皮书 2011》一书 .

[2] 吕祥 . 美国国家战略传播体系与美国对外宣传 [M]. 北京 : 社会科学文献出版社, 2011.

[3] 李健, 张程远 . 战略传播 : 美国实现国家安全与军事战略的重要手段 [M]. 北京 : 航空工业出版社, 2015:86-111.

[4] 乔治 · 索罗斯 . 这个时代的无知与傲慢 : 索罗斯给开放社会的建言 [M]. 北京 : 中信出版社, 2013.

会基金网络”。索罗斯曾参与过苏联解体、波兰改革、亚洲金融危机、颜色革命等政治活动，并特别关注反恐战争、处置某些国家领导人、发展民主、消除贫困、全球气候变暖、能源危机、核扩散等超大型人类命题。索罗斯的“开放社会”并不是一个国际政府，而是一套依靠国际规则运行的国际政治秩序，即建立超国家主权的“公正稳定”的“资本主义”统治秩序，强调“思想解放和言论自由”。索罗斯已建立起全球性的非盈利基金网络，覆盖全球二十几个国家（选择特定国家，即所谓“封闭社会”），具有强大的召集能力、先发制人的能力、政治参与能力、政策制定能力等。索罗斯将基金管理者交给拥有参与本国政治生活权利的官员或实力人物，以解决该国的经济改革和政治体制改革等重大问题，并大获成功。1984 年，索罗斯在匈牙利成立了一家基金会，用于抵抗共产主义政权，包括为公民倡议组织、实验学校、图书馆、业余性话剧团、演奏家协会、农民俱乐部、志愿者组织、演员、艺术展、文化和研究项目等提供资助，通过这些资助试图替代匈牙利文化教育部门的功能。1987 年，索罗斯在波兰支持“大爆炸式改革”，在苏联倡导建立以市场为导向的开放领域，建立独立国家组成的经济联盟来取代苏联。波兰和苏联的基金会获得了成功，并于 1989 年 6 月关闭，随后苏联解体。

5. 软实力

与战略传播紧密相关的治理理论是软实力。亚当 · 斯密等提出经济市场中“看不见的手”的概念，约瑟夫 · 奈的软实力理论也提出了思想领域的“无形的手”。所谓软实力，即塑造人们喜好的能力，依靠文化和价值形成的吸引能力，或通过操纵议程构成令人知难而退的能力。[1] 国家的软实力来源于国家文化、国内价值观与政治，以及外交政策三大类内容。其中，国家文化有迎合精英品味的文学、艺术、教育等高雅文化，也有侧重大众娱乐的流行文化，其传播形式包括商业传播（如好莱坞电影、美国音乐、电视节目、体育活动、企业品牌等）、人际交往、访问、

[1] 约瑟夫 · 奈，马娟娟译 . 软实力 [M]. 北京：中信出版社，2013.

交流（如高校、基金会、教会）等多种类型。公共外交是塑造软实力的主要方式，包括：(1) 直接的日常沟通，主要涉及对内政外交的决策进行解释；(2) 战略沟通，其与政治宣传或广告推销相似，策划和执行象征意义的实践和交流活动；(3) 长期的公共外交活动，即在连续几年的时间里，通过奖学金、交换活动、培训计划、研讨班、会议以及媒体等方式，与关键人物培育起持久的关系。由此可见，美国的战略传播是其软实力的主要构成要素。

6. 对外隐蔽行动

在美国情报理论体系中，隐蔽行动与反情报共同构成情报行动的两大类型。在理论研究方面，美国的格雷戈里 · 特里沃顿于 1987 年出版的《隐蔽行动：在战后世界干涉的局限》以及罗伊 · 戈德森于 1995 年和 2001 两度出版的《肮脏的诡计还是王牌：美国的隐蔽行动与反情报活动》是研究美国隐蔽行动的两大理论代表作，而中国的白建才教授的《"第三种选择"：冷战时期美国对外隐蔽行动战略研究》则是国内研究美国隐蔽行动的第一本理论著作[1]。

美国从冷战初始时期就特别重视隐蔽行动在对苏战略中的作用，被认为是与军事对抗、外交折冲并列的对外战略的"第三种选择"，是美国的基本国策，在冷战及其后期，分别在欧洲、亚非拉、东欧、苏联等全球各个地区，与其他行动部门联合开展了政治战、经济战、宣传战、准军事行动等各类活动。[2] 美国在冷战中已经使用过的政治战活动包括支持反对党团、收买代理、政治挑拨、暗杀领导人、制造政权混乱、颠覆政权、扶植代理人上台等，经济战活动包括贸易管制、经济制裁、金融攻击、能源操纵、影响他国经济政策等，宣传战活动包括电台广播、新闻操作、资助学者、诋毁对方、煽动内乱、瓦解意识形态等，准军事行动包括资助反政府

[1] 白建才．"第三种选择"：冷战时期美国对外隐蔽行动战略研究 [M]. 北京：人民出版社，2012:9-25.

[2] 白建才．"第三种选择"：冷战时期美国对外隐蔽行动战略研究 [M]. 北京：人民出版社，2012:19.

武装、军事密训、武装破坏、暗杀目标人物等多种活动[1]，其中，宣传战是四种隐蔽行动的主要样式。

然而，依据情报与决策的嵌套关系和情报与战略的从属关系分析，美国的隐蔽行动不仅包括上述四大类型，还应涵盖政治领域的战略传播（即宣传战或新闻舆论战）、法律战等，军事领域的信息战（包括心理战、军事欺骗、作战保密、电子战、网络战），外交领域的公共外交，社会领域的思想战、文化战、学术战等，科技领域的科技管控等，信息网络领域的赛博战、网络战、威胁情报等。这些隐蔽行动由美国庞大的情报界各大部门分别执行，在理论与实践上互相交叉重叠，形成复杂的能够覆盖目标国家全社会各领域的情报活动网络。

美国的隐蔽行动在政治上最终促使苏联解体，进而改变了 20 世纪末期美苏争霸的全球政治格局，对人类的共产主义运动产生了巨大的冲击，对资本主义社会的政治伦理也带来了历史性考验。

五、情报治理政策

美国情报学界关于情报治理具有深厚的研究历史与理论成果，特别是和平演变政策在解体苏联过程中的成功应用助长了情报学界的信心。

1. 和平演变政策

和平演变是从心理战到战略传播等隐蔽行动的国家情报战略变种。

美国冷战时期的和平演变政策是在以 1957 年苏联卫星上天为代表的苏联军事科技力量超越美国从而打破美国的军事优势和科技优势进而使美国失去领导世界先进国家资本的条件下推行的，美国从以军事对抗为主的国家安全策略转向争取民间对美国制度和价值观认同为主的“和平演变”国家安全策略。和平演变政策虽然是在军事优势和科技优势丧失的情况下被动地推出来的，但是美国政府也认识到尽管苏联的军事力量和军事威胁

[1] 白建才．“第三种选择”：冷战时期美国对外隐蔽行动战略研究 [M]. 北京：人民出版社，2012:62-65.

对美国国家安全构成最严重的威胁，但“苏联目前正在进行的政治、经济和心理战，正试图用战争以外的手段，削弱美国在世界上的相对地位，破坏美国的传统体制，并对美国构成潜在的危险”[1]，也就是说共产主义国家的存在直接威胁到了美国政府的国家统治基础，威胁到了美国世界霸权地位的统治基础。所以，即使是美国对苏联一直拥有军事优势和技术优势，也会在意识形态领域展开对抗，因为后者的对抗意义比前两者的对抗意义更加重要，这对美国政治的影响更加持久而深远。

和平演变政策的推行首先得益于苏联国家放弃了斯大林主义的国家意识形态防御阵线。斯大林去世以后，苏联领导人在政治上走向修正主义。除了在政治上逐步放弃斯大林主义的国家意识形态防御体系外，在文化上也拆除了藩篱，比如，不再限制东西方的文化交流和人员交往，批准美国政府刊物在苏联的公开出版，在苏联国家和地区开办文化展览会等。尤其是赫鲁晓夫上台后，在 1958 年与美国签署了《美利坚合众国和苏维埃社会主义共和国联盟关于文化、技术和教育领域交流的协议》，标志着美国彻底打破了实行和平演变政策的苏联国家意识形态防御体系，美国在丧失对苏联的军事优势和科技优势之后，通过诸如举办“莫斯科展览会”“使苏联人认识到他们的生活质量所获得的些许提高是微不足道的，从而引起他们对生活现状的不满”等这样的方式，重新获得领导西方国家反对苏联共产主义扩张的资本。

和平演变政策中的宣传策略是美国政府对苏联国家意识形态的进攻。这在艾森豪威尔上任伊始提出的心理战计划中就窥豹一斑，心理战要进入“真正的核心”而不是进行“某种琐碎的情报奇想”，其表明美国政府经过从第一次世界大战开始的、不断的心理战实践与学习，对情报活动的认识（具体而言是在心理战方面）提升到了意识形态化阶段的水平，“充分利用反共主义、民族主义和铁托主义，鼓励苏联和东欧逐渐变革”。美国于 1954 年确立了自己的对外宣传主题：(1) 赞美资本主义制度；(2) 谴责共

[1] 于群．新冷战史研究：美国的心理宣传战和情报战 [M]. 上海：上海三联书店，2009,本节双引号引用内容均出自本参考文献．

产主义制度；(3) 推进民主建设。在这些宣传主题指导下，针对共产主义的理论基础假设，采用诡辩术方法提出了“人民的资本主义”思想，并制订了与其相互配合的“人民与人民伙伴关系”具体实施计划。

“文化交流”则是美国政府推行意识形态进攻的主要途径和渠道。通过出版物、广播、电影、电视、交易会、展览和交流项目，论述美国“不存在阶级对立的现实”和具有“服务于个人的良好社会制度”，树立美国政府“乐善好施的形象”，展现美国人民“过上了幸福富裕而平等的生活”；同时，将苏联社会主义国家描述成具有“拦着铁丝网的残酷的专制制度和人民奴隶般的悲惨的生活”。

让“美国人民”进行现身说法则是“文化交流”的具体措施。美国政府制订“人民与人民伙伴关系”计划之后，鼓励和资助医生、学生、官员、工会和普通旅行者都参与这一活动，由这些人向共产主义国家的人民“解释美国的社会、制度、文化以及美国的良好意愿，使他们感受到美国人民的和善、友好，更好地理解美国政府的政策和意图”，并通过设立 40 多个以公民的某些兴趣爱好和专业为核心的公民委员会，把这些民间的文化交流活动组织起来，并提供了大量的资助资金。

这些特殊的“美国人民”在美国政府的资助下参与“人民与人民伙伴关系”计划，从事和平演变政策的推行，在理论上进一步表明，情报活动的社会化是一个客观事实，民间组织或普通民众与新闻机构和学术机构等一样，可以作为情报主体发动情报进攻、情报拉拢或情报防御的有力支撑力量和活动中介，而且随着社会结构的日趋复杂化，民间组织或普通民众以其数量众多、社会功能多样化、投入成本低、隐蔽性强等特点，成为情报活动发动者的一种重要依靠力量。像“全民皆兵”一样，众多民间组织或普通民众参与情报活动已成为一种历史常态，从而进一步深化了情报社会化的深度和水平。

美国和平演变政策也表明，意识形态化的情报活动形态是建立在情报社会化形态和情报自动化形态基础之上，依靠情报社会化提供的社会组织体系和情报自动化提供的现代传媒体系，来完成意识形态武器的进攻行动、拉拢行动和防御行动的。

20世纪50年代的苏联虽然打破了美国的军事优势和技术优势，但是却主动放弃了国家意识形态的重要防御措施，使美国得以在军事方面和技术方面以外寻找到意识形态方面的进攻优势，从而走向被美国和平演变的悲惨道路。

2. 国家情报治理政策

出版于1992年的《明晓治国方略：新世纪情报》[1]一书是美国政界与情报学界关于美国国家情报未来走向大讨论的一部分，其作者是时任斯坦福大学胡佛研究所高级研究员安吉洛·科迪维拉。在该书中，作者提出“优秀的情报是制定正确的国家政策的前提和保障”，并指出“当前美国情报的历史使命是在世界格局发生变化的情况，帮助美国在挑战中寻找到机遇”。这无疑是关于情报价值和情报定位的深刻论述。

《明晓治国方略》作者认为，情报是“冲突中对敌友的了解认知”，显然这个定义是知识论的（假定中译文是准确的），只不过对知识作出了特殊限定，仍然没有突破情报的社会斗争运动属性，并且与其提出的情报四要素相矛盾。不过，难能可贵的是，作者指出情报“为什么”即情报“目的性”问题，开始将情报学的研究伸向了本质属性领域。其后该书作者提出的情报“适应环境原则”，在潜在逻辑上满足了情报社会运动的属性，反映了情报作为一类特殊的社会运动所应遵循的规律。

《明晓治国方略》作者将情报工作分为搜集、反情报、分析和隐蔽行动四个要素。尽管没有在逻辑上论述这四个要素之间的关系，但其中已包含情报的认识与实践两个过程，以及防御与进攻两种行动方式。正如该书作者指出的，“情报分析必须识破敌方的诡计才能进行下一步的情报搜集”，情报是“诡计”与“识破”和“用计”与“反计”的矛盾辩证运动。因此，这种情报的要素归纳是比较全面的和完整的。

《明晓治国方略》作者认为，美国国家情报发生种种失误的主要原因

[1] 张晓军．美国军事情报理论著作评介 [M]. 北京：时事出版社，2010，本节双引号引用内容均出自本参考文献．

是国内政治利益集团之间的冲突导致情报界工作发生混乱，即使在“情报机构改革后受益的是那些钩心斗角的政客”。而事实上，这个问题是美国政治无法克服的。情报服从于政治，以资本主义盛行的一切美国国家政治主要服从于美国各种利益集团的需要，包括情报机构在内，各类美国国家政治权力机构都属于美国各种利益集团相互争斗和相互妥协的产物，只要美国主要的利益集团不统一，美国的情报机构就无法在根本上协调一致。因此，该书作者指出的“依照情报自身的工作原则和规律”作为美国国家情报改革的出路注定是一厢情愿的。情报活动的社会依附属性决定了它不可能独立地参与社会运动，而只能在政治利益组织的控制下，依照政治利益组织的意图运行。离开了政治，情报将一无所是；离开了社会，情报将一无所成。情报应该像军事、经济、技术等一样同国家的政治体系融合起来，服务于国家的政治需要，就是出现诸如“官僚制度”给美国的情报机构带来“混乱”这样的弊端，也无法让情报机构进行独立的“裁减”。同时，“情报分析人员应该从深谙欺诈之道的政界精英、企业管理者中选拔”“必须拥有智慧，效忠于国家，能够为祖国的利益服务”，而不是像谢尔曼·肯特提出的“去政治化”那样，远离政治体系。

《明晓治国方略》作者提出了情报分析的集中原则，即“情报分析最好由少量高素质的敬业人员完成”，反映了美国情报机构的分析工作依然无法做到科学管理。这个问题的解决涉及人类智力生产的管理问题，也即智力生产中的分工协作问题。

国家情报的功能服从于国家政治的功能，即在对内方面，维护国家的阶级统治，防止国家动乱，保持国内政治、经济、军事、文化等各方面的均衡发展与长期稳定；而在对外方面，防御敌对势力破坏、入侵甚至颠覆国家政权，维护国家利益，扩大国家政治影响力，拓展国家未来发展空间，为人类文明进步做出贡献。无论是国家内部政治关系调整还是外部政治环境变换，都将使国家情报体系随之转变。比如，美国在 1998 年用于情报活动的费用是 290 亿美元，说明美国并没有因为“冷战”的结束而停止其国家情报活动，“它的行动方式仍然反映着‘冷战’时期那种你死我活的国家关系理念”，在“冷战”结束后，忙于收拾苏维埃政权解体所留下来的政治成果。

政权是政治的核心枢纽。因此，主体政权是国家情报防御的主要对象，客体敌对政权是国家情报进攻的主要目标。比如，美国的国家情报战略报告中，往往将能够对美国构成某种政权威胁（比如政治威胁、军事威胁、经济威胁或者意识形态威胁等）的国家作为敌对国家，以指明国家情报活动的主要进攻目标。

国家情报的从事者必须维护国家政治利益，熟悉国家政治生活，对国家政权和敌对国家政权的运行状态和运行规律具有识别能力和判断能力，甚至具有影响能力和改造能力。一个不懂得国家政治的人，就根本无法对国家情报采取正确的行动，更不能对国家情报活动进行研究、管理以及指导。

3.《美国国家情报战略》报告

美国的国家整体战略可以总结为“维护霸权地位”，即实现“避免全球无政府状态和阻止一个大国对手的出现”，在政策上表现为“一是把美国自己的主导地位至少保持一代人之久或者更长远一些，二是建立一个地缘政治框架”。[1] 美国是一个世俗的国家，在其维护霸权的背后隐藏着巨大的经济利益，即利用新经济、全球化、现代化等理论在世界范围内形成以发达国家为中心和以不发达国家为外围的二元经济体系，通过垄断形式构成不平等的利益交换体系[2]，实现其对不发达国家的最大程度的剥削。但是这种二元经济体系给美国带来了巨大的经济问题，即债务危机[3]，所以美国无论是通过何种手段来操纵世界石油价格和粮食价格，或者发动不对称的军事战争和金融战争，都是为了转移这种经济危机。近年来随着中国、俄罗斯以及其他发展中国家整体实力的上升，以及欧美日等发达国家受到2008年金融危机冲击后整体实力的衰退，美国以维护霸权为目的的对外战略受到巨大挑战，自其奥巴马总统上台以来，开始采取比较保守的甚至收缩的战略态势，这种态势也反映在美国国家情报

[1] 兹比格纽·布热津斯基.大棋局[M].上海：上海人民出版社，2007:173-174.

[2] 房宁.社会主义是一种和谐[M].北京：中国社会科学出版社，2007:191-202.

[3] 何新.何新论金融危机与中国经济[M].北京：华龄出版社，2009:14.

总监办公室发布的《2009 年国家情报战略》[1] 报告以及《2014 年国家情报战略》[2] 报告当中。

在 2009 年的报告中，美国的国家情报战略从属于国家整体战略，其“维护霸权地位”被描述为“应对持续性挑战”和“应对各种新兴威胁”。诚如上述分析，美国在其中短期的挑战和危险中，以解决债务危机最为紧迫。[3] 由于近年来新经济概念的衰退，石油和粮食成为目前美国用以转嫁债务的有效工具，如何直接统治或控制世界主要石油产区和粮食产区成为美国的首要目标，采用何种方式使美国国家力量进入中东地区成为美国国家情报战略的首要任务。因此在该报告中，打击恐怖主义既是一种长期的意识形态进攻手段，又是一种长期有效的政治对抗手段和军事入侵手段，同时，打击恐怖主义为维护美国霸权合法存在提供了道义基础，为美国政治势力扩张提供了便利途径，为其军事渗透和树立军事威力提供了借口。另外，值得注意的是，除了石油和粮食成为美国转嫁危机的有效手段外，全球气候和人类流行性疾病也作为美国转嫁危机的可能方式和控制其他国家的便利措施，故在该报告中有了这方面的明确表述。随着伊拉克国家体系被美国军事接管，在中短期内，中东地区拥有较强影响力的伊朗成为美国下一步打击的主要目标。而在美国的中长期挑战和危险中，存在与美国国家意识形态强烈对抗或存在有推翻美国霸权地位的综合实力的国家成为美国打击的重点对象，因此朝鲜、俄罗斯和中国成为与伊朗并列的给美国利益带来麻烦的全球极少数的几个被提及的国家。

美国国家情报战略对美国国家战略的影响是深远而广泛的。在《2009 年国家情报战略》的四大战略目标中，十分明确地描述了情报对国家政治体系和军事体系全面的、深入的和全周期的决策影响。同时，情报也直接

[1] DNI 2009 National Intelligence Strategy [EB]. http://www.dni.gov/files/documents/2009-NIS/2009_NIS.pdf.

[2] DNI 2014 National Intelligence Strategy [EB]. http://www.odni.gov/files/documents/2014_NIS_Publication.pdf.

[3] 何新 . 何新论金融危机与中国经济 [M]. 北京 : 华龄出版社 , 2009:14.

参与了维护美国国家安全的军事行动、政治行动、民事行动以及一些更为广泛而秘密的其他行动。美国国家情报战略也对情报组织进行了深刻的分析和规范。在该报告中，首先突出强调了内部分工与协作的重要性，并将经过长期实践证明有效的任务管理机制作为分工协作的基本方式。同时，该报告也明确地提出需要有目的地加强自身人才队伍的建设和社会中介力量即合作伙伴的建设，并在防御和进攻两方面加强以信息系统为基础和以流程改进为途径的组织自动化建设。

从《2009年国家情报战略》报告来看，美国的国家情报战略是完整的并与美国国家利益保持一致的，这种完整性和一致性体现了美国国家利益体系的整体性和集中性。但是情报战略的有效性无法保证组织整体战略的有效性。当美国在全球建设起几十个军事基地，完成军事侵略阿富汗和伊拉克，并成为向包括中国台湾地区输出大规模杀伤性军事武器而成为全球最大军事武器出口国，为了维护其不合道义的霸权利益，而将其他国家或组织的自身利益保护行为定义为“恐怖主义”“失败国家”行为时，美国国家利益体系作为一个整体组织才真正是世界和平的最大挑战与危险，是目前世界上最大的恐怖组织，这种彻底的恐怖主义国家利益体系必将遭到美国人民和全世界人民的反击和唾弃。

2014年的报告整体延续了2009年的反恐战略，但有了新的变化。作为国家对外战略有所收缩的一种反映，新的国家情报战略比较突出了情报防御的工作任务，特别是2013年国家安全局前雇员斯诺登连续爆料美国国家情报的多种丑闻，更加剧了美国情报界强调“反情报”工作重要性和“反扩散”工作重要性的恐慌情绪。同时，随着2010年美军网络司令部的设立与全面运行，包括情报侦察、安全监控、网络作战、信息干扰等情报工作在内的网络部门成为美国国家情报体系的核心力量，加之美国情报界一直比较崇尚技术至上理念或技术主义，“赛博情报”工作被确立为当前国家情报战略四大工作任务之首。另外，美国情报界关于国家情报战略的认识与理解有了较大的提升，2014年的报告较2009年的表述更为系统化和条理化，特别是增加了一张国家情报战略框架图（National Intelligence

Strategy Roadmap)，由用户需求层（包括总统、安全委员会、情报部门负责人、联合参谋长、高级军事指挥官、国会、其他国家情报总监指定人员）、任务目标层（分为战略情报、日常业务、预警情报三大领域，以及赛博情报、反恐怖、防扩散、反情报四大内容）、具体执行层（包括集成任务管理和集成执行管理两大板块，以及信息共享与防护、变革创新、人力资源、合作伙伴四大内容）三大部分组成，从而呈现出清晰的情报战略管理思路。

第3章 情报逻辑

通过回顾历史和总结经验，我们对情报学的历史脉络和学理根基有了比较清晰的概括。但情报是什么、情报为什么存在等这些涉及情报学基本概念的问题还需要进一步剖析与解答，以此形成情报学的逻辑根基。

无论是一门独立的学科还是一类独立的社会活动，都有其独特的目的，即它们存在的价值和意义在于解决自己独特的，区别于其他学科和社会活动的矛盾冲突问题。

情报为什么存在，情报是什么，或者说情报学解决什么问题？这是情报学作为一门独立学科必须回答的首要问题。而在情报学研究中，“情报为什么”的问题必须先于“情报是什么”的问题，即先找到情报的目的和独特的定位，回答了“情报为什么”的问题，才能彻底地解决“情报是什么”的问题。

情报具有特定的目的，是解决国家与社会发展中各种冲突现象的特定手段和特殊方式。以往的情报研究往往依照静态观念把情报限定于信息、知识或报告层面，几乎把情报钉死在一个极其狭窄的领域，极大地限制了情报的理论视野与研究范畴。尽管部分学者对此据理力争，意图采用特殊论的眼光，将情报研究范畴转移至保密信息或竞争性信息的获取与分析，以此确立情报学研究的独特领地和社会价值。然而，这种尝试与静态观念一样，在理论与实践中存在巨大困境，其主要原因在于，大多数人对情报活动的潜在需求不仅仅是获取特殊信息那样简单，而是希望它成为一种威力巨大的斗争工具，成为国家安全、国家发展、全球治理以及社会发展中的重要力量，成为人们在处理该类关系中的制胜武器。这种愿望不是空洞地存在于学者的头脑中，是实实在在地存在于社会整体中，是国家实在地需要满足和实现的。

因此，对情报现象与情报规律的研究，不应先行地切入定义的辩论和学派的争吵，而应首先回归到国家与社会的日常运行中，以常识为基础，再提升到理性的高度。

第1节　情报问题

一、国家安全问题

关于情报活动最早的研究无疑是在军事领域，孙子在关于军事斗争“不战而屈人之兵”的最高标准中，提出了“伐谋”思想，其策略包括“先知”“量权”和“诡道”等，具体实现方法则为“用间”等侦察与运作手段。这就是被后代人类尊称为“武圣”的孙子关于战争冲突问题的解决方式。无疑，军事安全作为现代军事冲突问题的治理目标和治理能力，军事情报是其首要的手段。

对于一个传统国家而言，政权是国家生存与发展的核心体系，围绕政权的安全保卫是极为重要的防御方式。进入现代社会后，全球化的推进使得国家的政权安保进入一个领域极其广泛的非传统安全发展阶段，包括人民、经济、金融、资源、粮食、文化、科技、网络、民族、宗教、反恐、生态、空间等传统社会不具有或不具备重要地位的国家安全要素全面地发展起来，而且这些新生事物在以国家政权为核心的安全体系中，形成互相交叉影响和交互作用的关系，所谓牵一发而动全身。比如，某些大型跨国资本经常意图做空我国产业、发动金融攻击行为、恶意冲击我国核心经济体系、破坏我国正常的市场经济规则。比如，美国等西方国家借助苏联解体中的和平演变政策经验，在全球推行普世价值观，推广麦当劳式的、好莱坞式的过度性消费文化，通过培训、教育和交流方式推广新自由主义经济学术和宪政民主，依靠资本手段和互联网技术侵入和操控他国新闻媒体系统，通过制造新闻事件、议程设置等操纵他国舆论，甚至掀起颜色革命浪潮，忽悠他国民众颠覆国家政权。还有，西方国家暗中扶持某些宗教信仰组织和邪教组织，妄图渗透我国民间社会，煽动群众情绪，甚至间接参与制造边疆动乱，妄图通过宗教文化颠覆国家政权。而且，冲击这些与政权紧密相关的国家安全体系的势力或组织，已不再局限于敌对国家，还包括国际联盟、区域联盟、跨国资本集团、非政府组织，以及各类非军事武装团体等，比如活跃在全球各地的ISIS等极端恐怖组织。总之，面对如此复杂而严峻的现代国家安全形势，情报将在安全态势感知、威胁分析与预警、非军事打击与防御等方面发挥不可替代的作用。

当然，国家安全问题不仅局限于国家政权这种非常严重的层面，也包括前述的军事层面，以及外交、文宣、公共安全（包括反恐、维稳、边防、犯罪等）、科技（包括国防科技、工业科技等）、经济（包括微观的市场经济和宏观的国家经济）等非常广泛的领域。情报工作比如情报获取、情报分析、决策支持、反情报工作、特别行动等，在处理这些领域的冲突问题当中也将发挥极其重要的作用。

二、国家发展问题

除了在安全方面发挥作用外，情报在国家发展领域也具有积极的作用。

比如，在国家经济建设中，为了构建和提升现代化的可持续发展的工业体系、服务业体系和农业体系，在如何统筹国家乃至全球的资源与能源、如何快速培养和高效率利用优秀人才与人力资源、如何研发具有

"突破性、引领性、战略性"的科学技术、如何强化市场机制激发市场活力、如何创新金融工具提高资本效率、如何合理分配国家投资完善国家扶持与配套政策等极为重要的经济运行环节中，情报将发挥信息搜集、形势分析、战略谋划等基础性功用。特别是在改革开放后，国家经济经历了重工业化发展道路，对世界资源与能源形成最大规模的国家需求和依赖，这种高能耗的生产模式具有巨大的发展风险和不可持续性，面临着紧迫的经济结构转型与升级问题，这就要求情报工作在科技、经济、资源、人才、政策等创造未来方面，发挥战略性突破作用，全面配合国家的创新发展战略。

另外，在国家文化繁荣、国家科技创新、国防工业建设等方面，如何紧密跟踪研究全球发展状况，比较优缺短长，评估发展态势，制定发展战略，为国家和社会提供健康多元的文化公共产品、引领式创新的科技服务，以及强大的国防工业等，情报体系也将发挥激发与催化作用。特别在国防工业建设中，国防科技的战略规划、关键与核心技术的突破、高端装备的研制生产、高精尖材料和武器的研制与生产等，无不是国防科技情报工作的用武之地。这在新中国以"两弹一星"为代表的国防工业成就中体现得最为明显。

三、全球治理问题

随着全球与地区安全威胁因素的增多，诸如国家间战争、地区性武装冲突以及恐怖主义、核危机、武器扩散、集团犯罪、信息保密问题、网络安全问题、粮食安全问题、生态危机等非传统安全问题频发，导致国际安全治理成为世界各国共同的争议话题。而在中国的全球化治理体系中，更需要构建和实施统一的国际安全情报网络，以对国际安全问题作出动态掌握和危机预警，以积极应对任何可能的重大突发事件等。

另外，情报在国际秩序塑造、大国关系处理、地缘政治冲突处理等方面，随着中国国力的增强，如何与金砖国家、新兴国家、广大发展中国家联合起来，对全球现存秩序中的不合理、不公平、落后的方面进行变革，同时与发达国家保持良好的共同发展关系，处理好中美两国的新型大国关系，国家情报体系可发挥人员培训、技术支持、态势感知、信息共享、智库研究、决策枢纽、联合行动等更为谋略性的、建设性的、全局性的、世界性的战略功能。

在国家对外经贸方面，比如在“一带一路”倡议中，如何获取沿线国家经济发展情况，制定我国国有经济以及私营经济的对外投资、商贸往来、项目合作、劳务输出政策等，国家可联合社会各界情报力量，包括私营机构以及社会各界的经济情报和竞争情报力量，以发挥情报体系积极的细致的作用。当然，情报还将在能源生产、资源供应、气候治理、科教文卫等更广阔的涉及人类共同利益与价值的领域发挥情报信息获取、情报信息交流与共享等重要作用。

总之，我们在全球化治理体系中，需要构建现代的、统一的国际情报体系，以服务于国家崛起，服务于构建合理的人类命运共同体。

四、社会发展问题

情报不但在解决国家安全、国家发展和全球治理等这类宏观领域中发挥有效作用，而且在社会发展问题层面，也将起到非常重要的作用。

特别是在现代市场经济制度下从事商品生产与经营的企业组织，如何获得持续的技术创新能力与技术领先优势，保护知识产权，如何建立稳定的营销渠道，建设独特的品牌传播体系，如何与竞争对手开展针对性的销售推广活动，如何有效防止竞争对手通过市场规则限制准入、借助资本市场金融做空、发动舆论恶意打压、组织联盟共同绞杀等攻击性市场行为，情报都将发挥其他企业经营职能无可替代的作用。在这方面，不仅是中国的私营企业需要情报发挥这种作用，国有企业也可借助情报力量，在战略层面了解竞争对手，掌握市场各方的技术替代与产品替代潜力，防范跨国资本的分化瓦解，防止私营资本和各方势力的私有化企图，对既有的市场替代行为、攻击行为与瓦解行为，制定应对策略和反击措施，保护国有资产，保障国家经济等。

除此之外，情报在诸如体育竞技、教育科研等领域亦有一定的作用。但因该类问题在一定程度上属于社会公益范畴，情报的作用和意义也更多限于私人团体利益，而非国家或经济组织利益，其情报功用自然要低一些。

第 2 节 情报概念

一、情报定义与本质

明确情报所处理的问题之后，再研究情报究竟是什么或者情报的本质是什么，就有了现实依据和客观基础。

现代中国人在绝大多数时候将情报定义为“获得的敌情”或“关于敌方情况的报告”等。而随着信息社会的实践变革，情报定义在去掉“敌方”或“他方”属性的同时，增加了信息属性和知识属性，趋向于将情报定义为“决策所需要的特殊信息”或“分析获得的特殊知识”等。同时，随着美国安全情报理论的引进，部分学者又逐步将情报定义为“从信息到知识的活动链”等。然而，当前中国情报学界将情报的概念限定在信息范畴或知识范畴内，而不是将其视作社会对抗的一种特殊运动形式，因而常常迷离于情报残酷斗争历史的边缘，疏远于情报鲜活运动现实之外，常常陷入抽象的概念定义和教条的逻辑推理之中，无法深刻地揭示并灵活地应用情报的本质属性，无法准确地认识到情报的本质属性。

通过观察人类的日常生活可以发现，在诸如捉迷藏的儿童游戏中含有隐蔽、伪装、试探、搜寻、侦察、伙同等一系列与情报类似的行为（见图 3–1），儿童在其中获得愉悦感并增长了某种经验，这似乎是人类有意识地将情报活动内化为一种基本生存技能和防范意识的社会性安排。在其他集体性游戏中也存在类似的情形，如侦探游戏、警匪游戏等。日常经验也告诉我们，情报与秘密、间谍、侦探、计谋等紧密相关，虽然这种感性认识并不可靠，但将情报作为某种对抗活动却成了社会常识甚至共识。

图 3–1 儿童捉迷藏游戏和黑色博弈棋局是典型的情报情景模型

在关于国家冲突的历史统计与分析中我们发现，人类的情报活动与国家间冲突和国内冲突相伴相生，并出现周期为二十年左右的巨型波动频率[1]，这说明情报活动具有非常紧密的现实基础。在关于古今中外的情报思想研究中，也可以发现情报是专门用于研究和服务诸如国家对抗、军事冲突、犯罪治理、经济竞争等复杂的社会斗争活动。

对抗是什么呢？根据毛泽东的《矛盾论》，对抗即差异，即斗争，对抗是矛盾发展的特定形式。对抗可以分为物质、组织和认知三种形式，分别以客观物质、社会网络和主观意识为中介和手段；对抗形式之间互相包含、交叉融合。比如，《孙子兵法》就是以客观条件（如天、地等因素）、军队、谋略三个军事要素展开论述的，其对应的战争可以划分为天地战、兵战和知战三种，分别以天地（包括武器）、军队、计谋为战争手段，即

[1] 赵冰峰．论国家情报与国家安全及国家发展的互动关系 [J]. 情报杂志，2015(1).

计谋构成认知对抗运动，军队构成组织对抗运动，天地和武器构成具体的物质对抗运动。

情报是一种特殊的社会对抗活动：(1) 一般的利益冲突不会导致情报活动发生。比如，一个国家内部的农业与工业的冲突、区域与区域经济发展不均衡矛盾等不会导致情报活动；一般的价值观冲突也不会导致情报活动发生，比如，劳资冲突、宗教冲突一般不会导致情报活动。只有当社会组织的冲突上升到以认知作为对抗中介时情报活动才会产生，标志着社会组织的矛盾斗争上升到了十分激烈和更加复杂的层次。(2) 情报具有特殊的对抗特征。为什么大多数情报工作都需要复杂的分析和研究呢？为什么所有情报领域中都会普遍存在间谍这种活动呢？这是因为对抗客体往往都试图把自己的核心信息与对抗策略严密地保护起来，阻止外界轻易地获知这些内容。如果对抗客体的这些核心信息和对抗策略一旦被主体透明化，那么主体的情报工作中就不再需要复杂的分析与研究了。这是情报工作中为什么总会涉及间谍这个敏感问题的直接原因，因为通过间谍，主体可以直接从对抗客体那里获得准确而完整的核心信息和对抗策略，这种手段比通过复杂的信息分析和研究间接获得的成果要有效且可靠得多，这也意味着，情报的本质要求决定了必然存在类似于间谍的侦察手段，也决定了信息调研与情报侦察必然是两种互为补充的情报工具。(3) 情报的对抗性广泛存在。实际上，情报不是知识的生产，而是知识的博弈；情报不是信息的挖掘，而是信息的对抗；情报不是一种技术行为，而是一个社会斗争过程；情报不是专家和专门从业者的专属，而是组织全体成员在保护组织不受外部破坏时的一般认知对抗行动之一；情报不再局限于竞争行为，而是渗透在组织的一切对抗运动之中。

因此，情报应融合对抗属性和认知属性，将狭义的情报定义为“反映对抗客体活动规律及动向意图的信息”，而将广义的情报定义为“在人类社会内部不同组织边界之间以认知过程或认知内容等为手段进行的某种冲突，这种冲突是不可调和的和带有根本性质的”；或者可以说，情报是“利用人类的认知过程或认知内容等作为对抗手段以解决矛盾冲突从而肯定自身价值的活动，是以组织的认知活动为基础，以确保主体组织获得正确的认知和造成客体组织产生错误认知等为目的的一种认知及其实践运动，是保证主体组织的资源和力量不受损害和侵蚀，保证其成员集体的主要利益获得不断壮大，保证该主体组织未来发展前途不受外力阻挡，而在认知领域内从事的对抗活动”。或者简言之，情报是“主体为了保护自身存在，对客体展开的认知对抗活动”，其本质即是组织的认知对抗。[1] 本书的情报概念采用的就是情报的这种广义定义。

从信息论的角度看，情报的认知对抗本质是信息对称与不对称的辩证过程，对于对抗主体而言，情报的目的就是实现客体信息对主体的对称性和主体信息对客体的不对称性，从而通过信息优势获得整个对抗运动的主动优势。

从决策论的角度看，情报的认知对抗本质是确立和保护自己的决策体系能够有效和正确地运行，并最大限度地阻止甚至破坏对方的决策体系获得正确的认知决策，从而确保对抗运动的胜利。美国的约翰·博伊德提出决策周期理论（OODA 循环论）[2]，其主张正反映了情报的这一本质特征，并于 2000 年被美国军方全面接受成为美国长期的国防政策之一。

情报认知对抗的概念与信息战争中信息对抗的概念存在着本质区别。所谓的信息对抗是以信息获取权、控制权和使用权为核心的对抗行为[3]，其对抗的形式主要以信息技术为中介，是将信息及信息系统作为一种物质资源进行控制与反控制的运动。情报的认知对抗不仅包括信息对抗的内容，更重要的是包含对抗的组织在认知领域内的进攻、拉拢与防御行为，即对抗主客体都意图在保证自己获得正确的决策前提下，阻挠和破坏对方获得正确的决策。较之信息对抗，情报认知对抗更直接地指向组织的主观活动，并强调主客观之间的交互运动。情报认知对抗的概念还可以极好地解

[1] 赵冰峰. 论情报的过程 [J]. 情报杂志, 2009(2).

[2] 肖裕声. 21 世纪初大国军事理论发展新动向 [M]. 北京：军事科学出版社, 2008:54-78.

[3] 李隆淼. 情报战在信息战争中的地位和作用 [J]. 情报杂志, 2002(1).

释“心理战”等意识形态化的情报过程，并且为组织的对抗行为提供了比信息对抗更为广阔的情报活动空间。

二、情报概念模型

对于一切情报现象与问题的研究，首先需要提取组织、关系、中介、过程等情报活动要素，以构成情报理论的最基本概念。情报的组织是情报活动的参与者，是情报实践运动的主要物质载体，是情报内容的需求者和消费者与生产者。情报组织依据关系分为情报主体和情报客体，依照各自的立场和价值体系维护着自己在矛盾冲突关系中的独特地位。情报的关系是组织之间的社会矛盾冲突，是引起情报发生的根本原因，情报关系通过活动过程中的冲突与合作等表现出来。情报中介是情报组织开展相关活动的形式，是情报活动的外在表现，是组织在处理情报关系过程中，所使用的手段与方法，分为物质中介、社会中介和意识中介三种，其中的社会中介由参与情报活动的社会角色构成，意识中介由认知活动中的逻辑工具构成，包括技术、方法、概念、精神等。雷达、间谍和概念分别是典型的物质中介、社会中介和意识中介，我们常说的“资产阶级糖衣炮弹”也主要属于意识中介。借助情报元素来抽象分析情报情景，我们可以构筑由组织、关系和中介构成的情报元模型（如图 3–2 所示），从而形成基本的情报研究框架。

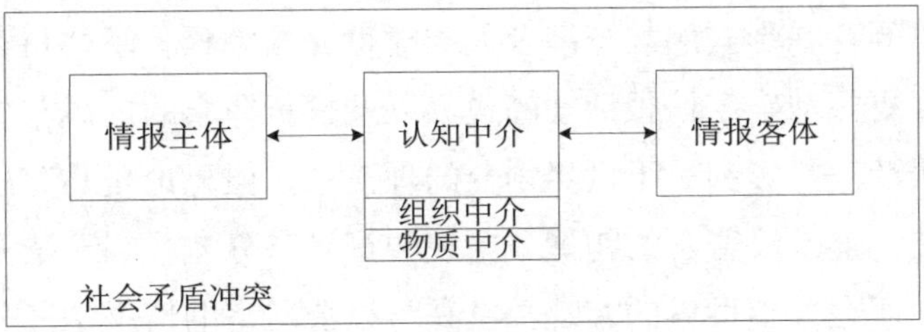

图 3–2　情报元模型

然后，元模型仅仅指示了非常基本的情报活动规律，面对复杂而宏大的情报现实，其解释能力与指导作用非常有限。这就要求我们进一步深化对情报模型的认识。在由情报主体（组织）、情报客体（组织）、情报中介（认知、组织、物质）和情报环境构成的模型中[1][2]，对情报中介的操作组合构成了丰富的情报世界，比如从客体入手的有知彼、预警、瘫痪、统战等活动，从环境入手的有先知与重组格局等活动，从客体与环境交互入手的有致盲、运作等活动，通过对中介的深化，可以形成更为精细和完整的认知对抗模型（如图 3–3 所示），从而具备更为深刻的解释能力和指导能力。

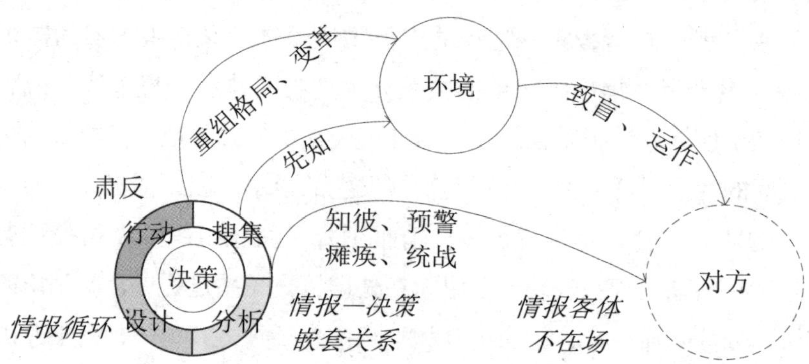

图 3–3　情报认知对抗模型

三、情报世界模型

关于世界存在形式的划分涉及人类对世界的解释、阐述与实践的方法问题。为了更好地确定情报活动的边界以及情报概念的内涵与外延，我们需要将情报活动投影到关于世界划分的理论中。但无论是马克思的物质与意识二分法，还是波普尔的物理、主观和符号三分法，都无法充分解释它们的规律，而在关于世界的客观、主观与社会网络的情报学三分法中（如图 3–4 所示），则能较好地展开[3]，即情报活动是社会组织借助客观力量围

[1]　赵冰峰．情报论 [M]. 北京：兵器工业出版社，2011:27,43,51,87,88,99,101,144.

[2]　赵冰峰．论国家情报与国家安全及国家发展的互动关系 [J]. 情报杂志，2015(1):1-5.

[3]　赵冰峰．情报论 [M]. 北京：兵器工业出版社，2011:27,43,51,87,88,99,101,144.

绕主观认知展开的对抗活动，情报的本质是组织的认知对抗，发生在主观世界的认知活动是情报的首要对抗中介或手段。

情报三个世界模型与西方当代哲学家哈贝马斯的三个世界观是相通的。现代西方哲学存在“语言学转向”现象，比较注重语言、符号、交往的意义诠释研究，意在批判自 18 世纪启蒙运动以来的主体性观念与逻辑理性哲学。哈贝马斯是这一哲学转向运动的集大成者，其在形式语用学研究基础上，阐述了社会交往的合理性即主体间性问题，构建了以论证和商谈为手段的社会实践行为。[1] 相应地，哈贝马斯形成了由主观世界、客观世界和社会世界构成的新的三个世界观，其中的社会世界即指被预设为一种共同体遵循的人际关系整体。[2] 该三个世界观对于批判现当代资本主义社会问题以及创新发展马克思主义理论，发挥了重要的价值。

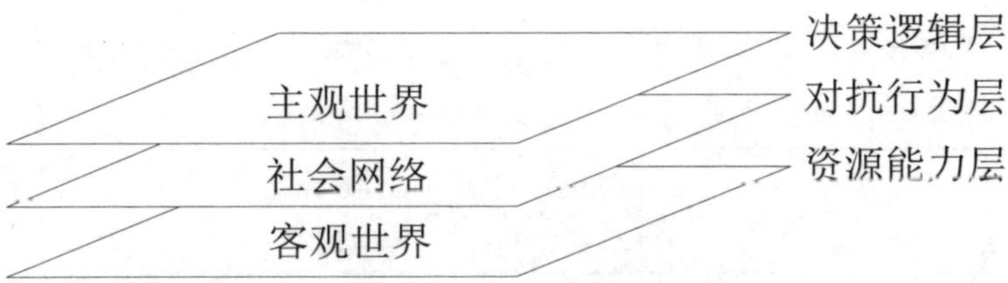

图 3–4 情报三个世界模型

情报三个世界模型是情报组织管理的主要依据，分别形成决策逻辑层、对抗行为层和资源能力层。这种结构在应用于情报建模时（该部分在后续章节有重点阐述），可以发挥巨大的威力。

依此投影的情报“三个世界”中，军事、政治、文化、外交、公安、经济、新闻传播、信息管理甚至自然科学等广阔的社会领域内 [3]（如表 3–1

[1] 彭国华 . 重构合理的生活世界：哈贝马斯的现代性理论研究 [M]. 北京：北京师范大学出版社, 2015:153.

[2] 彭国华 . 重构合理的生活世界：哈贝马斯的现代性理论研究 [M]. 北京：北京师范大学出版社, 2015:79.

[3] 赵冰峰 . 论国家情报与国家安全及国家发展的互动关系 [J]. 情报杂志 ,2015(1):1-5.

所示），情报专门处理组织对抗关系中的认知对抗问题，并在逻辑上嵌入组织的一切对抗活动，从而很好地确立了情报的活动边界和情报学的问题边界。

表 3–1　广泛分布的情报活动及其研究领域举例

<table>
<tr><td rowspan="2">活动与学科领域</td><td colspan="3">组织的对抗形式</td><td rowspan="12">组织的非对抗形式（略）</td></tr>
<tr><td>认知对抗
（以媒介为载体）</td><td>组织对抗
（以集团为载体）</td><td>物质对抗
（以装备为载体）</td></tr>
<tr><td>军事</td><td>军事威慑，欺骗战，心理运作，侦查学</td><td>战法，军队管理</td><td>武器研究</td></tr>
<tr><td>政治 / 文化</td><td>战略传播，文化战，思想战，学术战</td><td>代理人战争</td><td>（略）</td></tr>
<tr><td>外交</td><td>公共外交</td><td>部分 NGO</td><td>（略）</td></tr>
<tr><td>公安</td><td>公安 / 反恐情报</td><td>政权安全，国民安全</td><td>反恐装备研发</td></tr>
<tr><td rowspan="2">经济</td><td>经济情报，博弈论</td><td>竞争战略，竞争联盟</td><td>（略）</td></tr>
<tr><td>金融战、产业攻击</td><td>金融战、产业攻击</td><td>（略）</td></tr>
<tr><td>新闻传播</td><td>新闻战，舆论战</td><td>新闻管制</td><td>（略）</td></tr>
<tr><td>信息管理</td><td>信息伪装</td><td>信息密级</td><td>系统安全保护</td></tr>
<tr><td>自然科学</td><td>科技情报</td><td>科技情报机构</td><td>科技安保</td></tr>
</table>

四、情报过程模型

单就情报主体的内部活动而言，情报存在于对垒型决策（或对抗型决策）问题的认知过程和实践过程当中（如图 3–5 所示），或者说，情报是为了在对垒决策中实现内外部环境的认知过程以及为了扭转不利于决策主体的决策环境而从事的实践过程及其二者的交互运动。情报在对垒决策活动中的意义在于明确决策假设条件并降低决策中的不确定性风险。比如，在中国历史上发生的夏朝少康“使女艾谍浇，使季杼诱豷，遂灭过、戈”；春秋子贡游说齐、吴、越、晋四国而存鲁国；楚汉刘邦诛杀内奸曹无伤，鸿门宴后火项羽；唐初李靖不惜唐俭用“间”平东突厥；明清皇太极用计杀袁崇焕而入关[1]；解放战争时期中国共产党“情”通傅作义和平解放北平等影响历史的重大决策事件中，无一不是情报的认知过程及其实践过程交互运动的历史真实结果。

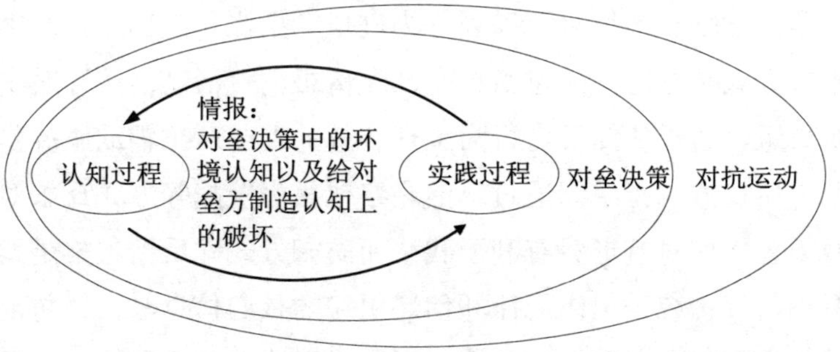

图 3–5　由情报认知与情报实践构成的情报过程模型

情报的认知活动包括情报分析、情报评估等，即通过考察内外部环境，确定组织对抗性质、对抗途径以及对抗依据等，确定对垒型决策的条件假设、逻辑推理结构以及决策依据，为决策提供主观条件。情报认知过

[1] 朱逢甲．间书 [M]. 南宁．广西人民出版社，2007:1-214.

程是组织由观察客观事物到主观认识事物的思维过程。

情报的实践活动包括情报收集、情报发布、情报反击、反情报以及相关的组织管理和体系运作等，是组织在对抗过程中由主观认识事物到执行认知反击行动、认知防御行动以及检验认识正确性的实践过程，是通过组织资源和其他资源的运作，为决策提供客观基础。其中，情报生产是指通过调查与研究，客观地描述组织对抗的环境状态；情报消费是指通过通信、审核与说明，使组织的决策主体明确对抗决策基础；情报反击是指通过设计伪情报方法破坏对方的决策机构、迷惑对方的决策目标、扰乱对方的决策过程、滞缓对方的决策行动，或者通过联络统战的方式瓦解对方的决策体系甚至组织体系，以此削弱对方的对抗力量，使组织的对抗形势向有利的方向转化和发展。反情报是指通过强化组织纪律，控制认知体系泄露，实施积极防御的组织措施。

情报的认知与实践构成认识事物与实践检验的互动关系，并且互相嵌套与交融，即在认识中有实践，在实践中有认识，共同促进对垒型决策及对抗运动的持续推进。

从过程角度分类，情报可以划分为进攻、拉拢与防御三种基本运动方式，其进攻方式是指组织通过情报生产和情报消费活动，认知对抗环境并做出对抗决策，通过认知反击行为实现有效的整体对抗辅助服务作用或决定性作用；拉拢方式指组织通过政治联络或思想统战等方式瓦解对方力量强化自身力量，使对抗形势有利于我；而防御方式即反情报，是指组织通过强化意识边界、统一组织纪律并伪装组织的核心信息等，以防范组织的核心对抗信息向对方泄密，避免使对方形成正确的判断和认知，及其他防御性行为，如肃反。

五、情报实践属性

情报概念中的实践亦即情报主体的实践，是基于对垒决策的内外部环境认识基础上的情报生产、情报消费、情报反击、反情报等活动。情报实践具有目的性、历史性、现实性与组织性等特征。

情报实践的目的性是指情报实践主体在运动性质上具有价值观判断依据和在运动方向上具有明显的指向性要求，是情报主体对情报概念的主观规定。情报主体在情报运动的整个过程中必须始终确保自己的价值观保持纯洁性、集中性和稳定性，避免情报客体扰乱甚至破坏自身的价值体系，始终使情报行为保持在有利于情报主体的运动方向上。

情报实践的历史性是指情报实践在时间上存在延续性和在运动方向上存在进化特征，是情报概念辩证运动的客观结果。情报同一切社会运动一样在其现实生活中属于主客体及中介组织之间相互斗争又相互妥协的辩证运动过程，在其历史情境下，伴随着社会文明的不断进化，情报运动的社会参与者、运动的方式、斗争的手段等变得更加多样化和复杂化。

情报实践的现实性是指情报主体受到自我规定和来自外部的客观规定（尤其是来自情报客体的规定）。情报活动具有历史的主观局限性和物质的客观局限性，情报主体只有积极地发挥主观能动性，才能实现情报运动的目的性。

情报实践的组织性是指情报运动在由组织群体构成的主体中自然地分工和能动地交互，是情报主体对情报概念的客观规定，是情报主体实现目的性的基本方法，是积极发挥情报主体的主观能动性以突破主客观局限性的主要手段。

情报的实践性决定了情报理论和情报组织存在主体间的差异性。由于不同主体具有不同的价值诉求，情报活动受价值观影响，其所应用的情报理论、方法以及组织等分别在形态、方法和结构上具有主体间的主观差异性。同时，由于具体的情报活动只能由处于特定历史时期和特定环境下的情报主体的行为组成，其所选择的情报理论、方法以及组织等分别在形态、方法和结构上存在主体间的实践差异性。

情报的实践性决定了情报具有方法论特征。所谓的方法是指处理事务时所采用的思想方法和工作方法，即认识方法和实践方法，前者包括矛盾分析、统计分析、逻辑推理等，后者包括社会调查、社会中介组织、组织分工、信息化、情报反击等。所谓的方法论特征是关于方法的方法，即方法所具有的规律性。情报实践要求情报主体应用一般规律与具体实践相结合的方法，不限定既有的理论工具，手段灵活多样，以最有效地实现决策目的。情报实践要求情报主体采用主观逻辑过程与社会组织分工相结合的方法，不仅关注情报的逻辑过程分析，还需要结合组织的管理状况和资源配置等，采用专业化分工与动态协调相结合的机制，最大限度地利用好现有的组织优势和资源优势。

情报实践的途径有规律可循。在情报生产方面，一般地，对垒或对抗决策中内部环境认识较为容易，但外部环境认识则十分复杂，可从以下几个方面入手：(1) 掌握对方所面临的环境状况，通过条件假设推断对方的行动计划；(2) 掌握对方决策的沟通内容，通过条件假设、逻辑归纳与逻辑演绎等，推定对方的行动计划；(3) 用伪情报活动测试对方的反应，通过观察对方的行动，利用条件假设与逻辑归纳，推定对方的决策目的和决策过程，从而推演出对方的行动计划；(4) 直接掌握对方的行动计划。在情报反击方面，则以伪情报内容为工具，千方百计地破坏对方的决策机构、迷惑对方的决策目标、扰乱对方的决策进程、滞缓对方的决策行动，以此削弱对方的对抗势力。

情报的实践性要求我们避免以下几种错误的静态观念：

(1) 情报的静态观念：情报不是物质的静止属性，而是主体的认识过程与实践过程相结合的产物，是主体之间不断交互作用的结果，具有明显的运动过程特征，而静态观念则与此相反，将其当做某种物质的静止属性，使情报学的研究常常陷入机械式的和教条式的困境中，使情报的应用受到极大的误导和破坏。

(2) 情报的速成观念：情报在对垒型决策中的意义和价值不仅在于完成独立的一次性的关于内外部环境的认知过程及其实践过程，而在于不断地推动认知与实践的进化，继而使情报主体获得整个对抗运动的胜利。所以情报是一个长期积累和连续演化的过程，不是速成的。

(3) 情报的唯信息论观念：受西方情报理论的影响，中国现代情报学中的情报概念被当做主体的某种认识状态或信息的某个演化阶段，从而忽视了情报的运动特征和实践特征，是静态观念影响下的片面结论。

六、情报矛盾属性

情报的矛盾属性是指情报作为一种社会运动形态所具有的对立统一特征，或者情报在其运动过程中所表现出来的辩证的规律。逻辑学中有三种悖论，即语义悖论、本体悖论和辩证分析悖论[1]，相应地，矛盾也可分为逻辑的、现实的和逻辑推理的三种形式。逻辑矛盾是存在于人类主观世界中的矛盾，也可称之为概念矛盾或语义矛盾，比如“白马非马”等；现实矛盾是存在于人类实践活动之中的物质利益冲突，也可称之为社会矛盾，比如国家与国家，集团与集团、经济组织与经济组织等之间的矛盾；逻辑推理矛盾是当主观世界脱离客观世界所导致的存在于主观世界与客观世界之间的逻辑与现实之间的冲突[2]。本节涉及的矛盾属性主要是指现实矛盾和逻辑矛盾。

情报的现实矛盾是人类的物质利益冲突上升到认知对抗层次时所表现出来的特殊矛盾。正如毛泽东所指出的，矛盾可分为主要矛盾和次要矛盾，主要矛盾是带有事物根本性质的矛盾，反映着事物之间的根本关系，决定着事物的未来演化方向。情报的现实矛盾无法构成社会组织之间的主要矛盾，无法决定社会组织之间的矛盾性质，而只是被动地决定于社会组织之间的矛盾性质，具有矛盾的次生性。这主要体现在：(1) 情报的主客体始终与社会矛盾的主客体是同一的；(2) 情报认知对抗运动是组织社会矛盾发展的高级阶段，但在因果关系上要滞后于组织社会矛盾的发生，即情报运动是社会矛盾运动的次生运动；(3) 情报中介是社会矛盾斗争的中介之一；(4) 情报主客体必须具有明确的服务对象才能完成情报实践的合目的性；(5) 组织的属于其他性质的主要矛盾决定了情报的发生及其价

[1] 何新．我的哲学思考：方法与逻辑 [M]. 北京：时事出版社，2008: 1-47.

[2] 何新．我的哲学思考：方法与逻辑 [M]. 北京：时事出版社，2008: 1-47.

值、方法和使用手段等。情报现实矛盾的次生性决定了情报活动只能属于一类依附于其他社会活动的非主导性活动，也就是不存在独立意义上的情报主客体和情报活动，情报必须拥有自己的服务对象及其服务目的。比如，是军事矛盾导致了军事情报的发生，而不是军事情报导致了军事矛盾冲突的发生；是市场竞争引发了竞争情报，而不是竞争情报引发了市场竞争；是组织之间的技术差异导致了技术情报的发生，而不是技术情报引发了组织之间的技术差异。因此，人们也常常使用具有特种社会功用的决策行为来代表情报所服务的主导性活动，比如情报之于军事，可用军事策略的制定来代表情报对军事活动的辅助性功能，再如情报之于市场竞争，可用竞争策略的制定来表达情报对市场竞争活动的辅助性功能。

情报现实矛盾运动的产生过程决定了情报矛盾运动的阶段划分，即一个带有根本矛盾性质的社会矛盾的解决，代表了一个情报过程的终结，这个带有根本性质的社会矛盾的解决过程，表征了一个完整的情报寿命或情报周期。依照价值观冲突、社会冲突、情报活动的关系，可将情报现实矛盾运动过程分解为情报矛盾的产生、情报矛盾的激化和情报矛盾的解决三个阶段（如表 3–2 所示）。情报现实矛盾运动阶段的划分可以用于分析各类情报的运动周期。比如，竞争情报的周期取决于市场竞争性质转变的周期，竞争情报的周期与市场竞争性质转变的周期完全同步和保持一致，市场竞争性质的转变可以用竞争双方市场地位的改变来判断，由此可以鉴定甚至预测每一个具体的竞争情报活动的确切周期；竞争情报的周期可预估在 3—10 年之间；同样，军事情报的周期取决于军事斗争性质转变的周期，军事情报的周期与军事斗争性质转变的周期完全同步和保持一致，军事斗争性质的转变可以用军事集团或国家之间对抗形态和对抗地位的根本性转变来判断，如美苏争霸的情报对抗周期应该以“马歇尔计划”开始和以东欧剧变为结束。一般地，军事情报的周期比竞争情报的周期要长，可预估在 10—30 年之间。反过来，情报现实矛盾运动阶段的划分也可以用来判断社会矛盾运动的发展阶段，比如情报活动往往在社会矛盾对抗运动的早期开始发生，于中期趋于频繁，于晚期趋于弱化。

表 3–2 社会矛盾演化进程中的情报矛盾属性

阶段	社会矛盾演化		情报矛盾演化	矛盾属性
Ⅰ	价值观冲突	组织对抗发生	情报矛盾产生	从统一走向对立
Ⅱ	价值观交锋	组织对抗强化	情报矛盾激化	对立与统一交互运动
Ⅲ	价值观转变	组织对抗转型	情报矛盾解决	从对立走向统一

情报的逻辑矛盾是情报概念自身的演化运动所导致的差异和冲突，是情报现实矛盾在人类主观世界的反映，又可分为历史逻辑矛盾和现实逻辑矛盾两类。

情报的历史逻辑矛盾集中地体现在情报概念的历史演化形态之中。社会的组织形态和认知对抗形态共同决定着情报历史的演化形态。根据组织形态及其认知对抗形态的变化，按照不同的演化时期，可将情报历史划分成原始阶段、社会化阶段、自动化阶段以及意识形态化阶段等前后相继出现的四个时期，出现了包括间谍形态、社会化形态、自动化形态以及意识形态化形态等分布于不同历史时期并共同延续至今的四种情报活动衍生方式。[1] 情报的四种演化形态在逻辑结构上构成了情报的历史逻辑矛盾，可用何新先生的历史概念系统演化树（钱学森将其称为“何新树”）思想 [2] 来表述（如图 3–6 所示），即每一个情报的历史演化形态总是在扬弃和突破上一个演化形态特征的基础上，发展出能够更加适应新的历史社会环境条件下的情报运动形态，而在新形态中总是能够找到旧形态的影子。

[1] 赵冰峰．论情报的历史演化形态 [J]. 情报杂志，2010(6).

[2] 何新．我的哲学思考：方法与逻辑 [M]. 北京：时事出版社，2008:1-47.

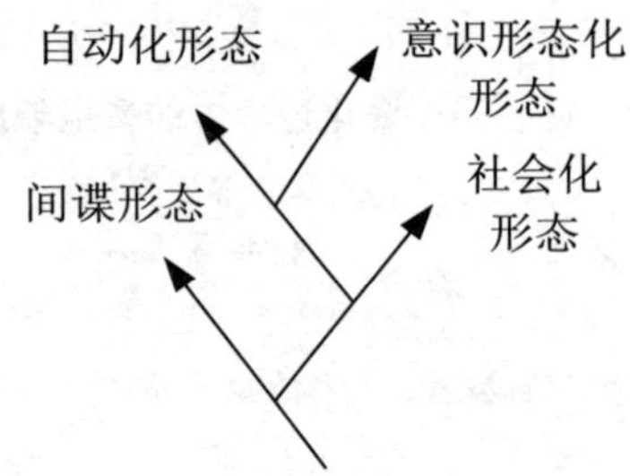

图 3–6 情报的历史逻辑矛盾

情报的现实逻辑矛盾，则集中体现在以“信息链”[1]概念为代表的情报内容生产形态上。“信息链”由事实—数据—信息—知识—情报和智能五个链环构成，从物理属性逐步转化到认知属性，表征了一个情报概念的生产是由简单到复杂、由无序到有序的逐步演变过程。需要注意的是，“信息链”的反复运动仅仅是情报内容的生产过程，而不能将其视做情报运动本身。

第 3 节 情报中介

一、情报中介类型

情报中介是情报组织发生关系的载体，分为认知、物质和组织三种中介，分别以概念、雷达和间谍为各自的典型。完整的情报活动必须是认知中介、物质中介和组织中介三者的复合体。情报的物质中介和组织中介比较容易理解，比如，军事对抗是一种以武器和军队分别作为物质中介和组织中介的社会对抗形态，市场竞争是一种以商品和市场主体分别作为物质中介和组织中介的社会对抗形态。但是，情报的认知中介比较复杂，是区

[1] 梁战平 . 情报学的若干问题辨析 [J]. 情报理论与实践 , 2003(3).

别于物质中介和组织中介的更高级的对抗方式。

情报的认知中介是情报活动的核心关键，以信息、知识和意识形态最为常见，其在经济情报中以“广告战”最为典型，在军事情报中以“心理战”最为典型。比如，在企业的市场竞争行为中，技术侵权与知识产权保护构成了竞争情报的一对普遍的矛盾体。再如，信息是现代信息战的主要争夺目标，与信息相关的屏蔽与调查构成矛盾的斗争活动，将表现出十分激烈的运动形态。另新闻、舆论、知识、文化等，都可归入“话语”或“文本”形成的意识形态体系，成为情报活动的斗争焦点。法国哲学家米歇尔 · 福柯认为话语是一系列社会文化操作活动中的论证性论述，承载着政治事件，并通过其表征的政权来控制论述本身，无论是知识形态话语、政治性话语还是日常话语，都通过禁止、分类和规则限制等方式，成为一种政治权力剩余，整个资本主义社会则通过影像、网络、传媒、数据库等手段被构造成为“全景敞视社会”。[1] 福柯的理论告诉我们，包括符号、情景、文化品、关系等中介物，可以通过社会活动、政治事件、文艺作品、社会科学、影视传媒、流行文化等社会系统来加以隐蔽地操作，从而满足利益集团或组织对抗冲突的需要。一般地，这些话语或文本在情报领域中都是潜在存在的，只有当情报主体或客体将其用作认知对抗的工具时，就成为显在的情报中介，比如美国的情报机构经常在目标国家中培养新自由主义经济学术和意见领袖 [2]，有目的地营造社会舆论和推动经济变革，从而实现政治企图，这就是典型的以舆论营造、学术交流和文化传播为样式的和平演变活动。

二、情报中介手段

依照情报活动的三种中介形式，情报的对抗手段可大致划分为意识手段、技术手段和组织手段三种。

---

[1] 石义彬 . 批判视野下的西方传播思想 [M]. 北京 : 商务印书馆 , 2014:273-303.

[2] 何新 . 新国家主义经济学 [M]. 北京 : 同心出版社 , 2013:12-13,88.

情报的意识手段是指利用意识形态工具进行组织的认知对抗，即对抗主体在包括文化领域以及日常生活习俗等方面改造客体的价值观念、伦理观念、风俗观念等，以迷惑客体的决策目标、扰乱客体的决策过程、滞缓客体的决策行动，以此削弱客体的对抗力量，使对抗态势向有利于主体的方向发展，如《鬼谷子》飞箝篇“用之于人，则量智能、权材力、料气势，为之枢机以迎之、随之，以箝和之，以意宜之；此飞箝之缀也”，其中的“飞箝”即可理解为组织认知对抗中的意识手段。另外，中国古语“得民心者得天下”“攻心为上”等，说的亦是意识手段在争取民众方面所发挥的巨大作用和意义，特别是在两个集团或政党处在对立和对抗的时期，民心所向将起到巨大的作用，比如明朝罗贯中《三国演义》第五十五回“周郎妙计安天下，赔了夫人又折兵”的故事中，就有通过控制敌方意识形态造成对抗胜利的描述。由于意识对抗的作用和意义十分巨大和深远，故主要操纵国家意识形态的宣传媒体机构常被称为国家的“喉舌”，其不仅负有报道各类客观事实的职责，更有“正视听”与“教化民”的作用，且在记者行当中也历来不乏从事“间谍”活动的人，其于情报对抗的社会总体贡献可列为各社会职业的榜首。因此，在现代国家治理中，对外传播已经成为非常重要的国家情报手段。而现当代的企业竞争情报活动中，意识手段的使用主要地体现在企业品牌的消费者认知争夺以及国家政策的公关活动中。[1]

情报的技术手段是指借助方法、设备、资源等进行组织的认知对抗。包括信息技术手段、管理技术手段以及逻辑方法等。技术资源在情报认知对抗行为中的相对领先，能够造成巨大的组织认知优势，故而技术封锁与技术窃取成为现当代社会的各类组织间常见的竞争行为或对抗行为。

情报的组织手段是指利用组织力量进行的认知对抗方式，即对抗主体通过情报组织的分工与协作，保护自己的核心情报内容不被对抗客体截获，同时以最大限度和最快速度准确认知环境变化情况，从而造成对抗主

[1] 赵冰峰．论情报的过程 [J]. 情报杂志，2009(2).

体在整个对抗运动中的主动优势。组织手段是意识手段和技术手段的物质载体，又可分为制度手段和行为手段两种，前者包括安全法律法规、竞争规则、产业政策、组织纪律等，后者包括公开的社会中介活动以及秘密的间谍活动等。

不同的组织对抗性质，可以采用不同的情报认知对抗手段，而同一对抗性质的不同主体，也可以采用自己独特的情报认知对抗手段。如军事对抗较之于经济组织对抗，其情报手段需要交互应用，且规模十分复杂和庞大，而经济组织对抗所采用的情报手段则相对单一和薄弱；又如自第二次世界大战以来，美国习惯于利用技术手段执行情报活动，而苏联更习惯于通过人工的方式（即组织的方式）执行情报活动。[1]

三、情报认知中介

情报认知中介包括信息、心理、消息 / 新闻、文化、知识、价值等样式。

1. 情报信息中介

信息是情报认知的主要对象和操作内容。

信息是存在于自然界、社会或人自身的各类事物存在的外在形式，是事物存在的结果，比如物体的颜色、社会结构、DNA 双螺旋结构等，可分为客观信息和主观信息两类。主观信息是客观信息在人脑中的反映，有正确与错误之分。我们常说的“调查研究”工作，其调查的就是事物的信息，研究的即是这些信息背后隐藏的事物之间的联系，即透过现象认识事物的本质。

信息内容之间存在结构性关联：(1) 事物存在特征信息。因为同一事物释放出的不同信息之间存在结构性的关联关系，这些信息之间必然存在重复和冗余。因此，我们对于同一事物的研究，只需要找到能够反映事物内部结构的特征性信息即可完成。(2) 通过特征信息可以反映事物内部结

[1] 厄内斯特 · 沃克曼 . 间谍的历史 [M]. 上海 : 文汇出版社 , 2009:330.

构。通过某一事物表现出的特征信息就可以推断出事物内部的结构特征，从而揭开事物内部的黑箱，古语“一叶知秋”正表述了这个关系。(3) 信息需要萃取。由于同一事物会发出不同的信息，有特征信息也有一般信息，而一般信息的表达能力远没有特征信息的表达能力强，所以在接收到的所有信息中，需要将一般信息过滤掉，而只保留特征信息，从而降低信息冗余，提高信息表达能力，“去粗取精，去伪存真”说的就是这个过程；再如，线性分析中的特征函数提取，描述的正是矩阵中的信息萃取过程；预警分析中所需要寻找的预警信号，就是预警管理中的信息萃取结果。可拓信息理论中的信息可拓运算（一个信息可以可拓出一批信息），可用于信息特征的萃取与模拟计算。

信息可以表达。比如：

信息＝（事物名称，信息结构特征，信息量）；

同时，

信息结构特征＝（事物特征的信息表达方法，事物的特征量）；

比如：

黑箱光输出 1 ＝（黑箱，光电，光亮度），同时：光电＝（电流，电流强度）；

黑箱光输出 2 ＝（黑箱，光线，光射角），同时：光线＝（几何空间，坐标值）。

如果我们需要求解黑箱的能量结构，黑箱光输出 1 就是特征信息，黑箱光输出 2 就成了一般信息；如果我们需要求解黑箱的光输出方法，黑箱光输出 1 和黑箱光输出 2 都成了特征信息；如果我们需要求解黑箱的内部安装结构，黑箱光输出 2 就是特征信息，黑箱光输出 1 就成了一般信息。

信息之于情报，关键在特征信息。对于情报或决策而言，信息采集的过程中，不是信息多就是最好的，关键是要找到能够表达情报问题和决策问题本质的特征信息。所以有许多情报学家已逐步意识到真正能够解决问题的信息量其实很小，只要核心的一些信息就足够了。

2. 情报心理中介

心理是情报实践的重要操作对象。

心理是与生理相对的一个概念，指生物对环境的主观反应，包括感觉、知觉、意识等活动。在马克思主义语系中，人类的心理活动包括感性认识和理性认识两种。前者包括记忆、感觉、知觉、想象、情绪、感情等，后者包括逻辑思维、高级情感与意志等。

心理之于情报，关键在干预。认知对象或认知物的研究是随着心理学与社会行为研究的结合，逐步成为认知理论的焦点。理论研究表明，个体对社会的刺激性信息具有选择性、反应性和控制性等认知行为，会形成各种不同的社会认知结论。泰勒和克洛克将这种社会认知结论采用图式的概念加以规范化，并划分出个人图式、自我图式、团体图式、角色图式、剧本（连续的各类图式）等社会认知类型。认知物的这种图式化处理可以使心理学的研究进入结构化操作阶段，比如在心理运作、新闻操纵、文化输出、知识管控等活动中，“图式”工具可以极大地便利认知中介的操作。而且，随着计算机技术的提高，“图式”工具可以进入自动化处理模式，在社会群体的心理干预和操作方面具有战略价值。

3. 情报新闻中介

新闻在情报实践活动中，特别是安全情报、外宣情报、经济情报等领域，发挥着巨大的作用。

新闻是人们在生产与生活中交流与交往的媒介，新闻传播已经成为人类必要的交流方式和交往方式。列宁很早就指出报纸是集体的宣传者、鼓动者和组织者，毛泽东在《解放日报》发刊词中指出其使命是“团结全国人民战胜日本帝国主义”。与欧美国家的理念不同，社会主义国家的新闻传播不仅具有宣传与批判的属性，还具有社会动员的属性，这种属性随着移动互联时代的来临，已逐步成为全球传播形态的主流，通过报纸、期刊、广播、电视、网络等在内的传播媒介，将公众、社会组织、国家乃至国际社会，凝结成一个复杂的意识形态网络空间，成为人类社会生活和国家生活的发动者与组织者。

新闻之于情报，关键在塑造。新闻成为人们交流与交往中介的主要方式是营造舆论，进而实现对国家意识形态的各类操作。新闻对舆论和意识形态的操作分为宣传、监督、导向和塑造四种。宣传是以报道事实、观察事实和解释事实为主要方式，注重新闻的消息传播功能；监督是以集中民意、评议政府为主要目的，注重新闻的政策监督功能；导向是以新闻管制、设置议程等为主要方式，注重新闻的舆论引导功能；塑造是以典型报道、号召鼓动为主要方式，注重新闻的意识形态改造功能。在国家层面，包括学术、教育、会议等在内的广义新闻传播成为国际外交的一种方式，可称之为公共外交、媒体外交、外交宣传或战略传播等，主要由政府、社会组织、公众等与外国民众之间开展交流与交往，以团结最广大的外国民众来拥护本国的国家主张与利益。美国的战略传播理论、公共外交理论、软实力理论等都是以此为核心来展开的，而对于社会主义国家而言，美国的这种行为就属于和平演变范畴。在公共外交中，新闻传播依然具有宣传、监督、导向和塑造的功能，并有学者将这种公共外交划分为独白、对话和合作三个层次。[1] 但这种功能需要通过外国民众间接影响他国外交决策，因而具有一定的局限性。

4. 情报文化中介

文化是与心理和新闻相近的情报中介，是重要的情报实践操作对象。

文化即文以化人，使人以人的方式而不是以动物的方式生活。[2] 文化是人类关于世界、社会与自身意识的思想总汇。文化的基本要素包括社会意识、文化符号和社会规范，以语言、文学、艺术、宗教、礼仪、科学、器物、历史、人物等多种方式出现，形成了传统与现代、西方与东方、资本主义与社会主义、保守与激进、专制与民主、科学与愚昧、精英与大众、宗教与世俗、主流与非主流、文本与器物等万花筒一般的复

---

[1] 陆佳怡．媒体外交：一种传播学视角的解读 [EB]. http://cjjc.ruc.edu.cn/fileup/HTML_EN/20150407.shtml.

[2] 胡承槐．文化的本质、形式及文化竞争 [EB]. http://theory.people.com.cn/GB/49157/49165/16671904.html.

杂形态。

文化本质上是社会的意识形态。文化与文明不同，文明是人类一切社会财富和历史财富的总和，是物质成果与精神成果的总和，而文化是社会意识的积淀。毛泽东在《新民主主义论》中提出“一定的文化（当做观念形态的文化）是一定社会的政治和经济的反映，又给予伟大影响和作用于一定社会的政治和经济”“中华民族的旧政治和旧经济，乃是中华民族的旧文化的根据；而中华民族的新政治和新经济，乃是中华民族的新文化的根据”。与毛泽东同时代的法兰克福学派提出了所谓的文化批判，本质上也是意识形态批判，其指出的现代工人异化现象正是现代文化工业的产物，是资本主义意识形态的时代衍生品。

文化是一个社会实践过程。马克思主义文化观从唯物史观出发，坚持文化的阶级属性，以人民作为文化创造主体，主张文化为大众服务。在延安整风运动中，毛泽东提出了反对主观主义以整顿学风、反对宗派主义以整顿党风、反对党八股以整顿文风的运动，着重将马列主义与中国实践相结合，采用实事求是的态度和生动活泼的形式服务人民大众，从而将文化作为革命的武器参与了社会重大实践。

文化之于情报，关键在传播。文化也是一个社会传播过程。英国的斯图亚特·霍尔提出了一种“编码与解码”的理论[1]，认为受众对文化的反应，与其社会地位和价值立场对应。他提出受众可能的三种对应模式：偏好、协商与对抗；其中，偏好模式是接受统治思想，协商模式是大体接受但加以修正从而更有利于自身利益，对抗模式是做出与统治阶级的意识形态截然相反的行动。霍尔的理论为特定文化语境中传播受众接受的研究提供了指导框架，尤其在现代传媒的跨国传播问题研究上具有较大价值。在情报活动中，文化是个复杂体，往往以信息、心理、新闻和知识等的混合物的身份出现，具有较强的隐蔽性、迷惑性、持久性和宏观性，是国家情报体系中最具有战略价值的操作目标。

[1] 赵瑾．斯图亚特·霍尔“编码与解码”理论的研究 [D]．桂林：广西师范大学，2014.

5. **情报知识中介与价值中介**

知识看似与科学相近，但在现代情报体系中，已经成为一种重要的情报中介。价值在日常概念中与情报距离更加遥远，但却不可忽视。

知识是主体在某个历史时刻所拥有的关于世界及自身的意识状态，而价值是主体关于自身与外部世界是否真、善、美的评价体系。情报发生在组织认知领域，也是一个主体关于自身与外部世界的求真、求善与求美过程。但情报发生在价值冲突中而非知识冲突中，比如20世纪美苏"冷战"正反映了两国互不相容的价值体系冲突[1]，而不是科技水平差异或文化知识差异。

知识熵[2]可以表述情报在组织知识与价值体系中的作用和意义。如图3–7所示，$D_S = D_i + D_{e1} + D_{e2}$，其中，$D_S$为组织系统的知识熵，$D_i$为组织内部产生的知识熵，$D_{e1}$为组织与社会交换的知识熵，$D_{e2}$为组织与情报认知对抗客体及相关社会中介所交换的知识熵。当$D_S < 0$时，表示组织的知识系统处于进化状态，其组织成员的价值体系趋向集中和统一；当$D_S > 0$时，表示组织的知识系统处于退化状态，其组织成员的价值体系趋于离散和分解。情报活动能够激发或者阻碍知识系统的结构变化，如果情报活动只发生在改变组织认知状态的层面，则其知识熵只发生量变；而当情报活动发生在价值或意识形态层面，则其知识熵会发生质变，从而可能导致整个组织秩序趋向统一，或趋于崩溃。

究其原因，情报活动具有认知主体的价值属性，情报活动中的进攻方式、拉拢方式和防御方式构成了主体对自身与外部世界对应关系的肯定和否定，尤其是当认知主体具有社会组织的阶级属性时，这种肯定或否定将表现出极其强烈的、惊心动魄的而又规模宏大的社会运动特征。情报活动的高级阶段发生于组织的价值观或意识形态层面上，情报活动将造成活动主体对自身的根本肯定和对客体的根本否定。因此，在情报活动的高级阶段，直接来自于客体的意识形态往往具有巨大的虚假性和破坏性；同时，

[1] 赵冰峰. 论情报的过程 [J]. 情报杂志, 2010(2).

[2] 陈清硕. 知识的本质与知识系统熵 [J]. 知识工程, 1990(3).

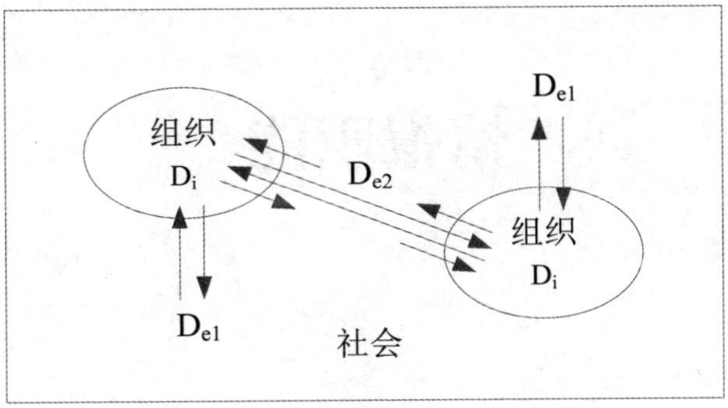

图 3–7 情报对组织知识熵的意义

由于社会中介和自然物具备宣传价值标准或意识形态的工具特性，通过社会中介和自然物，如媒介、商品、习俗等，间接来自于客体的意识形态则具有更大的欺骗性；在这种高级对抗阶段，情报主客体的价值立场和价值属性可能被对方替代、弱化甚至冲垮直至完全丧失，作为反击，主体自身的价值力量和价值属性需要不断地再确立和再强化。

第4章
情报职能

通过概念的方式构建起情报的基本逻辑之后，情报学的研究就可以进入直接实践领域，即情报职能领域，以剖析情报组织最基本的行为规则及其社会意义，从而初步构建起情报学的实践逻辑。

情报如何在组织系统中发挥作用，具有哪些运行规律，如何管理才能取得较好效果等，这些问题是情报职能部门或者执行部门经常考虑和反思的内容。

在职能领域或执行层面，情报侦察和情报分析是情报认知功能的主要方式，能够实现“知”“先知”等复杂目的；而情报设计和情报行动是情报实践功能的主要方式，能够实现“谋略”“诡道”“离间”“隐形攻击”“肃反”等高级目的。将情报嵌入决策体系，与组织形成深度互动，则可发挥情报的战略性效用。

因此，情报的实践应首先跳出部门歧见，形成职能协同。

第 1 节 情报场

一、"客体不在场"问题

关于情报问题与信息问题、情报搜集与信息搜集、情报分析与信息分析等，中美两国情报学界都没有在理论上实现区别性分析。美国情报学家谢尔曼 · 肯特认为情报分析就是科学研究，而罗伯特 · 克拉克则将采用特殊手段收集情报作为情报工作与一般研究工作的唯一区别。[1] 同样，中国情报学界一直将起始于图书文献资料研究的科技情报类同于科技研发的前端，特别是经过科技情报部门"改名"运动和科技情报教育的信息化方向改革后，科技情报被彻底等同于科技信息。在竞争情报领域也存在类似情况。[2]"客体不在场"现象 [3] 在情报活动中具有特殊意义,可切入该类情报基本问题的破解。

情报的"客体不在场"，是指在认知对抗活动中，主体的情报活动首先要面对的是认清客体的实质面貌并根据客体的运行规律制定出正确的对抗策略。但是对抗客体往往是"不在场"的，即无论是军事情报、公安情报、经济情报还是科技情报活动中，对抗客体因为出于对抗目的，或者采取主动的隐蔽 / 逃逸、伪装 / 屏蔽、欺骗、联络 / 瓦解、反情报等对抗行为，或者通过国家法律等强制体系或特殊约定等构筑起防御保护体系，通过设置障碍使其藏匿于不能被主体直接认知的视野内或不能方便操作的范围内，造成主体无法直接实现《孙子兵法》所主张的"知彼"目的。

情报的"客体不在场"提出了主体如何有效破除障碍以便于认知和操

[1] 罗伯特 · 克拉克 . 情报分析 : 以目标为中心的方法 [M]. 北京 : 金城出版社 , 2013:16.

[2] 包昌火 . 中国情报工作和情报学研究 [M]. 北京 : 科学出版社 ,2014:50,75,221-256,284.

[3] 赵冰峰 . 情报论 [M]. 北京 : 兵器工业出版社 , 2011:144.

作客体的问题。这个问题不是一般的而是关涉情报活动本质性的。尽管古今中外所有情报学家几乎都没有在理论上意识到情报的这一特有现象和属性，但是很多学者和研究者已经在无意识中建立了各种应对方法。比如，美国的约翰 · 博伊德提出的决策周期理论（即 OODA 循环论），主张先于对手采取行动或使得对手无法先知或先行于我，非常具有穿透力。但这种理论依然是比较粗浅的，“客体不在场”实际上造成了情报活动及其工作方法的连锁反应。

首先，“客体不在场”决定了情报活动的基本特性。在情报活动中，“信息”不再是直接的活动客体，而是被转换为主客体之间开展组织对抗的中介，利用信息消除问题的不确定性被退居次要位置，借助信息产生组织对抗效果被提到首要位置，“信息”及其搜集与分析必须“因敌变化”[1]，搜寻与反搜寻、识别与诈伪、谋略与诡计等构成交互的斗争形态。因此，“客体不在场”是区分“情报问题”与“信息问题”的标志性特征之一，是划分“情报搜集与信息搜集”“情报分析与信息分析”的核心标准之一。

其次，“客体不在场”引导出情报活动的特有工作方法。在情报活动中，组织是围绕“侦察（侦查）—假设—验证（取证）”的逻辑链条展开的，方法上可称之为“踪迹法”[2]；其中，(1) 情报源成为重要的情报问题，情报源比信息工作的信息源搜集渠道狭窄并且搜集过程难以控制，因此与信息工作相比，情报搜集比情报分析更具挑战性和投资价值，这也是美国情报部门的技术侦察费用占据整个情报开销很大部分的主要原因[3][4]；(2) 情报搜集成为侦察（“侦察”为军语，对应的公安司法用语为“侦查”，经济和科技情报用语为“搜集”）与反侦察（公安司法用语为“反侦查”，经

[1] 张晓军.《武经七书》军事情报思想研究 [M]. 北京：军事科学出版社 ,2001:28,36.

[2] 赵冰峰 . 情报论 [M]. 北京：兵器工业出版社 , 2011:27,43,51,87,88,99,101,144.

[3] 新华网 . 美国首次公布情报工作费用 2010 年达 800 亿美元 [EB]. http://news.xinhuanet.com/world/2010-10/30/c_12718180.htm.

[4] 新华网 . 美报披露美国情报开支及网络攻击猛增 [EB]. http://news.xinhuanet.com/2013-08/30/c_117151793.htm.

济情报用语为“反情报”）的交互对抗过程，主客体之间尽量多地获知对方的情况，同时尽量多地避免被对方获知；(3) 情报分析也成为“假设—验证”与“欺诈—变形”的交互对抗过程，双方通过分析手段不断地虚拟重建对方的信息结构和决策结构，直至对方的内部情况对己方而言尽早地、彻底地被透明化，从而满足情报分析的目的性、准确性、时效性与连续性[1]；毛泽东曾说要在“玻璃杯里押宝”[2]，“玻璃杯化”就是要在双方的赌注中将环境与客体的信息彻底透明化，从而提高赌注的押中率；(4) 与信息分析相比，情报分析还增加了信息辨伪过程，比如军事情报领域中的情报识别与甄别活动、安全与公安情报领域的情报评估活动等，信息辨伪过程为情报分析增加了额外的工作负担和信息风险。

另外，“客体不在场”也是造成情报活动比信息工作充满神秘色彩的主要原因，通过伪装与反伪装、侦察与反侦察、欺骗与反欺骗等斗智斗勇的过程，情报活动具有了更多的激烈性与意外性。

当然，“客体不在场”造成情报活动的特有工作属性并不排斥信息工作，恰恰相反，信息工作在情报活动的公开信息收集以及关于情报环境认识过程中，都是主要的工作方式和战略性任务，比如，中国共产党在抗战时期设立的最高情报协调机构就采用“调查局”的名称，并专门发布了《关于调查研究的决定》，要求各单位以战略性任务的高标准设立调查分局，从而铺开全国性大范围的信息调查工作，以配合革命战争需要。近期有研究者在比较情报搜集与信息搜集异同的基础上提出了互相融合的建议[3]，为情报活动与信息工作的这种协同配合提供了一种可能路径。

[1] 张晓军．军事情报学 [M]. 北京：军事科学出版社，2001:11,76.

[2] 郝在今．毛泽东的秘密战法（上）[J]. 党史博览，2013(7):4-5.

[3] 周换换．从信息采集和情报收集视角看两个 IS 融合 [J]. 情报杂志，2015(3):41-45.

二、情报场概念

“客体不在场”是“场”论在情报学中的应用，“场”论或可成为整个情报学体系的基础理论，也可以看作系统论思想在情报学领域的应用。

起源于物理概念的“场”，表示关联事物在其相互作用空间内的分布状态，反映了关联性信息的结构特征，与系统论中的整体性、关联性、结构性、复杂性等概念相通。“场”在公安情报理论中具有深厚的历史渊源，20 世纪初法国侦查学家艾德蒙 · 洛卡德提出了物质交换原理，认为犯罪现场一定有物质交换发生，后来被信息论改造为信息交换场，从而为犯罪侦查提供了理论基础。到 20 世纪 90 年代，中国的储槐植教授提出了犯罪场理论，认为犯罪是罪犯与被害人在特定空间的相互博弈，从而超越了信息交换理论和犯罪侦查层次，为进一步的犯罪治理提供了理论基础。近年来，也有人提出侦查场概念 [1]，主张突破犯罪场的时空限制，进入更开放的信息场用于侦查活动。“场”在军事情报思想中也有历史渊源，比如“战场”就是个古老的地理空间概念，随着信息时代的来临，又成为新的物理空间概念与网络空间概念，与之相伴随的“战场侦察”思想几乎与人类的战争理论相伴相生。正是因为“场”的这种广泛适用性，情景、域、模拟等概念已成为情报理论的核心元素。

情报场，即情报活动相关的一切事物及其关系总和。如果用最基本的模型语言来表示，则为情报元模型，如果对中介进一步细分，则为情报认知对抗模型。情报场的两种基本逻辑表述方法是物理方法和数学方法，前者采用结构化语言表述情报活动关系，后者采用符号化语言表述情报活动关系。

依照情报主客体的交互关系，我们可以划分出完全合作的、完全对抗的、既合作又对抗的三种典型关系，而后两种关系构成了情报场的典型样

---

[1] 张玉镶 . 场论与侦查简论 [J]. 铁道警官高等专科学校学报 ,2008(1):5-11.

式，即完全对抗型和合作对抗型（如图 4–1 所示）。比如，二战时期的美苏争霸，就是典型的完全对抗型情报场，以欧美为代表的资本主义阵营和以苏联为代表的社会主义阵营展开政治、军事、外交、宣传、文化、科技等全方位的情报斗争活动。在苏联解体之后，世界进入“一超多强”的世界格局，各大国之间的情报活动既有合作的范畴又有对抗的范畴，形成一种更为普遍的、一般的情报活动样式。

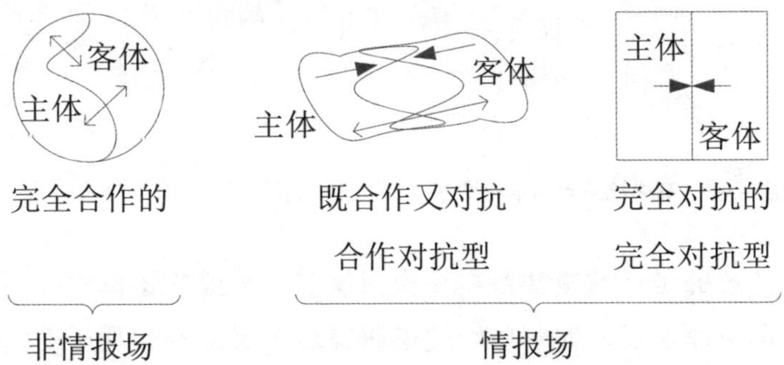

图 4–1　主客体的三种典型关系与情报场类型

情报循环模型可用“场”论来进行改造。由于美国情报理论中以分析部门为中心的情报循环模型（或情报周期）以及改造后的流程模型，基本未考虑情报实践部门的工作，因此通过增加情报设计和情报行动功能[1]，可构造出情报的“知行循环模型”，并与情报概念和情报函数形成完全映射。从“场”论的视角看，知行循环模型的情报问题转化为情报“客体不在场”，情报搜集转化为“侦察场”，情报分析转化为“客场化”或“客体的虚拟还原”过程，相应地情报设计和情报行动转化为“场设计”与“行动场”，从而形成如图 4–2 所示的场循环模型。

[1] 赵冰峰 . 论情报设计及情报行动在情报活动中的意义 [J]. 情报杂志 ,2012(11):30-34.

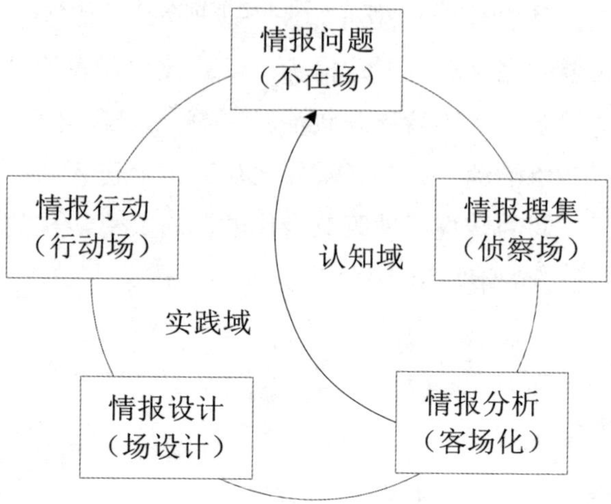

图 4–2　情报知行循环模型被“场”论改造后形成情报场循环模型

需要注意的是，情报知行循环模型仅仅是情报的逻辑程序而非实际工作程序，可用作宏观工作管理与理论研究，在实际或微观层面，情报工作可通过流程技术和过程建模技术实现角色分工与协调[1]，甚至借助信息化手段来管理和控制整个情报组织及其情报活动。

另外，情报知行循环模型的构成之间在逻辑上不是必然相继出现的，其构成之间可能存在功能替代的关系。比如，情报分析往往是情报侦察的某种功能替代，即当情报侦察的成果能够满足决策需要时，情报分析就没有存在的必要，比如苏联的情报分析部门极其弱小[2]，这与苏联在情报侦察方面投入足够的力量是互为对应的；而当情报侦察的信息残破不全或模糊不清时，情报分析就将作为情报侦察的功能补充；另外，出于经济成本的考虑，要获取最源头和最真实的情报内容，其侦察投入可能非常巨大，如果财力不济或鞭长莫及，情报分析就成为这种功能缺失的填补，比如苏联解体后的俄罗斯，受国力影响，情报侦察体系大幅萎缩，情报分析部门则

[1]　赵冰峰．情报论 [M]. 北京：兵器工业出版社，2011:51.

[2]　Robert W. Pringle The Heritage and Future of the Russian Intelligence Community [J]. International Journal of Intelligence and CounterIntelligence, 1998(2):175-184.

相继兴起，特别是普京总统最看重的俄联邦安全局，下设专门从事情报分析的业务情报与国际关系局 [1]，这在苏联时代是不可想象的。

三、情报场函数

情报认识活动与实践活动交互作用形成复杂的社会运动，比如，在美国军事情报理论中，以 Intelligence 一词代表的情报理论部分主要研究搜集、分析与传递等情报认识活动，以隐语 Information Operations 一词代表的信息战（即情报实战，替代 Intelligence Warfare 一词避免公众伦理冲突）理论部分主要研究心理战、欺骗战、保密战、电子战和网络战等情报实践活动；再如美国中情局近期宣布实行分析与行动一体化联合改革 [2]，也体现了情报两大活动类型的复杂交互关系。

情报的这种复杂过程通过函数表述则更为清晰和完整，如果从情报主体的视角看，情报活动为：

$$F(t, O, R, C, I) = M(t, O, R, C, I) + N(t, O, R, C, I)$$

其中，F 是主体的情报活动总和，是时间 t 的函数；M 是主体的情报认识活动总和，如信息采集、信息分析和结论发布等；N 是主体的情报实践活动总和，如信息操纵、知识误导、意识形态输出等。O 是客体及中介的组织形态，值域为 { 政治组织、军事组织、经济组织、科技组织、文化组织、群众、特定个体等 }，O 的值域也可以进一步细分，以适用于不同的学科和部门；R 是主客体之间的社会关系，值域为 { 对抗关系、合作关系、既对抗又合作关系等 }；C 是认知中介，值域为 { 意识情绪、消息（新闻）、信息、文化、知识、价值等 }；I 是社会中介与物质中介，值域为 { 传媒介质、网络介质、社会事件、学术活动等 }。这样构造出来的情报函数具有丰富的表达功能，比如，在时间维度上对情报函数做微分操作，

[1] 戴艳梅 . 俄罗斯联邦安全总局探析 [J]. 情报杂志，2010(6):51-53.

[2] 央广网 . 美国中情局推史上最大规模重组改革 [EB]. http://china.cnr.cn/qqhygbw/20150308/t20150308_517926061.shtml.

可获得情报频率或情报强度，能够用于研究人类冲突历史的演变规律和人类情报历史的演变规律[1]，也能够用于情报部门的预算控制与管理等，即：

$$f(t)=F'(t)=m(t)+n(t)$$

其中，f(t) 表示战争冲突或经济科技竞争中的情报频率或对抗强度；m(t) 是 M(t) 的微分，表示情报的认知活动频率或强度；n(t) 是 N(t) 的微分，表示情报的实践活动频率或强度。m(t) 与 n(t) 具有不同的频率值，一般情况下，m(t) ≥ n(t)，即情报认知活动远比情报实践活动频繁，这是情报认识的“先知”功能，以及对抗活动中侦察或调查先行与反复的决策规律决定的。

然而，情报活动实质是主客体的对抗过程，情报的每一个活动都包含了复杂的社会交互斗争运动，因此情报活动是多元函数，即 $F(x, y)$ 或 $F(x, y, z)$，其中，x 是主体变量，y 是客体变量，z 是环境变量。而 $f(x, y)$ 是情报的状态函数，上述情报活动函数实质是情报多元函数偏微分的积，根据格林公式，我们可以获得如下连等式：

$$F(t, O, R, C, I)=F(x, y)=\int P\mathrm{d}x+Q\mathrm{d}y=\iint\left(\frac{\partial Q}{\partial x}-\frac{\partial P}{\partial y}\right)\mathrm{d}x\mathrm{d}y$$

其中 $P=\partial F/\partial x$，$Q=\partial F/\partial y$，分别代表主体的情报活动状态特征和客体的情报活动状态特征。公式中的 $(\partial Q/\partial x-\partial P/\partial y)\,\mathrm{d}x\mathrm{d}y$ 说明，情报活动是主客体之间彼此交互的复杂过程，客体的过程包含了主体的影响，反之亦然。

这种交互性广泛地分布在情报活动的每一个环节中。因此可相应地获得情报侦察函数 $S(x, y)$、情报分析函数 $A(x, y)$、情报设计函数 $D(x, y)$ 和情报行动函数 $AC(x, y)$ 的表达式，分别如下：

[1] 赵冰峰．论国家情报与国家安全及国家发展的互动关系 [J]. 情报杂志 ,2015(1):1-5.

$$S(x,\ y)=\int PSdx+QSdy=\iint(\frac{\partial QS}{\partial x}-\frac{\partial PS}{\partial y})\,\mathrm{d}x\mathrm{d}y$$

$$A(x,\ y)=\int PAdx+QAdy=\iint(\frac{\partial QA}{\partial x}-\frac{\partial PA}{\partial y})\,\mathrm{d}x\mathrm{d}y$$

$$D(x,\ y)=\int PDdx+QDdy=\iint(\frac{\partial QD}{\partial x}-\frac{\partial PD}{\partial y})\,\mathrm{d}x\mathrm{d}y$$

$$AC(x,\ y)=\int PACdx+QACdy=\iint(\frac{\partial QAC}{\partial x}-\frac{\partial PAC}{\partial y})\,\mathrm{d}x\mathrm{d}y$$

其中 $PS=\partial S/\partial x$，$QS=\partial S/\partial y$；$PA=\partial A/\partial x$，$QA=\partial A/\partial y$；$PD=\partial D/\partial x$，$QD=\partial D/\partial y$；$PAC=\partial \mathrm{AC}/\partial \mathrm{x}$，$QAC=\partial \mathrm{AC}/\partial \mathrm{y}$。

依照情报侦察函数 S（x，y）、情报分析函数 A（x，y）、情报设计函数 D（x，y）和情报行动函数 AC（x，y），通过偏微分运算，可分别获得情报侦察效能评价指标在场率 α、情报分析效能评价指标透明度 β、情报设计效能评价指标胜算率 γ 和情报行动效能指标控场指数 λ，四个指标的具体计算见后面章节。

同时，情报活动主体和客体的运动状态往往是非连续的，它受到自身及其他所有活动组织与中介的影响，呈现出随机的概率分布特征。因此可以假设，情报活动的主体、客体、中介等所有组织体系 o 都服从概率分布特征，在时刻 t 的状态 $f_t^{(o)}$ 受到前一时刻所有组织状态的影响，其条件概率函数为：

$$P(f_t^{(o)}\mid f_{t-1}^{(1)},\dots,f_{t-1}^{(O)})$$

根据马尔可夫链理论，组织 1，…，O 对组织 o' 的影响可用随机矩阵进行描述：

$$P(f_t^{(o')}\mid f_{t-1}^{(1)},\dots,f_{t-1}^{(O)})=\sum\nolimits_{o=(1,\dots O)}R^{o',o}\times P(f_t^{(o')}\mid f_{t-1}^{(o)})$$

其中，$\boldsymbol{R}^{o',o}$是一个 O×O 行的概率转移矩阵，可称之为认知对抗矩阵。

$$R^{o',o}=\begin{bmatrix} p_{1,1}^{o'} & p_{1,2}^{o'} \cdots & p_{1,\mathrm{O}}^{o'} \\ p_{2,1}^{o'} & p_{2,2}^{o'} \cdots & p_{2,\mathrm{O}}^{o'} \\ \cdots & \cdots\ \cdots & \cdots\ \cdots \\ p_{\mathrm{O},1}^{o'} & p_{\mathrm{O},2}^{o'} \cdots & p_{\mathrm{O},\mathrm{O}}^{o'} \end{bmatrix}$$

情报场是以信息、知识、意识形态等为对抗中介的活动场域，情报场的运动可以通过这些中介的运动来加以刻画。以信息为例，客体存在两种信息释放模式，一种是自由模式，即客体的信息自行释放或不做信息屏蔽；另一种是屏蔽模式，即客体的信息被设定了防御体系，不能通过自然渠道被外界感知；那么，在逻辑上，这两种信息运动可以刻画为：

$$I_y=\oint\!\!\!\oint_S A_y \bullet \mathrm{d}s=\iiint_\Omega \mathrm{div}A_y \mathrm{d}s$$

$$I_y=\sum_{i=1}^{N} I_{yi}$$

$$I_y=\oint\!\!\!\oint_{S_0} A_y \bullet \mathrm{d}s=\iiint_{\Omega_0} \mathrm{div}A_y \mathrm{d}s$$

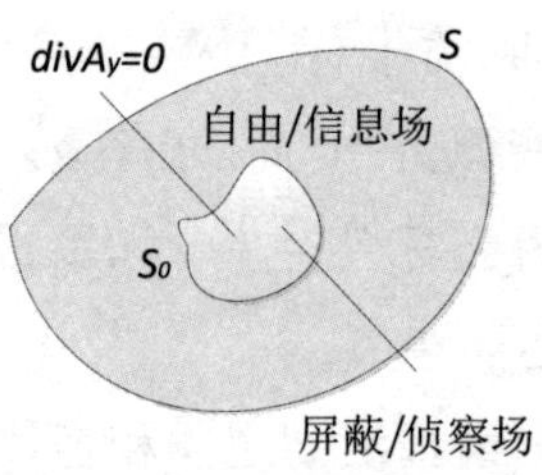

其中 y 为情报的客体，Iy 为客体在自然模式释放的信息量，Ay 为客体的信息释放速率，S 为客体的信息场边界，Ω 是 S 包裹的场空间区域。Iyi 是信息场单元的信息通量。divAy 是客体内部信息场单元的散度，即单位场空间释放的信息量。S_0 是客体的侦察场边界，在 S_0 包裹的 Ω_0 区域内，客体对信息进行了屏蔽，客体的自由信息散度为 0，主体必须通过侦察（或侦查）手段才能获得客体在 Ω_0 区域内的信息，也就是说 Ω_0 是空间体积为 V 的侦察场空间。上述公式说明：(1) 信息释放是个不断持续的过程；(2) 信息是在不同的场单元内释放出去的，释放量统计可以

通过累加所有的场单元获得；(3) 信息通量是场单元的信息散度在场区域 Ω 上的三重积分。当 Iy>0 时，表明客体有信息释放；当 Iy=0 时，表明客体没有信息释放。当 divA=0 时，则 Ixy=0，表明客体内部的信息安全纪律严明，没有任何单元对外释放信息，即呈现“密不透风”状态。

而对于主体而言，对客体的情报搜集是通过信息调查和情报侦察两种方式实现的：

$$I_{xy} = \oiint_S A_{xy} g ds = \iint_S \left(A_{xy}^a + A_{xy}^b\right) g ds$$

$$I_{xy} = \sum_{i=1}^{N} I_{xyi} = \sum_{i=1}^{N} (I_{xyi}^a + I_{xyi}^b)$$

$$I_{xy} = \oiint_S A_{xy} g ds = \iiint_\Omega div A_{xy} dV$$

其中 x，y 为情报的主体和客体，Ixy 为主体搜集的客体信息，包括调查与侦察两种方式。A_{xy}^a 为调查速率，A_{xy}^b 为侦察速率。Ixyi 是信息搜集的场单元信息通量，其中 I_{xyi}^a 为信息调查的场单元（或叫调查网络）信息通量，I_{xyi}^b 为情报侦察的场单元（或叫侦察网络）信息通量。divAxy 为主体搜集客体信息的散度，即在客体场单元内获得信息量的强度。上述公式说明：(1) 情报搜集量是信息调查与情报侦察持续累计的过程；(2) 情报搜集是不同的调查网络与侦察网络的叠加。当 Ixy>0 时，表明主体搜集到了客体的信息，当 Ixy=0 时，表明主体没有搜集到客体信息。

四、情报场属性

情报场实质是由一对矛盾体与其环境构成的特殊系统，情报活动不但对组织的信息、认知、价值有重要影响，而且对组织的形态结构、对抗形式、活动过程、环境形态都产生了重要影响。

首先，情报场由存在深刻社会矛盾冲突的主客体形成强关联结构，具体体现在情报侦察、情报分析、情报设计与情报行动的交互性复杂运动中。情报场通过与更大的环境的中介交换，构成开放的复杂系统，并随着主客体双方矛盾冲突的产生、激化与衰退，出现整个系统的发生、发展与消亡的有机演化。

其次，情报场的各要素之间具有层级化的分形特征。这种分形特征体现在情报主客体的组织结构存在自上而下的自相似性上，比如，在“国家安全委员会——机构部门（安全、军事、经济、外交、新闻等）——职能部门（侦察、分析、行动、宣传、后勤等）”层级体系中，双层级组织结构之间存在一定的自相似性。分形特征还体现在情报活动周期的自相似性上，即在整个情报活动中，不同层级部门的情报活动存在近似于情报知行循环模型一样的工作周期，比如，侦察部门在每一次侦察活动中，需要侦察定位、侦察判断、侦察设计、侦察行动的有计划推进；同样在分析部门中，每一次分析任务，都需要资料获取、内容评价、方法选取、过程执行的有序开展。

另外，情报场是一个极不稳定的系统，主客体之间的交互斗争存在极大的不确定性，尤其在情报侦察与情报行动中，各种意外事件都会对情报场产生巨大的影响。即使在情报分析与情报设计中，认知心理的偶然性与不可控性也会对情报场产生重要作用，特别是主客体的情感与心理变化，导致双方认知的偏差并最终引发整个情报活动的畸变甚至突变。因此，复杂的情报场也可以看作一个远离平衡态的系统。

五、情报场的组织嵌套

组织系统是由组织单元、组织分工、组织过程等构成的完整体系。组织系统的运行遵循“问题—调查—分析—决策—行动”的基本逻辑。情报场与组织系统的关系可用图 4–3 来表示，即情报活动嵌套在组织的运行体系中，情报循环与组织循环构成包含和被包含的关系。其中，情报问题成为组织处理对抗冲突的特殊问题，情报侦察成为组织开展信息调查的特殊样式，情报分析与信息分析构成互补关系，情报设计深度参与组织的决策体系，情报行动成为组织整体行动的一部分。

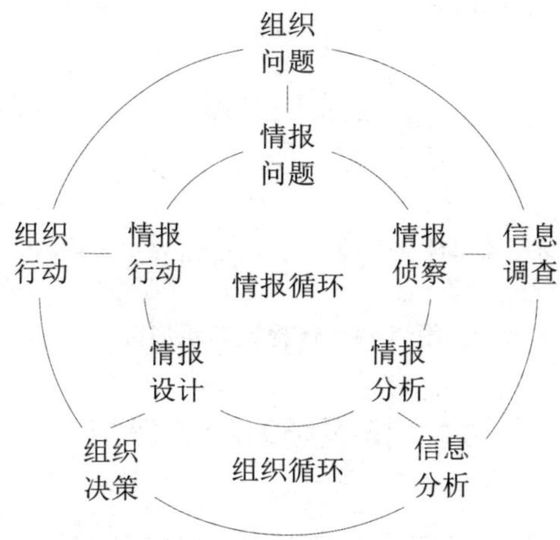

图 4–3　情报场与组织系统的嵌套循环模型

嵌套循环模型不仅融合了情报与组织的嵌套思想，还统一了情报与组织的协同分工问题，无论是兰德公司的问题决策模型、博伊德的 OODA 模型、邓恩的公共政策分析模型，还是沈固朝教授的两个 IS 融合问题（Information Science 与 Intelligence Studies），以及我国科技情报界提炼的"耳目、尖兵、参谋"功能属性，都可以在嵌套循环模型中找到对应的工作逻辑，而且与这些模型和观念相比，嵌套循环模型还解决了情报与组织的具体协调问题，厘清了人类以往对于情报与信息、情报与决策、侦察与调查、情报活动与组织活动的混乱认识。

如果将上述嵌套循环模型线性展开，则可构成如图 4–4 所示的情报链与价值链，表达了从问题开始，经由搜集到问题解决的双线平行过程，该过程与美国情报理论中的"数据—信息—知识—情报—决策"的情报价值链，在逻辑上保持一致（需要指出的是，情报价值链中的"情报"或"intelligence"属于狭义情报定义范畴），但后者显然没有在理论上实现情报概念的精准划分，更没有认识到情报体系与组织体系的这种嵌套关系和过程边界，而是将二者笼统地混合在一起，对组织的情报过程管理造成了某种混乱甚至迷失，也引发世界各国理论界关于情报与信息概念区分以及情报与决策功能界定的大争论。

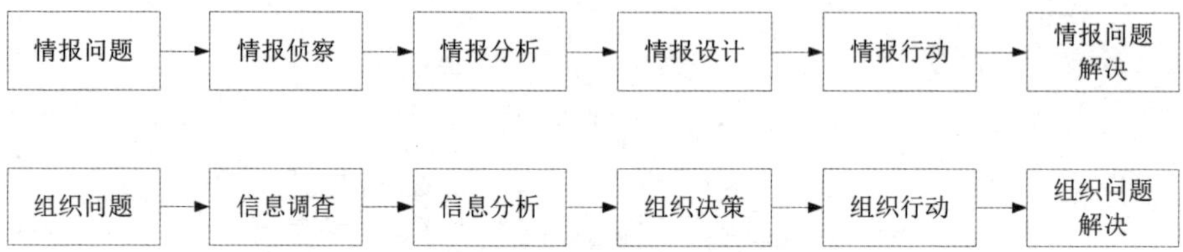

图 4–4　情报链与价值链

六、情报场的战略保护

一般来说，战略是指事关全局的认识与实践过程，而战术是事关局部的认识与实践过程。战略全局的内涵主要体现在组织主体的内部利益构成、组织主体存在的根本价值以及组织的基本运动形式三个方面。组织的战略就是其内涵的三个方面在三个世界中的交互运动过程。例如，对于一个国家而言，其战略集中地表现为国家的经济生产与消费结构、国家的对外关系和国家的政治体系、经济体系与文化体系；而对于一个企业而言，其战略集中地表现为企业的资本生成与分配结构、企业的市场地位和企业的产业网络布局等方面。

情报活动以组织的三种基本运动形式为中介，通过肯定或否定组织主客体的价值体系，直接地导致组织主客体内部的利益构成和利益分配。所以情报和战略的关系是紧密相关的，情报和战略是社会组织同一的认识过程及实践过程，情报对战略的作用与影响是直接的、深刻的和广泛的。但情报主要围绕社会组织的认知要素展开，而战略则围绕社会组织的全部要素展开，因此二者之间存在着强烈的从属关系，即情报活动属于战略活动的战术层面。

如果将前述情报链和价值链进行简化和升华，并在战略层面考量情报的价值，则可获得如图 4–5 所示的逻辑关系。其中，战略是组织在当前全局形势下向未来全局形势演进过程中的主观选择，而情报是组织认清当前局势和未来局势，并保持认知优势以在认知这一局部层面上保护战略体系的顺利演进。

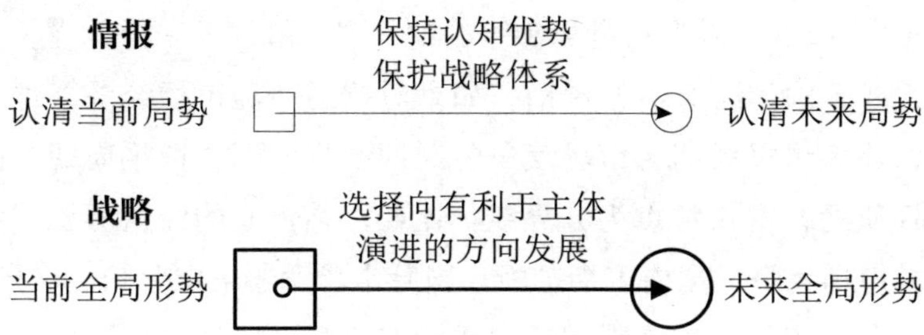

图 4–5　情报与战略的概念及关系

战略过程可以大致分为认清当前形势、规划和选择未来形势以及战略实践三个主要阶段。相应地，情报过程也可以大致分为认清局势、认清未来局势和情报实践三个主要阶段。情报过程与战略过程在组织对抗属性的认知层面上是同一的，而就对抗属性的实践层面上是局部的。

情报与战略的这种从属关系决定了情报活动自身的战略体系隶属于组织对抗运动战略或组织整体运动战略体系。即，组织的整体战略就是情报认知对抗运动的基本战略，情报战略与组织整体战略相一致，比如，三国时期火烧赤壁中吴蜀联合抗曹战略是吴国和蜀国的整体战略，也是吴国和蜀国通过情报协作与魏国进行情报对抗的战略。

当然，情报与战略的关系也适用于情报与战术的关系。所谓的战略情报与战术情报区别，只是其服务的对象是全局性和局部性的差别而已。

七、情报场周期

在情报场的时间维度上，以往的研究将情报周期划分为提出问题、采集信息、情报分析、情报应用四个部分，而这只是情报场运动的一个简单逻辑认知过程。作为认知对抗运动的情报活动还存在一个大周期，这个周期与整个对抗运动的周期保持一致。

如果对抗运动是军事战争形式的，那么情报周期与军事战争的周期同步，两个情报周期之间以军事战争性质的根本转折点为分界线，比如世界历史序列"'一战'—世界和平时期—'二战'—'冷战'"，代表了欧、美、苏等国的国家情报周期。如果对抗运动是市场经济条件下的竞争形式，那么情报周期与市场竞争的周期同步，两个情报周期之间以市场竞争性质的根本转折点为分界线，比如，某企业的经营历史"经营起步—国内市场竞争—国内市场垄断—国际市场竞争—国际市场垄断"，代表了某企业的市场竞争情报周期，或者按照某一属性进行更详细的情报周期划分。

多个以逻辑认知过程即情报场的多次循环为基础的情报小周期构成了一个完整的以对抗运动根本性质转变为基础的情报大周期，二者构成如图4–6所示的环形皮圈一样的包含与被包含、螺旋发展的关系，在数学上形成极限环面结构。当然，历史不是简单的数学重复，而是螺旋式发展或者反复式演进的过程，但为了描述的便利，我们这里的逻辑表述只取其近似规律。

$$f(t+T)=f(t)$$

其中，T 为情报活动的大周期

图 4–6　情报小周期与大周期的极限环结构

在情报场的小周期中，情报循环的各个活动并非次第出现或均匀出现，它们各自的频率并不相同。一般地，侦察（侦查）或类侦察活动是连续地贯穿始终的，而情报分析则较侦察频次低，且具有间歇性特征。情报设计与情报行动的频次更低，并具有阶段性特征。如果用频谱带标示整个情报周期的过程，则可能出现如图 4–7 所示的频谱特征。

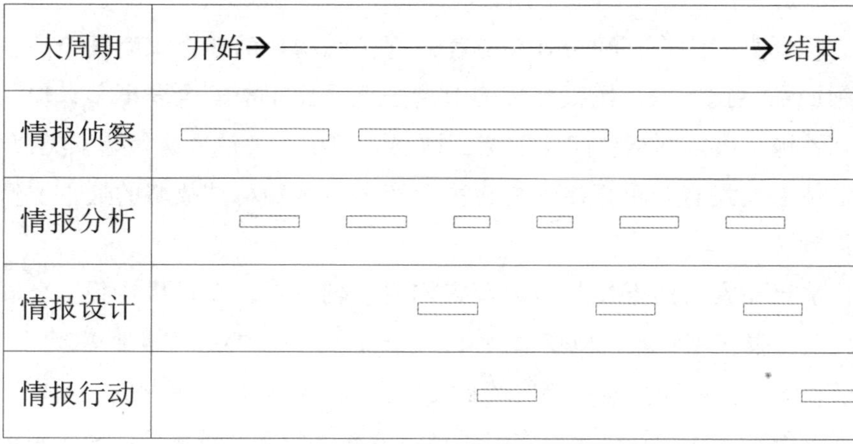

图 4–7　情报场在整个情报周期中的频谱图样例

第 2 节　情报侦察与信息调查

一、情报侦察概念

情报收集实质是“侦察场”，即在复杂的交互式的斗争活动中，通过应用多种手段和多种途径，突破信息屏蔽，逐步构筑信息优势和认知优势，最终实现对抗目的；情报客体的对抗强度决定了主体的侦察难度，客体的信息保密程度决定了主体收集的效率与成本，客体的信息屏蔽策略决定了主体所收集信息的使用价值，比如，通过加密、变形等措施造成的“噪声”与“信息污染”将使主体收集的信息失真，“善于欺骗”的客体甚至会让主体收集的信息完全失效。因此，情报搜集的价值不在于量多和全面，而在于精准与实效。

情报侦察（侦查）在军事学和公安学中都有专门学科进行研究，现已成为非常成熟的学科门类。比如，王传道教授在2004年出版的《侦查谋略学》中围绕公安侦查中的审时度势、料敌与谋势、示形用佯、奇正、攻心、迂直、为将、励士等领域建立起了结构化的侦查谋略理论。在经济领域和科技领域，情报搜集的对抗强度要比军事安全弱得多，但包括动态监测、人际网络、四分卫法、神秘人假扮、关键人访谈等“类侦察”方法体系的发育，也正逐步构成关于竞争对手和科技战略的最重要情报搜集方法。

情报侦察（侦查）与信息调查构成主辅关系。在军事情报、公安情报、安全情报等领域，侦察部门（侦查部门）是主要的情报搜集部门，侦察活动（侦查活动）是主要的情报搜集方式，比如，新中国成立前中国共产党的隐蔽战线，其秘密工作主要通过侦察部门来推进。在毛泽东军事情报思想中，情报搜集更等同于情报侦察，包括谍报侦察、技术侦察、军队侦察、群众侦察、公开新闻报道搜集等。[1] 闫晋中先生在《军事情报学》中指出，侦察是最主要的军事情报搜集手段和情报来源，并将侦察划分为谍报、武官、军队、人民群众、无线电技术、卫星等多种侦察类型[2]，而在张晓军先生主编的《〈武经七书〉军事情报思想研究》中，侦察直接等同于中国古代的军事情报搜集手段，分为相敌、动敌和用间三种[3]。但是，信息调查以公开方式进行，在诸如“战略情报”的搜集活动中也发挥着巨大作用，是情报侦察（侦查）的重要补充。学术界关于信息调查问题的研究较为成熟，已发展成为一门重要的社会学科，在此不赘。

根据情报主客体的对抗强度在侦察场中的分布结构，可将侦察范围划分为内场、外场和场外三种，其侦察模式也相应地划分为内场侦察、外场侦察和场外侦察（即信息调查）三种，如图4–8所示。其中，内场侦察是指情报主体进入客体活动频繁的、双方对抗关系显在地存在的场域中开展的侦察活动；外场侦察是指情报主体进入客体活动频繁场域之外的、双方

[1] 张晓军．军事情报学[M]. 北京：军事科学出版社,2001:11,76.

[2] 闫晋中．军事情报学[M]. 北京：时事出版社,2003:56,71.

[3] 张晓军．《武经七书》军事情报思想研究[M]. 北京：军事科学出版社,2001:28,36.

对抗关系潜在地存在的场域中开展的侦察活动；场外侦察是指情报主体远离客体活动频繁场域的、双方不存在对抗关系的场域中开展的侦察活动，即一般的信息调查活动。不同的情报侦察场所获取的信息价值存在本质性区别，比如，美国的安全情报理论中，往往有黑色信息、灰色信息和白色信息之分，实质是描述了情报侦察在这三种不同场域中的对抗强度和价值属性。

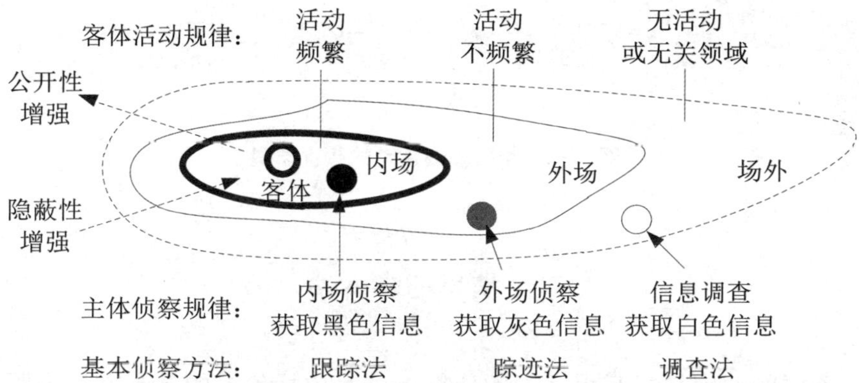

图 4–8 情报侦察场与侦察模式

二、情报侦察过程

情报侦察从情报活动开始到整个情报周期的结束，大致经历了搜寻定位、动态跟踪、侦察控制三个阶段。搜寻定位是根据侦察任务，锁定情报客体的侦察重点及其场分布状态，比如战场目标及其大体分布位置；动态跟踪是对侦察目标实施实时的信息监控，掌握其运动行踪及其规律；侦察控制是在成熟阶段，对侦察目标进行强制锁定，引导目标对象向主体划定区域运动。

从活动频次分析，根据侦察目标与任务的需要，侦察活动可分为一次性侦察、阶段式侦察、间歇性侦察和连续侦察（如图 4–9 所示），它们在时间维度上呈现连续或不连续的分布特征。

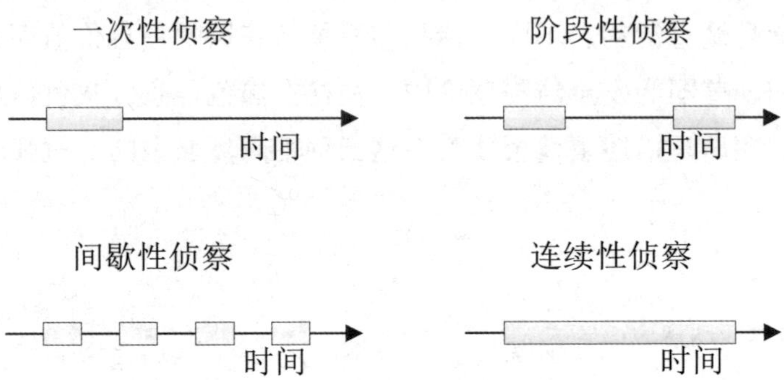

图 4—9　情报侦察活动的频次类型

三、情报侦察方法

不同的侦察模式采用不同的侦察方法，内场侦察的基本方法为跟踪法，外场侦察的基本方法为踪迹法，场外侦察的基本方法为调查法（详见信息调查章节）。

1. 内场侦察方法：跟踪法

情报客体活动的行踪在侦察场的内场中表现得最为直接和明显，所展现的客体意图最为充分与清晰。因此，在情报活动中，内场侦察是认识情报客体活动规律和掌握客体活动意图的最有价值的侦察模式。但由于对抗关系的存在，情报主体不可能直接的、显性地、无障碍方式地展开侦察，否则将遭受客体的两种基本的反击行为：(1) 主动性攻击，即在主体被暴露的情况下，客体可能做出包括政治、经济、外交、宣传、技术和人身等任何的反击行为；(2) 被动性防御，即在意识到主体可能的侦察活动时，客体将采取装备伪装、信息屏蔽、行动隐藏、安保强化、安全意识教育等防御性措施。因此，为了克服客体的可能反击行为，情报主体必须采取策略性的、伪装性的侦察手段，其基本方法可概括为跟踪法。

根据侦察活动的展开过程，跟踪法可划分为潜伏、伪装、跟踪与撤出四个步骤。其中，潜伏是指情报活动主体依照侦察意图在不暴露身份与意图的状态下进入客体活动内场的过程；伪装是指情报活动主体采取客体无法区别其潜伏身份与意图的防御过程；跟踪是指情报活动主体以伪装方式紧密跟随客体活动，以动态掌控客体活动状态与意图的过程；撤出是指情报活动主体完成侦察任务后从客体内场撤离的过程。

从实践状况看，古今中外的一切情报侦察手段，无论是人力侦察还是技术侦察，都遵循上述跟踪法的基本活动逻辑。而在安全侦察、军事侦察、公安侦查等多个领域，已经总结和研究出大量的具体方法与手段措施，有的建立了独立的学科门类，有的依然处于高度保密的状态，因此，跟踪法的具体方法在此不赘。

2. 外场侦察方法：踪迹法

外场侦察则与内场侦察不同，外场中主客体之间的对抗性是潜在的或不激烈的，可以采取广域的、灵活的、适度公开的手段从事侦察活动，其基本方法可称为踪迹法。

应用“场”概念可以发现，任何存在都是物质的，物质的存在规定了每一个具体的物质必定被包裹在特定的时空域内和特定的物质关系当中。我们通过识别事物的具体的包裹关系，就可能反演出该事物的过去并推演出它的未来，比如，在物理学中我们就采用黑箱法来反演对象的内在结构，在地质学中采用生物化石和地层年代来反演地壳的运动特征；在遗传学中采用足印法来测定 DNA 与蛋白质的结合关系；在犯罪学中采用犯罪现场勘察来推定罪犯的行为事实。情报学则可以采用踪迹法来解决情报对抗客体“不在场”的问题。

所谓的“踪迹”，不一定是情报对抗客体留下来的直观性实体，而是情报对抗客体在其活动的自然界和社会里留下来的一切与其相关的事物和关系，包括物品、人物、符号记录、社会影响等，即情报对抗客体在其历史演变过程中，与能够对其形成包裹关系的周边事物发生交互作用后遗留下来的一切物质性痕迹。踪迹可根据不同的逻辑分类方法划分出不同的类型，比如，按照其形成方式可分为原生的和次生的；按照其存在形态可分为实物的、媒介的和知识的三种；按照其权属关系可分为公共的和私有的；依照其表现形式可分为显性的和隐性的；按照其完整性可分为齐备的和残破的。近年来，情报学界热衷于研究的人际网络概念，其本质就是通过人际网络这种社会关系，挖掘出人们私有的和隐性的知识，以作为研究情报对抗客体和制定情报策略的手段。

就像生物足迹反映了生物的历史活动及其演变特征一样，情报的踪迹法就是通过这些物质性痕迹来精准地研究情报对抗客体的历史性“在场”，从而精确地推测当前的“不在场”，即通过调查、采集和分析情报对抗客体在曾经的时空域内留下来的一切有效信息，研究其在时空域内的演进过程和演进事实，认识其内在的运动特征和规律，推演并预测出其未来的演化趋势，从而为情报主体制定对抗策略提供依据。

（1）踪迹法原理

踪迹法作为一种方法论应规定其运行法则，以囊括它的基本要素、逻辑规则和使用规则等。

踪迹法的核心要素包括：①时间要素。时间不但表示前后相继的序列，而且蕴含着不以人的意志为转移的客观的因果关系，正是这些因果关系，使得情报客体的历史性“在场”是有据可查和有规律可循的。时间的演化存在继承与变异两种方向，即一方面通过继承方式，客体保持了以往的活动规律和固定的行为特征，另一方面客体在与环境的交互作用下，通过变异产生了新的适应环境的活动规律。通过对时间的研究，我们能够精确把握客体的未来走向；②空间要素。空间是客体活动所处的“场”和“场”中的一切相关事物，如罪犯活动的范围以及该范围内的与其发生社会关系或社会作用的一切物件和人物等。在一个静态的空间中，客体与环境发生了一次明显的交互作用即构成了一次包裹关系的特殊的“事件”和特殊印迹，并被空间传承和保留下来。经过时间的推移，一系列“事件”构成了客体的踪迹隧道。通过事件与隧道的研究，我们可以掌握客体的活动范围、矛盾结构等重要内容；

③逻辑关系：即时间的因果关系和空间的包裹关系，依据这些逻辑体系可分析论证、推演预测情报对抗客体的对抗策略和对抗措施。这种逻辑关系也可用图形表述，即由情报对抗客体发生的“事件”根据时间序列进行排列，并标示出“关键事件”，从而构成其历史演化图景（如图 4–10 所示）或踪迹隧道，在宏观上显示出客体的运动规律。

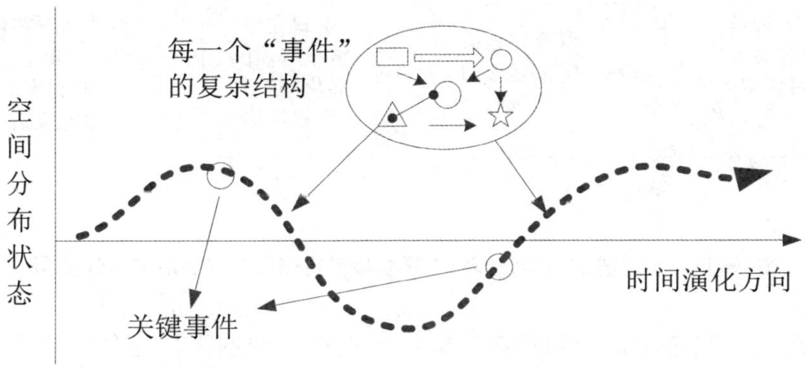

图 4–10　情报对抗客体的历史演化图景或踪迹隧道

（2）踪迹法步骤

踪迹法作为一种方法论尚停留在概念阶段，具体的工作步骤以及相关原则体系等的研究尚未成熟，但作为一般性原则，我们可以与整个情报知行循环模型相结合：①假设一套情报对抗客体的运行结构（即逻辑体系），从而试推出情报对抗客体的可能踪迹；②根据这些可能的运动结构（即逻辑体系）展开踪迹调查与分析；③一方面反复论证和修正客体的运行结构，一方面建立起关于客体的完整的演化历史，并测定和划分出各踪迹的重要性，寻找出那些关键的“事件”信息及其论据；④根据客体的演化历史预测未来发展趋势并制定出相应的对抗策略（如图 4–11 所示）。比如，日本关于大庆油田建设的情报分析是典型的踪迹法案例。在新中国成立后，日本财团一直关注新中国的石油工业建设，试图在新中国的石油工业发展中获得一定的经济利益，他们利用中国的《人民日报》《中国画报》《人民中国》三份报纸以及覆盖在大庆周边火车油罐表层上的土壤类型与厚度等，发现了大庆油田的具体位置与建设时间，并进而推算出大庆油田的炼油能力与产油能力之间的巨大缺口，从而为日本财团向大庆油田出口炼油设备发掘了巨大的市场，并提供了交易谈判的依据。

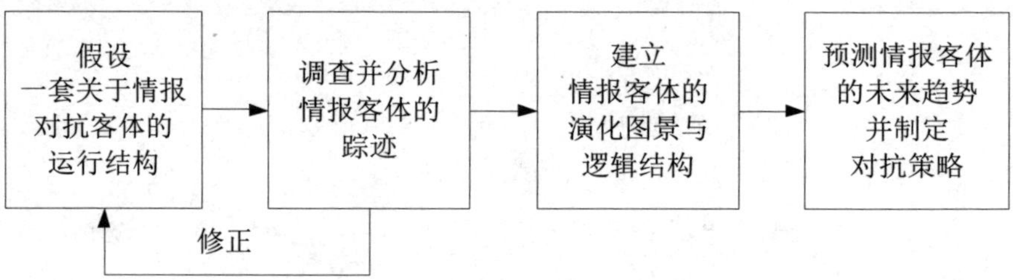

图 4–11　将踪迹法与情报知行循环模型进行嵌套式结合后的工作步骤

总之，踪迹法是针对情报“客体不在场”问题而提出的侦察方法论体系，它首先在关于情报对抗客体侦察、调查与研究方面提供了方法论指导，能够糅合各种现有的侦察与调查方法和分析技术，使得情报研究有规律可循。其次，踪迹法强调了对情报客体的历史演化过程，重视时间维度的逻辑分析，克服了包括“假设分析”方法在内的主观性假设缺陷，从而能够提高情报预测的准确度。

四、情报侦察效能评价

在所有情报侦察的效能评价指标中，“在场率”应该成为核心指标。所谓“在场率”是指情报主体深入客体活动领域的程度，反映了主体对客体活动状态的信息掌控程度或信息优势，可用 0–1 分值或百分比来表达。情报侦察的“在场率”也可以称作“渗透率”。

在场率的计算方法可以采用情报侦察函数的偏微分进行，即主客体双方的情报侦察状态函数相对优势量与其最大优势潜能进行比较。公式如下：

$$\alpha_x = \frac{S_x - S_y}{MaxS_x - MinS_y}, \qquad \alpha_y = \frac{S_y - S_x}{MaxS_y - MinS_x}$$

其中，α_x 为情报主体的在场率，α_y 为情报客体的在场率。在场率也表明，情报侦察的效率取决于主客体双方相互斗争的最终效果。如果情报客体的反侦察能力为 0，则主体的 α_x 值为 1，表示主体已经完全侵入客体，客体对主体的防御措施没有任何影响或没有采取任何防御措施；如果情报客体的反侦察能力正好可以全部覆盖主体的侦察能力，即 S_x=S_y，则 α_x 值为 0，表示主体的侵入被完全据止。

α_x 值和 α_y 值不仅表达了主体和客体在对方"场"中的侵入程度和侦察效果，它们在时间维度上的曲线也反映了整个侦察过程的演变规律。图 4–12 列举了几种可能的演变类型，包括持久突破型（a）、快速突破型（b）、曲折型（c）、持久衰退型（d）、快速衰退型（e），而更多时候情报侦察是异常复杂的长期过程，需要经过多次反复才能实现侦察目的，从而在时间维度上形成多种类型的叠加。

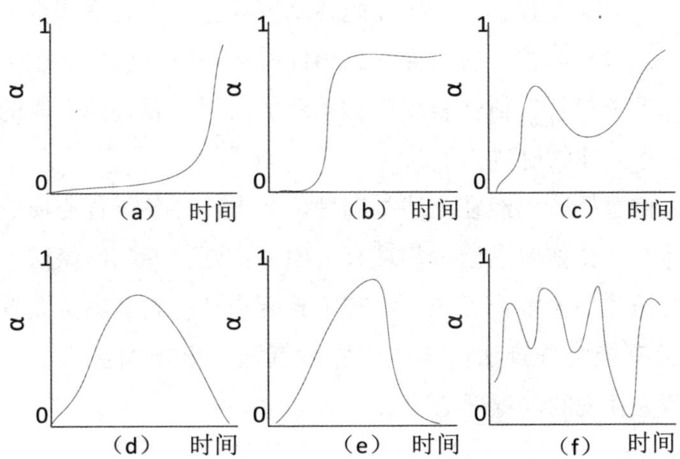

图 4–12　由情报在场率表述的情报侦察活动类型

五、信息调查概述

信息调查即一切调查活动的总括。

毛泽东说，没有调查就没有发言权，不做正确的调查同样没有发言权。信息调查与情报侦察不同，信息调查是深入群众、深入实践、深入实际，认识事物的内外部联系，认识事物的本质规律，找到解决问题的方法。调查是认识的基础，是决策的依据，更是实事求是的基本方法。

依照毛泽东思想，领导干部的调查要遵循以下几个原则：(1) 眼睛向下。调查研究要采取平等态度，不先入为主、自以为是，不先定“调子”束缚自己。(2) 有的放矢。调查应带着明确的目的，反对盲目性，依照实际情况，找到解决问题的办法。(3) 亲自出马。要参与直接调查，做到及时、准确地获得第一手材料，直接了解问题及其成因，要做深入、系统、长期、反复的调查研究。(4) 解剖麻雀。选准典型、把典型作为调查重点、直接掌握第一手材料、从个别中找出带有普遍性和规律性，然后指导一般。(5) 全面调查。调查研究既要掌握典型，也要掌握全面，作全局性研究。(6) 去粗取精、去伪存真。感性材料往往是粗精混杂、真伪并存的，要去掉无关材料，抓住表现事物本质的材料，要去掉虚假的材料，抓住反映核心和整体的材料。

如今，信息调查已经在上述基础理论之上，在各行各业形成了各具特色的理论体系，比如政治治理领域有智库咨询法、专家座谈法、基层走访法、群众信访法等；社会工作领域有田野调查法、典型案例调查法等；经济活动领域有经济普查法、区域抽样调查法、市场调查法、企业调查法等，形成蔚为壮观的调查理论体系。

第 3 节　情报分析与信息分析

一、情报分析概念

情报分析的主要目的是“客场化”或“客体的虚拟还原”，即客体信息的完全透明化和可预测化。情报分析实质是一个认识与反认识的斗争过程，即以情报分析（或情报评估）所获得的知识作为情报中介，进行对抗性操作，以实现各自的目的，知识的生成、发现与应用成为互为矛盾的武器和工具，而不再是基于客观事实的科学交流。情报主体关于客体的“假设—验证”分析，目的是清晰、准确认识客体的现状和未来计划，而客体则出于对抗需要，通过“欺诈—变形”的反情报手段加以阻碍，阻碍的基本方式有：(1)“加噪”，即在关于自身的对外传播信息中充塞进了垃圾信息，使其成为噪声（或叫垃圾知识），以加大主体的分析难度，降低其认识客体的清晰度；(2)“欺骗”，即向主体释放伪信息，让主体获得清晰可辨的但内容虚假的分析结果（或叫虚假知识），以诱导主体失误。

情报分析的基本方式是逻辑反演。比如，在信息传递理论、信号理论、预测理论、欺骗与失误分析理论、证据链理论、戴维分析模型等情报分析理论中，都是依照“对象假设—证据验证”的逻辑展开的，最典型的是美国中情局分析员罗伯特 · 克拉克在其名著《情报分析：以目标为中心的方法》中提出的“确定目标—问题分解—建立模型—评估数据—填充模型—进行预测”的情报分析流程，正符合这个基本逻辑。因此，在军事情报学中特别重视征兆分析、预警分析、欺骗分析、心理分析、仿真分析等内容，在竞争情报学中也特别重视情景假设分析、跟踪预警分析、威胁与机会分析、心理分析、博弈分析、模拟演练、反情报等内容。曾忠禄教授就刊文提出，在大数据时代企业应以理论和假设指引信息与情报的搜集和分析，实行理论（假设）驱动型信息情报战略[1]，其理论核心也是这个基本逻辑。

需要注意的是，情报分析应当秉持客观、理性、逻辑、实证的精神，避免分析过程中的主观猜度与心理影响，如政治偏见、种族歧视、个人喜好、乐观主义、悲观主义、“镜像思维”和“集团思维”等，避免这些因素导致不必要的情报失真乃至情报工作失误。而当情报工作进入情报设计阶段时，则需要决策者和参与者首先考虑组织的政治目的，即与组织的战略战术以及相关政策保持一致，从而进入“政治化”的阶段。

二、情报分析过程

在时间维度上，情报分析是循环往复持续进行的，情报主体需要根据客体的运动状态不断更新分析内容，而情报分析的频率取决于客体调整运动姿态的速度。如果客体的运动姿态调整较快，上一阶段的分析结论很快就变得不再适用，需启动新一轮的分析活动。这也意味着，主体的情报分析是刻画和描述客体运动姿态调整的观察器，如图 4–13 所示。

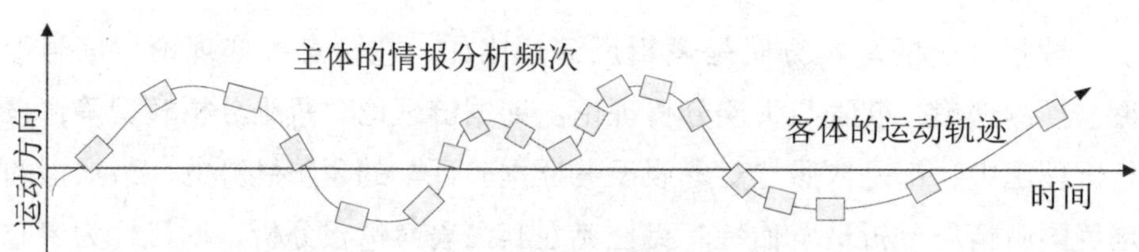

图 4–13　情报分析是客体运动姿态调整的观察器

[1] 曾忠禄．大数据时代的企业信息情报战略 [J]. 情报杂志 ,2015(3):1-4.

在认知维度上，情报分析大致分为“摸清当前情况”和“搞清未来动静”两个步骤。这两个步骤被毛泽东总结为“去粗取精、去伪存真、由此及彼、由表及里”前后衔接的四个过程。而在美国军事情报理论中，则将其归纳为信息整理与信息分析两个过程，后被包昌火先生深化为序化与转化理论 [1]，其中的序化是指信息预处理、信息存储、信息检索等内容，转化是指从信息中分析得出结论或谋略。

在功能维度上，情报分析可以划分为技术处理与评估研判两个功能分工，前者主要转化信息的表达形式，使其序化和结构化，后者主要挖掘信息的本质内涵，使其恢复为客体的本质面目。评估研判又可划分为动向评估和态势研判两种功能分工，前者意在了解客体的发展状态和当前动向，后者意在掌握客体的发展动力和未来趋势，其结构如图 4–14 所示。

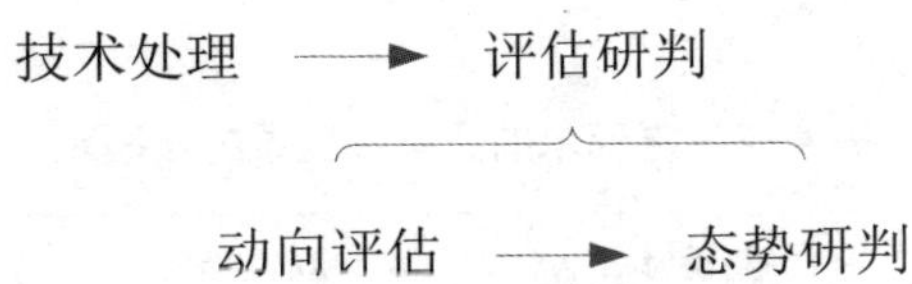

图 4–14　情报分析的功能划分

三、情报分析方法

肯特关于情报分析的内容分为基本描述型、动向报告型和预测评估型三种，基本对应描述型、动态型和预测型三大类情报分析方法。有学者研究和总结了美国安全与军事情报学界当前最主流的结构化分析体系 [2]，如表 4–1 所示，这个方法总集合正是一般情报分析方法的典型集合。

[1]　包昌火．中国情报工作和情报学研究 [M]. 北京：科学出版社，2014:284.

[2]　李景龙．美国情报分析理论发展研究 [M]. 北京：军事科学出版社，2014:261.

表 4–1 美国军事与安全情报分析总集合

诊断性方法（描述型）	逆向思维方法（动态型）	想象力思考（预测型）
检验关键假设	故意唱反调	头脑风暴
检验信息质量	A 队 /B 队	由外向内思考
指标或标志变化	高影响低可能分析	红队分析
竞争性假设分析	意外事件分析	可选择的未来分析

在情报分析方法中，美国情报学界提出的三种分析方法最为典型。竞争性假设分析（如表 4–2 所示），由美国情报学家小理查兹 · J · 霍耶尔提出 [1]，主要解决复杂证据与假设之间的论证方法简化问题，具有非常结构化的操作指导价值，在多证据、多假设的复杂问题中，非常有效，并可用于情报分析过程的可视化管理。

表 4–2 霍耶尔的竞争性假设方法图示

	假设 1	假设 2	假设 3
证据 1	+	+	–
证据 2	–	–	–
证据 3	+	–	+

另一种典型方法是以目标为中心的分析方法（如图 4–15 所示），由美国情报学家罗伯特 · 克拉克提出 [2]，主要解决复杂目标的多问题管理，即采用建模方法将目标对象的组织结构进行模块化分解，并将其分配给不同的侦察人员和分析专家；同时，可建立目标对象的动力模型，将历史演化与未来预测相结合。以目标为中心的分析方法非常适合情报分析的过程管理，并在模拟仿真方面具有优越性能。

[1] 小理查兹 ·J. 霍耶尔 . 情报分析心理学 [M]. 北京 : 金城出版社 , 2015.

[2] 罗伯特 · 克拉克 . 情报分析 [M]. 北京 : 金城出版社 , 2013.

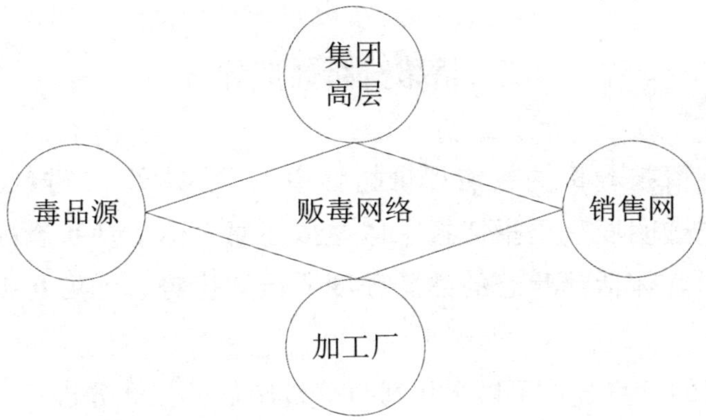

图 4-15 克拉克的以目标为中心的分析方法图示

还有一种典型方法是情景假设分析法（如图 4-16 所示），它最初由美国兰德公司提出，用于军事战略研究，后被应用于各种预测分析。情景假设分析重点强调特定事件发生的可能概率和过程控制方法，并综合了证据分析与事件发生的概率分析、可能结果分析与过程控制策略分析、定性方法与定量方法等。

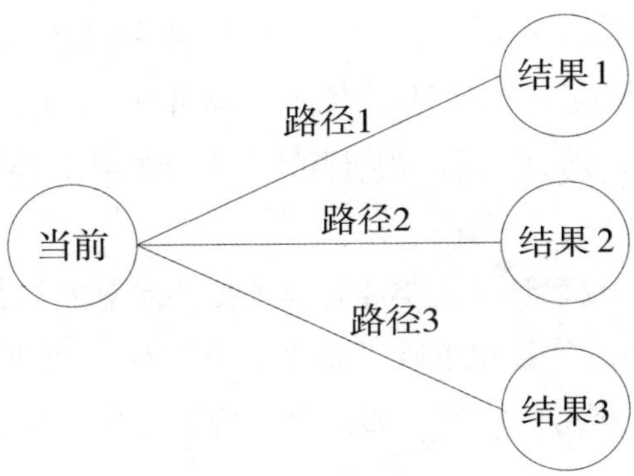

图 4-16 兰德公司的情景分析方法图示

四、情报分析效能评价

在所有情报分析的效能评价指标中，“透明度”应该成为核心指标。所谓“透明度”是指情报主体虚拟还原客体活动状态的程度，反映了主体对客体活动状态的熟悉程度或认知优势，可用 0–1 分值或百分比来表达。

透明度的计算方法可以采用情报分析函数的偏微分进行，即主客体双方的情报分析状态函数相对优势量与其最大优势潜能进行比较。公式如下：

$$\beta_x = \frac{A_x - A_y}{MaxA_x - MinA_y}, \qquad \beta_y = \frac{A_y - A_x}{MaxA_y - MinA_x}$$

其中，β_x 为情报主体的透明度，β_y 为情报客体的透明度。透明度也表明，情报分析的效率取决于主客体双方相互斗争的最终效果。如果情报客体的反分析能力为 0，则主体的 β_x 值为 1，表示主体完全虚拟还原了客体的运动状态，客体对主体的防御措施没有任何影响或没有采取任何防御措施；如果情报客体的反分析能力正好可以全部覆盖主体的分析能力，即 $A_x=A_y$，则 β_x 值为 0，表示主体的分析完全不可能。反之亦然。

β_x 值和 β_y 值不仅表达了主体和客体虚拟还原对方的程度和效果，它们在时间维度上的曲线特征也反映了整个分析过程的演变规律。图 4–17 表达了标准的情报分析可能模型，即情报分析历经学习阶段、成熟阶段和突破阶段的 S 型曲线。

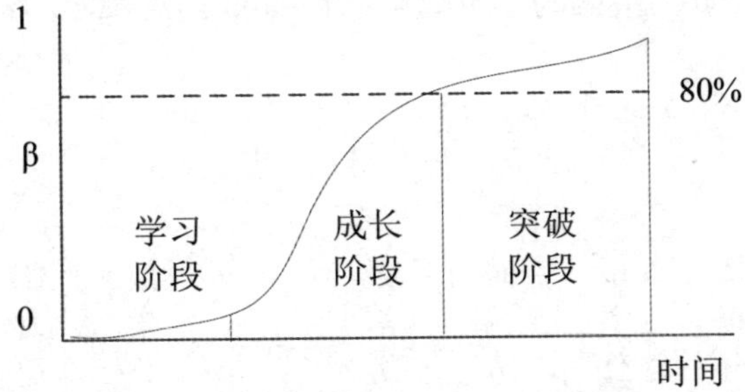

图 4–17 由情报透明度表述的情报分析演变过程

五、信息分析概述

信息分析即一切分析活动的总括。

情报分析与信息分析构成互补与配套关系。信息分析的本质是科学分析，在情报活动中发挥认识客观世界规律并依照客观规律指导对抗活动实践的作用。信息分析是按照学科门类划分，包括数学分析、政治分析、军事分析、经济分析、社会分析、地理分析、物理分析、化学分析等，因此也可以称之为门类分析。从本质上讲，情报分析是信息分析的门类之一（如图4–18 所示）。但情报分析不同于信息分析，不追求可重复验证的科学性，在情报活动中发挥认识对抗客体活动规律并依照客体的主观意愿预测和寻求对抗实践策略的作用。情报分析的结论无法向客体直接求证，其可靠性与价值性决定于情报客体在未来时期的对抗策略选择，以及客体信息对主体的透明度与对称性。情报分析与信息分析（或门类分析）形成互补与配套关系，从而保障情报完全地服务于组织战略和组织决策，并最终由组织的决策判断和后续行动做出实际效用评估。比如，美国关于越南战争的情报评估[1]、美国关于中国出兵朝鲜的情报评估都不是关于战争规律的发现，而是关于战争对方的未来行动做出判断和预估，情报评估与军事分析、政治分析等门类分析

[1] 于群．新冷战史研究：美国的心理宣传战和情报战 [M]. 上海：上海三联书店，2009:14,191-220.

（或信息分析）一起为美国的军事战略调整和战争决策提供参考依据。

信息分析						
情报分析	军事分析	政治分析	经济分析	……	数学分析	物理分析

图 4–18　信息分析的门类

六、信息分析方法

古今中外几乎所有信息分析专家都尝试过对信息分析方法做全面的总结研究，在这些成果中，以包昌火先生的较为精到。尽管在概念上，他将信息分析等同于情报分析，但《情报研究方法论》一书中的科学抽象与思维方法两章节非常细致地论述了信息分析的各种方法。

在哲学层面，信息分析方法有：(1) 抽象思维，即逻辑思维，是指运用概念、判断与推理认识事物；(2) 形象思维，即直觉思维，是指运用形象性的、概括性的、创造性的和艺术性的语言逻辑，应用于概念的提出、模型的构思、思想实验的设计和理论假设的形成；(3) 灵感思维，即顿悟思维，是指借助突然性的、偶然性的、独创性的、模糊性的思维逻辑，发现事物的规律。这种灵感思维可以通过浏览、交流、松弛、虚静等方式进行诱发；(4) 创造性思维，是指借助创造性、阶段性、综合性和科学性的思维逻辑认识事物规律。这种思维通过激发信仰、思维开放、掌握技巧、群体创作的方式来加以强化。

在方法论层面，信息分析方法有：(1) 比较和分类，即抓住内在关系、现象与本质相结合、运用图标和工具，以确定事物的水平差距、揭示事物的发展过程、分析事物的异同和优势、发现事物的问题和规律。依照穷尽和排他原则进行分类，实现信息整序、形成认识事物的依据和信息研究的基础；(2) 归纳和演绎，即通过完全归纳、简单枚举、科学归纳等方式，概括事物规律、探求因果逻辑、论述问题本质。通过公理、假说、定律和理论的演绎，实现逻辑上的证明、探求因果的论证、预测未来的趋势；(3) 分析和综合，即借助因果、相关和统计的分析方法，利用综合、系统、归纳、信息和移植的综合方法，来加工信息、揭示事物本质和规律、形成观点和模型、构架各种逻辑方法等；(4) 想象和类比，比如，通过思想实验、情景分析等方式升华现有认识，通过对称类比、因果类比、结构类比、概念类比等方式实现启发、模拟、仿造和移植的目的。

在技术层面，信息分析方法有军事分析、政治分析、经济分析等部门领域的差别，也有人工分析、计算机分析等中介手段的差别，有传统分析与大数据分析等方法体系的区别，在此不赘。

第 4 节 情报设计与组织决策

一、情报政治化争论

关于情报设计概念的历史渊源最典型的要数美国情报学界关于“情报政治化”问题的大争论。

“情报政治化”问题起始于美国中央情报局国家评估办公室前主任谢尔曼 · 肯特在《服务于美国世界政策的战略情报》一书中提出的“情报去政治化”观念[1]，这种观念一直占据着美国情报界的主流。其主张“保持情报的客观独立性，防止情报的‘政治化’”“情报务必紧贴政策……”但

[1] 张晓军 . 美国军事情报理论研究 [M]. 北京 . 军事科学出版社 , 2011:168-170, 132-134.

"不能太近，以免丧失了判断的客观性和完整性"。[1] 但是进入 20 世纪 80 年代后期，这种观念开始遭受到以舒尔斯基等为首的美国情报学者的否定，也遭到了以罗伯特 · 盖茨为首的美国情报官员的否定，新的情报观念认为"情报应以政治为导向""情报与外交和军队一样，都仍将是治国所需的常用工具""情报是否有效取决于有无反应（作者注：指国家情报行动)，只有触发反应，情报才算生效，否则情报充其量是一种空谈"。[2]

这种围绕"情报政治化"问题的争论实际上反映了情报工作是否包括情报设计的问题。"情报去政治化"观念认为情报活动的主要任务是情报采集和情报分析，情报工作者只负责情报前期的内容研究，至于后续的情报设计和情报行动都属于政治家们或者决策者们的事情，即所谓的"情报用户"们的事情，至于情报内容能否被"情报用户"有效地利用，与从事情报研究的工作者们并无关系。而"情报政治化"观念认为情报工作者必须靠近决策者，"充分考虑政治利益"，提出情报工作者的政治"观点(opinion)"。尽管新的情报观念没有明确地在理论上提出"提供可能性的政治措施"或"可行性的行动方案"一类的要求，但这些观念距离"情报设计"的概念已经十分接近。

从上述分析可以看出，美国情报界关于"情报政治化"的争论，实质上是两种情报内容的争论、两个情报工作步骤的争论，是两个情报部门的争论，是两种情报职业类型的争论，以肯特为代表的情报学者强调了情报分析的重要性，而以盖茨为代表的情报官员则强调了情报设计的重要性。这种争论表明美国情报学界的理论研究重点从情报分析领域向情报设计领域乃至情报行动领域逐步扩张和不断深化。在表 4–3 中，我们可以明显地发现美国军事情报分析应用理论中，随着最新理论的不断提出，情报"设计"的成分越来越受到美国情报界的重视，并逐渐被纳

[1] 张晓军 . 美国军事情报理论研究 [M]. 北京 . 军事科学出版社, 2011:15,103-107,168-170,132-134.

[2] 张晓军 . 美国军事情报理论研究 [M]. 北京 . 军事科学出版社, 2011:15,103-107,168-170,132-134.

入理论研究的范畴。

表 4–3　美国安全与军事情报分析理论的研究结构对比 [1]

情报分析理论	形成年代（20 世纪）	“设计”成分的增长	决策关系	有无对策
枢纽分析理论	90 年代初期	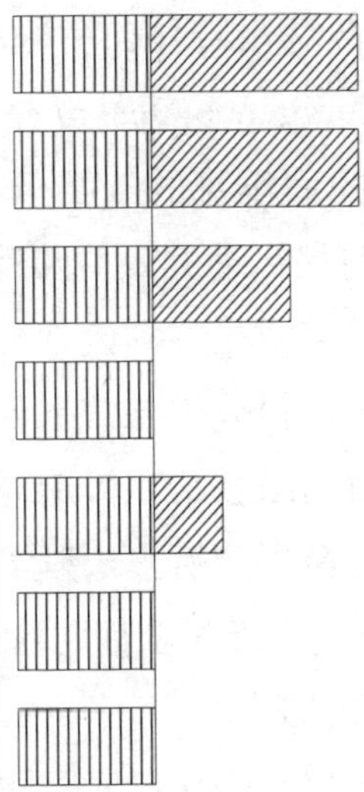	良好互动	提出
可选择性分析理论	90 年代初期		良好互动	提出
机会分析理论	80 年代中期		必要环节	提出
竞争性假设分析理论	80 年代中期		保持中立	不提出
群体分析理论	60 年代后期		保持中立	很少提出
定量分析理论	60 年代后期		保持中立	不提出
传统分析理论	40—60 年代中期		严格中立	不提出

上述表中的“　”图形表示“分析”成分；“　”图形表示“设计”成分。

二、情报设计概念

情报学界关于情报认知过程的研究已经有比较成熟的理论体系，但对于情报实践过程的研究往往以秘密行动、隐蔽行动或者间谍活动等概念出现，是否将这些活动纳入情报研究范畴仍存在较大争议，更没有形成成熟的理论体系。另外在实际研究活动中，情报实践的内容往往被归入管理体

[1]　参编自：张晓军.《美国军事情报理论研究》[M]. 北京．军事科学出版社，2011:15, 103-107, 168-170, 132-134.

系或者决策体系当中，没有被情报学整合进来。

情报设计这个概念到目前为止，还尚未被使用中文研究或使用英文研究的情报理论界明确地提出来。中文中没有情报设计这个词更没有情报设计这个概念。英文中不存在 Intelligence Design 这个词，也没有发现与情报设计相类似的概念。但是英文中有 Intelligent Design，表述的是智能设计，与情报研究范畴没有任何关联。作者提出和论述的情报设计概念（英文可以采用 Intelligence Design 来表述）可以深刻揭示并论述情报活动中一直被情报界视而不见的一类极其重要的情报工作内容和研究领域，可以进一步提高情报活动的效益和情报研究的水平。

情报设计与行动的实质是“场设计”与“场”的行动，二者共同组成情报实践内容，即基于情报分析与信息分析结论，借助认知要素策划并论证出一套可能的对抗行为组合，积极造势以营造新格局，并推动整个对抗形势有利于我。因此，情报分析应像科学研究一样力求科学化，不断地追求“真”和追求“精”，而情报设计则应像艺术设计一样力主艺术化，不断地追求“善”和追求“美”。

情报设计是情报工作斗争化和武器化的核心环节，是情报“参谋”功能的具体实现途径，是情报参与战略与决策的主要方式（即政治化），一般由分析部门、参谋部门与领导部门（即情报理论常讲的情报用户）联合进行。在概念上，情报设计相当于《孙子兵法》中的“计”或“庙算”，相当于美国情报分析理论中的对策部分。[1]

从情报与信息的角度分析，情报分析的主要内容是信息的加工整理与评估工作等，而情报设计的主要内容是基于信息分析之上的行动策划以及应对方案等。由此可见，情报设计是 Information 被转化为 Intelligence 的核心步骤和基本途径，是信息被“加工、吸收、提取、评价”后所形成知识的一种应用，因此情报设计概念的提出为包昌火先生的 Information 的

[1] 赵冰峰 . 论情报设计及情报行动在情报活动中的意义 [J]. 情报杂志 , 2012(11):30-34.

Intelligence 化理论[1]和梁战平先生提出的信息链理论[2]提供了合理的逻辑实现途径和情报实践手段。

从情报与知识激活[3]的角度分析，情报分析的目的是获取认知对抗活动中的“知识”产品，而情报设计的目的是最大限度地“激活”这些“知识”产品。因此，情报是知识的激活，而不仅仅是激活了的知识。同时，情报的成效不仅取决于“知识”产品的质量，更取决于“知识”产品的“激活”程度。

从情报与决策的角度分析，情报设计将成为组织制定对抗性决策中的关键步骤与具体结合点，情报活动不仅提供了准确及时的情报内容，还将制定出可供决策者们选择的行动方案，从而使情报工作深刻地嵌入和融合到决策体系当中。由此看来，钱学森先生提出的“综合集成研讨厅”理论[4]以及美国情报学界提出的群决策理论[5]，正是情报设计工作中的组织理论方法。

从情报与情报用户的角度分析，传统的情报理论都将情报用户的活动比如制定对抗策略和对抗行动计划等，完全隔离在情报循环之外。情报设计概念的提出则把情报用户纳入了情报活动的视野，情报用户所采取的与情报认知对抗相关的所有活动都成为情报活动的范畴，情报用户成为情报主体中最重要的并且起着领导作用的组成部分。

在以往的理论中，情报学过多地强调情报分析在情报活动中的核心地位，甚至大部分学者认为“知己知彼”是情报的全部目的。但情报分析只是一个纯粹的情报认识过程，认识要正确地指导实践，还需要通过情报设

[1] 包昌火，王秀玲，李艳．中国情报研究发展纪实 [J]. 情报理论与实，2010(1):1-2.

[2] 梁战平．情报学若干问题辨析 [J]. 情报杂志，2007(9):193-198.

[3] 吕斌，李国秋．钱学森情报学思想及其对情报学持续发展的启示 [J]. 情报理论与实践，2010(7).

[4] 李耀东，崔霞，戴汝为．综合集成研讨厅的理论框架、设计与实现 [J]. 复杂系统与复杂性科学，2004(1):27-32.

[5] 张晓军．美国军事情报理论研究 [M]. 北京：军事科学出版社，2011:15,103-107,168-170,132-134.

计这个中介环节来完成。情报设计相当于对抗谋略，就是制定应对策略的过程，起到了我国科技情报界总结的“耳目、尖兵、参谋”情报三功用中的参谋作用。[1] 情报设计概念为厘清情报与信息的关系、情报与知识（包括科学研究）的关系、情报与决策的关系等，构建了良好的逻辑基础，为解决情报学的这些分歧和争论提供了理论基础。情报设计概念的提出是情报学理论的一个较大突破，它必将极大地扩展情报学的研究范围和深度，继而增强情报学的社会价值，扩张情报工作的领域，扩充情报从业者的职业选择范围，提高从业者的地位。

通过情报设计，可以寻找到并合理论证出一种或若干种切合时宜的认知对抗行为组合，这样的认知对抗行为组合至少应包含六个方面的要素（即 5W1H）：目的（Why）、时间（When）、空间（Where）、活动主体（Who）、活动内容（What）和活动方式（How）等。这也意味着通过情报设计，组织将围绕对抗双方的认知要素策划一场非军事武装冲突的对抗活动，以此获得预期的对抗收益和对抗效果。

在经典的情报循环模型中，关于情报内容的需求、搜集、分析与加工、发布以及用户反馈这五个循环过程中，描述的仅仅是情报组织的认识过程，而未涵盖情报管理者和情报行动者从事的情报实践过程，因此是残破不完整的，需要将情报循环模型加以改造，增加情报实践部分，并将其分解为情报设计和情报行动两个基本环节（如图 4–19 所示）形成情报知行循环模型。由此，完整的情报活动除了必需的需求规划、情报搜集、情报加工与分析以外，还包括基于情报内容的情报设计，以及基于情报设计成果的情报行动。这意味着情报循环在情报内容向组织决策者们发布以后，情报工作才正式进入情报活动中最有价值的领域，即情报设计阶段。比如，美国兰德公司这样的情报咨询机构也主要是因为执行了情报循环中的情报设计功能，为美国军方不断地提供情报策略和行动方案才具有如此巨大的社会影响力。兰德公司对于美国政府的作用，最重要的贡献不是情

[1] 包昌火 . 让中国情报学回归本来面目 [J]. 情报杂志，2011(7):1.

报采集与分析工作，而是情报设计工作，即美国政府的外部参谋。兰德公司采用一套所谓的理性决策程序，即状况评估（发生了什么事）→问题分析（事情为什么会发生）→决策分析（我们采取那一条行动路线）→潜在问题分析（行动路线的前景如何）[1]，从这套理性决策程序可以看出，兰德公司不仅是为某类情报内容进行技术性评估或者政治性评价，而是提供基于情报内容的应对策略，比如是直接出兵有利还是军事威慑有利，是提升武器的领先地位有利还是加大文化渗透力度有利等。

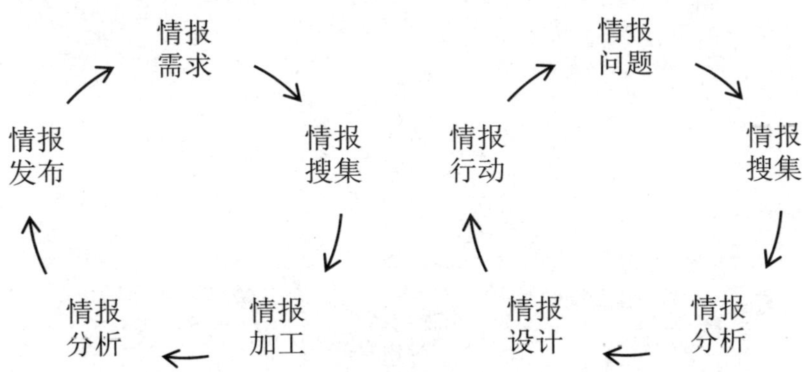

图 4—19 经典的情报循环模型与改造后的情报知行循环模型

三、情报设计过程

情报设计的参与者在组织体系中大多数属于文职部门，比如，在中国古代的国家行政体系中他们就是内参和谋臣。情报设计者为组织的最高决策者提供情报设计工作，让最高决策者根据他们的设计成果制订行动计划和下达行动命令。而在多数情况下，情报设计者往往就是组织最高决策者本身，比如，在当今美国国家情报系统中，美国总统是情报设计的主要参与者和贡献者，美国总统办公室还直接管理几个国家情报机构，以协助总

[1] 乔迪 . 兰德决策 [M]. 成都：天地出版社，1998:65-72.

统进行情报工作的管理。

情报设计的工作内容至少包括如下五个方面，它们在逻辑上构成互为因果的循环关系（如图 4–20 所示）。

（1）基于组织战略的情报战略设计；

（2）基于情报战略的情报策略设计；

（3）基于情报策略的情报行动纲领设计；

（4）基于情报行动纲领的有效性与风险性评估；

（5）基于评估结果的情报行动实施细则设计。

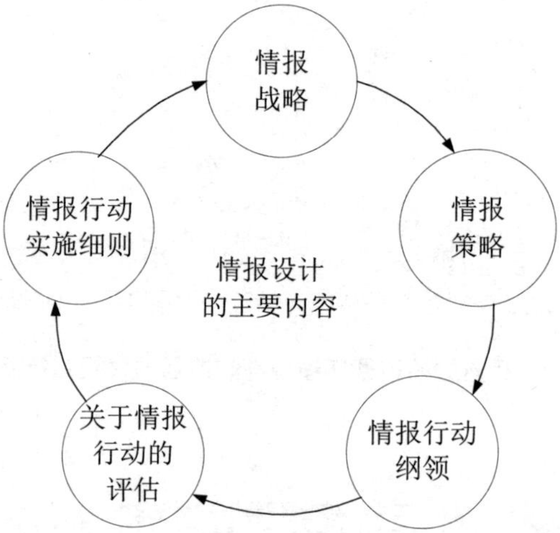

图 4–20 情报设计的工作循环模型

比如，在竞争情报领域，组织需要根据外部环境和内部环境的变化，在经营战略的指导下，设计竞争战略和竞争策略，编制竞争活动纲要，测算竞争活动的预期投入与收益，完成竞争活动的实施方案。其他情报领域情况亦然。

四、情报设计方法

在工作方法方面，情报设计与其他活动研究领域中的设计工作在基本原理和技术上是一致的，但与其他活动领域相比，情报具有认知对抗的特殊性，因此包括战争游戏、对抗推演、博弈论等在内，都属于情报设计领域的特有方法。像定量分析法、逻辑推演法、系统工程法、专家会议法、建模仿真法、科学实验法等，则是所有活动领域都普遍使用的。

情报策略是情报设计的灵魂，体现着情报组织的水平与能力，挑战着古今中外无数兵家、纵横家、外交家、战略家们的智慧极限。在情报设计的方法中，计谋或者战略与战术的应用体现了情报设计的独特价值。这也是情报活动区别于科学研究、知识管理、信息管理甚至组织管理等的最本质特征之一。情报面向的直接对象不是自然界也不是一般的社会成员，而是具有社会矛盾冲突的两个对抗组织。如何在对抗运动中取胜，或者取得较大的利益或者战胜对方甚至消灭对方，是情报设计的主要目的。在情报设计中“诈”（或者叫做“欺骗”）是极其重要的也是最为典型的一种策略。在美国情报学界关于情报失误的大量案例研究中，几乎都是围绕关于如何行“诈”和如何防“诈”的两个侧面而展开的[1][2]。这几年中国情报学界热衷于研究的舆情问题中，如果某种舆情是新闻战的入侵者发动的，那么“编造谣言”“煽动情绪”就是新闻战中“诈”的主要手段了。

综合古今中外各种情报思想，作者把情报的策略归纳为四种基本类型，即肃反策略、先知策略、欺骗策略和离间策略，其中，肃反策略是情报活动的“盾”，先知策略、欺骗策略和离间策略则是情报活动的“矛”。

肃反策略：是指反情报，与情报防御同义，“反”的标准是“严肃”，“反”的行为包括组织清理和思想教育两个方面。肃反策略是极其重要的

[1] 张晓军．美国军事情报理论研究 [M]. 北京：军事科学出版社，2011:15,103-107, 168-170,132-134.

[2] 张晓军．美国军事情报理论著作评介 [M]. 北京：时事出版社，2005:28-31.

也是最基础的一种情报设计策略。

先知策略：知即认识，知的最低标准是“知己知彼”，最高标准是“先知于人”。但是，先知的最高层次并不是认识，而是“破坏或阻止别人的认识”，形成所谓的“致盲”效果。先知策略是极其重要的也是最常用的一种情报设计策略。

欺骗策略：欺骗即“诈”“威慑”等，欺骗的前提条件是“诡”，故称“诡诈”。欺骗策略是极其重要的也是最经典和最高级的一种情报设计策略，它在中国古代战争中被大量而普遍地使用。

离间策略：间的目的是使情报客体内部产生“分离”或“分歧”，故称“离间”。离间策略是极其重要的也是最为典型的一种情报设计策略。

为了提供具有可操作性的情报设计方法，本书设计了一种格式化的情报设计策略组合模型，如表 4–4 所示。

情报设计策略组合模型即把情报策略划分为肃反策略、先知策略、欺骗策略和离间策略四种类型，它们的实施对象从情报主体逐步过渡到情报客体，其实施的难度和复杂程度也在逐步增加。同时把情报的手段分为意识手段、组织手段和技术手段三种，并将每一种手段的常用工具列举出若干种（表 4–4 中各列举出 3 种），这样就可以把情报设计的策略细分成若干种小的措施，并对这些细分的措施进行轻重缓急的等级划分，比如表 4–4 中划分为 5 个等级，高等级措施代表重要性强，时间性紧，而低等级措施表示重要性弱，时间性松。对于一个特定的情报目的而言，情报主体针对情报客体与情报环境的具体情况，在综合考虑各种因素基础上，排列和组合出多种可能的情报行动方案，形成多种可供选择的情报策略组合。经过情报评估之后优选出其中可行的一种或多种备用方案，从而为情报行动提供半定量化的指导。

表 4–4　情报设计的策略组合模型及其举例

		情报手段								
		意识手段			组织手段			技术手段		
		传媒	知识	信息	社会中介	客体	主体	设备	资源	科技
情报策略	肃反策略						2 控制			3 控制
	先知策略				2 咨询		1 搜集	3 监听	3 分析	
	欺骗策略	5 报道	3 推广	5 假消息	4 报告					
	离间策略	5 报道				4 公关				
图例说明		重要级别排序（从左到右级别降低） 5　4　3　2　1								

五、情报设计效能评价

在所有情报设计的效能评价指标中，“胜算率”应该成为核心指标。所谓“胜算率”是指情报主体战胜客体活动状态的可能程度，反映了主体对客体活动规律的应用深度和谋略优势，可用 0–1 分值或百分比来表达。

胜算率的计算方法可以采用情报设计函数的偏微分进行，即主客体双方的情报设计状态函数相对优势量与其最大优势潜能进行比较。公式如下：

$$\gamma_x = \frac{D_x - D_y}{MaxD_x - MinD_y}, \quad \gamma_y = \frac{D_y - D_x}{MaxD_y - MinD_x}$$

其中，γ_x 为情报主体的胜算率，γ_y 为情报客体的胜算率。胜算率也表明，情报设计的效率取决于主客体双方相互斗争的最终效果。在极端情况下，如果情报客体的设计能力或反设计能力为 0，则主体的 γ_x 值为 1，表示主体完全掌控局面并确立了战胜对方的全部策略，客体失去对主体的对抗谋略能力；如果情报客体的策划设计方案在实施效果上正好可以全部抵消主体的策划设计方案，即 D_x=D_y，则 γ_x 值为 0，表示主体的设计能力完全失效。反之亦然。

γ_x 值和 γ_y 值不仅表达了主客体之间在情报对抗行动的相对谋略能力和策划水平，它们在时间维度上，也反映了整个设计过程的演变规律。图 4–21 表达了几种不同设计路线的可能胜算程度，A 路线是逐步上升的，越来越体现出先进性与优势，比如计算机仿真技术在军事推演中不断发挥出它的科技优势；B 路线比较平缓，在不同的情报时期都具有一定的威力，比如欺骗误导策略始终在情报设计活动中发挥着巨大的价值；C 路线是衰退的，表示它越来越不适应情报对抗形势的需要，比如在核时代，通过展示常规武器所起到的军事威慑作用和效果正在日渐衰退。

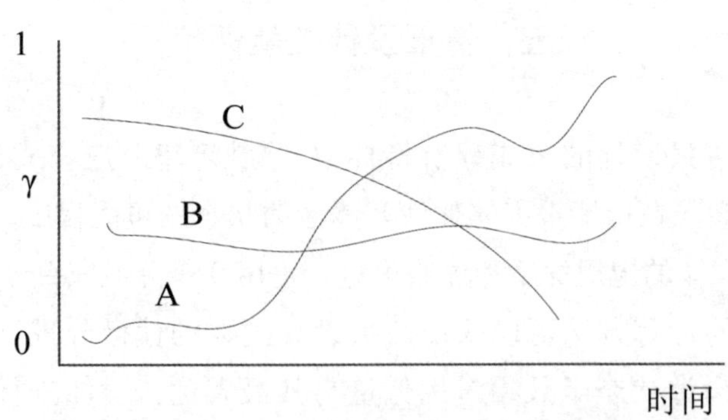

图 4–21　由情报胜算率表述的情报设计活动演变规律

六、组织决策概述

决策是社会成员解决矛盾以确立社会关系和社会地位的过程。决策起源于矛盾，起源于人与自然的矛盾、人与人的矛盾和人与自身的矛盾。没有矛盾，决策就不可能存在。矛盾的性质决定了决策的性质。矛盾产生了，决策就存在了。决策得好，矛盾得以解决；决策得不好，矛盾无法解决。

1. 决策过程

决策是个复杂的社会过程。决策过程所能够影响到的社会成员，可称为决策体。决策体分为决策者和被决策者两种类型，决策者是决策过程的主动者，被决策者是决策过程的被动者。一个社会成员可能是决策者，也可能是被决策者，或者可能同时兼具这两种身份。决策体具有社会网络结构特征，不同的决策体成员处于不同的社会网络层次和位置中。

决策课题是决策体在决策过程所需要解决的矛盾关系，本质是如何将决策体的社会利益进行取舍或者重新对决策体的社会关系进行定位，从而解决决策体内部的矛盾冲突问题。决策课题之间可以进行拆分和打包，而且彼此之间存在嵌套关系和关联关系。

决策过程是决策体就决策课题进行“认识—实践—再认识”不断演化的过程，而决策体的认识和实践过程又都是复杂的社会过程。决策计划是决策体对决策课题进行认识的一个主观过程，属于决策过程的一个组成部分；其中，决策方案是决策计划的一个历史截面。决策行动是决策体实践自己对决策课题的主观认识的过程，属于决策过程的一个组成部分；决策结果是决策行动的一个历史截面。决策过程存在过程之间的交叉关系或包含关系。

2. 决策理论

决策理论涉及的不仅是组织管理问题，更是政治问题。决策是决定未来发展之方向、决定未来每一个人的社会地位和决定未来每一个人的前途命运的社会过程。谁成为决策体中的决策者，谁就拥有决定其他人社会命运的权力。“在现实中，一个政策建议仅仅是一个过程的开始。该过程的每一步都是政治性的，不仅立法过程是政治性的，政策的实施以及行政代理结构及其下设机构的选择和组建都是政治性的”（A.K.Dixit，2004）。无论是在政治系统、经济系统、社会系统还是文化系统，决策都是一个涉及系统内部所有人利益的事情。所以，决策理论是个重要的政治课题。

决策理论必须解决两个根本问题，即决策在横向的生产分工问题上如何操作和决策在纵向的权力分工问题上如何操作。

决策原本是统治者或领导者个人的事情，但是随着社会化大生产与大众民主时代的到来，决策向组织群体扩散，并出现了群决策理论。群决策理论的核心要点是，决策为谁服务的问题。如果群决策为精英分子服务，群决策理论涉及的主要问题就只有决策授权范围、决策效率、决策收益等一类问题，总之是为精英分子算好一笔账，哪种方式对精英分子最划算，就采用哪种群决策理论。所以在这种决策体系中，它一定是要被做成对精英分子而言是可设计的和可控制的，其决策过程也只能是单向运动的。在这种决策体系中，普通成员被当做智慧和劳动的贡献者而不是利益的主要获益者。

关于决策理论，首先应该提到毛泽东提出的“从群众中来，到群众中去”的哲学思想，这种群众路线的哲学思想，既肯定了群众的历史地位，又肯定了群众的现实力量，最终维护了群众的利益。与群众路线相背离的是精英主义，精英主义者们认为是精英引导了社会历史的潮流，是精英主宰了人类世界的命运，所以精英才是天然的领导者。然而，随着人类自身的不断解放，随着人类对迷信的不断破除，精英主义将不断地被历史潮流冲刷。如果说“从群众中来，到群众中去”还属于一种工作方式的话，民主集中制则是一种政治制度，是处理干群矛盾关系的制度安排。同时，民主集中制也是一种决策方式，先民主倡议后集中表决，从而实现民主的决策和集中的决策。

3. 组织决策的可拓运算

决策能否通过运算来实现？可拓学提供了决策运算的可能方法。

可拓学是一门专门研究矛盾问题的逻辑哲学，其基础是唯物辩证法和矛盾论，可拓学对于决策理论的研究具有重要的理论价值与应用价值。可拓学由中国的蔡文教授创立，后经过大量学者的参与，至今已获得大量的研究成果。可拓学是“研究事物的可拓性和事物可拓的规律与方法，并用以解决矛盾问题的科学”“可拓学的研究对象是矛盾问题，逻辑细胞是物元，理论体系是可拓论，特有的方法是可拓方法。可拓论和可拓方法在多个领域的应用技术是可拓工程”“可拓学具有：①以矛盾问题为研究对象，探讨化矛盾问题为相容问题的理论与方法；②以物元为基本元建立物元模型，以物元可拓性为依据，物元变换为工具去处理问题；③建立了可拓集合理论，利用可拓域和零界元素对事物的量变和质变进行定量化的描述”(蔡文，1998)。

可拓学把矛盾分为三类：一是主客观矛盾，也称为不相容问题，二是主观矛盾问题，也称为对立问题；三是客观矛盾问题。这三种矛盾类型与何新先生的三种逻辑悖论定义十分相似。可拓学对三类矛盾问题进行了转化：(1) 改变问题存在的条件；(2) 改变问题的目的；(3) 同时改变条件和目的，从而将矛盾问题转化成相容问题。所谓相容，即我们熟悉问题的处理方法，拥有问题处理的经验和能力。也就是说，决策体系可以通过可拓预算进行简化，并提高决策的效率和质量，从而为科学决策和决策创新提供可能。

第 5 节　情报行动与组织行动

一、情报行动概述

前文已经说明，情报行动的实质是“场”的行动，本质是积极造势，即通过改造情报场结构以营造出新的格局，并推动整个对抗形势有利于我。情报行动的概念被大众所熟知，情报行动与情报活动以及隐蔽行动之间，构成了包含关系（如图 4–22 所示），其中的情报活动包括情报循环模型中的所有部分，即情报问题、情报侦察、情报分析、情报设计以及情报行动。情报行动是特指情报活动中的一组具体的以组织行动为主要方式的活动组合。隐蔽行动则特指通过国家情报机构的各种秘密活动来影响一国内部政权的稳定，以达到削弱及至推翻其政权的目的，如秘密支持军事政变、支持反政府动乱等，是国家情报行动的一种特殊方式。在竞争情报领域，除了隐蔽行动较少被采纳以外，情报活动与情报行动的关系亦然。

图 4–22　情报活动、情报行动以及隐蔽行动的包含关系

情报行动依照情报中介与运动方向的不同，可划分为如下九种行动模式（如表 4–5 所示）。在情报中介维度上包括意识、组织与物质三种类型；在运动方向维度上包括攻击、拉拢与防御三种类型。情报的进攻行动即隐蔽行动，主要发挥强力攻击作用，包括政治分裂、外交离间、军事欺骗、经济做空、科技诱导、网络攻击、舆论攻击等各种类型；情报的拉拢行动即统战行动，主要发挥联络统战作用，包括政治同盟、军事联络、外交统战、思想说服、技术援助等各种方式；情报的防御行动又称为反情报，主要发挥安全保卫作用，包括事前的预警、事中的保密、事后的肃反等各种行动。需要注意的是，在美国安全情报理论中，情报行动主要包括隐蔽行动和反情报两大类，所涉及统战一类的工作则基本没有提及或直接隐形存在于隐蔽行动概念中。随着人民情报理论的发展，发挥政治瓦解作用的统战工作与联络工作应被纳入情报行动的概念体系之中，组成“打、拉、防”三结合的情报行动体系。

表 4–5　情报行动的类型划分

行动维度划分	进攻方向	拉拢方向	防御方向
意识中介	意识类进攻 如欺骗战、心理攻击	意识类拉拢 如心理劝服、政治说服、战略传播	意识类反情报 如意识形态治理
组织中介	组织类进攻 如外交离间	组织类拉拢 如外交统战、公共外交	组织类反情报 如反间谍、安保
物质中介	物质类进攻 如网络破坏、电子欺骗	物质类拉拢 如物资援助、技术援助	物质类反情报 如系统防御

从组织的行动内容分析，情报行动至少可以包括如下五个方面的内容：

（1）情报组织主体的肃反工作（或者叫反情报）；

（2）认清或暴露情报客体的认知系统；

（3）联络和统战情报客体的认知系统；

（4）麻痹或欺骗情报客体的认知系统；

（5）破坏或摧毁情报客体的认知系统。

比如，在竞争情报领域，组织根据竞争情报行动实施方案，一方面通过制度和法律手段保护自己的知识产权和经济机密不被竞争对手掌握，另一方面通过人际网络和其他渠道尽可能多地获取竞争对手的知识产权和经济机密，利用新闻媒介、合作伙伴、中介组织等诱导竞争对手采取错误的竞争行为，甚至利用国家机构直接限制竞争对手的经营范围，在特定情况下甚至采取金融手段直接购并或重组竞争对手。

在国家情报领域，国家情报系统根据国家情报行动实施方案，一方面强化国家情报系统的反情报力度，提高国家情报系统的组织与协调效率，另一方面采取措施了解目标国家的政治动向和政治意图以及其他国家行为，通过各种渠道和各种工作努力影响目标国家的政治决策和政治行为，在国家受到威胁的情况下或其他必要的情况下，利用一切手段包括准军事手段直接改变目标国家的政治势力存在形式。具体而言，当代的国家情报行动体现在公开行动、隐蔽行动、组织行动、心理运作、统战工作、群众工作、公共外交、战略沟通 / 传播、经济做空、网络战、信息战等各种情报及其相关活动中。美国情报学界关于情报行动有系统化的研究[1],并逐步建立了层次化的、手册式的行动条例，比如，在美国的《国家安全法（修正）》中，就规定了五种隐蔽行动类型，包括宣传、政治行动、经济行动、利用政变等手段推翻政权，以及准军事行动。

二、情报行动效能评价

在所有情报行动的效能评价指标中，“控场指数”应该成为核心指标。所谓“控场指数”是指情报主体控制客体活动范围和活动作用的能力大小，反映了主体对客体活动的控制程度或战略优势，可用 0–1 分值或百分比来表达。

控场指数的计算方法可以采用情报行动函数的偏微分进行，即主客

[1] 马克 · 洛文塔尔 . 情报 : 从秘密到政策 [M]. 北京 : 金城出版社 , 2015:90-91, 246-250.

体双方的情报行动状态函数相对优势量与其最大优势潜能进行比较。公式如下 ：

$$\lambda_x = \frac{AC_x - AC_y}{MaxAC_x - MinAC_y}, \qquad \lambda_y = \frac{AC_y - AC_x}{MaxAC_y - MinAC_x}$$

其中，λ_x 为情报主体的控场指数，λ_y 为情报客体的控场指数。控场指数也表明，情报行动的价值取决于主客体双方相互斗争的相对效果。如果情报客体的反情报行动能力为 0，则主体的 λ_x 值为 1，表示主体完全控制了客体的运动状态，客体对主体的防御措施没有任何影响或干脆就没有采取任何防御措施 ；如果情报客体的反行动能力正好可以全部抵消主体的行动能力，即 $AC_x=AC_y$，则 λ_x 值为 0，表示主体的行动完全失效。反之亦然。

λ_x 值和 λ_y 值不仅表达了情报主客体的情报行动能力和对抗局势控制能力，它们在时间维度上也反映出情报行动的整个演变规律。图 4–23 提供几种可能的情报行动演变标准模式，包括成功型 (a)、失败型 (b)、由胜而衰型 (c)、由衰而胜型 (d)。在实际活动中，情报行动往往是反复交互斗争的结果，是这几种标准模型的混合。

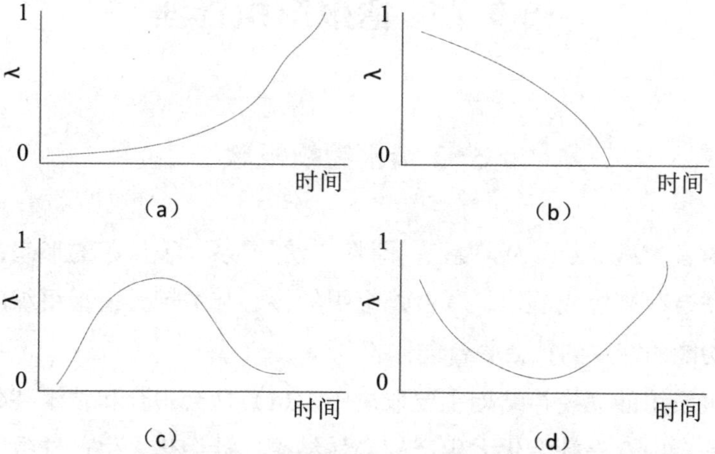

图 4–23 由情报控场指数表述的四种情报行动演变标准模型

三、组织行动概述

组织行动是组织执行决策任务以实现决策目的的活动。组织行动根据组织属性的不同具有非常多样化的类型。比如，军事机构的军事行动包括军事合作、军事威慑、军事侦察、军事战斗、军事战役等，而非军事行动包括军备、国内支援、国际支援、军事宣示、反恐维稳、护航搜救、军事制裁、小规模打击等。对于经济组织而言，组织行动则包括产品设计、物资采购、物流供应、生产制造、销售营销、人力资源管理、后勤保障、财务会计、投融资、公共关系处理、联盟合作、媒体宣传、社区管理等非常多元化的工作体系。

情报行动与组织行动构成嵌套与配合关系，在情报部门主导的行动中，组织行动的其他部分属于辅助配合关系，而在其他部门主导的行动中，情报行动则成为辅助配合关系。组织行动的概念比较简单和易于理解，在此不赘述。

第 6 节　情报组织管理

一、情报组织概念

组织者，从“丝”从“系”，即将“丝”“系”于一起的形态，引申为由个体联合起来组成群体。联合是组织的核心与关键。情报组织即具有情报活动功能的特殊的社会联合群体。

情报组织的规模与结构主要取决于：(1) 社会中介和技术替代。情报组织的社会中介是社会化大生产的必然结果，社会化大生产导致了生产领域的功能分化和生产过程的专业分化，导致了组织间的社会化裂变和组织内部的结构化分解。技术替代是指随着自然科学技术和社会管理技术的不断开发与应用，在组织的体力方面和脑力方面不断地发生替代，将原来由组织完成的部分功能转换为机器来完成，其体力替代提升了情报组织的运载数量和运行速度，脑力替代提升了情报组织的运行效率和运行质量。社会中介和技术替代共同决定了外部情报组织的规模伸缩性和结构变革的潜在可能。(2) 对抗运动的性质。对抗运动的性质是情报活动的基础条件，它首先决定了情报的类型，并一般决定了情报活动展开的可能形态，直接决定了情报组织的潜在规模和潜在运行结构。(3) 组织的现有规模和决策结构。任何专业化组织的运行必须基于现有组织的整体状况和可能变革条件，其组织成员和所拥有物力的全部数量以及整体决策结构决定了内部情报组织的最大规模和最高运行速度，即组织的现有规模和决策结构决定了情报组织的实在规模和实在性质。(4) 组织管理哲学。组织管理哲学是组织的决策主体所持有的核心思想，是影响组织内部结构以实现组织间的对抗形势向有利于自己的方向发展的核心因素，决定着现有情报组织的整体运行效能和对抗运动的最终胜算。

情报组织的社会中介、技术替代与对抗性质等，是情报组织的外部动力因子，而组织现有规模和决策结构、组织管理哲学等是情报组织的内部动力因子，并且构成了依次包含和嵌套的关系，如图 4–24 所示，即外部因素一般决定了内部因素，内部因素通过主观能动性反作用于外部因素；客观因素与主观因素之间的一般决定与能动反作用关系亦然。

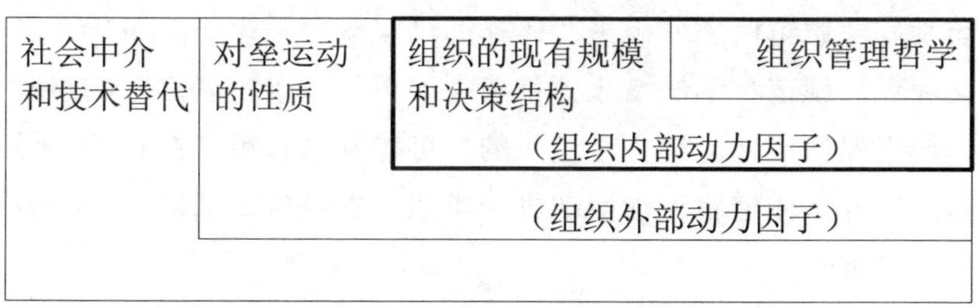

图 4–24　影响情报组织规模与结构的因子及其关系

二、情报组织结构

作为一类具有特定功能的专业化组织，情报组织的分工结构与合作机制除符合一般组织的管理要求外，还有其特殊的内在规定。

1. 逻辑分工与合作

情报科学与决策科学的融合研究以钱学森提出的“综合集成研讨厅”理论[1]最为典型，是我国较为完整地将情报科学融入决策科学体系之中，并依照系统论将人机体系集成在一起的理论构想。但是“综合集成研讨厅”是出于科学管理的宏观需要而提出来的，除了提出集成的思想外，未就“如何集成”的问题进行明确的理论论证，而这个问题的解决需借助“劳动分工”的概念加以完善。“劳动分工”是基于实践活动的人类社会内部关系，是把人类个体力量结合成整体力量的一种社会进步与发展。社会分工思想同样可以用来处理人类个体意识的集成问题，适用于处理人类意识活动中逻辑概念的生产运动，即将人类总体的意识按照逻辑辩证运动的内在规定性，具体地分工给独立的个体意识来完成，从而形成完整的逻辑概念分工生产体系（如图 4–25 所示）。正如机器在大工业生产中所具有的意义一样，在逻辑概念生产体系中，信息系统可用来增强组织的逻辑识别、判断、推送及表达的能力，提高组织个体意识之间的协作效率，由此彻底解决意识领域内的集成问题。目前，决策学中研究的专家智能决策系统为逻辑概念分工生产体系的建设，提供了技术条件和物质基础。逻辑概念分工生产体系的过程模型是组织决策体系中更为精细化和更加规范科学的情报评估模型，正是基于二者之间的这种内在机理，情报评估活动能够在有组织的、可控制的和可规模化的条件下为决策体系服务，使情报评估活动成为类似于物质生产活动一样的社会劳动分工生产活动。

---

[1] 李耀东，崔霞，戴汝为. 综合集成研讨厅的理论框架、设计与实现 [J]. 复杂系统与复杂性科学，2004(1).

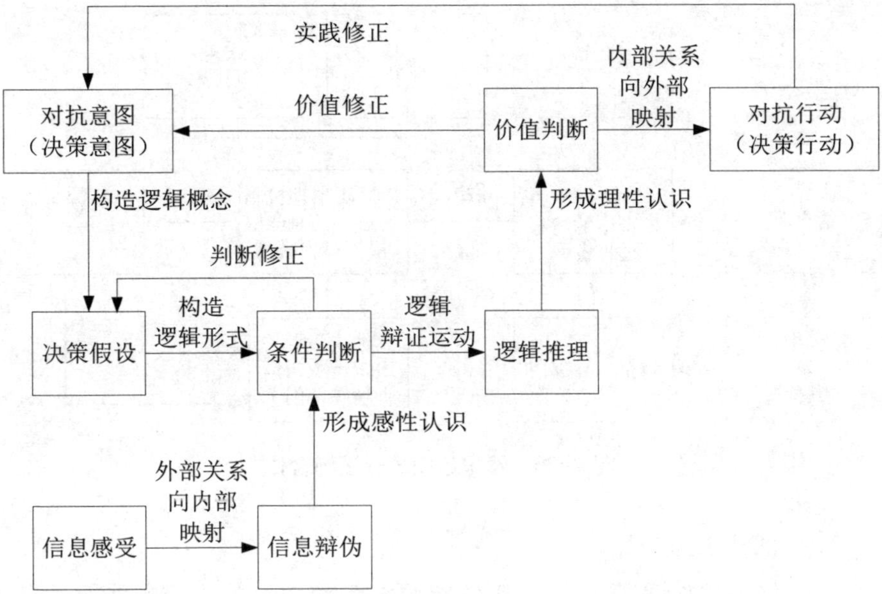

图 4–25　情报视角的逻辑概念分工生产过程

2. 任务分工与合作

情报组织是决策组织的组成部分，通过决策服务的分工过程完整地嵌入决策组织之中。因此，在情报组织的管理中，需要通过分析决策过程与情报过程的实际耦合关系，调整和完善情报在决策体系中的任务分工和过程控制，使情报组织与组织内部的其他部门之间实现交互运动，并在整个组织体系的统一协调下，实现和满足决策行动的需要。图 4–26 所示的情报组织的分工与合作是通过情报过程模型与整个决策过程模型的耦合关系来嵌入整个组织管理体系之中的。

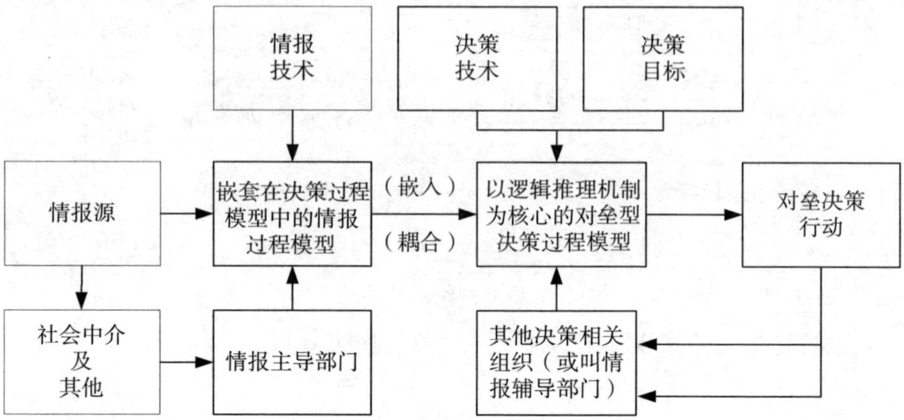

图 4–26　情报组织的分工与合作

3. 外部分工与合作

由于整个组织需要不断地从外部情报源获取情报内容以满足决策需要，情报组织的管理不仅需要关注内部分工与合作，还要利用好外部组织包括社会中介甚至个体成员的力量。根据对抗运动中距离对方的远近程度，在情报组织内部和外部划分出不同的层次，以满足整个情报生产、消费及反击活动在时序上的合理展开和在流程与管理制度方面的模块化构造与等级化编制，尤其是在社会中介替代日益完善和普遍化的今天，组织外部的分工与合作将成为情报组织的另一个管理重点。在图 4–27 中，根据对抗运动中距离对方的远近程度，将情报组织划分出内部主导部门、内部辅助组织、社会中介组织和个体成员（或人际网络）四种主要类型，并构成不同的组织边界和管理层次，为情报活动的组织管理提供了指导框架。这里需要注意的是，在划分组织边界时应区分行政边界与意识边界的差异，所谓行政边界即组织的法定权利边界，或叫“硬边界”，是组织的常规管理边界，而意识边界是指争取到对整个对抗运动最终获益价值有一致评估和认定的所有社会成员所组成的范围，或叫“软边界”，相当于政治活动中的“统一战线”，是组织的非常规管理边界，意识边界也是对抗运动双方都试图努力扩大的组织边界，尤其在国家与国家的对抗中表现最为突出。组织意识边界的管理原则是尽一切努力扩大自己的边界，尽一切努力缩小对抗客体的边界。

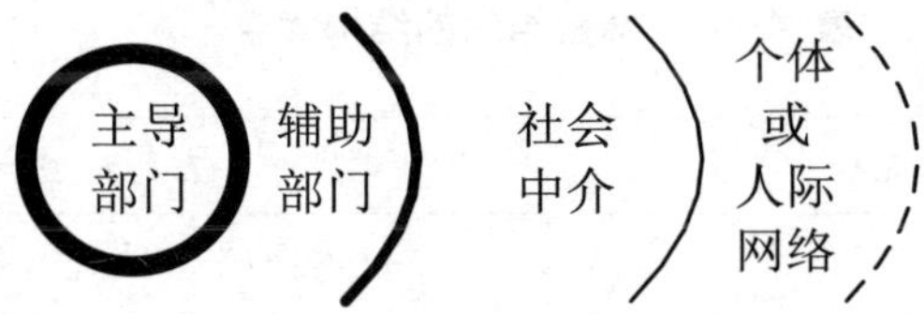

图 4–27　情报组织内部和外部划分出不同的层次

4. 功能结构分类

情报组织的功能是根据实际情报活动的需要来建造的，对于具体的组织而言不存在普遍正确的功能结构形态。但是，就情报组织的普遍特征而言，存在简单的和复杂的两种功能结构类型：(1) 简单功能结构。一般地，如果组织需要处理的决策问题是由简单因子和简单变量构成的，可采用“情报搜集—情报分析—情报应用”三段论式的过程模型，通过机械式的、线性的、静态的逻辑推理方式，即可满足决策需要，称为简单功能结构类型。(2) 复杂功能结构。如果组织需要处理的决策问题是由多因子和复杂变量构成的，则须采用“情报采集—情报分析—情报评估—情报发布—情报应用—情报反击—情报再采集”复杂的系统的组织化的过程模型，通过有机的、非线性的、动态的逻辑推理方式，方可满足决策需要，称为复杂功能结构类型。一般地，情报组织的功能结构越复杂，其管理难度和投入成本越高。为了评估这种管理难度和比较其投入成本，可通过构造情报组织的功能复杂程度函数或指标体系来量测。

三、情报组织演变

情报组织的结构是随着社会发展而不断演变的。总体上，情报组织的演变发生在两个层面，其一是情报部门与业务部门之间，由传统的独立部门式向信息社会的一体化联合模式（职能融合式）发展；其二是情报部门内部则由传统的层级制向网络制转变。它们的结构如表 4–6 所示。

表 4–6　情报组织的结构演变

<table>
<tr><th>关系</th><th>传统社会</th><th>信息社会</th></tr>
<tr><td>情报部门与业务部门之间</td><td>独立部门式
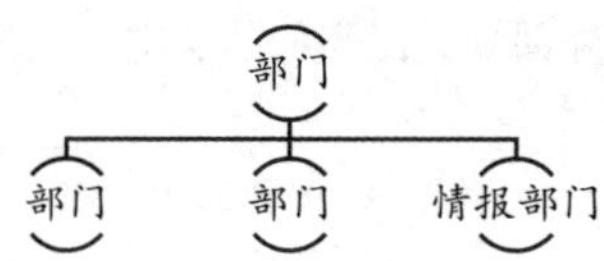
</td><td>一体化联合模式（职能融合式）
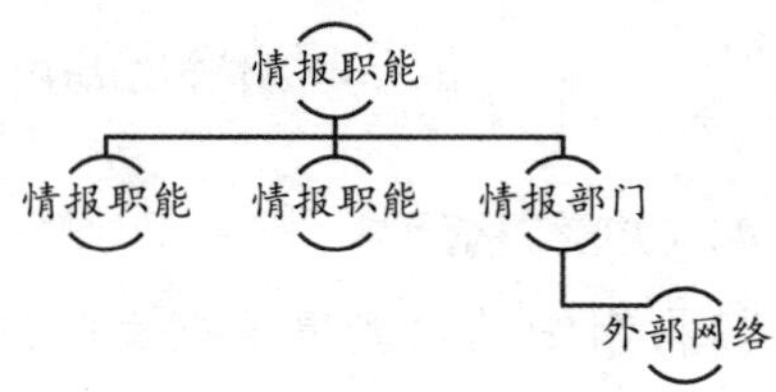
</td></tr>
<tr><td>情报部门内部</td><td>层级制
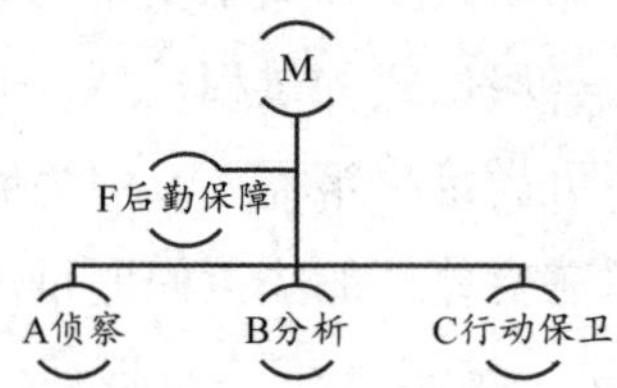
</td><td>网络制
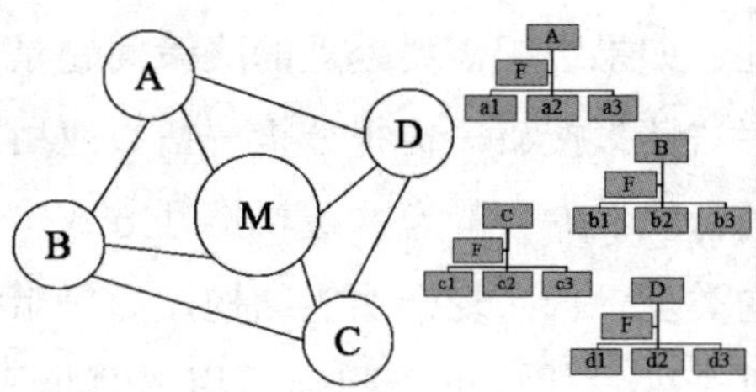
</td></tr>
</table>

情报与决策的嵌入与耦合关系，表明在情报与决策中，可将组织、技术、情报源、决策目标、决策行动等众多要素系统性地关联起来，做全员式的情报职能化建设，从而构建出具有现代意义的情报组织模式。比如，基于某企业的经营，可以利用过程建模方法建立一个简易的情报过程管理体系，如图 4–28 所示。该公司制定了一个“行业领跑者”战略，重点开展竞争环境和竞争对手的分析与研究工作，情报体系以环境监测和竞争对手分析为主体，并辅之以组织分工制度、协调沟通机制、决策技术方法体系等。可以看出，该企业以逻辑推理为核心，将情报过程模型嵌入决策过程模型中的情报管理体系，具有非常重要的现代特征：(1) 稍加改造现有

组织体系，不额外建立情报组织，不需额外投资；(2) 利用组织体系形成全员动员效果；(3) 可以各司其职，人尽其才；(4) 集体民主决策，避免专断失误。

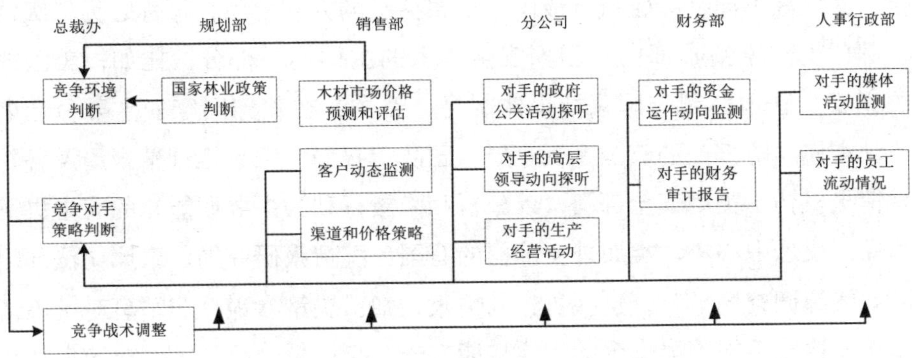

图 4–28　某企业建立的职能融合式情报组织结构

四、情报组织建设

情报组织的建设涉及非常广泛的领域，比如，李文良教授在其《国家安全管理学》中提供了一套面向国家安全体系的管理框架，囊括管理原则、职能、组织、人力资源、环境、领导、激励与沟通等八大领域[1]，而美国情报学家马克 · 洛文塔尔的《情报》一书则总结了美国安全情报管理所涉及组织机构、流程、决策者、监督和问责、伦理和道德等多个重点领域。[2] 参照普通管理学，情报组织建设的核心内容应划分为：(1) 结构与流程，明确组织体系的分工与协作机制；(2) 制度与规范，明确组织体系的权、责、利等；(3) 领导与决策，明确组织体系的指挥、控制体系等；(4) 人力资源，明确组织体系的人员任免、培训、激励等；(5) 组织文化，明确组织体系的理想愿景、伦理规范、非制度化约束等。

[1] 李文良 . 国家安全管理学 [M]. 长春：吉林大学出版社，2014.

[2] 马克 · 洛文塔尔 . 情报：从秘密到政策 [M]. 北京：金城出版社，2015.

从国家的角度看，情报组织的分工即情报活动的门类。情报部门是情报活动的主体和客体，其所从事的活动即情报的门类。国家是最大的情报活动部门，可称之为一级情报部门。军事、安全、公安、外交、经济、科技、文宣等不同社会领域构成国家情报活动的分支部门，可称之为二级情报部门。国家情报部门是国家安全体系的主体构成部分，比如，美国的国家安全管理体制与国家情报体制是一致的，在美国国家安全委员会之下，类属国防部门的有国家安全局、国防情报局、国家地理情报局及各军种情报机构，类属安全部门（以分析和隐蔽行动为主要职能）的有中央情报局、反恐中心等，类属外交部门的有国务院情报研究局，隶属司法部门的有联邦调查局等[1]，这些机构的情报认知、决策参谋、非军事对抗等情报功能构成美国国家安全的主要功能之一。与情报信息观、情报知识观和情报静态观的概念定义不同，认知对抗理论将部门情报定义为一种组织之间的社会斗争活动，比如，国家情报是指以政权的统治范围为主体开展的一切认知对抗活动总和，军事情报、安全情报、外宣情报、公安情报、科技情报、经济情报、国际情报亦是如此（定义详见部门情报理论与实践章节）。在组织形态上，一级情报部门和二级情报部门之间存在明显的组团结构，例如，在国家情报部门中，依照政权关系形成远近亲疏的对抗与合作关系，最典型的是美国在国内有军事、安全与反恐等庞大的情报界，在国际上又有诸如与英、加、澳、新组成的“五眼情报联盟”等。[2] 同样在经济情报部门中，依照资本利益网络呈现出明显的组团结构，比如，为世人熟知的日本商社既是商贸财团又是情报联盟集团。一级和二级情报部门之间一般采用委员会形式进行联合协调，比如，新中国成立后拆分了中央调查局，直至 2014 年又重新设置了中央国家安全委员会，并由委员会主席、副主席、常务委员和委员组成，统筹协调中国外交、军事、安全、公安、经贸等部门的相关活动。

---

[1] 马克·洛文塔尔．情报：从秘密到政策 [M]. 北京：金城出版社，2015:90-91，246-250.

[2] 中国新闻网．分析称监控计划曝光不会令美“五眼”联盟瓦解 [EB]. http://www.chinanews.com/gj/2013/07-22/5067241.shtml.

从组织角度讲，具有现代意义或现代性的国家情报组织体系，其本质核心不是指国家情报组织的发展过程发生在了现代时期，而是指在国家情报组织结构中，具备稳定的一级与二级联动治理结构，即现代意义的国家情报组织至少应具备 3 个基本条件：(1) 从军事情报部门中分离出独立的政治、外交及其他二级部门；(2) 在国家最高领导层级诸如中央政治局、总统府、内阁等部门中，分离出独立的诸如国家安全委员会的一级情报部门，在国家制度层面将国家情报活动纳入国家决策与治理的最高级别；(3) 在一级和二级情报部门领导下，国家实行全领域、全方位的情报职能活动，最理想的状态是国家机构的每个领域和每个层级都具备了情报职能并开展了情报活动，将国家的情报职能转变为国家机构运行的一般功能。依照这个标准，1941 年设立中央调查研究局的中国共产党情报组织当属世界上第一个具有现代意义或现代性的国家情报组织体系；该局由毛泽东直接领导，下辖党、政、军等各大情报部门，属于典型的一、二级部门联动治理体系；而且同期颁布的《中共中央关于调查研究的决定》，要求各层级单位建立全面的情报调查部门，开展全方位的情报调查活动。而美国在 1947 年，才建立起了由国家安全委员会领导的国家情报体制，比中国共产党落后了 6 年；英国虽然在一战之前就开始了建设比较现代的二级情报部门，但 1939 年设立的联合情报委员会只具备了二级部门的综合职能，英国直到二战结束时都未能建立起平行于内阁的一级情报部门；在苏联，无论是契卡时期还是克格勃时期，始终未设立国家一级情报部门，克格勃虽名为国家安全委员会，但它在职权上依然属于二级部门级别，其活动直接向中央政治局负责，苏联地区具备现代意义的国家安全委员会是其解体后的俄罗斯设立起来的。

在一级和二级情报部门之下，又划分出侦察（侦查、搜集）、分析、行动、联络（统战）、宣传、后勤保障等三级部门，它们之间需要协同配合才能展开情报活动。在组织形态上，三级情报部门之间存在明显的分工结构，并分为专门机构与附属机构，比如，军事、安全等情报组织往往属于专门情报机构，外交、反恐、经济、科技等情报组织往往属于所在组织的附属机构。三级情报部门的传统管理结构一般以科层制为主，以横向分工纵向指导为基本管控模式。随着信息时代和网络时代的相继到来，经组织项目制的过渡，已全面转向网络组织模式，即以项目联合小组为网络节点，每个小组都具备搜集、分析、行动、联络等基本情报功能，以信息平台为小组之间的网络协同工具，犹如分工不同的众多细胞联合组成完整的人体运动器官一样，从而实现了情报组织的动态组合与灵活调度的强大效果。美国中央情报局近期宣布的改革重组，要点之一就是将按照地域与职能进行划分，在全球建设 10 个任务中心，每个中心都采用情报分析与情报行动一体化运作模式，从而在整体上实行了网络化管理模式。[1] 美国在国内反恐领域也采用了网络化组织模式，通过全国各地设立的多个网络融合中心进行信息整合与共享。[2] 三级情报部门之间一般采用会议联络机制进行协调，在这方面钱学森等人创造性地提出了能够适应信息化和网络化时代并发挥集体智慧的“综合集成研讨厅”体系 [3]，提出采用能够处理开放复杂系统的、人机结合的、专群结合的先进组织模式，为我们提供了组织管理的理论框架。

情报组织的制度体系，大致可分为法律制度和部门规范两大类，前者体现了国家的权力意志，后者体现了部门自身的规定。比如中国国家安全与情报法律体系中，2015 年颁布的《国家安全法》，就全国人民代表大会、国家安全委员会、国家主席、国务院、中央军事委员会、中央国家机关、地方人代会、地方政府、人民法院、人民检察院、国家安全机关、公安机关等领导机构所涉及的安全任务、职责、制度与保障体系等，做出基本约定；我国正在制定或已经实施的《境外非政府组织管理法》《网络安全法》《反恐怖主义法》《军事设施保护法》《食品安全法》《新闻

[1] 央广网 . 美国中情局推史上最大规模重组改革 [EB]. http://china.cnr.cn/qqhygbw/20150308/t20150308_517926061.shtml.

[2] 李建勇，杨灵仙 . 9 · 11 后美国信息融合中心网络的形成、作用和启示 [J]. 情报杂志，2015(3):21-24.

[3] 戴汝为，李耀东 . 基于综合集成的研讨厅体系与系统复杂性 [J]. 复杂系统与复杂性科学，2004(10):1-24.

传播法》《国家情报法》等，就社会组织管理、网络安全治理、打击反恐怖、国防设施防护、食品安全治理、新闻宣传规范以及国家情报治理等做出了基本的规定。

另外，情报组织的人力资源管理是个非常重要的建设领域，尤其是情报干部的培养和情报人员的筛选、情报思想意识的培育与情报工作任务的激励等，在微观层面决定了情报组织建设的成败。

第7节　情报过程控制

一、情报过程概念

情报过程是指组织在对抗运动中，各组织单位和成员按照既定的任务分工和协作机制，围绕对垒决策的统一目标，开展环境的认识活动和实践活动，以在持续反复的对抗行动中实现认知领域的主动地位，促成对抗运动向有利于对抗主体的态势发展。通过情报过程的管理，可以统摄起情报管理的全部内容，并能够按照对抗运动的节奏与变化，将各要素及时而灵活地调节和修正到最佳状态，所以情报过程是情报管理的核心内容。

从组织对抗主体的内部组织而言，情报过程的表现可归结为“感”与“应”两个功能。在中国宋代朱熹、吕祖谦编录的《近思录》第一卷中有“天地之间，只有一个感与应而已，更有甚事”的记载，可用来解释这两个功能。其“感应”，即“感知”与“应验”的合称。“感知”即“外感内知”，概括了组织从外部获得感觉并于组织内部历经的认知这两个互相衔接的认识过程，属于一个复杂的传递与演变的运动，这显然与人类个体的认知不同，故而信息系统在组织体系中的应用和情报组织自动化的实现是一个必须和必然的趋势；其中“外感”又可分为“侦”和“探”两种方式，前者是被动式地搜索组织外部的情况，后者是主动式地搜索组织外部的情况。“应验”即“外应内验”，表示组织向外作出情况应答和向内作出反馈验证的两个前后对应的实践过程，正如《鬼谷子》反应篇的描述：“反以知彼，覆以知己”“因其言，听其辞。言有不合者，反而求之，其应必出”等。《鬼谷子》的磨篇中有“古之善磨者，如操钓而临深渊，饵而投之，必得鱼也”等。

情报过程可以从认知和实践两个维度进行划分，前者以对垒型决策对象或决策环境的复杂程度来表达，后者以对垒型决策需求的时间效用来表达，从而将情报划分出四种不同的类型，如表 4–7 所示。

表 4–7 根据对垒型决策环境复杂程度和需求的时间效用划分的情报类型

环境的复杂程度	需求的时间效用		
	须快速完成	可慢速完成	情报体系的对应层次
决策环境复杂	第一类情报	第二类情报	复杂的情报体系
决策环境简单	第三类情报	第四类情报	简单的情报体系

对于简单的对抗运动，应用上述情报分类中的第四类情报和第三类情报即可满足决策需要，其对应的情报体系为简单功能结构，可采用“情报侦察—情报分析—情报行动”的三段论式的情报过程模型满足由简单因子和简单变量构成的决策问题。这种情报体系适合于机械的、线性的、静态的逻辑推理过程。

但是对于复杂的对抗运动，必须应用上述情报分类中的第二类情报和第一类情报才可满足决策需要，其对应的情报体系为复杂功能结构，需应用“情报侦察—情报分析—情报评估—情报设计—情报决策—情报反击—情报再侦察”的复杂的、系统的和组织化的情报过程模型来满足多因子的、由复杂变量构成的决策问题。这种情报体系适合于有机的、非线性的、动态的逻辑推理过程。较复杂的情报系统包括军事对抗决策系统、国家经济状况监测与评估系统等。

二、情报控制原则

情报过程的控制可以遵循一套相对稳定的规则。通过吸收中国古今兵法原理等，可组合出如图 4–29 中所示的情报认知对抗原则体系，它们在逻辑顺序上构成一个闭环。

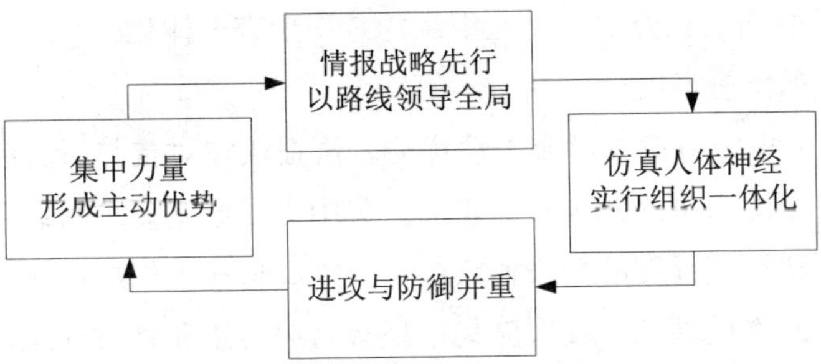

图 4–29　情报过程的控制原则

原则 1：情报战略先行，以路线领导全局。知己知彼是情报对抗的基本条件，但其重点是谋划。情报战略先行原则是其他一切原则的统帅，其蕴含着整个组织的生存哲学与发展使命，体现了组织的经营能力和文化品质，决定了组织的可能前途与未来命运。确定情报战略先行原则首先需要界定组织的对抗性质，包括对抗的领域、范围、规模、强度、特征等；其次要权衡对抗运动的轻重缓急，划分出对抗的层次与焦点；最后要确定对抗的主要策略及对应的手段，以此形成完整的情报认知对抗战略体系。

原则 2：仿真人体神经系统，实行组织一体化管理。组织一体化原则首先体现在组织意识形态的一体化上，因此，组织的情报教育不应局限于一般情报意识的范围，而应提升到组织的认同感、归属感、精神动力、思想水平等层面，由此培育起组织统一的意识形态，正如《孙子兵法》计篇中所述“道者，令民与上同意也，故可以与之死，可以与之生，而不畏危”。组织一体化原则也体现在组织行动的一体化上，即将组织的战略决策与战术决策分别放置于组织体系的顶部和底层，通过意识形态的一体化来保证战略的原则性与战术的灵活性相一致，从而控制和协调起整个组织的战略对抗行动与战术对抗行动；组织一体化原则还体现在人机系统的一体化上，即通过组织的自动化实现人与机器及计算机等的完美结合。

原则3：进攻、拉拢与防御并重。情报的进攻（包括拉拢）与防御是组织认知对抗的两种主要方式，是组织的矛与盾的关系，是组织的武器与盔甲的关系，是成熟情报组织应该同时具备的两种基本功能。组织的进攻与防御并重原则应充分地体现在组织的意识形态一体化、行动一体化以及人机一体化的实施当中。

原则4：集中力量，形成主动优势。情报认知对抗与所有的组织对抗一样，不可分散力量或缺少战略重点。集中力量原则要求组织配置较广范围的情报源和较高程度的情报侦察能力，提高情报组织的运作效能，以构成集中力量的物质基础；其次应集中现有组织力量和物质资源，善于借助社会中介组织，在情报战略的重点层次和焦点上集中投放。

三、情报过程建模

情报活动的开展和管理需要一定的科学理论和方法体系的支撑。目前情报学界已对情报流程进行了研究，具备了一定的理论基础，但没有系统的情报建模方法论体系。情报过程建模与情报流程（或叫情报过程）、英文名称“IntellIgence Process”、情报的“Process Model”等概念之间有一定差异，后三者是情报流程本身，而过程建模是对流程的管理，是将情报组织的构成、资源条件、情报流程、情报分工协作机制以及信息系统等集成在一起，利用基于过程的建模工具对情报活动进行管理的方法，是建立包括情报流程模型（或情报过程模型）、逻辑模型、组织模型等在内的工具集或方法集。

1. 过程建模语言

过程建模有自己独特的语言系统，比较流行的有CPM与PERT方法、Petrl网方法、事件驱动的过程链模型、基于活动网络的Floswmark模型、基于语言行为理论的模型、工作流网、CIMflow 建模方法等几十种。不同性质的组织管理可采用不同的建模语言。由于面向决策的过程建模方法具有良好的多目标层次、多逻辑维度、模块化、可视化以及可封装等特点，为决策活动中的组织分工及物质基础配置提供了良好的技术条件。

2. 过程建模原理

情报过程建模的本质在于使组织的一切情报活动完全地统一于认知对抗运动之中，通过情报过程建模，将组织体系和资源体系进行结构化管理，提高二者的内部运行效率，最大限度地调动组织的全部资源，整体地和目标集中地进行认知对抗活动。

情报的交互运动特性为情报建模提供了方法论基础，即在不同决策目标层次的指导下，依照由概念假设、判断及推理构成的逻辑推演机制为核心，结合组织基础和物质基础在时间维度和空间维度上的分工结构，在满足决策活动所需的动态性要求和系统性要求的条件下，建立与环境相适应的情报体系，以实现主观逻辑过程与客观现实运动的相互统一。情报过程建模应首先将组织的各个要素按照动态推进的方式展开并联合起来（如图 4–30 所示），形成类似于人体构造一样的包含从事意识活动的神经系统、从事身体运动机能的肌肉系统以及从事生理辅助功能的其他器官和身体组织等体系。图中的数字标示了建模的一般次序。

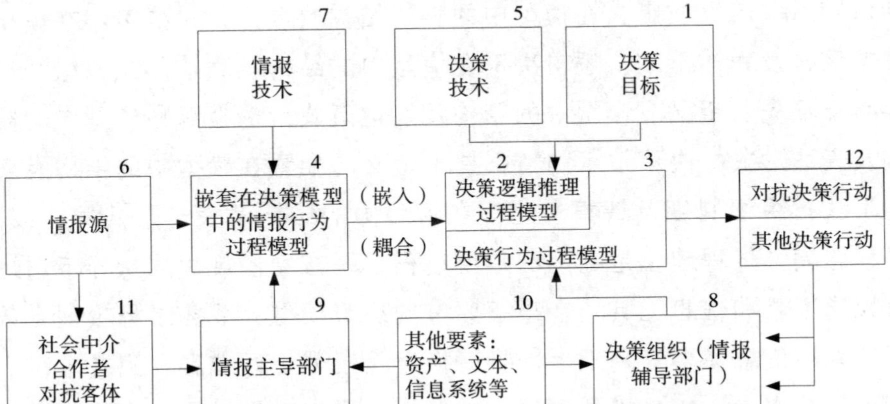

图 4–30 情报过程模型的基本要素及其建模次序

情报过程建模能够很好地利用起组织现有的各类业务过程模型、信息模型以及决策模型等，从而极大地降低情报系统的建设成本，可能在大型的和复杂的情报系统建设方面有较高的应用价值；情报过程建模能够较好地嵌入组织现有的运行平台和运行体系中，从而为情报活动即组织认知对抗的深入开展提供有效实现途径，进而直接提高整个组织的决策效率与对抗效能；情报过程建模为实现组织的集体决策提供了更好的专业分工与统一协作机制，为集体决策的科学化管理提供了一套有效的技术平台；情报过程建模也为模拟和仿真组织主客体之间的博弈和对抗行为提供了有效的系统集成工具，即从对抗客体的角度建立相应的认知过程和可能的对抗过程，从而理解和发现对抗客体的可能行动方式，继而为组织即对抗主体的应对策略包括情报生产、情报反击、情报防御等提供有力的参照和依据。

3. 过程建模流程

由于情报具有强烈的实践特征，不同的组织将使用不同的过程模型，而且在不同的对抗形势下将采用不同的模型结构。因此，情报过程模型具有个性化特征，其建模也是一个持续改进和更新的过程。

大体而言，情报过程建模可分为如下步骤：(1) 建模规划。是指在情报战略指导下进行前期设计、分析与筹备等工作，其主要内容包括认知对抗的性质定义在模型中的表达结构及形式、对抗策略在模型中的结构及表达形式、逻辑决策在模型中的结构及表达形式、组织边界与交互关系定义在模型中的结构及表达形式、情报源在模型中的结构及表达形式、决策技术和情报技术定义与配置在模型中的结构及表达形式、组织制度及情报文化等在模型中的结构及表达形式等。(2) 过程建模。过程建模是实际的建模过程，是在建模规划的指导下通过可视化工具和信息工具，在组织原有的决策模型、业务过程模型、数据模型、信息模型等基础上，将情报过程模型良好地融合到各个组织管理体系中去。(3) 模型评估。模型评估是在情报过程建模的基础上进行测试或试运行，分析和评价其模型的可用性、有效性以及成熟程度等，并在调查反馈的基础上进一步修订和完善模型结构。（4）模型实施。是指实际的情报过程模型在组织情报体系中的内置化过程及其应用过程。

四、情报过程视图

参照过程建模方法[1]，情报过程建模的输出物至少包括组织视图、逻辑视图（或叫意识视图）、过程视图（或叫社会视图）以及资源与能力视图（或叫中介视图）四个部分。通过这四个视图从不同的角度透视情报活动的结构特征，从而为实际建模提供一套具体的实现方法，为模型管理提供一套操作工具。

1. 组织视图

组织视图描述了情报活动中参与对象之间的相互关系，包括主体、客体及社会中介等之间的不同的社会地位。组织视图是情报过程模型的重要视图，是支撑和贯穿于其他视图结构的主要界面，是在对抗主体的视域内区分出外界的不同组织边界，并将其不同的组织类型进行社会角色及其交互关系定义和可视化操作。组织视图中的组织可分为对抗主体、对抗客体、合作者和社会中介四大社会角色类型，而每一个角色又有其内部的分解结构，从而在各个不同的部门与主体之间构成复杂的交互网络（如图 4–31 所示）。

[1] 范玉顺，王刚，高展．企业建模理论与方法学导论 [M]. 北京：清华大学出版社，2001:1-313.

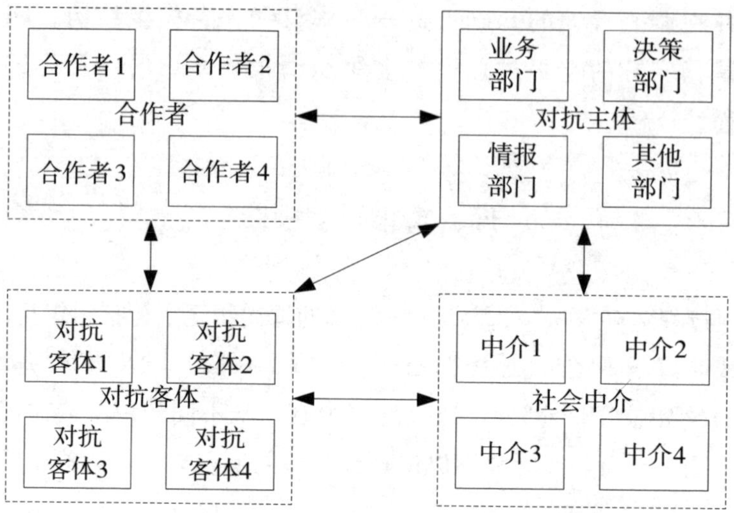

图 4–31 情报过程模型中的组织视图

组织视图的核心内容是各种组织的权力分配结构及对应的组织关系，比如官僚型层级结构、松散型网络结构、契约型联盟结构等。组织视图可根据职能的不同，划分出不同的组织类型，比如业务部门、决策部门、情报部门等。在组织类型的内部，又划分出不同的组织角色，比如领导者、业务员、信息采集员、情报分析员等。由于组织视图必须严格按照组织制度的约定来实现，故而组织视图的结构在根本上决定了过程视图的结构。情报学界正热衷于研究的人际网络理论，可为组织视图中的组织角色设计和组织关系定义提供一定的理论指导。

2. 逻辑视图

逻辑视图（或叫意识视图）是情报过程模型的关键视图，是从主观逻辑思维的认识过程与实践检验过程出发，对各种逻辑概念分工生产过程的可视化操作，将现实可能的认知对抗进程进行可视化管理，对各种情报评估过程进行结构化控制并加以重复利用。逻辑视图是引导和决定其他视图结构的主要界面，为过程视图提供了各种类型的逻辑分工生产过程模型，其表达的主要内容包括两个过程（如图 4–32 所示）：一是在情报主体内部的沟通结构、主观判断、主观推理与主观反应等的结构化交互过程；二是情报客体组织内部的沟通结构、主观判断、主观推理与主观反应等的结构化交互过程。逻辑视图属于主观世界的逻辑决策层，可分为宏观视图和微观视图，其宏观视图表述了情报的战略布局，在根本上决定着微观视图的结构；而微观视图则是对宏观视图的具体展开。逻辑视图通过逻辑模型生成器加以管理和存储。

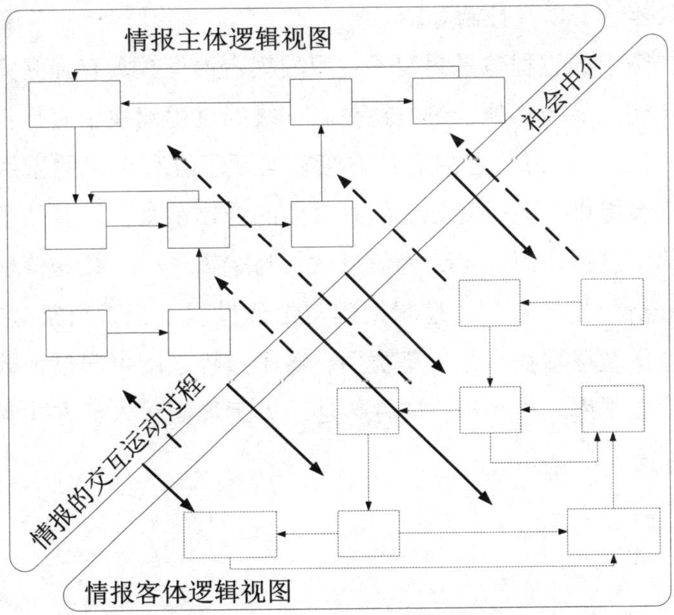

图 4–32 逻辑视图模型示例

3. 过程视图

过程视图（或叫社会视图）属于社会网络的对抗行为层，是情报过程模型的主体视图，是从过程的角度将现实可能的情报活动进行可视化操作。过程视图是串联和黏合其他视图的主要界面，其主要表达的是组织认知对抗的具体分工与协作机制，以及可能的内外部处理工序。

过程视图根据情报活动的先后顺序，又可细分为侦察过程视图、分析过程视图、决策过程视图和行动过程视图等连贯一体的四个部分，其中，侦察过程视图主要是对资源和能力视图中的信息资源加以集成和管理；分析过程视图主要是对组织视图中具有分析评估职能的组织角色和逻辑视图中的逻辑模型加以集成和具体实现；决策过程视图是对组织视图中具有决策职能的组织角色和可能的情报行动方案加以集成和具体实现，决策过程视图中根据决策课题和组织结构分布，形成多决策体系复合于一体的决策网络；行动视图是对组织视图中的具有行动职能的组织角色和行动方案加以集成和具体部署以及控制等。

过程视图中的过程包是封装子过程的集合模型，具有独立完成某种特定操作的功能，能与其他子过程在更高一级的过程建模中实行互联或嵌套（如图 4–33 所示）。过程包的设计与管理实现了过程模型的重用性，为组织多样化决策提供了无重复分工的高效能的合作前景。模型的子过程根据情报活动的信息操作属性可分为信息输入与编辑过程、数据整理与汇总过程、数据分析与挖掘过程、逻辑推理与论证过程、逻辑判断与选择过程、人工数据操作及逻辑操作过程等类型。各子过程之间可通过函数调用、触发器发生、数据库表格管理、文件传递、人工界面输入等方式实现通信及传输等交互操作。

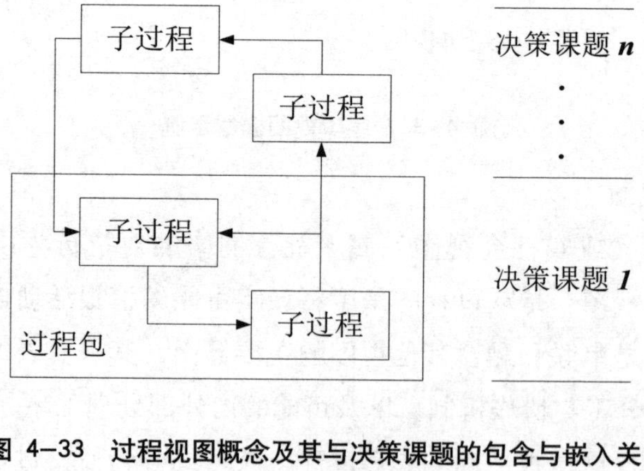

图 4–33 过程视图概念及其与决策课题的包含与嵌入关系

4. 资源与能力视图

资源与能力视图（或叫中介视图）属于客观世界的资源能力管理层，是情报过程模型的重要视图，是将组织内外部所控制的资源和能力划分成认知（或主观）和物质（或客观）两大部分，其实质为情报认知中介和非认知中介（包括组织中介和物质中介），如在本书竞争情报章节中提供的列表所示。在资源与能力视图中，信息视图属于核心视图。信息视图主要对信息源分布、侦察与调查方法、信息整理技术、信息存储技术等加以管理，并与侦察过程视图实现集成。

五、情报管理系统

情报过程建模服务于情报活动管理，而情报活动管理又主要服务于决策实践管理。如果能够按照过程建模的方式完整而有效地将情报管理与决策管理紧密地集成在统一的信息系统中，并且与其他管理信息系统实现数据共享和交换，必将为组织的情报管理起到巨大的推动作用。

本节提供了一种基于过程建模的情报与决策管理信息系统的原型结构，如图 4–34 所示。图中的源数据是指可以数字化编码的信息，包括情报活动所获取的信息内容和组织当前已存储的信息。源数据可通过数据整理模块进行标准化编码和格式化操作，能够在整个信息系统中进行传输和识别，并存储在数据库中。数据库则根据系统的安全与访问权限对数据进行管理。图中的逻辑模型库主要存储逻辑分析工具，包括数据汇总与挖掘工具、逻辑推理与论证工具、逻辑判断与评估工具等，比如数据统计工具、地理空间分析工具、风险评估工具、各类列表（表格）等。逻辑模型库可通过软件接口，与其他应用软件系统相关联，使逻辑模型库具有更加丰富的分析工具。组织和资源模型库则主要存储组织机构及其属性定义以及各类资源及其属性定义等。图中的过程模型生成器主要根据用户需要，通过界面操作以调用逻辑模型库中的逻辑分析工具，以及组织和资源模型库中的组织模型与资源

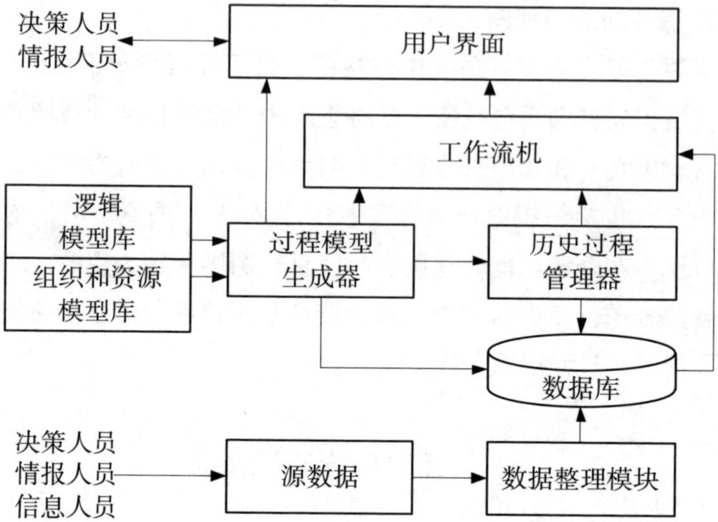

图 4–34　基于过程建模的情报与决策管理信息系统概念图

模型，并通过逻辑过程将这些模型关联起来，形成完整的情报与决策过程模型，并对这些过程模型进行编辑、分析、模拟以及存储等操作。历史过程管理器则主要对历史上的过程模型进行存储管理，并对工作流机的执行过程进行自动跟踪和记录，将决策行动执行后的反馈结果与决策过程模型进行比较和分析。图中的工作流机主要按照过程模型生成器提供的过程模型，根据各子模块之间的相互关联关系，通过触发器、调用函数以及传输数据等，自动完成数据的抽取与分析、中间过程的人工控制或审核、结果的表达与发布等工作。工作流机的本质是一架计算机智能运行系统，具有自动化与智能化的双重特性，可采用当前比较流行的 Agent 信息技术来实现。

第5章
情报领域

在构建情报实践逻辑的基础上，情报学就能够深入部门领域，就情报的治理问题进行剖析，以在社会运行层面刻画出情报活动的基本规律及其意义，从而进一步总结出情报治理的基本方法。

在国家情报体系中，各部门情报或专业情报是重要的分支领域：

安全情报是国家情报的主导活动，是由国家安全机关组织实施的认知对抗活动，目的在于确保国家政权稳定，又可称为政治情报。

外宣情报是由国家外交、文化、宣传机构以及社会团体公众等组织实施的认知对抗活动，目的在于强化国际沟通与交往，建立国际统一战线，实现国际安全维护国家利益。

军事情报是由国家武装力量组织实施的认知对抗活动，目的在于确保国家军事安全和武装斗争的认知优势。

公安情报是由国家公安与司法机关组织实施的面向国内公共安全领域的认知对抗活动，目的在于通过治理犯罪，维护公共秩序。

经济情报是国家经济管理部门开展的认知对抗活动，目的在于确保国家经济安全，维护国家经济利益，防止国家经济遭受威胁和破坏。

竞争情报是微观市场经济组织（即以企业为主体）开展的认知对抗活动，目的在于维护竞争优势，确保市场利益。超组织竞争情报是兼具市场竞争属性和国家经济属性的特大型经济体开展的认知对抗活动，目的在于维护市场垄断地位，调节国家经济。

科技情报是国家科技情报机构或经济组织主导开展的认知对抗活动，目的在于确保战略性装备的科技优势，防范科技资源流失。

国际情报是由国家涉外安全、军事、外交、科技、经济等机构组织实施的认知对抗活动，目的在于保障国际安全和保护国家与公民在海外的权利。

依照情报认知对抗的理论模型，可以分别对上述部门情报展开理论阐述，并建立一套标准化的、系统化的理论框架。

第1节　安全情报

一、安全情报概述

安全情报是国家安全机关以维护国家政权安全为核心的认知对抗活动。安全情报以维护国家政权稳定与存在为基本目标，是国家政权的附属物，即使在古代社会，政权的安全保卫和秘密活动基本以安全情报为基础来推进，而在现代社会，安全情报已经演化成为国家生存与发展的根基，在非军事战争、外交统战、国家宣传、文化输出等更广阔领域内发挥重要作用。因此，在多数场合下，安全情报以国家情报的面目出现，甚至等同于国家情报，安全部门成为国家安全权力的代表，主导着整个国家情报的获取、分析、策划与行动，并与军事部门、外交部门、公安部门、经济部门、文化部门等开展联合协同。安全部门的主要活动目标不是安全部门自身的利益诉求，而是国家政权的安全诉求，因此安全部门本身并不是国家情报的主体，只是国家政权的代表，受到国家政权的领导和制约。同样，其他部门的安全与情报职能组织，也是各自辖属安全与情报领域内的主导部门与主体代表。

在安全情报活动中，国家政权之间的对抗与合作构成基本的矛盾关系，在根本上决定了安全情报的主客体之间开展复杂情报认知对抗与合作的规模和样式。在图 5–1 所示的安全情报元模型中，我国的安全部门是情报活动的主体代表，在国家情报活动中针对他国安全部门及其安全环境展开国家情报活动，他国的安全部门是其活动的客体与对象。

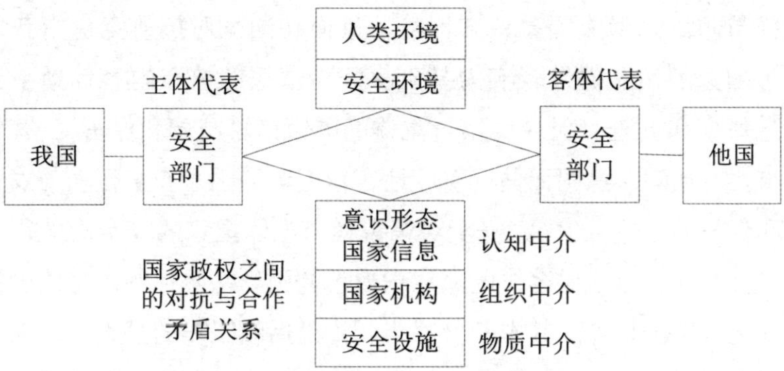

图 5–1 安全情报（国家情报）元模型

安全情报的主客体之间主要通过双方的意识形态和国家信息进行交互活动，开展包括媒体传播与反传播、文化输出与反输出、信息侦察与反侦察、国民认知与反认知、国家欺骗与反欺骗、统战与反统战、隐蔽行动与反行动等复杂的对抗与合作行为。国家政权的意识形态和国家信息构成了安全情报的主要认知中介，主客体双方还依靠国家机器开展对外传播、文化输出、公共外交、学术操控、宗教控制、经济操纵、军事诱导等大范围、宽领域、大交叉、长周期的活动，以配合国家战略目标的执行。

在安全情报元模型中，环境的使用和操作使得安全情报活动充满了巨大的变数和不确定性，尤其在情报设计过程中，"造势"的基本方法就是通过对环境的改造达到伪装主体意图和行踪的目的，从而改善甚至欺骗诱导客体的效果。安全环境是相对于人类环境而言，具有国家安全与发展的重要意义领域，中国的国家安全环境在总体国家安全观中涵盖了传统安全领域与非传统安全领域，包括政治、国土、军事、经济、文化、社会、科技、信息、生态、资源、核等多个部门，每一个部门又划分出多个更详细的子部门，这就意味着中国国家安全环境是囊括中国在内的全球所有国家涉及安全问题的领域。总体上，国家正致力于构建“立体防控”的内部安全环境，构建“依托周边、加强美俄欧”一圈三点式的外部安全环境。

安全情报的本质是通过与客体的意识形态交锋和双方国家信息的进攻、拉拢与防御来形成国家认知优势，进而在国家对抗或竞合中获得战略优势，为国家的发展提供软实力基础。安全情报的核心内容包括：客体的国家信息侦察和调查（对应地实行主体的国家信息防御和保密）、客体的国家安全与发展动向与意图评估（对应地实行主体的国家安全行动与发展行动的保密和保护）、主体的国家安全对策设计、主体国家的安全隐蔽行动、统战行动与反情报（包括对客体国家意识形态的引导甚至控制，主体国家意识形态的强化与反击）等。其中，侦察与调查是后续工作的基础，动向与意图评估是安全情报的核心，对策设计与行动是安全情报的升华与保障。

可以依照一般情报工作循环模型构建出安全情报工作模型，包括政治安全问题、安全侦察与调查（或情报侦察与调查）、情报分析（或情报评估）、安全策略设计（或情报策略设计）、安全行动（包括隐蔽行动、统战行动和反情报）等五大类，如图 5–2 所示。面对敌对或不友好国家的干扰、围困甚至侵略，主体国家需要开展安全活动，以建立相对良好的外部环境来确保政权稳定与国家发展。因此，主体的安全机构通过侦察与调查活动，获得客体的国家信息，必要时分析评估客体的动向与意图，进而依照主体发展战略与客体对抗状态，设计策划出具体的对策方案，在进攻、拉拢和防御三个方面，首先确保主体国家意识形态与国家信息的安全防护，同时组

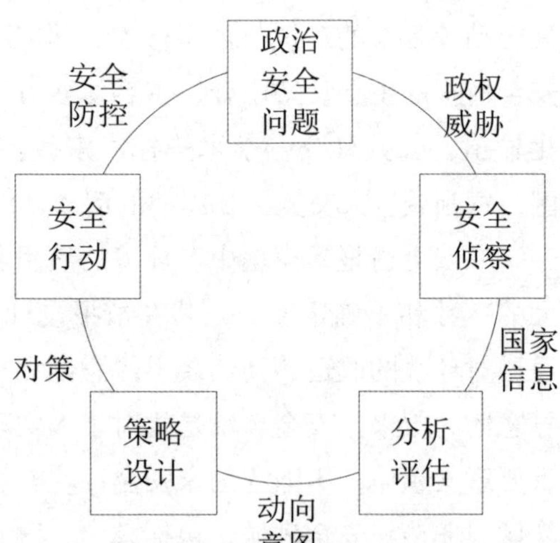

图 5–2　安全情报工作循环模型

织有力的隐蔽行动，对客体的国家意识形态和国家信息进行有效打击甚至摧毁，从而配合国家的军事、政治、经济、文化、科技等对外斗争活动。

二、安全情报侦察

安全情报的搜集内容即客体与环境的国家信息，分为情报侦察和信息调查两种。一般地，安全情报的搜集以侦察为主、调查为辅。侦察是指针对客体的信息封锁突破"客体不在场"障碍，开展信息获取的特别活动。调查是指获取客体公开信息和环境信息的普通调查活动，在调查中主体不会与客体发生交互对抗活动。调查的内容包括客体国家的政治政策、社情民意、国土状况、经济发展、能源交通粮食物资生产、科技发展、文化习俗、网络通讯建设、生态发展等历史情况和发展现状，以及安全环境中涉及安全领域的一切材料。信息调查的途径包括杂志报章、新闻传媒、影视文化、数据库、调查报告、专家观点等。

安全情报侦察分为主动模式和被动模式两种。主动侦察模式是指主体国家先于客体开展进攻态势的侦察活动，积极深入甚至大面积渗入客体国家内部，观察、刺探甚至窃取客体安全信息，时刻掌握客体动向，目的在于寻求或维护国家优势地位。比如，当代英美国家出于维护世界霸权地位的需要，面向全球各国展开地毯式的情报侦察与监控，侦察力量几乎无所不在。被动侦察模式是指主体国家后于客体开展防御态势的侦察活动，注重观察和获取客体的进攻状态与最新动向，侦察活动限于自身内部或国家安全环境，目的在于防御主体国家的进攻，寻找维持现状或抵御情报入侵的机会。比如，当代的中国等发展中国家，面对英美等国的情报活动，不得不开展积极防御式的安全侦察活动。

安全情报的侦察方法主要分为人工和技术（或自动化）两种。人工侦察方法包括间谍侦察、敌探侦察、外交使官侦察、社会机构侦察（如NGO组织、各种基金会）、调查机构侦察（如新闻机构、咨询机构等）等多种方式。技术侦察方法包括机载照相、卫星侦察、雷达侦察、电磁侦察、网络侦察、通讯侦察等多种方式，技术平台包括飞机、舰船、雷达、气球、卫星、互联网、通讯网络、物联网等多种方式。安全情报源可分为信号型、文本型与图像型等，也可分为数字和非数字、结构化和非结构化、载体型和非载体型等多种类型。安全情报的内容覆盖政治、军事、经济、外交、科技等所有涉及国家安全的领域，主体国家根据国家安全战略的需要，选择安全情报的重点关注领域，比如，当今美国关注的安全情报内容包括：(1) 朝鲜、伊朗、俄罗斯、中国等的国家动向；(2) 全球恐怖主义活动与跨国犯罪活动；(3) 大规模杀伤性武器的生产与使用情况，主要为核武器；(4) 网络安全；(5) 全球气候变化与流行性疾病等。

三、安全情报分析

安全情报分析是由情报收集部门到情报产品部门次第推进的过程，在过程维度上可划分为技术分析与情报评估两个过程，在逻辑维度上可划分为动向评估与安全态势研判两大业务种类。技术分析即信息整序，是指将收集的原始数据和原始信息（如卫星图片、电子信号、网络数据、外文文本等）进行整理编译，使其结构化和可读化。情报评估是通过对技术分析的成果进行研判，分析获得目标国家的动向与意图，及其对主体国家的可能影响。安全动向评估是指通过历史比对，获得客体国家当前的行动走向与目标计划，以及这些内容对主体国家的影响和意义。安全态势研判是指主体国家在客体国家及其安全环境的关系中所处的安全地位及其安全风险程度。比如，当前的美国国家安全与情报体系中，类属国防部的国家安全局负责信号侦察与网络侦察工作，同时对信号与网络进行技术分析，并将信号情报产品与网络情报产品报送至各军种情报部门和中央情报局，后两者在此基础上展开情报评估；中央情报局的情报分析以动向评估为主，也负责安全态势的研判，而美国国家安全委员会以及各类安全智库、大学、研究所等则主要负责国家安全态势的评估。

安全情报分析的基本原理非常广泛，每一种分析领域需要具备该领域的基本原理作为理论支撑体系。比如，信息领域有编码原理与密码原理，政治领域有国家制度原理与公共决策原理等，军事领域有战争原理与军事博弈原理等，经济领域有金融原理与经济发展原理等，社会领域有人口原理与社会交往原理等，公共外交领域有战略传播原理与心理认知原理等。

情报动向评估内容，在国家政治方面覆盖政策方针、政治制度与决策体系、安全与情报体系、政治领导人、党派势力、民族宗教、领土问题、边疆安全、民众舆论、社群组织等。外交方面覆盖外交政策、外交体系、外事活动、外交事件、公共外交等。军事方面覆盖国防政策、军事战略、国防开支、军事部署、军事编制序列、军事装备、核武器、军事训练、军事外交等。经济方面覆盖经济政策、经济发展、财政税收、金融系统、投资贸易、对外出口、重大建设项目等。科技方面覆盖科技政策、科研院所、科研人员、科研费用、重大科学项目、重大技术项目、重大科技产品、科技创新环境、技术保护与管制、技术贸易等。社会方面覆盖人口生产、家庭结构、群众组织、居民生活就业、福利安保、居民收支、社会风气、婚俗礼仪、社会舆情等。文化传媒方面覆盖文化政策、文化部门、文化活动、文化项目、文化贸易、新闻制度、言论管制、传播体系、传播内容、意见领袖、新闻事件等。教育方面覆盖教育政策、教育机构、教育经费、教育发展、学术机构、学术专家、学术课题、学术主张、思想管制等。

安全态势研判内容包括国家战略、国家安全战略、国家安全制度、国家安全环境、重点国家的安全战略与发展等，以及国家安全建设方案、国家安全策略、国家安全措施建议、国家安全行动建议等。

情报动向评估的方法有模型分析法、历史经验法、统计预测法、情景规划法、竞争性假设分析法、模拟仿真法等。安全态势评估的方法有归纳综合法、系统模型法、统计分析法、对比分析法、情景规划法等。

附件 1 美国安全情报分析理论：情景分析法（SA）

Scenario Analysis，1967，Herman Kahn 和 Wiener 合著《2000 年》首次提出。情景分析是在正确描述现状的条件下，考虑未来各种可能发生的概率或可能性，制定可替代的、风险可评估的、结构化的分析方法。

- 确认研究主题（核心问题、核心决策，及需考虑的时间框架）；
- 找出和选择关键因素（围绕核心问题或核心决策）；
- 找出关键因素的驱动力量，进行重要性排序，估计各自的发生概率；
- 制定和描述未来演化情景，包括敏感度分析和可能演变路径分析；
- 详细阐述和分析每一种未来情景（模拟演练未来情景发生可能性）；
- 监测主要指标先兆事件以预期哪一情景正在发生。

附件 2　美国安全情报分析理论：竞争性假设分析（ACH）

Analysis of Competing Hypotheses，美国中央情报局理查德 · 休尔提出，是美国中央情报局使用最为广泛的情报分析方法之一。该方法结合了认知心理学、决策分析方法的优点，经过长期的实践与改善，能有效避免分析人员的思维定势，得出理性客观的分析结论。

- 提出假设：提出与分析对象相关的各种假设。在这一步，需要考虑可能存在的各种情况，尽可能多地列出所有假设，以保证分析的全面性。

- 证据列表：对证据进行列表。提出假设后，需大范围地收集与分析对象相关的信息、事件等证据。

- 制作矩阵图：证据收集完毕后，将所提的假设以及收集到的证据分别列入矩阵的行和列中。对每一条假设，分析证据对其的支持性与否定性，其中，支持与否定可以用 (+) 和 (−) 表示，或者是 1 和 −1 表示，若不相干，则用 0 表示。由于每条证据对假设的影响强度可能有所不同，在记录时可以引进相应的权重，使得分析更为准确。

- 完善矩阵图：删除无用信息，重新假设。

- 得出初步结论：根据证据与假设的依赖程度，统计支持假设与反对假设的证据比重，得出初步结论。

- 证据敏感性分析：重新评估关键证据，来源是否可靠。若有问题，需重新进行分析。

- 总结：撰写总结报告，得出最终结论。ACH 的最大特点就是把整个分析过程呈现在决策者面前，使决策者知道各种可能性及其相对的几率，从而得出结论的同时，备有应急手段和回旋余地。

- 设定未来观察标记：确定未来指标，若指标改变，则结论可能改变。

四、安全情报设计与行动

安全情报的设计，即安全行动包括安全隐蔽行动、安全统战行动和情报反击行动的谋略策划，目的是使用最小的国家代价获得最大的国家安全效益。安全情报的设计方法即政治谋略、军事谋略、外交谋略、经济谋略以及各类社会实践方法的综合使用，操作层面则包括钱学森的综合集成研讨厅体系（相当于美国群体决策与作战室的系统集成）、博弈分析、模拟演练等。

安全情报行动即安全反击行动和防御行动。反击行动包括隐蔽行动和统战行动，是主体为了实现国家安全目的，由安全机关主导、针对客体目标国家展开的，可能涉及军事、政治、外交、经济、科技、学术教育、文化传播等各个国家领域的一系列秘密活动和统战工作。比如，美国国家的隐蔽行动范围非常广泛[1]，包括向客体国家的对立组织或潜在对立的第三方国家提供秘密武器、秘密技术、情报信息、外交承诺、政治合作等；向客体国家开展公共外交和战略传播攻势，争取目标国家的民众反对国家政权；向客体国家的学术权威和教育机构输入特殊学术理论，控制目标国家的学术与教育体系，引导目标国家出现决策失误甚至社会动荡；离间或支持目标国家的所谓“友好”政治势力，分裂客体政治体系；支持目标国家的社会团队组织，提供资金、技术、人力和策略，发动社会团体组织开展包括游说、演讲、出版、传播、抗议、游行甚至分裂政权的政治活动；向目标国家开展破坏、绑架、暗杀等准军事行动等。安全情报的防御行动则是主体为了防御客体的情报侦察、情报分析、情报设计、情报隐蔽与拉拢

[1] 艾布拉姆 · N. 舒尔斯基，加里 · J. 斯密特 . 无声的战争 [M]. 北京：金城出版社，2011:126-147.

行动，围绕主体自身内部的安全问题，开展的一系列被动防御情报工作。反击行动包括反间谍、反侦察、信息控制、信息保密、伪装隐蔽、安全保护、安全教育等。

第2节　外宣情报

一、外宣情报概述

以往的情报研究较少关注外交、对外宣传、文化传播等领域，主要原因在于这些领域的情报活动似乎没有其他领域明显，与安全、军事、公安等部门相比，三者都缺乏“强力”性质，更接近于中国古代的文书部门。但是，随着现代传播体系的发展，尤其是美国软实力体系在冷战中的胜利，极大地促进了这些领域在实践与研究方面的大规模发展。诚如法国著名哲学家雷蒙·阿隆所说，外交与军事一样都具有政治属性，是不使用武力的说服艺术，通过威慑、劝导和颠覆三种方式形成国家的对外权力。[1] 实际上，外交、对外宣传、文化传播在国际关系处理中，都具有强大的国家间沟通与国家间交往的政治属性，即以国家机构、社会团体和社会公众为对象，以外交沟通、新闻宣传、文化交往为手段，通过复杂交互的“话语场”“心理场”“舆论场”“意识形态场”“关系场”等，构成特殊的国家权力网络，发挥维护国际安全确保国家利益的作用，故而本文将三者合并研究，以探索其共同规律。

外宣情报是国家情报的重要组成部分，主要处理国际关系中的沟通与交往问题，是由外交文宣机构执行的通过强化国际沟通与交往以建立起国际统一战线进而实现国际安全的认知对抗活动。外宣情报由外交情报、对外宣传（战略传播）、公共外交（人民外交）三大部分组成，是三者综合

[1] 雷蒙·阿隆.和平与战争：国际关系理论 [M]. 北京：中央编译出版社，2013:24, 158.

的简称。其中，外交情报由正式的外交机构执行；对外宣传是国家出于战略需要，由宣传机构向国际社会开展的新闻与宣传活动；战略传播是为了维护国家利益和实现战略目的，对外国（包括国家机构、社会团体、公众）展开的有目的的文化传播活动，与对外宣传的含义相似；公共外交是人民外交的别称，由国家机构、社会团体和社会公众代表国家利益与他国的国家机构、社会团体和社会公众展开国际交往活动。需要注意的是，这里的国家范畴泛指拥有独立主权或拥有独立政权的政治体系。

在外宣情报活动中，国际冲突是基本的矛盾关系，根本上决定着情报活动的样式与规模。在图 5–3 所示的元模型中，我国的外交文宣机构是情报活动的主体，他国的外交文宣机构是情报活动的客体，二者随着国家间冲突的变化通过外交信息、新闻事件、文化知识、科学技术、价值观念、国家政策等，展开宣传与反宣传、传播与反传播、文化输出与反输出、学术操纵与反操纵、信息控制与反控制、国民认知与反认知、外交威慑与反威慑、战略欺骗与反欺骗等复杂的交互运动。

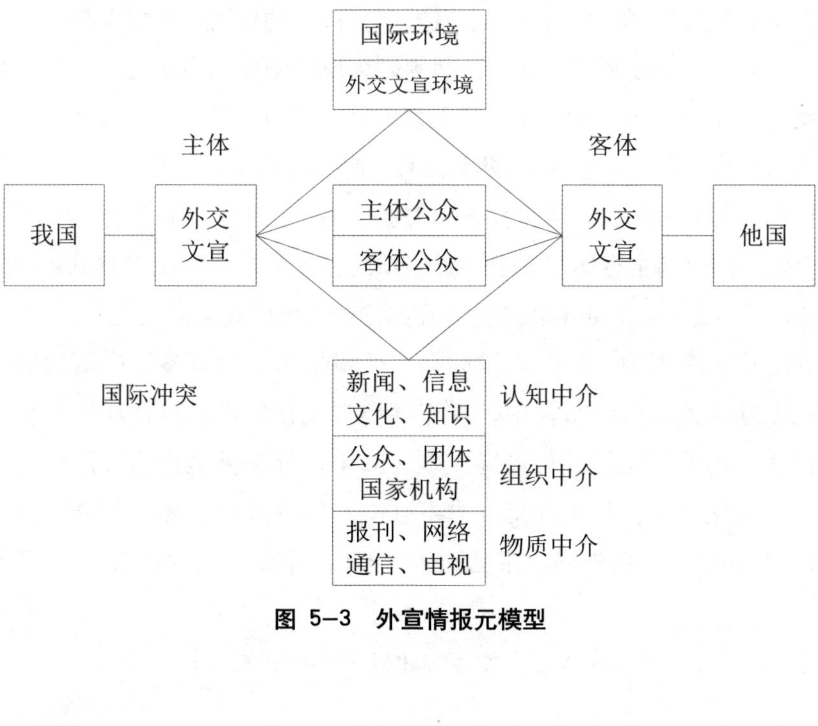

图 5–3　外宣情报元模型

国家信息、文化知识、新闻评述是外宣情报的主要认知中介，领域覆盖民众生活、文化艺术、传媒报道、价值观念、科技体娱、经济商贸、外交政策、政治主张、安全军事等各类活动。同时，报刊、网络、通信、电视、广播、商品等构成了情报的物质中介。

外宣情报的组织中介则要复杂一些。主客体之间依靠国家机构、社会团体和社会公众来展开对外宣传、文化输出、公共外交、学术操控、宗教控制、舆论操纵、外交斡旋等大规模的活动，以配合国家外交战略的执行。由于国家是个复杂的组织系统，社会分工导致对象的多样化，每一个对象群体又具有独特的沟通和交往规律，需要主体采用不同的策略才能实现较好的情报活动效果。有学者指出，我国的传播沟通媒介包括对外宣传、新闻出版、广播影视、文化等机构，覆盖地方政府、民主党派、大学、教会、文化团体、媒体、网络、企业等非常广泛的组织体系。[1]大体而言，国家机构类组织包括政府、军队、司法、科技、教育等部门；社会团体类组织包括信息咨询机构、智库、媒体、生产企业、金融机构、非政府组织、民间团体等，比如，美国智库在参与美国外交政策的推广中就发挥了巨大的作用，布鲁金斯学会、兰德公司、卡内基国际和平基金会、胡佛研究所、国家战略研究中心等，经常通过发布研究报告和专家访谈内容来宣传美国政策，试探国际媒体舆论，影响国际政治，提供对外行动的智库决策产品；社会公众类组织包括科学家、学术权威、名人明星、政治家、事件关键人等，在组织关系上他们并不是独立的个体，而是与主客体建立了某种联系的特殊公众，往往以意见领袖的身份出现，其言论具有一定的权威性，在舆论塑造方面具有巨大威力。

在上述元模型中，国际环境的存在使得情报活动具备了广阔的操作空间，在国际沟通和国际交往中，外交环境、文化环境、媒介环境等将深度影响情报活动的可能样式与最终成效。其中，外交环境包括政治外交、经济外交、文化外交、科技外交、军事外交、体育外交、环境外交、预防外交、议会外交、政党外交、多边外交、地方外交、人权外交、人民外交

[1] 赵启正．公共外交战略 [M]. 北京：学习出版社，2014:5-6.

等[1]；文化环境包括语言文字、哲学宗教、科技教育、文学艺术、风俗制度、思维观念等；媒介环境包括电视、广播、网络、通信、报刊、广告等。根据纽曼“沉默的螺旋”理论[2]，媒体舆论与公众的真实需求之间存在着巨大的差异，媒体传播能够在公众意见之外，形成强势的舆论引导，使得公众在一定程度上保持沉默，从而起到调控舆论甚至威慑公众的作用。因此，媒介环境是外宣情报环境中最重要的可塑性最强的一个因素。

外宣情报活动包括两类基本手段，一类是沟通，一类是交往。沈苏儒总结了我国外交文宣的 18 种门类[3]，包括对外新闻、国际广播、卫星电视、网络传播、对外书刊出版、文化艺术交流、体育赛事交流、对外语言教育、互派留学生、国际学术研讨交流、国际旅游、文化遗产保护、人民友好团体或城市交往、海外华人团体的联系活动、非政府组织与民间团体的交往、宗教界的交往、外国举办的大型综合活动、个人演讲和访谈。

外宣情报分为进攻、拉拢与防御三种活动样式。进攻型外宣情报活动是指主体跨越国界，在国际社会或他国范围内展开活动，以破坏或夺取他国国家利益和国际话语权力（或国际意识形态权力）。拉拢型外宣情报活动是指主体跨越国界或传播空间，在政治与外交范围内展开活动，以联络或统战他国政治力量并赢得国际话语权力（或国际意识形态权力）。防御型外宣情报活动是指主体出于防御目的，在自己国家或国际社会开展活动，以维护和稳固自身既有的国家利益和国际话语权力（或国际意识形态权力）。

国际统一战线是外宣情报活动的基本组织模式，包括由国家机构开展的政治外交、公共外交，以及由社会团体和社会公众开展的人民外交（或民间外交）等，统战成员包括友好国家、友好国家机构、友好社会团体、友好公众人士等。国际统一战线的组织策略包括团结联合一切友好力量和反对打

[1] 李渤．外交学 [M]. 北京：时事出版社，2014:32.

[2] 杭孝平．传播学概论 [M]. 北京：中国书籍出版社，2012:236-242.

[3] 于运全，王眉．中国对外传播的变革与发展——《对外传播》20 周年文选 [M]. 北京：外文出版社，2014:59-60.

击一切敌对力量两个方面，最终目的是服务于国家利益和国家战略。

依照一般情报工作循环模型可以构建出外宣情报工作模型，如图 5–4 所示，包括国际沟通与交往问题、侦察与调查、分析与评估、策划设计、外交文宣行动与反情报等五大类。面对国际冲突引发的国际安全威胁，主体国家需要开展国际沟通与国际交往活动，以维护良好的国际环境来保障国家利益。因此，主体的外宣机构通过侦察和调查，获得客体的国家信息、媒介舆论、社会各界主张、公众意见、国家外交意图等，必要时分析评估客体的外交走向与国际形势，进而设计策划出具体的对外策略，使用进攻、拉拢、防御组合行动，通过建立或强化国际统一战线，针对客体的外交企图组织有力的反击行动，配合国家外交战略，确保国际安全防护和国家利益。

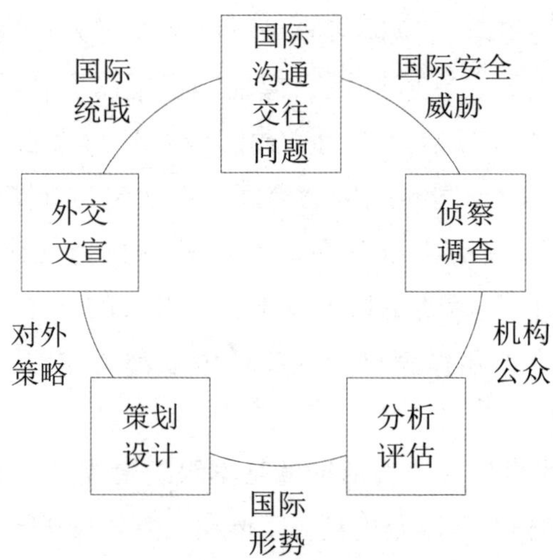

图 5–4 外宣情报工作循环模型

二、外宣情报侦察

外宣情报的搜集即客体与环境的信息搜集，分为情报侦察和信息调查两种。一般地，外宣情报的搜集以侦察为主、调查为辅。情报侦察是指突破客体的信息封锁，获得客体的隐秘信息，类型包括外交侦察、安全侦察、军事侦察、公安侦察、科技侦察、经济侦察等多种的或综合的方式；尤其是人类进入信息社会后，客体关于信息的封锁技术较以往要高级和严密得多，情报侦察工作必须采用新的更高级的技术手段才能达到效果。信息调查则是指采用公开方式获得相关信息。在外交体系中，驻外使馆、领馆是主要的信息搜集组织体系，可执行人力情报侦察、技术侦察、信息调查等活动。在文化宣体体系中，通讯社、驻外机构是主要的信息搜集组织体系，主要执行政治、军事、外交、经贸、文化、社会等多种类型的新闻采访与信息调查活动，当然也可以从事人力情报侦察和技术侦察活动。

外交调研是外交系统中比较常见的一项基础工作，是“调查”与“研究”的综合，多数情况下也是情报信息的搜集与分析的代称，其类型包括“状态类调研”和“动态类调研”。前者涉及历史、地理、文化、经济、政治、军事、社会、宗教、风俗等常规性信息内容，后者涉及形势、战略、热点、突发事件、经济专题、军事专题等信息内容。[1]

新闻调查是文化宣传系统中最重要的信息调查方式，其内容包括：(1) 客体国家的公众需求兴趣；(2) 客体国家的新闻事件；(3) 客体国家的传媒生态和国家舆情；(4) 客体国家机构的意见诉求；(5) 传播对客体国家受众的影响程度等。新闻调查的方法包括社会调查、新闻采访、社会网络收集、文献信息收集（网络采集、视频采集、数据库采集、报刊采集）等。其中，新闻采访的程序大致分为：明确新闻报道思想、确立报道选题（题材、主题、标题）、采访准备（了解政策、人物背景、采访计划、物质准备）、采集新闻素材（访谈法、观察法、文献法、问卷法等）等。[2]

[1] 什么是外交调研 [EB]. http://www.fmprc.gov.cn/ce/cggb/chn/ztlm/gtbfyrth/wjdy/t217875.htm.

[2] 吴玉兰 . 媒介素养十四讲 [M]. 北京 :北京大学出版社,2014:141-176.

三、外宣情报分析

外宣情报的分析内容包括当前状态类和发展动向类，前者是信息综合的过程，后者是趋势预测的过程。比如，在传播领域，分析内容包括：(1) 客体国家公众的需求兴趣分析；(2) 客体国家的新闻事件分析；(3) 客体国家的舆情舆论状态评估；(4) 客体国家的意识形态分析；(5) 客体国家的舆论走向；(6) 客观国家的民意走向等。

外宣情报的分析领域可分为外交情报分析、传播情报分析与公众情报分析。外宣情报分析与外交、传播、公众等部门分析互相融合，构成完整的信息分析体系。外交情报分析的目的是掌握国际社会和他国的基本状态，尤其是政治团体、军事力量、经济势力、民众意愿、领导人状况等，研判预测出国际社会的发展动向，以及他国的外交政策调整、社会各界动向、未来演变格局特征等；外交情报分析方法包括利益分析、历史分析、人物分析、专题分析、趋势分析、假设分析、模拟演练等。传播情报分析的目的是找到受众的传播需求、主体与受众之间的传播矛盾及关键点、历史成功规律及关键成功因子，掌握对象国家的媒体环境与舆论动向，预判传播舆论的发展趋向；传播情报分析的方法包括[1]：定量方法（内容分析法、实验法、个案研究法、趋势分析法）、定性方法（历史法、个案法、观察法、经验法、模拟法）。公众情报分析的目的是掌握外国公众的生存与发展状态，研判预测出他们的未来发展走向以及对国家政治乃至国际社会的潜在影响；公众情报分析方法包括专家访谈法、案例对比法、模拟测试法等。

四、外宣情报设计与行动

外宣情报的设计，即外交文宣行动的谋略策划，目的是使用最小的外

[1] 杭孝平.传播学概论[M].北京:中国书籍出版社,2012:501-508.

交成本获得最大的国际安全价值。外宣情报的设计方法即外交谋略、宣传战略、文化战略、公共外交战略、国际统战策略的综合使用。操作层面则包括谈判、威慑、恐吓、宣传、监督、导向、建构[1]、娱乐、感情、吸引等策略。比如，传播的策略就是找到切近外国公众感兴趣的内容，开展针对性的工作；美国的战略传播或对外宣传，就可归结为“宣扬美国的美好生活方式”，即宣传所谓的“美国梦”，同时也抹黑对象国家的生活方式，进而争取他国公众对美国的好感和对自己国家的厌恶。

外宣情报的行动分为隐蔽行动、统战行动和反情报三大类型，隐蔽行动是主动出击行为，相当于进攻活动；统战行动是联络沟通行为，相当于拉拢活动；反情报是安全保卫行为，相当于防御活动。外宣情报行动也可分为外交情报行动、对外宣传行动、公共外交行动三大领域。

根据布尔的归纳[2]，外交活动主要发挥五大功能：(1) 通过国家机构之间的交流；(2) 通过各种谈判达成某种协议；(3) 收集外国的情报信息；(4) 减少国际关系冲突；(5) 参与国家象征性活动。实际上，当代外交已经扩展为大外交格局，外交行动包括政治、军事、经济、社会、科教文娱等宽领域的交往活动，外交主体也由政府机构扩展到社会团队和公众个人，外交议题包括国际政治、经贸活动、生态环境、科技研发、教育文化旅游、基础设施、能源资源等，几乎囊括了国家治理与国际治理的绝大部分领域。外交情报也不再局限于收集外国信息的范畴，还囊括外交威慑、外交诱导、外交统战、外交欺骗、国际离间、政治攻击等多种样式的实质性行动。

在新闻宣传领域，面向国际社会的对外宣传，以及面向外国公众的大众传播，通过新闻信息的定向选择、受众刺激（渲染）、议程设置等方式，有目的营造国际舆论，操纵民意，塑造国际政治，已经成为世界大国处理对外关系的主流手段。

在公共外交领域，库伯和霍金总结了西方国家政府和非政府行为体在

[1] 于运全，王眉．中国对外传播的变革与发展 [M]. 北京：外文出版社，2014:169, 325.

[2] 陈昊苏，张胜军．民间外交与大国崛起 [M]. 南京：凤凰出版社，2011:67.

外交实践中的互动形式[1]，将其分为：(1) 非政府行为体发出倡议，推动政府采取积极的外交政策，发挥民间外交设定议程的能力；(2) 非政府行为体作为外交代理人参与外交活动，发挥民间外交的国际交往经验与外交能力；(3) 非政府行为体与政府组成特定的合作机制参与外交事务，发挥民间外交的中立性和道德优势。由此可见，公共外交在国家对外关系中，具有巨大的行动实践属性。

第 3 节　军事情报

一、军事情报概述

尽管以美国的和平演变为主要样式的现代软战争形态获得了稳步发展，当代国家间的对抗也已模糊了军事冲突与非军事冲突的边界，甚至不少学者将军事情报扩大乃至于完全等同于安全情报，但军事冲突及其相伴随的军事情报活动的本质及其样式依然具有明显的特征，依然具有独立的问题域和活动规律。

军事情报是保证武装胜利并维护暴力统治为目的的组织认知对抗活动。军事情报是军事战争的伴生物，军事情报先于军事战争而起，后于军事战争结束。在军事情报活动中，我军与敌军之间构成军事对抗的矛盾冲突关系，这种关系是引发主客体之间发生反复的、多维的和复杂的情报认知对抗运动的根本原因。

在图 5–5 所示的军事情报元模型中，我军是情报活动的主体，在情报活动中围绕客体和环境展开情报活动，敌军是我军情报活动的客体、目标与操作对象。军事情报的主客体之间主要通过军事信息和双方的心

[1] 陈昊苏，张胜军 . 民间外交与大国崛起 [M]. 南京：凤凰出版社，2011:69.

理认知交互活动，开展操控与反操控、侦察与反侦察、伪装与反伪装、欺骗与反欺骗、统战与反统战、隐蔽行动与反隐蔽行动。军事信息和心理认知构成了军事情报的主要认知中介，同时敌我双方还依靠武装组织和武器装备的运动与使用，如埋伏、隐蔽、诱敌、拉拢、侦察、震慑等，来配合和执行军事情报活动。在军事情报元模型中，环境是个重要元素，环境的使用使得军事情报活动变幻莫测、光怪陆离。其军事环境包括军事集团、军事武器装备、军事战场、战争思想、国防建设等，其他如政治环境，包括国家制度、国际关系、外交关系、民族宗教关系等，经济环境包括装备生产与供给、粮食生产与供需、能源网络、交通物流等，社会环境则包括双方国家的公民、第三方国家及其内部组织体系等，物理环境包括全球地理空间、全球电磁空间、全球网络传播与信息认知空间等。

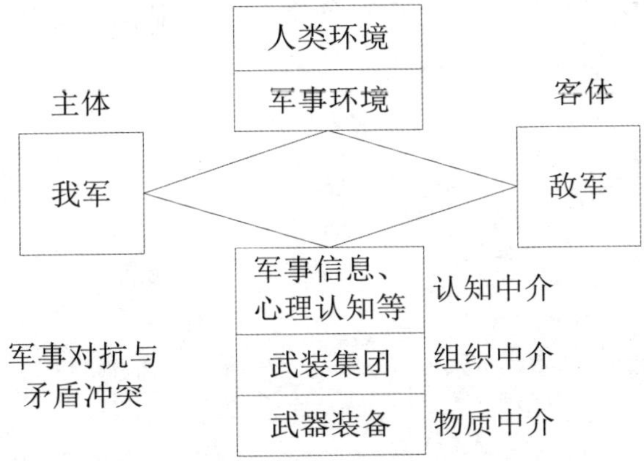

图 5–5 军事情报元模型

在军事情报元模型中，主客体双方开展情报活动的本质是通过对双方相关的军事信息和心理认知的操控来构筑认知优势，进而形成战略优势，最终实现各自的军事对抗目的。军事情报活动的核心内容包括：敌方军事态势侦察、敌方军事动向侦察、敌方军事意图评估、敌方军事决策诱导、敌方军事力量瓦解、敌方军事行动控制、敌方军事侦察能力屏蔽与破坏等。其中，对军事态势的把握是军事情报活动的基础，对敌方意图与动向的把握是军事情报的核心，对敌方军事决策与行动的影响是军事情报的升华，对敌军实行反情报是军事情报活动的保障。

军事情报工作循环模型与一般情报工作循环模型基本一致，但在具体环节上具有自己的特色。标准的军事情报工作包括敌军动向问题、情报侦察、情报分析（或称之为情报评估）、谋略设计和军事特别行动五大类，如图 5–6 所示。对敌军意图与动向不明，导致我军对敌作战与军事斗争缺乏可靠的依据，使得我军对敌作战存在巨大的军事风险。因此，侦察部队需要对敌军进行态势侦察和调查以及意图侦探，通过对敌军动向的情报评估，掌握敌军行动规律和未来行动计划，借助一定的谋略设计与计策设定，借助一定的军事情报特别行动干预和影响敌军行动，从而使其进入以我为主的优势场域。当然，实际的军事情报活动并非以循环链条次序推进，而是侦察中有分析、分析中有侦察、设计中有行动、行动中有设计的交叉式的复杂活动。

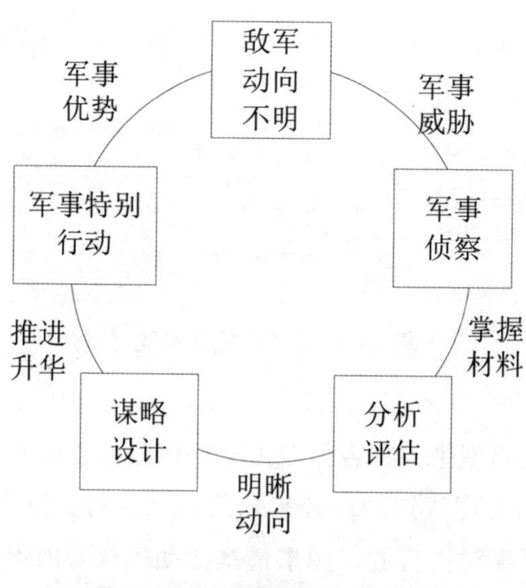

图 5–6 军事情报工作循环模型

二、军事情报侦察

军事情报搜集可以分为军事侦察（或军事情报侦察）和信息调查两种，侦察是主要的情报搜集方式。军事的信息调查在公开信息收集、战略情报收集方面发挥巨大作用，其方法与一般调查没有本质区别，内容包括敌国政治政策、敌国民意社情、敌国能源交通粮食物质、敌国经济建设发展、敌国科技发展等基本情况，信息载体包括图书报刊、广播新闻、声像图片、地理信息、实物样品、人际消息等。信息调查内容在传统军事情报学中被称作战略情报。

军事情报侦察的基本原理是跟踪法和踪迹法，前者指我军隐蔽监视敌军行动，而后者指利用敌军的一切军事活动及其相关活动与各种环境发生关系所遗留下物质性的、人际性的、意识性的痕迹标志，以此掌握敌军当前和未来运动的方向和目标。

军事情报的侦察模式分为外侦、内探与外部协同三种。外侦是围绕敌军部署在其军事活动的外围展开信息搜索，通过采集、观察、窃听等手段获得敌军信息，依靠敌军的外在形式反映内部动向和意图，这种模式所获得的信息质量相对有限。内探则主动组织我方力量渗透敌军内部或调动干预敌军力量，通过联络、运作、参与、引诱、试探、威慑甚至离间等手段获得敌军信息，可以深入和影响核心决策层，不但获得动态的动向型信息，而且可以获知甚至干预未来的行动计划，在战略层面发挥巨大价值以指导我军防御、统战或进攻。外部协同则依靠第三国家、各类社会组织、各种群众组织等，通过协同交流方式获取敌军情况。

军事情报的侦察方法主要分为人工和机器（或自动化）两种，前者包括间谍侦察、敌探侦察、武官侦察、部队侦察（海、陆、空、天、网等侦察部队）、群众侦察（我方和敌方）等多种方式，后者包括电子侦察、卫星侦察、雷达侦察、网络侦察、通讯侦察等多种方式。军事情报侦察的信息源可依照载体或表达形式，划分为文本型和非文本型、结构化和非结构化、载体型和非载体型等多种类型。军事情报的信息内容非常广泛，宏观层面包括政治、军事、经济、外交、科技等内容，中观层面包括军事态势、军事动向、军事科技、军事生产等，微观层面包括水文气象、地形、交通运输、重要设施（港口、机场、发射阵地等）、重大武器系统（核、导弹、大型船舰、卫星系统、数据网络等）、部署编制（编制、序列等）、指挥体系（指挥部、指挥官、指挥系统、信息编码、指挥策略、媒体传播、心理运作等）、武器装备、武器性能、技术参数、战斗状态、作战士气、伤亡状态、补给动员、防御警戒等。

三、军事情报分析

军事情报分析在逻辑上大致可以分为两类，一类是军事状态研究，目的是掌握敌我双方以及环境（如第三方国家等）的当前资源、装备、部署、战力、行动、政策等状态；一类是军事动向研究，目的是掌握敌军行动计划等。两类分析研究往往相互融合，在实际工作中交互出现。

军事情报分析的基本原理包括军事系统原理、军事控制原理、战争突变原理等。系统原理是指军事体系是个庞大的复杂的系统组织，由物资装备系统、集团作战系统、信息指挥控制系统等组成，子系统内部和之间形成互相关联和彼此影响的关系，为军事情报分析提供了一种整体的逻辑框架。控制协同原理是指军事组织各单元形成互相控制与协同的关系，彼此勾连互动，形成指挥控制与协同联合的运作体系，为军事情报分析提供了一种关系视图和组织逻辑。突变原理是指军事战争中存在意外性特征规律，战争的环境、武器、部队、决策、意识等任一元素的突变都可能导致整个战争态势的剧变，这就为情报分析发挥创造性思维逻辑方法提供了一定的依据。

军事状态研究的内容包括：国防建设、经济建设、外交政策、国防政策、科技发展、尖端武器发展、特种军事技术发展、军力部署、战斗序列、武器装备、纪律素质、预备动员。其研究方法包括归纳综合方法、统计分析方法、对比方法等。

军事动向研究的内容包括：战争危险研究（国家战略研究、国家冲突研究、国内冲突研究、领土纠纷研究、民族问题研究、舆论控制研究、外交政策研究、领导人活动研究、国防政策变化研究、军事动员研究等）、战争潜力研究（军事生产能力、物质资源能力、人力资源能力、经济政治体制、生产建设状态等）、战略动向研究（战略理论、战略意图、战略计划、战略部署、战争征候、战略行动等，以及全局分析、地区分析、重大问题与事件分析、战略性军事装备分析等）、战役动向研究（战役理论、战役方案、战役部署、战区分析、兵团军种分析、战役行动、重要军事装备分析等）、战术动向研究（战斗理论、作战预案、作战准备、战场分析、作战部队、武器分析、战斗训练、军事演习等）。[1] 方法包括历史经验、统计预测、对比分析、情景规划、博弈模型、仿真模拟等。

四、军事情报设计与行动

军事情报的设计即军事心理认知斗争活动的策略制定。军事情报行动即围绕敌军的心理认知开展特别行动。

军事心理认知斗争策略分为两类，一类是军事对阵阶段的策略，即战争尚未发生，敌我双方处于军事相对和平或相互对峙阶段。该类对阵活动需要采用“审时度势”的原则，强化模拟演练、提高战略威慑、加强政治统战、尖端科技对比研究、战略武器对比研究等情报设计方法。在军事情报行动上，相应地开展保密反谍、战争威慑、和平宣传等活动。

军事心理认知斗争策略的第二类是军事战争阶段的策略，战争即将发生或正在进行，敌我双方处于军事激烈对抗或交战状态。该类军事策略需要采用“权衡利弊”的原则，注重伪装、欺骗、引诱、游说、干预、离间分裂等设计方法，并区分战略、战役与战术的不同层次，使用谋略、计策与用间等方法分别应对。在军事情报行动上，对应地开展心理作战、军事

[1] 闫晋中．军事情报学 [M]. 北京：时事出版社，2003:123-125.

欺骗、军事联络、电子干扰、网络破坏等活动。

第 4 节　公安情报

一、公安情报概述

西方国家在公共安全治理及公安情报领域有深入研究，并总结出了较为成熟的理论体系。最典型的是社区警务模式和情报主导警务模式。前者显然受到诸如中国等社会主义国家的人民警察制度影响，在 20 世纪六七十年代开始重视基层警察与社区居民的力量，在公共安全与犯罪治理活动中一定程度地发挥了它们的侦查作用和治安作用。后者则兴起于 20 世纪 90 年代，随着互联网的普及，警务管理与犯罪治理中逐步采用了先进的信息化手段，在犯罪预防与犯罪打击两个方面实现了模式变革。

在西方警务理论中，作为基础模型的发案漏斗现象被重点研究。所谓发案漏斗现象，是指西方国家经过统计发现，在社会危害治理活动中，只有极少比例的社会危害行为被确认为犯罪活动而获得立案，在立案案件中又只有极少比例能够被成功破案；同样的情况在社会主义国家也存在。发案漏斗现象是公共治安的普遍现象，也是公安情报研究的基本前提。

公安情报是国家司法机关以维护公共安全和防控犯罪为目的的认知对抗活动。在公安情报活动中，公安机关与犯罪之间构成治安与危害的特殊矛盾冲突关系，这种关系导致了二者之间开展复杂的情报侦查、情报分析、情报设计与情报行动的相互对抗活动。发案漏斗现象意味着，在公安等司法机关的公共治安活动中，只有极少数社会安全事件会进入犯罪治理与公安情报的范畴，也只有极少数犯罪行为需要经过复杂的情报活动才能获得解决，公安情报并不研究所有的公共治安问题，而是专门研究犯罪治理这一特殊的公共治安问题。因此，公安情报拥有自己确定的学科边界。

基于此，我们可以建立公安情报的元模型。

在图 5–7 所示的元模型中，公安机关是情报活动的主体，处于国家司法权力的主动地位，罪犯是情报活动的客体，处于国家司法权力的被动地位。主客体之间主要通过犯罪信息与心理认知进行操控与反操控、侦查与反侦查、欺骗与反欺骗、行动与反行动的活动，犯罪信息与心理认知构成公安情报的主要认知中介。另外罪犯往往依靠犯罪集团开展规模化的犯罪活动，并使用犯罪工具进行作案，同样，公安机关也借助司法信访交通教育等国家机器和人力技术等侦查手段来进行犯罪治理。在公安情报元模型中，犯罪环境是公安情报的重要元素，包括已经发生犯罪行为的犯罪现场，以及最可能发生犯罪行为或罪犯最可能活动的“阵地”。犯罪环境是整个社会环境的一部分，社会环境又包括政治环境、经济环境、文化环境、社区环境等，后者在宏观层面上决定了犯罪危害行为的发生。

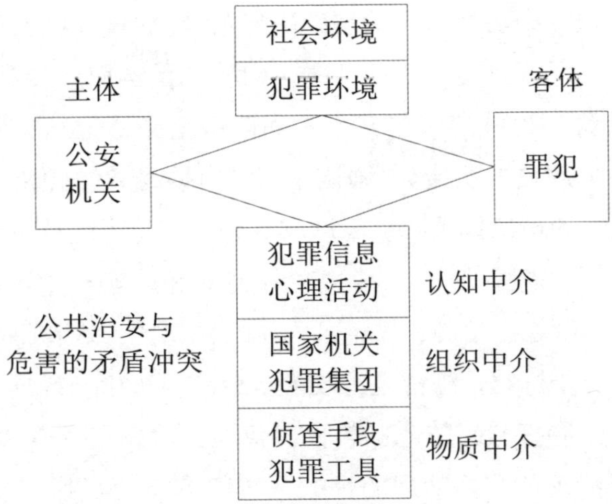

图 5–7 公安情报元模型

从元模型可以看出，公安机关开展情报活动的本质是通过对犯罪信息的掌控来解决罪犯对国家和社会的危害行为。因此，公安情报的核心问题包括犯罪行为的降低、犯罪信息的侦查、犯罪证据的分析确认和对罪犯的行动强制四大部分。犯罪行为的降低是犯罪治理的关键和首要任务，犯罪信息的侦查是获取犯罪证据的前提和基础，犯罪证据分析是对罪犯采取强制措施的依据，四者之间构成紧密的次第关联关系。

随着互联网和信息化的逐步应用，西方国家在20世纪90年代初期也开始认识到，对犯罪环境的治理是执法情报的核心命题。在所谓的情报主导警务的3i模型中可以看到，情报分析部门通过服务警务决策部门，间接影响和改造犯罪环境，继而整体降低社会犯罪的概率，达到公共治安管理的效果。如果说社区警务理论是西方国家在新技术条件下整合中国的人民警察制度的话，那么情报主导警务理论显然是西方国家在新技术条件下融合了中国政府提出的社会治安综合治理理论。根据资料记载，中国于1982年的全国政法工作会议上初步总结出了社会治安综合治理经验，1986年又提出社会治安综合治理是“教育人、挽救人、改造人”的系统工程，需要“打防并举、标本兼治、重在治本”。1991年，全国人大通过《关于加强社会治安综合治理的决定》，随后设立社会治安综合治理委员会，要求“坚持打击与防范并举，治标和治本兼顾，重在治本”，并向全国推广经验。2004年，中共十六届四中全会通过《中共中央关于加强党的执政能力建设的决定》，强调坚持“打防结合、预防为主，专群结合、依靠群众”的理论体系，从而形成具有中国特色的社会治安综合治理理论与实践体系。中国的社会治安综合治理体系，实行党政领导、政法公安牵头，综治、维稳、信访、铁道、司法、共青团、教育等部门与各界群众联合参与的工作机制，综合运用政治、经济、法律、行政、文化、教育等多种手段，开展打击、防范、教育、管理、建设和改造的系统性工作，从而实现综合治理与全面治理的目的。2017年2月的国家安全工作座谈会上，要求完善立体化社会治安防控体系，从源头上排查化解矛盾纠纷。显然，中国提出的综合治理理论要比西方国家的情报主导警务理论更加提前，也更加综合与实效。

公安情报工作循环模型与一般情报工作循环模型是一致的，标准的公安情报工作包括犯罪问题、情报侦查、情报分析（或称之为情报研判)、谋略设计和强制行动五大类，如图 5–8 所示。首先，社会矛盾冲突导致犯罪行为的发生，犯罪行为又造成更大的社会危害。对于立案后的犯罪行为，公安机关必须锁定刑嫌人员进行情报侦查和信息调查，通过分析研判确定嫌疑犯，并锁定嫌疑犯行踪，通过谋略设计对罪犯实施强制行动，最终维护社会治安和公共秩序。当然，在实际的公安情报工作中，工作循环模型并不一定是完整呈现的，比如谋略设计部分在简单的犯罪案件侦破中几乎不存在，再如部分“从人到案”的情报工作，如果情报侦查获得充足证据，则直接跳跃到强制行动中，而不需要经过复杂的分析与设计工作。

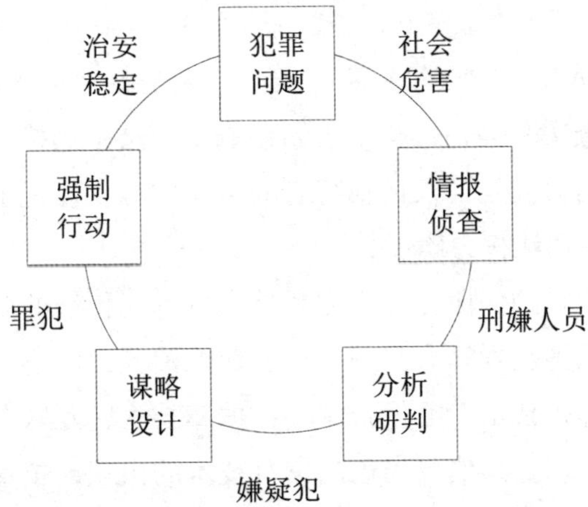

图 5–8　公安情报工作循环模型

二、公安情报侦查

公安情报侦查（或公安侦查）是公安情报搜集的主要方式。需要注意的是，传统的侦查学将情报侦查与公安情报行动视作一个部分，没有严格区分，在公安组织的工作安排中也由侦查部门统一执行。公安信息搜集是公安情报侦查的主要补充，包括社会环境信息的调查与搜集、已有犯罪信息的数据库数据获取等，其方式方法较为常见，在此不赘述。

公安情报侦查的基本原理是物质交换原理，即罪犯在实施犯罪行为时与环境交换的包括痕迹性的、物品性的与印象性的一切遗留物质[1]，都可作为情报侦查的中介物，从而指向罪犯的活动规律及其犯罪行为，并确认犯罪的证据。

公安情报的侦查模式，从侦查工作的起始角度，被划分为从案到人和从人到案两种，前者以案件作为立案起始进行侦破行动，后者以罪犯作为侦破行动目的，通过获取证据以采取强制措施。从人到案是公安机关主动出击和精准打击的主要方式。从证据确认的角度，侦查模式被划分为物证型和口供型两种，前者围绕物证展开侦查取证，后者围绕口供展开侦查取证。

公安情报侦查的方法分为两大类：一类是普通侦查，包括现场勘查、调查询问、侦查实验等；一类是强制侦查，包括强制检查、强行搜查、强制扣押等。强制侦查是公安情报特有的工作内容，体现了国家公安机关与罪犯之间特有的司法权力属性。

公安情报侦查的手段分为人力和技术两种，传统的公安侦查基本以人力为主，活动范围受到极大限制，信息获取覆盖面较小，工作机制非常不灵活。随着计算机技术、通讯技术、数据库技术、互联网技术、物联网技术、大数据等，以及其他更先进的信息技术的出现，技术侦查手段逐步强大起来，从而在根本上推动了西方国家开展的所谓“情报主导警务”模式变革。技术侦查手段的逐步应用也改变了以往的警务工作模式，使得犯罪预防、危害分析与评估、警务规划等传统侦查工作无法实现的警务管理内容成为可能。从这个意义上说，“情报主导警务”的本质就是以信息技术为核心的技术侦查对传统公安侦查体系进行了一次革命性的改造，我国公安系统近年来新设立了不少以公安情报为部门命名的组织机构，实质也是技术侦查对传统人工侦查的一个功能性变革。

[1] 王国民，李双其．侦查学 [M]. 北京：中国人民公安大学出版社，2013:11.

三、公安情报分析

在犯罪打击方面，公安情报分析具有两个目的，一是在犯罪信息中寻找并确认为犯罪证据，二是通过情报分析锁定犯罪行踪和动向。公安情报分析的基本原理是同一认定原理和犯罪再现原理。[1] 同一认定原理指导情报分析将物质交换场中的有关遗留物质确认为犯罪信息，并进一步将核心的犯罪信息确认为犯罪证据。犯罪再现原理指导情报分析活动动态地掌控罪犯的行动轨迹，便于侦查部署或采取强制措施。为了实现情报分析的这两个目的，公安情报需要分析的内容包括犯罪现场分析、物证分析、犯罪心理分析、犯罪体征分析、犯罪文本分析、文件检验分析、数字图像分析等，需要采用的分析方法包括归纳综合、对比分析、关联网络分析、统计分析、时序分析、空间分析等。

在犯罪预防方面，公安情报分析具有两个目的，一是公共危害行为的战略性预警，比如可能会发生在我国境内的恐怖主义行为；二是分析社会犯罪行为发生的根本原因，并提出战略性解决方案，比如“黄、赌、毒”等违法犯罪行为在某一时期的大面积泛滥及其综合整治等。也有国际刑警组织提出，为了解决集团性犯罪活动的打击、犯罪环境的整体治理、治安管理的战略性防控等问题，警务情报需要分析的内容包括犯罪模式、类型犯罪案犯特征、犯罪控制方法等[2]，相应的分析方法包括统计分析、对比分析、案例分析等。需要注意的是，国际刑警组织的观点存在很大歧义，因为在犯罪预防方面，公安情报只有在针对可能存在犯罪危害行为的特定群体的分析中，才具有自身的部门价值和意义。在诸如治安形势评估与犯罪理论研究中，由于没有明确的矛盾冲突关系和认知对抗目标，其问题对象是公安等司法机关各级组织与部门所共有的，因而应被纳入综合的公安学等部门分析类别中。

---

[1] 王国民，李双其．侦查学 [M]. 北京：中国人民公安大学出版社，2013:12,15.

[2] 孟宪文．公安情报分析 [M]. 北京：中国人民公安大学出版社，2014:330.

四、公安情报设计与行动

公安情报的设计，即公安强制行动的谋略策划。公安情报的谋略思想传承自军事情报体系，如何保持认知优势，以最小代价实现克敌制胜是公安情报设计的根本目的。

有三个基本的心理认知规律，可以指导公安机关开展相应的情报设计工作，一是罪犯的趋利避害心理，二是罪犯的侥幸心理，三是罪犯的思维定式。[1] 因此，情报设计可以采用以情攻心、以势攻心、以据攻心，以政策法律攻心。[2] 当然，公安情报设计还有很多策略计谋可供使用，比如诱敌、离间、震慑等，不一而足。

公安情报行动，是一类特殊的公安措施，相当于公安侦查学中的强制措施。在《刑事诉讼法》中，公安侦查的强制措施包括拘传、取保候审、监视居住、拘留和逮捕五种。公安情报行动也是一类非常复杂的交互斗争活动，每一次强制措施都是对犯罪行为的斗智斗勇的过程。该类问题较为大众熟知，在此不赘述。

第 5 节　经济情报

一、经济情报概述

从广义上讲，一切与经济活动紧密关联的情报活动，都可称之为经济情报。为与发生在微观经济领域的竞争情报概念相区分，我们定义了经济情报的狭义概念，即经济情报是国家经济部门为了维护国家经济安全和国

[1]　王国民，李双其．侦查学 [M]. 北京：中国人民公安大学出版社，2013:259-261.

[2]　王国民，李双其．侦查学 [M]. 北京：中国人民公安大学出版社，2013:264-268.

家经济利益，防止国家经济遭受破坏的认知对抗活动，实质是特指发生在宏观经济领域的国家治理层面的经济情报活动。

经济情报涉及国际贸易、国际金融与投资、国家与国际经济体系治理三大活动领域，据此也可将其细分为国际贸易情报、国际金融情报、国家与国际经济治理情报。经济情报主要处理国家之间经济交往中的冲突问题，活动范围主要集中在国际领域，但也与对应的国家内部经济体系紧密关联。经济情报是国家安全体系中以经济安全为基本目标的重要情报体系，在现代社会中，确保国家生存和发展所必需的物质生产体系安全，同时支撑国家军事武装保卫、对外商品贸易流通、吸引外资和对外投资、科技创新以及精神文化生产等各领域工作。正如获得诺贝尔经济学奖的罗伯特 · 蒙代尔所指出，在日益强化联系的全球经济体系中，国家经济稳定政策的效率也取决于国际资本流动的程度 [1]，这也在一定程度上证明当今的国家经济情报活动具有非常坚实的客观物质基础和主观操作空间。

经济情报与竞争情报和商业情报是关联概念。竞争情报是在国家市场经济制度保障下微观经济组织之间的认知对抗活动，是微观层面的企业层次的竞争活动。经济情报则要比竞争情报要广泛得多，它包括国家市场经济制度保障下的竞争情报活动，但更重要的是以超越国家市场经济制度保障范围的经济认知对抗活动为主体，构成国家情报的重要组织部分，以国家发展战略和国家安全战略为运行标准和服务目标。商业情报则是竞争情报和经济情报的混合体和中间体，它是处于商业活动范畴的经济情报活动，既存在于国家市场经济制度保障之下，又出现于超越特定国家市场经济制度保障范围之外。另外，中国情报学界提出了“国家竞争情报”概念，其内涵囊括政治、经济、科技、文化等情报领域 [2]，但排除安全、军事、公安等情报领域，似乎要构造一个区别于“强力机构”的近似于“民口情报”的概念，从而用“广义的竞争情报”替代“现代的国家情报”概念；这种将微观市场领域的竞争概念形式化地扩展为国家间的主要情报活动形式，

[1] 宋新宁，田野 . 国际政治经济学概论 [M]. 北京 :中国人民大学出版社，2015:86.

[2] 陶翔，缪其浩 . 国家竞争情报的概念及其演变过程 [J]. 图书情报工作，2005(9):18.

显然忽视了国家情报体系的复杂性：国家之间既缺乏像企业竞争的市场经济制度作为保障，国家更不可能将安全、军事、外交、文化宣传、经济、科技等情报活动作为一般的竞争关系处理。

经济管理部门是国家物质利益的代表，主导着国家经济情报的获取、分析、策划与行动，其主要活动目标不是管理部门自身的利益诉求，而是代表着国家权力与国家所有物质生产体系的利益诉求总和，受到国家安全战略和国家发展战略的保护与制约。国家经济体系之间的物质利益冲突与合作构成了经济情报的基本矛盾关系，在根本上决定着经济情报活动的规模和样式。在图 5–9 所示的经济情报元模型中，我国的经济管理部门是情报活动的主体代表，在国家经济情报活动中针对他国经济管理部门及其经济环境展开经济情报活动，他国的经济管理部门是其活动的直接客体与直接对象。

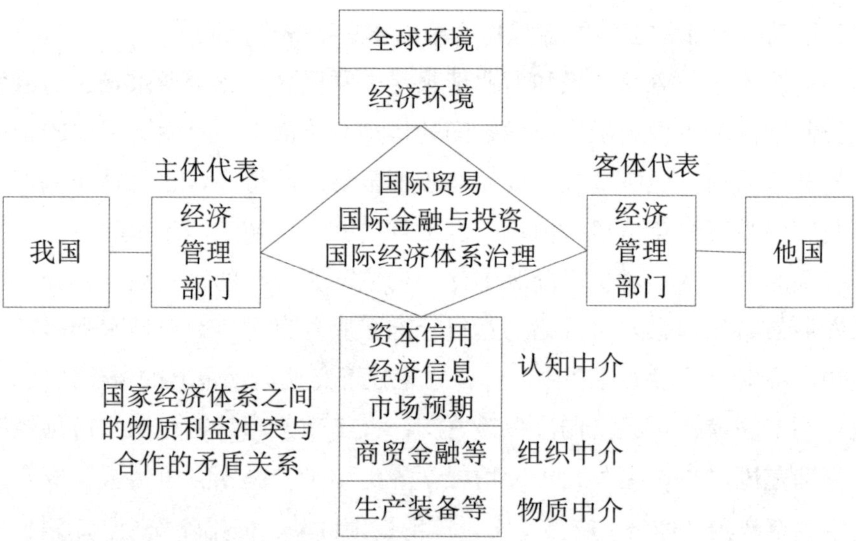

图 5–9　经济情报元模型

经济情报的主客体之间主要通过双方的资本信用、经济信息和市场预期进行交互活动，开展包括经济信息侦察与反侦察、资本品牌宣传与反宣传、资本信用欺骗与反欺骗、汇率战与汇率保卫战、贸易自由主义与贸易保护主义、经济做空与反做空等复杂的对抗与合作行为。国家经济体系的资本信用、经济信息、市场预期构成了经济情报的三大主要认知中介，其中资本信用是指以资本权力构筑起来的市场垄断能力，其内涵包括资本增值能力、资本经营品牌、资本信用评级等；经济信息是指涉及国家物质生产体系、商贸体系、资本信用体系、经济管理体系等具有战略价值的信息内容；市场预期是指国家或经济实体通过媒介传播手段导致主要的市场行为群体对未来时间段内即将发生的汇率、商品、价格、政策、行为等大概率事件的心理认知状态。当然，主客体还依靠商贸金融和生产装备等组织中介与物质中介来开展相关活动，以配合经济利益的实现。

在经济情报元模型中，经济环境乃至全球环境是个重要变量和可操作要素，尤其在情报侦察和信息调查中，第三方力量的经济发展状态具有战略性价值，在随后的情报设计环节，可以借助对国家经济环境、国家周边经济环境乃至全球经济格局的重塑和改造，以达到主体的物质利益诉求。经济环境是指相对于物质生产体系而言，具有战略性影响作用的国家物质生产资料来源地与运输网络、物质资料生产技术与人力供给条件、市场消费结构与社会利益分配条件、国家政策措施与国家经济调控手段等。全球环境是指周边国家的经济环境和世界经济环境，以及相应地域的政治环境、军事环境、社会环境、能源与资源环境、市场环境等。

经济情报的本质是通过与客体的资本信用对抗、双方经济信息的进攻瓦解或防御、双方市场心理预期操作等方式形成经济方面的认知优势，进而在国家经济的竞合中获得战略优势，为国家的物质生产与分配提供安全与发展基础。经济情报的核心内容包括：客体的经济信息侦察和调查（对应地实行主体的经济信息防御和保密）、客体的经济发展动向与政策意图评估（对应地实行主体的经济发展动向和政策意图的保密和保护）、主体的经济对策设计、主体的经济特别行动（如制约甚至操控客体的资本信用、媒介操作客体国家的市场预期等）与反情报（如保护主体的资本信用和市场预期）等。其中，侦察与调查是一切情报工作的基础，发展动向与政策意图评估是经济情报的核心，对策设计与情报行动是经济情报的提升与保障。

依照一般情报工作循环模型，我们可以建立经济情报工作模型，包括国家物质利益冲突问题、经济侦察与调查（或情报侦察与调查）、情报分析（或情报评估）、经济策略设计（或情报策略设计）、经济特别行动（包括隐蔽行动、资本结盟与防御行动）等五大类，如图 5–10 所示。面对敌对或不友好国家的经济利益威胁，主体国家需要开展经济情报活动，以建立相对良好的外部环境来确保物质生产体系的安全运行和可持续发展。因此，主体国家的经济管理部门通过侦察与调查活动，获得客体国家的经济信息，必要时分析评估客体国家的经济发展动向与政策意图，进而依照主体国家的经济发展战略与客体国家的利益冲突状态，策划出可行的应对之策，在进攻、拉拢与防御三个方面，确保主体国家的资本信用稳定、市场预期不偏离以及生产体系安全，同时开展有力的隐蔽行动和资本结盟行动，对客体国家的资本信用、市场预期和生产体系进行有效打击甚至摧毁，甚至在更大的范围内，配合国家的军事、政治、文化、科技等对外斗争活动。

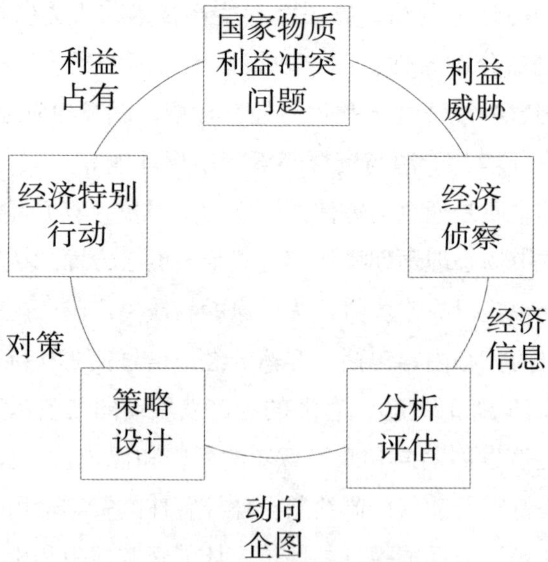

图 5–10 经济情报工作循环模型

二、经济情报侦察

经济情报搜集对象为客体国家和环境等的经济信息，搜集方式分为经济情报侦察和经济信息调查两种。由于世界经济活动的交叉性、频繁性和宏观性，国家经济管理部门的情报活动强度远比安全部门、军事部门和公安部门的活动强度要低，因此，经济情报的搜集一般以调查为主，侦察为辅。

经济信息调查是指获取客体国家和国际乃至世界经济环境的公开性经济信息以及其他对国家对外经济决策具有战略价值的关联性信息。在信息调查中，主体不会与客体发生交互的对抗活动，调查内容则包括客体国家的战略性经济实体、产业结构、产能状态、技术与装备水平、科研创新状态、劳动力供给状况、原材料供给状况、国家宏观经济表现、国家金融发展状况、国家区域经济发展水平、交通运输及基础设施建设状况、国家外贸政策、国家金融政策、国家财政政策、国家科技政策、国家劳工政策、国家智库与经济决策体系、国家经济管理部门（农业、工业、金融、贸易、科技、能源、劳工、信息、国土、交通等部门）的发展与运行状况、国家领导人的个人情况及公开言论、市场预期情况等。信息调查的途径包括新闻传媒、网络报道、报章杂志、财经数据库、调查报告、专家研究、重要人物言论、研讨会议等。

经济情报侦察则是为了获取客体的隐蔽或非公开信息，特别是核心决策层的意图性、决定性信息，所采取的特殊获取方式，分为进攻模式和防御模式。进攻型侦察是指主体国家为了取得先行优势，积极深入客体国家甚至大面积渗入客体国家的经济管理部门和战略性经济生产区域，通过观察、刺探甚至窃取客体国家的战略性经济信息，时刻掌握客体国家的经济政策动向与战略性经济生产进展，意在掌控客体国家的经济决策体系和发展趋向。防御型侦察是指主体国家出于国家经济安全考虑，对客体国家的进攻式侦察和进攻式行动采取防御措施，甚至也深入客体国家决策体系以掌控对方可能的进攻动向。经济情报的侦察途径包括人工和技术两种，前者包括高级代理人侦察、经济间谍侦察、经济使官侦察、社会机构侦察（如各种基金会、专业协会、公关机构等）、调查机构侦察（如新闻采访机构、咨询顾问机构、学者研究团体等）、大型跨国公司侦察等多种方式；后者包括雷达侦察、电磁侦察、网络侦察、通讯侦察等多种方式。

三、经济情报分析

经济情报分析是通过对所获取的经济信息或相关战略性信息进行加工与推演，以清晰认识客体国家的当前经济发展动向和未来发展趋向的过程。经济情报分析在逻辑上划分为技术处理和评估研判两个过程。前者是对信息内容的形式进行加工，使杂乱的初级的信息有序化和结构化；后者是对信息内容的内涵进行加工，使表象的歧义的信息复原出客体的本质面目。

经济情报的评估研判又可划分为动向评估和态势研判两个过程；前者意在掌控客体国家的经济发展动向，其方法包括历史序列法、数据统计法、经济模型法、系统模型法、对比分析法、归纳综合法等；后者意在掌控客体国家的经济发展趋势，其方法包括历史经验法、统计预测法、情景规划法、假设分析法、模拟仿真法等。

对客体国家关于国际贸易方面的经济情报分析内容包括：国家经济阶层分化与利益集团情况、重要的跨国公司进出口情况、国家立法选举与行政治理情况、贸易管理体系情况、贸易组织及劳工组织等情况、贸易额度及变化趋势、贸易商品结构变化趋势、重要贸易商品类别变化趋势、重要贸易商品加工状况、重要贸易实体企业的经营情况、重要贸易伙伴关系状况、贸易进出口区域或国家分布及变化趋势、贸易类型与交易形式、进出口管制、关税政策调整、贸易保护体系调整情况、贸易条约与协定缔结与执行情况、贸易纠纷、贸易谈判与贸易议题、贸易环境变化与贸易结构性问题等。

对客体国家关于国际金融与投资方面的经济情报分析内容包括：汇率

政策及汇率调整、国际收支及债权与债务状况、对外直接投资状况、国际投资流入与流出情况、国际投资协定缔结与执行情况、国际储备资产状况（黄金、外汇、特别提款权等）、各大银行及其他重要金融机构的资产与投资经营状况、重要的跨国公司经营状况、资产信用评级状况（国家、各大银行、其他重要的金融机构、跨国公司等）、外汇市场发展情况、债券与票据市场发展情况、信贷市场发展情况、中央与地方财政收支状况、金融信贷政策调整、财政与税收政策调整、跨国公司与利益集团的政治活动情况等。

对客体国家关于国家和国际经济体系治理方面的经济情报分析内容包括：世界贸易组织中的活动情况、国际货币基金组织中的活动情况、世界银行中的活动情况、七国集团和二十国集团中的活动情况、重要性区域经济一体化建设与活动情况、重要性双边或多边经济合作或结盟情况、自由贸易区建设与运行情况、重要性国际协会中的活动情况等。

四、经济情报设计与行动

经济情报的设计是指经济情报隐蔽行动、经济结盟行动和经济反情报的谋略策划，基本原则是使用最小的经济成本获得最大的经济回报。其设计方法与安全情报、军事情报等基本类似，具体方式可采用会议研讨、模型仿真、博弈分析、模拟演练、战略性试探、小规模实战测试等。

经济情报行动即经济隐蔽行动、经济结盟行动、反情报的总称。三者在进攻、拉拢与防御方向上可以组成如表 5–1 所示的相当复杂多样的行动类型。比如，在国际经济关系中，真实的汇率并非国家间货币的自然比值，本币的实际汇率与均衡汇率之间的失调往往是国家实行策略汇率以对国家间贸易和跨国投资进行间接干预的结果[1]，是国家在国际竞争中实现政治目的和经济目的的重要金融工具；同时，他国出于政治或经济目的，也

[1] 何琼隽 . 国家利益冲突、多极化与联盟博弈 [J]. 复旦国际关系评论，2013(2): 92-94.

会通过政治谈判、军事威胁、外交公关、媒体操纵、经济做空等手段压制他国实施被动的汇率调整。汇率战最典型的案例是 1985 年美国与日、德、法、英五国共同签署的《广场协议》，诱导日本加入货币快速升值航道，从而吸引国际游资大幅进入日本，炒高了房地产、股市等资产价格，造成严重的经济泡沫；1989 年，日本政府迫于经济压力，不得不实行财政紧缩政策，造成国内资产价格暴跌和实体经济大面积瘫痪，国家经济由此陷入"十年衰退"[1]。

表 5–1　经济情报行动的类型划分

领域划分	进攻方向	拉拢方向	防御方向
国际贸易	贸易战	贸易结盟	贸易保护
国际金融与投资	信用评级战 资本市场做空 金融舆论战 汇率战	信用结盟 资本联合 金融舆论劝诱 一致行动	信用保卫战 资本市场保卫战 金融舆论保卫战 汇率保卫战
国际经济体系治理	国际法律战 区域结盟	国际法律结盟 区域结盟	国际法律保卫战 反区域结盟

在国际经济学或国际政治学中，国家经济危机始终是重要的研究议题。关于危机的成因分析中，国际因素是"人为因素"中最关键的参变量，对国家经济具有重大的影响和作用，比如常见的石油危机、货币危机、债务危机、银行危机、股市灾难中，国际炒家、游资做空势力等往往是这些经济情报行动的直接推动者。[2]

[1] 人民网．"广场协议"现代启示录 [EB]. http://paper.people.com.cn/gjjrb/html/2015-03/23/content_1545316.htm.

[2] 李少军．国际政治学概论 [M]. 上海：上海人民出版社，2014:269-281.

第 6 节　竞争情报

一、竞争情报概念

竞争情报学还是相当年轻的学科，竞争情报的研究虽然有 20 多年的历史，其成果十分丰富而庞杂。但是一直以来，无论是在东方还是在西方，情报学界都没有认识到情报的认知对抗本质，其理论体系一直未有重大建树，研究程度还远没有超越经验范畴上升到完全理性领域。

竞争属于对抗，是两个社会主体之间处在一定社会规则或制度保护下的一种特殊的矛盾冲突。竞争与对抗的关系在于，竞争属于对抗的一种特殊类型，竞争的本质是存在保护体系条件下的以第三者为争夺目标的对抗运动。如同组织的对抗分为基于认知的对抗、基于组织的对抗和基于物质的对抗三种类型一样，竞争也可分为基于认知的竞争、基于组织的竞争和基于物质的竞争。竞争有多种类型，比如，产品价格竞争是基于物质交易数量的市场竞争；产品质量竞争是基于交易物质质量情况的市场竞争；产品服务竞争是基于社会利益再分配的市场竞争；人才竞争是基于社会人力资源配置的市场竞争。

竞争情报是指经济组织在市场经济制度和资产法权制度约束下开展的一种特殊的组织认知对抗活动，是以维护资本权力和争夺市场消费者群体，以实现和维持其市场经营的垄断地位，保证其资产及现有的生产经营能力能够获得更多和更持久的收益等为目的的情报活动类型。如同情报的本质是认知对抗一样，竞争情报的本质就是认知竞争。竞争情报也是与产品价格竞争、产品质量竞争、产品服务竞争和人才竞争等一样的基于竞争主客体认知或消费者认知的市场竞争方式。

竞争情报可划分出“高”和“低”两个层次。在低层次上，竞争情报为其他竞争类型提供了依据和方法，通过“知己知彼”实现竞争目的。在高层次上，竞争情报通过竞争谋略的使用，直接削弱竞争对手的竞争能力和竞争地位，从而实现竞争目的，例如，带有竞争性质的产品品牌广告战就是基于社会群体关于产品认知和消费习惯的市场竞争方式，属于一种高级的竞争情报方式；再如，通过公关活动借助于政府立法或市场信用评级等手段，实现限制竞争对手的活动，也属于高级的竞争情报方式；以及，通过释放假消息以消耗直至拖垮竞争对手的实力，也属于高级的竞争情报方式。

但是，需要注意的是，竞争情报与经济情报不同，在国家战略体系下，经济情报系统不应以竞争情报体系作为主体。在当前国际政治格局和生产分工体系中，国家经济往来活动并非简单的竞争关系，因为国家之外缺乏强有力的超国家的资产法权保护制度，尽管世界已经建立世贸规则体系、世界货币体系等，但这些规则体系明显不利于发展中国家实现跨越式发展甚至无法维护公平合理的国际竞争地位。目前中国情报学界正在兴起的所谓“国家竞争情报理论”，主要基于两个概念，即经济学中的竞争优势原理和比较优势原理，而这两个概念都是单就国家之间的现有生产能力比较而言的[1]，其摒除了国家之间资本体系的不同权利地位、不同生产过程及不同的利益分配体系，不具有资本自由和平等的现实基础和发展逻辑。例如，美国当前的国家战略是维护其霸权地位[2]，其体现在经济方面则是利用新经济、全球化、现代化等理论在世界范围内形成以发达国家为中心和以不发达国家为外围的二元经济体系，通过垄断形式构成事实不平等的利益交换体系[3]，实现其对不发达国家的最大限度的剥削，这其中当然包括对中国的国际关系处理。目前，中国与美国已经成为世界上最大的两个国际贸易及生产分工联合体，2007 年的中美贸易额约为 3000 亿美元，美国成为中国的第一大目标出口国[4]，中国对美进出口额约占中国当年总贸易额的

[1] 卢青．国家层面竞争情报的缘起与愿景 [J]. 情报杂志，2007(12).

[2] 兹比格纽·布热津斯基．大棋局 [M]. 上海：上海人民出版社，2007: 173-174.

[3] 房宁．社会主义是一种和谐 [M]. 北京：中国社会科学出版社，2007: 191-202.

[4] 于鹏．预计 2007 年全年中美贸易额有望超过 3000 亿美元 [EB]. http://finance.ce.cn/macro/main/sys/gz/my/200712/25/t20071225_12766088.shtml.

14%，2017 年的双边贸易额达 5800 亿美元，美对华逆差达 3500 亿美元。同时，美国成为世界上债务最多的国家（即中心国家），而中国成为世界上债权最多的国家（即外围国家），美国与中国的国际生产分工和资本分配地位是极不平等的，中国是商品的生产国，而美国是中国商品的消费国，中美两国之间不存在所谓的产业竞争关系。而且，中美关系之外也不存在能够保证中美两国之间进行自由竞争的超国家的资产法权保护体系。在这种情况下，中国的国家竞争情报体系的主要应对对象只能与世界二元经济体系的外围国家比如巴西、越南、俄罗斯等国家进行劳动人口和劳动素质的竞争，从而争取成为美国这个世界最大的商品进口国的供应国。在这种国际关系中，产业竞争无法使得中国取得经济战略的优势地位。另外，更不能将国家竞争情报体系扩大为国家情报体系本身，因为除了经济功能以外，国家情报在政治、外交、文化、军事、科技等领域发挥着战略性功效。以美国国家情报为例，无论其主张与行动，都以国家整体战略为基础 [1]，竞争情报体系只是国家情报体系中处理微观经济领域的小部分。

二、竞争情报历史

竞争情报是市场经济或私有经济制度下的历史产物，是在资产法权保护制度下的衍生产物，具有与一般情报的演化阶段不相一致的历史，具有其自己的历史演化特征。但需要注意的是，这里所指的竞争情报历史主要是指西方资本主义社会的竞争情报发展历程，而不是指全世界所有国家的竞争情报发展历史，也不是指竞争情报科学理论的发展历史。大体而言，竞争情报的发展与资本主义社会经济组织形态演变以及世界消费市场规模变化特征相一致，其历史可划分为以下四个阶段。

第一阶段：从英国工业革命开始至 20 世纪 30 年代初的世界经济危机时期，西方市场经济制度处于国家主导的世界殖民主义体系之中，西方各

[1] The office of the Director of National Intelligence. The National Intelligence Strategy [EB]. http://www.odni.gov/press_releases.htm, August 2009.

国的内部经济组织处于自由竞争向垄断竞争阶段转化，其情报活动基本是在自发的状态下萌芽起来的，通过社会中介即国家行政机构、报馆报刊、行业协会等获取初步的世界消费市场信息。这个时候的经济组织虽然具有初步的情报活动，但是基本未形成具体的情报理论，属于竞争情报的原始阶段。

第二阶段：在第二次世界大战期间，西方经济组织从竞争阶段转向国家控制的阶段，其竞争情报活动基本由国家机构统一协调和控制，竞争情报让位于国家军事情报和国家经济情报，属于竞争情报历史的过渡时期。

第三阶段：20 世纪 40 年代中期到 80 年代中期，西方国家经历了战后经济复苏的过程，其经济组织处于国家管制的时期，其竞争情报活动虽有所回归，但受到世界市场的强劲消费能力拉伸作用，其竞争情报需求不够充分，未在理论上形成独立发展的拉力，属于缓慢转型的历史时期。

第四阶段：20 世纪 80 年代中期以后，中国和苏联地区等原社会主义计划经济国家纷纷走向市场经济管理体制，西方经济组织纷纷加入到所谓的全球发展中国家市场的开发与争夺之中，从而极大地带动了其竞争情报活动的开展。尤其是美国竞争情报专业人员协会（SCIP）于 1986 年成立，标志着西方经济组织的竞争情报活动从自发走向了理论化、专业化和制度化的自觉发展阶段。加之，从这一时期起，计算机的普及以及 20 世纪 90 年代中后期互联网技术的广泛应用，使各经济组织的竞争情报成本极大地降低，各经济组织体内部纷纷设立了独立的情报部门或情报组织，并开展了各种有效的竞争情报活动，从而使竞争情报学走上了独立的发展道路。

由此可知，西方资本主义国家的竞争情报历史虽有些长，但其真正获得社会性大发展才不过 30 年，其学科的建设也十分不够。这就为发展中国家创建自己的情报体系以迎头赶上提供了历史契机，尤其是对于具有深厚情报文化的中国，必将在世界性制造大国地位的物质基础上赢得发展优势。

三、竞争情报属性

在计划经济或公有制经济制度下，由于经济组织之间不存在对抗行为和竞争行为，故不具备产生竞争情报的社会基础条件，而在市场经济或私有经济制度下，经济组织之间存在强烈的对抗行为和竞争行为，构成了竞争情报产生的社会基础条件。所以，竞争情报是市场经济或私有经济制度下的产物。竞争情报概念于 20 世纪 80 年代引入并在中国兴起，这不仅是情报学学科本身的自然发展过程，更重要的原因是我国自 80 年代开始实行了全面的市场经济制度改革运动。

1. 竞争情报与资产法权保护制度

市场经济制度对经济组织的影响，最集中地体现在资产法权保护制度上，包括财产所有权（包括商誉、品牌等无形资产）保护、契约（包括交易契约和劳动契约等）保护以及知识产权保护等。特别是知识产权保护制度，是经济组织主体强制占有知识的第一发现权并在国家暴力机构的保护下剥夺了其他所有经济组织的后发现权。在资产法权保护制度保护下的私有产权具有独占性、排他性和私有性，即在社会局部领域或局部范围内排除了其他所有的竞争者从而构成局部的垄断。

竞争情报的开展是为了突破资产法权保护制度的现实障碍，突破资产法权保护制度所造成的局部市场垄断，化经济组织竞争主体的不利地位为有利地位，化经济组织竞争客体的有利地位为不利地位。因此，竞争情报的展开必须针对资产法权保护制度，形成一套完整的和系统的认知对抗策略，比如在资产法权保护范围之内选择合作策略，而在资产法权保护范围之外选择超越策略等，从而实现组织的竞争目的。同时，竞争情报也受到资产法权制度的保护，任何在资产法权保护制度之下的情报活动都是合法的和允许的，所以当前的竞争情报学特别注重情报活动的合法性，也特别强调竞争情报行为的商业道德和商业伦理。[1]

---

[1] 李响 . 竞争情报收集合法性划分及保护 [J]. 现代情报，2006(9).

资产法权保护制度在历史上并非空穴来风，是有着坚实的物质基础的。从世界资本主义经济发展的历程中可以看出，处于市场经济制度中的经济组织，其生产经营的本质除了通过物质生产满足市场消费需求外，其更为直接的目的是通过各类生产经营手段形成市场垄断，从而实现其超额利润。它们或以联盟垄断的方式出现，例如石油输出国组织对世界石油生产量的调节等；或以国家垄断的形式出现，如波音飞机和空客对大型客机市场的支配等；或以地区垄断的形式出现，如美国底特律汽车城对汽车生产及装配业的控制等；或以企业垄断的形式出现，如微软公司和英特尔公司对个人电脑市场的长期占据等。因为市场经济制度中的经济组织存在经营的这种垄断本质，故在资本市场才有各种类型的大型收购与合并行为，并在世界各个国家之间和国际贸易体系当中，努力地建立起十分完备的各种样式的资产法权保护制度。

2. 竞争情报与核心竞争能力

在竞争情报学中，情报与企业核心竞争力的关系研究占有重要的位置[1]，其中的核心竞争力在本质上属于资产及其经营能力在某一局部领域的垄断程度，这种局部领域或者具有资源性质，或者具有技术性质，或者具有市场性质，或者具有经营能力性质。由此，可根据经济组织的资源与能力将核心竞争力分为认知部分和物质部分（如表 5–2 所示），前者是经济组织认知对抗的主要构成要素或可采用的主要对抗手段，后者是经济组织的非认知对抗要素或非认知对抗手段，二者共同形成经济组织的竞争要素或竞争手段，也构成其除竞争活动以外经济组织赖以生存和发展的要素或手段。

---

[1] 彭奋 . 竞争情报与企业核心竞争力 [J]. 情报探索 ,2008(9).

表 5–2 根据竞争方式划分的经济组织资源与能力构成

要素类型	认知（或主观）部分	物质（或客观）部分
资源类	创新的资源开发利用技术	自然资源
组织类	先进的核心组织认知能力	一般组织成员
产品类	创新的产品设计技术	实际产品
技术类	创新的生产工艺和制造技术	成熟制造技术和生产线
营销类	独特的品牌和商誉	产品销售渠道
规划类	特定战略规划	一般战略思想
方法类	独特的管理技术和思想	一般的管理方法
信息类	信息管理方法和规则	具体信息

经济组织资源与能力中的认知部分即经济组织的认知对抗或竞争情报的竞争手段，其与资产法权保护是矛与盾或武器与盔甲的关系，即竞争主体的资源与能力中的认知部分是突破竞争客体资产法权保护体系的矛，而竞争主体的资产法权保护又是防卫竞争客体的资源与能力中认知部分进攻的盾。在实际的生产经营与市场竞争过程中，竞争主体或以其中的某一种特定手段作为竞争措施，比如美国苹果公司一直以其独特的和创新的数字产品设计技术作为其领先竞争者的生存方式，或以其中的某几种手段组合作为竞争措施，比如中国华为公司以其雄厚的通信产品开发技术和独特的市场开发战略等成为当前世界通信设备行业中的最重要挑战者。竞争情报是在资产法权保护制度之下，如何灵活而正确地维护、组合与使用这些认知手段以形成经济组织的对抗优势，从而构建起并形成经济组织的市场垄断地位，以实现其长远的利益追求。由此分析可知，竞争情报分析的本质是明晰认知手段的竞争条件和竞争地位，反竞争情报的本质是保持认知手段的内部可持续发展和外部的竞争优势，而竞争情报策略的本质是制定如何充分地利用好这些认知手段以形成系统的和完整的竞争战略布局，竞争

行动是以实际资源和具体过程组合起经济组织的认知手段和物质手段等，以实现其竞争优势和获得竞争收益。

竞争情报如同一般情报活动一样，具有社会化、自动化和意识形态化趋势。通常，其社会化和自动化的趋势较为明显，而意识形态化趋势则少有人注意。事实上，在经济组织的竞争活动中，常常借助现代传媒的力量传播自己的商品特性、消费理念和竞争策略，以引导消费者的消费趋向，影响竞争者的市场形象，从而间接地或直接地从竞争对手的市场中夺取更大的份额。而且，经济组织常常利用现代传媒的宣传力量和中介组织的公关能力，推动国家行业标准或者国家产业政策的制定，从而间接影响竞争对手的竞争能力甚至剥夺其竞争能力。故而，于 20 世纪八九十年代起，全世界各类大型经济组织或者自行设立公共关系部门或者与社会公关组织合作，对组织外部的公共关系管理投入了巨大的资本，以期获得更大的竞争收益。

四、竞争情报模型

总结上述的概念分析与本质分析，可以比较容易地获得竞争情报的元模型和工作循环模型，如图 5–11 所示。其中，处于微观市场的情报主客体具有市场经济属性，主要围绕经济环境和社会环境（包括政治环境、技术环境、生态环境等），在国家市场经济制度下，开展市场竞争活动。竞争情报以市场信息、品牌活动、管理思想等作为主要的认知中介，同时也借助产业联盟、资本体系、企业网络以及产品、物流、技术系统、资源体系等展开活动。

在竞争情报工作中，市场占有是微观经济组织的核心问题，如果竞争对手对其造成了一定的市场威胁，则需要开展情报类侦察方法（如市场扫描、客户假扮、关键人访谈等）和信息调查方法（如市场调查、信息咨询、产品测试等）以展开情报搜集活动，重点关注对手动向，通过分析与评估对手的威胁行为，获得这些威胁可能造成的市场影响程度，继而开展

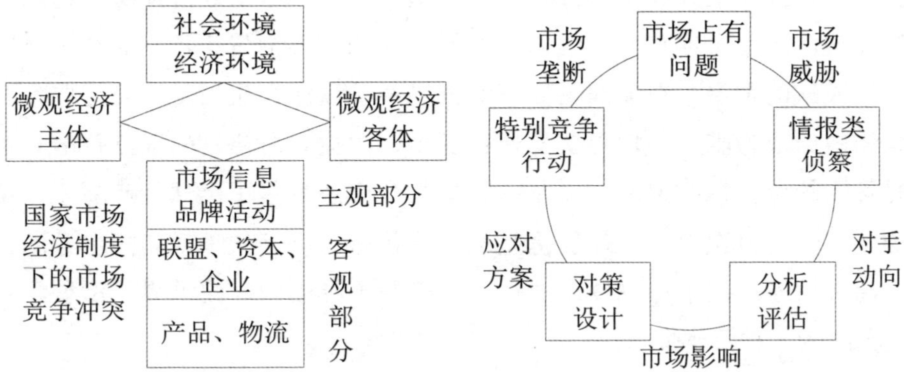

图 5-11　竞争情报元模型与工作循环模型

对策设计，在应对方案基础上进行特别行动（包括情报进攻、情报拉拢、情报防御（反情报）三个方面，如情报预警、情报管控、广告战、媒体操纵、行政壁垒、产权壁垒、产业同盟、商业概念、重组竞争格局等），并结合其他竞争活动，最终实现市场垄断目的。

五、超组织竞争情报的概念与属性

竞争情报与经济情报之间，存在一个融合地带，即一些具有垄断性质的特大型经济体，比如大型资本财团、大型跨国公司、大型国有企业、大型行业同盟等，往往兼具市场竞争属性和国家经济属性，其情报活动融合了市场竞争情报手段和国家经济情报手段，表现出超越传统企业组织管理的边界，融合了部分国家经济调节的功能，可称之为超组织竞争情报。特别是随着经济全球化、通讯与互联网技术普及化、资本与贸易自由化时代的到来，超组织竞争情报活动将越来越普遍，并表现出其对国家与国际社会的强大影响力。

大型经济组织特别是大型跨国公司的战略选择和未来命运与世界经济秩序是紧密相关的。世界经济秩序的形成始于西欧的工业崛起，以英帝国的世界殖民统治为主要特征，欧美等地作为世界商品的生产与出口基地，在重商主义和贸易保护主义双重激励下，跨国经济体实行跨国垄断经营，按殖民地势力范围划分原料产地和世界消费市场。而经过二次世界大战的重组，在美国主导下的世界经济秩序发生巨变，美元取代黄金和白银成为唯一的世界贸易通行货币，而关贸总协定的确立打散了世界各国的贸易保护壁垒，工业的跨国生产体系重组了全球生产要素，全球贸易实现自由化，全球经济呈现一体化格局。[1] 如果说英国主导的世界经济秩序还属于殖民体系的话，以美国主导的新一轮世界经济秩序则完全成为一种资本体系。

1. 全球化与资本（市场）垄断

经济全球化的实质是一种资本（市场）垄断竞争。实际上，马克思和列宁等很早就深刻洞见和系统论述了资本主义的这种垄断竞争。发生于 2011 年的美国“华尔街运动”[2]，就深刻反映了这种竞争结构。瑞士联邦技术学院三位科学家的研究结论指出，全球仅有 147 家企业通过互相持股，实际掌握了所有跨国公司 40% 的财富。[3] 在这个问题上，西方主流经济管理学家们则走了一个大弯路，泰勒、法约尔、韦伯、西蒙、马斯洛、麦格雷戈、德鲁克等，都将研究重点放在组织的内部要素上。值到钱德勒的战略主导组织结构理论的提出，经科特勒营销理论的过渡，到迈克 · 波特的竞争优势理论才将企业外部环境作为关注重点。而且波特的《竞争论》把核心竞争力的概念重新界定为“竞争优势来自于跨活动的整合”，强调资产组合和产业组合的重要性。[4] 而中国韩德强教授的理论比波特要彻底得多，他认为“垄断是指一定时间、一定地域、一定技术条件下、一定法律、经济政策下的不可替

[1] 曹广伟 . 世界经济秩序的历史变迁 [J]. 国际展望, 2012(5):72-97.

[2] 新华网 . 奥巴马“占领华尔街”运动显示民众广泛不满 [EB]. http://news.xinhuanet.com/world/2011-10/07/c_122123646.htm.

[3] New scientist the Capitalist Network That Runs the World [EB]. http://www.newscientist.com/article/mg21228354.500-revealed--the-capitalist-network-that-runs-the-world.html?full=true&print=true.

[4] 迈克 · 波特 . 竞争论 [M]. 北京 :中信出版社, 2012.

代性”“成功的企业竞争战略就是构造、加强、维护垄断地位的战略”。[1]

2. 大型经济组织的超组织管理结构

在经济全球化格局中，经济组织的垄断竞争不仅是一种经济现实，其手段已完全超越组织自身构成要素，扩展为包括产权保护、社会组织调度、消费文化影响、金融资本运作、国家政治影响、国家军事影响、国家经济影响、国家文化渗透等外部要素，形成超越传统经营范围和组织构成的竞争结构，进入超组织竞争阶段。正如图 5–12 所示，大型经济组织在经济全球化时代，呈现了由内而外的超组织结构演变过程。大型经济组织的管理结构超越了营运系统、生产系统、产品系统、市场系统和供应链系统等基本要素，跨越了产业层面，融合了资本系统、政治系统、社会系统和媒体系统等外围要素。其中，(1) 资本系统也叫金融系统，主要承担组织的投资管理、融资管理以及相关的咨询中介内容，比如联想集团在收购 IBM 的 PC 业务后，柳传志转身从事资本运作，通过资本运作实业，从而延续了联想集团强大的行业影响力。(2) 政治系统是大型经济组织的必备要素，包括面向大众政治的公共管理和面向政府部门的行政管理，比如中国古代徽商和晋商通过与国家机构进行商贸往来，成就一代商业奇迹，再如现代欧美国家的大型企业每次进入中国市场，往往先从外交访问开始。(3) 社会系统包括社区管理、行业管理和公众管理等，其中的行业管理包括竞争对手管理和同行管理，比如华为公司通过建立友商文化，成功地协调了行业竞争与行业共生的关系，以小米、腾讯、阿里等公司为代表的一批新兴企业借助所谓的“互联网思维”，兴起了一股社区经济、粉丝经济的浪潮，表现出强大的市场扩张能力和企业生存能力，再如很多中外企业家成为了明星级的慈善家，这在公众管理方面是成本较低效果较好的一种沟通方式。(4) 媒体系统是通过嫁接媒体力量实现经营目的，包括传播管理和危机管理等。比如，在上市公司的战略管理中，财经媒体成为市值管理的基本工具，通过新闻事件的策划和实施，实现股东利益最大化。再如

[1] 韩德强 . 整体管理 [M]. 北京 :中国社会科学出版社，2008，第二章第一节 .

在各种公共事件中，新闻的议程设置成为危机管理的基本手段。

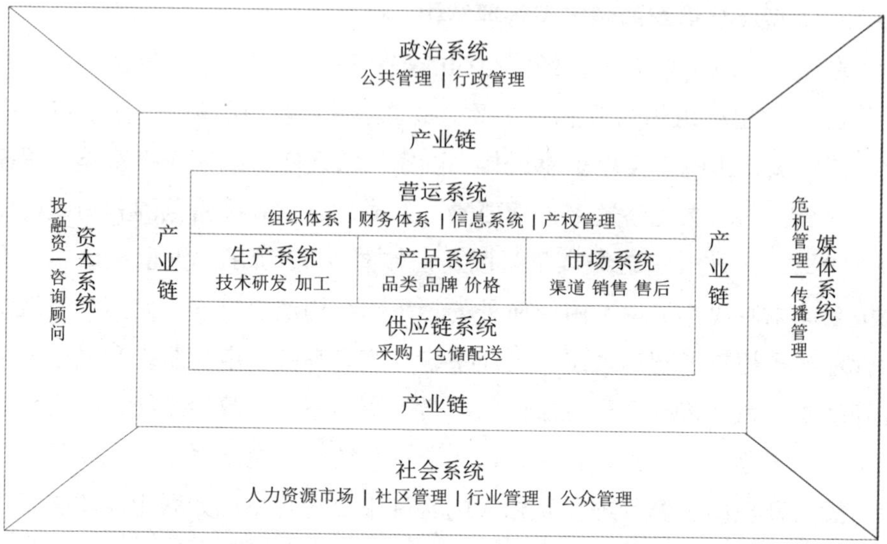

图 5–12 大型经济组织在经济全球化时代的超组织管理结构

3. 超组织竞争情报与“看不见的手”

亚当 · 斯密在 18 世纪英国殖民经济扩张时期，提出了自由经济主张，认为国家应减少政府干预，放任经济自由竞争和发展，市场机制是调节商品与需求配置的“看不见的手”。在 19 世纪，德国的李斯特则否定了亚当 · 斯密的这种主张，认为亚当 · 斯密是在明显知道国家必须干预市场经济才能壮大和发展本国经济的情况下有意引导他国经济战略以符合英国的利益。[1] 时至今日，关于市场经济放任与管制的问题始终是不同经济利益主张的争论焦点，这点姑且不论；市场经济中究竟有没有或什么是那只“看不见的手”则成为经营管理理论值得研究的问题。

情报是组织的认知对抗活动，是伐谋的手段，可以采用威慑、诱导、离间、致盲与瘫痪等策略措施。与采购、研发、生产、销售、管控等依靠组织制度手段实现的显性的经营活动相比，超组织竞争情报则显得十分绵软、隐

[1] 弗里德曼 · 李斯特 . 政治经济学的国民体系 [M]. 北京 :商务印书馆，第十二章 .

蔽和复杂，是大型经济组织典型的软手段。超组织竞争情报活动经过情报搜集、分析、设计与行动等多个步骤，在竞争中构筑认知优势，把握主动权，改变竞争环境甚至形成垄断竞争格局。超组织竞争情报在服务于组织战略管理过程中，一方面引导技术创新与研发，控制内部经营安全，一方面掌握竞争对手动向和环境变化，维持客户声誉，保持组织在行业和国家机构中的良好关系，确保组织的行业地位和未来可持续发展。同时，超组织竞争情报融合了军事、政治、科技、文化等多种因素，囊括了人际网络、社会中介、自动系统、意识影响等多种手段，成为“万花筒”一样的认知对抗组合形态，在世界经济活动中发挥了极其重要而又极其隐蔽的作用，成为隐藏在经济组织背后的影子巨人。可以说，超组织竞争情报才是市场经济中那只“看不见的手”，是《超限战》主张的非对称战争中主要的运作手段。

超组织竞争情报的这种隐蔽而巨大的影响在产业攻击和金融做空方面显得最为明显。所谓产业攻击是发动者通过产权制度、产业制度甚至国家制度，或者通过媒体广告营销、产业事件策划、隐形结盟、价格操纵、汇率操纵、贸易操纵、金融重组等手段，对产业原有的经济组织发起隐形攻击，使这些受攻击者短期内就发生经营危机，遭受重大损失甚至被破产重组。这种隐性攻击类似于金融界常说的“做空”，往往发起于一个小概率事件，但来势凶猛，受攻击者在一场看似不经意的小风波中轰然倒下；产业攻击的发动者往往长期潜伏，伺机出击，而受攻击者却浑然不觉。发生于 2010—2012 年的“中概股”事件就是这种典型例子[1]；所谓“中概股”是那些在海外上市而业务发生在中国的公司；“中概股”中经营存在造假行为的公司，成为了华尔街对冲基金作为产业攻击和猎杀的对象；“中概股”事件严重影响了中国企业在海外市场的行业声誉和价值估值，对中国企业走出国门起到了巨大的威慑和吓阻作用；“中概股”事件也严重地影响了中国市场对国际资本的吸引力。类似“中概股”事件的产业攻击还发生在中国的食品业、奶粉业、白酒业、中医药、移动终端、胶卷等多个行业。2012 年，美国对中国

[1] 新华网 . 问题风波不断，中概股在美面临集体退市风险 [EB]. http://news.xinhuanet.com/yzyd/fortune/20121213/c_114008850.htm.

华为公司和中兴公司实行通信设备市场准入否决，也属于典型的产业攻击行为。这种产业攻击可以在短时间内重组产业竞争格局，使攻击者获利丰厚，甚至取得产业垄断地位。情报的这种隐蔽而巨大的影响在全球金融领域则显得更加宏大和深刻。1997 年的东南亚金融危机中，以索罗斯对冲基金为首的华尔街金融集团对包括泰国、菲律宾、印尼和马来西亚等国进行金融攻击，造成东南亚各国的经济泡沫破裂，社会发生大衰退。2008 年的世界石油价格巨变中，以高盛集团为首的华尔街资本通过价格操纵，做空世界石油，使大量进口石油的国家损失惨重。

产业攻击和金融做空的核心因素是媒体操纵。信用评级、股票指数、财经统计指数、国家宏观政策、国家经济运行状况、国家社会事件、国际新闻事件等都是媒体进行议程设置的基本内容，产业攻击发动者通过新闻报道、权威人士发表观点、会议论坛宣讲、广告媒体渲染、网络舆情传播等手段，影响社会情绪或中小投资者情绪，在短时间内制造社会舆论或投资者信心，摧毁社会原有的认知系统，摧毁投资者既定的决策依据，引导相关机构或投资者进行恐慌性跟进，最终实现产业攻击后的成果收割。由此可见，产业攻击和金融做空的情报设计与实施是一个巨大的社会系统工程，非一般经济组织的经营能力和组织实力能够实现，只有与国家系统相结合，通过动员国家体系才能具有一定的效果。

经过三十多年改革开放，中国企业的规模和实力都获得了巨大的发展。但在与外企的竞争中尤其是在国外市场的竞争中，依然处于弱势地位。中国企业在技术创新和研发领域十分薄弱，技术发展路径不明晰，技术研发水平普遍低下；在市场营销方面，中国企业虽占据国情优势，但仅局限于国内市场，在国际市场上可谓乏善可陈；在竞争战略管理中，绝大多数中国的大型企业还不懂得产业攻击、金融做空等高级的情报手段，往往被动应付，甚至成为其中的受害者。不仅如此，每个中国的大型企业面对的已经不是特定市场的竞争对手，而是全球化了的处于超级垄断地位的国际资本网络，竞争要素已经不是基于产品、技术、销售这类内部控制因素，而是囊括社会活动、国家活动等异常复杂而庞大的外部因素。因此，在国家层面中国需要建立统一的国家经济情报体系，防御国家经济安全，确保国家经济的发展战略。据统计，截止到 2006 年，中国 28 个主要产业中，外资已经取得 21 个产业的资产控制权。[1] 中国若要在世界经济尤其是中美经济联合中，摆脱对美国等西方发达国家经济体的资本依赖、产业依赖和商品依赖，开展平等的国际贸易，注重发展国内民生，则必须通过建立统一的经济情报体系，认清国家经济环境，为国家经济决策提供依据，作出宏观经济预警，并在研究重大经济体、推出产业扶持与限制政策、辅助重大经济项目、培育科研创新能力、扶持重大科技创新项目、提高国民的经济安全意识、保障国家经济安全、保护国家经济发展战略等方面，提供强有力的服务。在经济全球化的世界经济秩序中，中国经济组织的未来发展只有走大联合的道路，只有走生产单位的联合、产业部门的联合、国家经济体系的联合直至国家政治经济军事科技文化体系的大联合，才能在与世界经济强手的竞争中逐步发展壮大。

附图 1　股市做空模型（作者根据金融做空原理绘制）

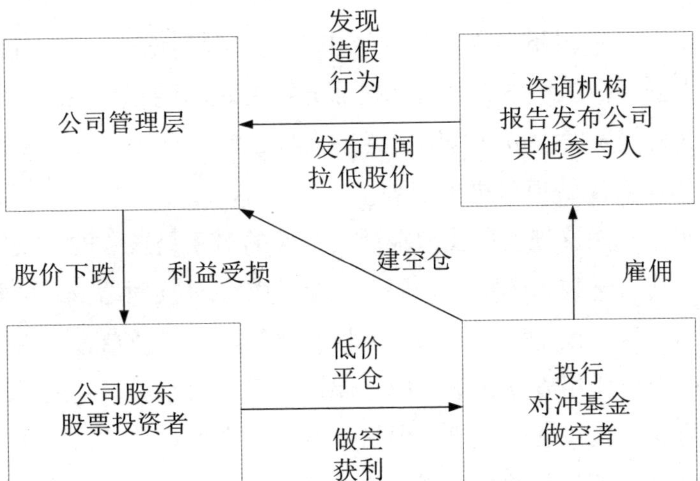

[1] 中国经济网 . 外资角色再审视 :28 个主要产业中 21 个外资控制 [EB]. http://finance.ce.cn/macro/gdxw/200609/02/t20060902_8392322_1.shtml.

附图 2 股市做空中的传媒操纵模型（作者根据金融操纵案例绘制）

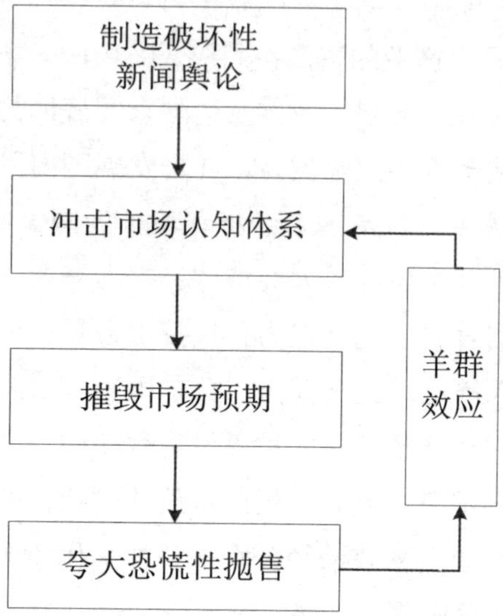

六、超组织竞争情报的治理与战略

超组织竞争情报不但是市场经济中那只“看不见的手”，而且在情报主导下的大型经济组织中将具有敏捷而充满智慧的经营特性，这种特性集中地表现在科技研发、市场营销和竞争战略三个方面。

1. 超组织竞争情报与科研创新

一般而言，能够进入科技情报活动范畴的对象是核心的、关键的具有战略性意义的科学技术体系，它们可能是战略性科技理论，还可能是战略性科技产品、科技设备、科技人才、科技政策等。科技情报对组织科技研发和创新的主导作用表现在于：(1) 保护自己的战略性科技成果不外流不外漏，常用的手段包括商业机密保护、技术专利保护等；(2) 获取别人已经拥有而自身还不具备的战略性科技成果，比如技术查新、技术评价、人才引进等；(3) 阻止别人发展某种战略性科技成果的路线与基础，比如知识产权垄断、拉拢技术人才等；(4) 基于竞争态势之上的未来科技发展规划，比如设立技术发展路径和技术战略报告等。

2. 超组织竞争情报与市场营销

市场战略的制定本身需要超组织竞争情报的调查和研究才能确定。市场战略的实施则需要超组织竞争情报的全面参与，这种参与主要表现在以下几个方面：(1) 产品或服务的设计包含了科技情报的内容，同时通过情报采集掌握市场需求动态，并及时对比和分析竞争对手的产品或服务情况，及时调整自身的产品和服务内容；(2) 价格不仅是价值交换的比例，还是市场选择的信号，生产成本只决定了产品或服务的最低交易价格，现实价格的形成则往往经过了媒体广告等营销策划或情报设计的客户心理影响，甚至是经济组织通过公关方式影响了国家价格政策的结果；(3) 渠道不仅是销售网络，也是情报采集、情报设计和情报行动的主要载体；(4) 广告促销在客户心理影响或认知影响方面所起的作用，是超组织竞争情报在客户心理认知领域发生的主要对抗活动形式；(5) 竞争对手是超组织竞争情报的主要研究对象，竞争策略是其核心内容。

3. 超组织竞争情报的八种战略模式

超组织竞争情报首先具有经营环境感知和预警功能，通过信息的扫描和收集，发现环境变化，并制定出预警策略；同时其具有参谋作用，通过情报分析和情报设计，形成竞争决策方案，为竞争战略的制定和实施提供依据；超组织竞争情报具有改造竞争环境功能，通过情报设计和情报行动，利用媒体广告、舆情事件、权威人士、知识产权、隐形联盟、产业政策、金融汇率、文化教育、国家外交、国家情报、国家军事等，对竞争对手或者产业进行进攻或防御，重组竞争格局。在这方面，本文在表 5–3 中总结了八种超组织竞争情报的战略模式，作为大型经济组织的竞争战略设计参考。

表 5-3　八种超组织竞争情报战略模式及其特点

战略	情报预警	情报管控	广告战	媒体操纵	行政壁垒	产权壁垒	商业概念	行业结盟
定义	通过情报采集获取外部动态信息，与竞争对手形成认知优势，在内外部危机潜藏期作出警告并提供对策	通过组织、技术、设备等手段对组织的情报内容进行保护，防止意外泄露	通过媒体宣传比竞争对手强的商品价值，破坏竞争对手与消费者之间的消费关系，巩固自身与消费者之间的消费关系	通过媒体曝光竞争对手的商品质量问题，破坏竞争对手与消费者之间的信用关系，巩固自身与消费者之间的消费关系	通过发现竞争对手与政府的利益分歧，通过公关活动促使政府立法或改变行业规则，以行政壁垒限制竞争对手的生产	通过发现竞争对手的知识产权弱势以及侵权行为，通过法律和其他经营手段，以知识产权壁垒限制竞争对手的生产	通过包装自己的商业概念，占领新市场的领导者位置，通过宣传打造行业标准或行业标杆，诱导对手跟随自己的意图	通过联合行业中的弱势竞争对手，形成与强势竞争对手相当的竞争能力，共同对付强势竞争对手
本质	防御竞争对手超越竞争地位	防御竞争对手获取组织内部信息	离间消费者与竞争对手的关系	误导消费者、离间消费者与竞争对手的关系	离间政府与竞争对手的关系	离间产业链与对手关系，限制对手认知系统	直接或间接地欺骗或误导竞争对手，成为自己的跟随者	分化和瓦解竞争对手，防止竞争者形成同盟
适用对象	一个或多个竞争对手，或者整个行业和国家	一个或多个竞争对手，或者整个行业和国家	一个或多个竞争对手	一个或多个竞争对手，或者整个行业和国家	一个或多个竞争对手，或者整个行业和国家	一个或多个竞争对手，或者整个行业和国家	一个或多个竞争对手，或者整个行业和国家	多个竞争对手，或者整个行业，和国家

（续表）

战略	情报预警	情报管控	广告战	媒体操纵	行政壁垒	产权壁垒	商业概念	行业结盟
适用范围	竞争激烈的环境中，竞争对手的行动较为敏捷高效	竞争对手具有情报意识和情报行动能力	商品之间无差别，消费者以媒体宣传为消费依据	消费者以媒体宣传为消费依据，竞争对手商品存在质量问题	竞争对手与政府之间存在利益分歧	竞争对手缺乏核心知识产权，存在严重侵权行为	行业或产业或竞争对手热衷于创新	强势竞争对手和弱势竞争对手之间存在较大的冲突
手段措施	建立“人—机结合”的情报采集系统和分析系统	建立情报管控体系、实施情报管控管理	进攻性广告宣传	通过媒体曝光竞争对手商品质量问题或经营问题，甚至造谣	通过公关活动，推动政府立法或改变行业规则	限制竞争对手的知识产权使用	通过商业概念包装自身需求	联合竞争弱势对手，共同与竞争强势对手竞争
成功关键	掌握市场环境变化和竞争对手的未来行动	培养全员情报意识、信息分级保护、定期情报审计	寻找竞争对手的价值弱点	寻找竞争对手的商品质量缺陷或经营问题	1. 寻找政府利益与竞争对手利益之间的分歧； 2. 政府公关	发现竞争对手的知识产权漏洞	商业概念的预期收益极高，未来发展前景广阔	与竞争弱势对手建立巩固的联合关系

（续表）

战略	情报预警	情报管控	广告战	媒体操纵	行政壁垒	产权壁垒	商业概念	行业结盟
实施过程	获取市场环境和竞争对手的动态信息，预判未来竞争格局和竞争对手的可能行动，设计应对策略	规划和建立情报管控制度、培训员工情报意识、建立情报管控奖惩措施，执行管控过程	与竞争对手定标比超，寻找商品价值差异，形成进攻性营销方案，通过媒体进行消费者教育和引导	通过中介机构，对竞争对手的商品实施反求工程，或调查竞争对手的经营问题，寻找对手的缺陷，通过媒体进行曝光	调查研究竞争对手的经营战略以及政府现有政策和未来规划，找到利益分歧，通过公关促成立法或新规则，限制对手	竞争对手商品实施反求工程，或调查知识侵权行为，找到对手的知识产权漏洞，通过法律或产权联盟限制对手的生产	调查研究竞争对手或行业状况，找到行业潜在需求，设计商业概念，推广商业标准，引导行业、政府、对手等跟进	分析竞争态势，划分强势竞争对手和弱势竞争对手，通过产业、资本、协议、技术等方式建立联合竞争同盟
影响力	保持组织的敏捷性和智慧性	建立组织在竞争行动中的主动权	影响竞争对手的市场份额渐变或突变	竞争对手的市场信用破坏，市场份额遭毁灭性打击	竞争对手的生产受到行政性限制，市场份额毁灭性打击	竞争对手的生产受到技术性限制，市场份额渐变或突变	竞争对手的生产受到标准或行业规则限制，市场份额渐变	重组行业竞争格局，使强势对手的竞争优势渐失
实践案例	日本商社、宝洁公司、宝钢集团	中国钢铁业、各大通讯和网络公司	可口可乐与百事可乐，中国移动和中国联通	中概股事件、中国食品行业、乳制品行业、中医药行业	柯达与中国胶卷行业、WIFI和WAPI的中国无线标准之争	中国手机行业、微软办公软件市场	微软的行业标准战略、汽车公司的概念车、概念营销案例	华为公司合资战略

第 7 节　科技情报

一、科技情报概述

科技情报是主客体之间以维护战略性科技权利和能力，确保自身战略性装备的技术升级和防范客体的战略性装备的技术升级为目的的认知对抗活动。科技情报工作并非科技情报机构自身的利益所决定，而是矛盾对抗着的主客体之间的一种附属性对抗功能，服务于主客体的对抗利益诉求。这些主客体不是一般的科研单位，而是具有强烈对抗属性的军事部门、安全部门、战略性经济生产部门和战略性科研机构等。这些机构需要通过科技情报活动，实现对客体技术力量的洞察、掌控甚至操纵，最大程度降低客体的战略性装备威胁，以服务于自身的军事目的、安全目的、经济目的或其他目的。

在图 5–13 所示的元模型中，主体科技情报部门是主体情报活动的代表机构，客体科技情报部门是客体情报活动的代表机构，主客体之间主要围绕战略性装备的技术体系等情报认知中介（包括由科学原理、技术体系和工程应用三者构成的紧密关联体系），借助主客体的组织体系和技术物质体系作为辅助中介，一方面努力升级自身的技术体系，另一方面监控和防范客体的技术体系升级，由此展开包括技术侦察与反侦察、技术分析与反分析、技术规划与反规划、技术研究与反研究、技术结盟与反结盟、技术防范与反防范等在内的复杂的交互斗争活动。纳入科技情报范围的战略性装备包括武器系统、安全系统、工业系统、科研系统、网络通信系统等对国家生存与发展具有重大价值的物资装备体系。

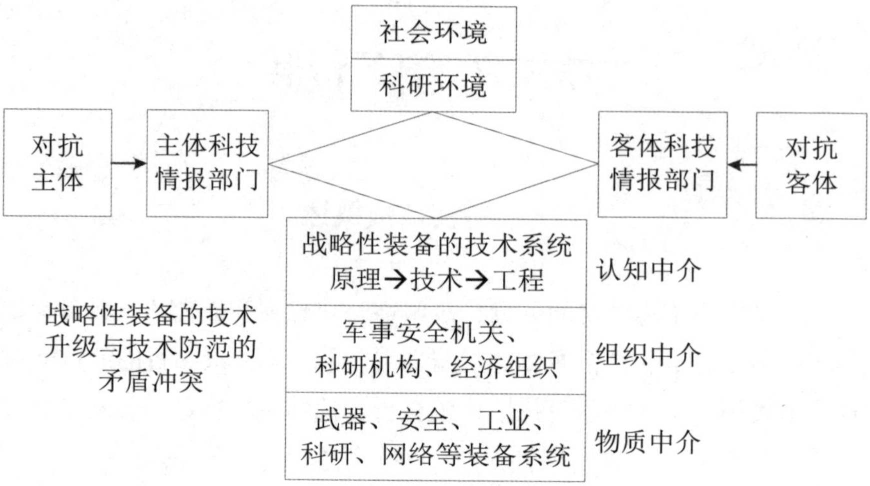

图 5–13 科技情报元模型

在上述元模型中，科研环境是科技情报的重要元素，包括国家科研政策、国家科研战略规划、国家科研机构、社会科技机构、科技人力资源、科研设备资源、科技教育、科技研发费用、重大科研项目、科技创新环境、科技创新机制、科技成果应用与保护机制等。

科技情报活动的本质是控制客体的技术体系，将客体的技术能力降低到不能影响主体安全的状态。经验和常识告诉我们，能够进入科技情报活动范畴的对象，一定是核心的、关键的具有战略性意义的科学技术，比如国家层面的航空航天科技、核工业科技、先进武器技术、先进装备技术、高端新型材料技术等，它们可能是战略性科技理论，还可能是战略性科技产品、科技设备、科技人才、科技政策等。科技情报活动的功能至少包括五部分：(1）保护自己的战略性科技成果不外流不外漏不受外部威胁（该部分属组织保密和防御范畴）；(2）获取别人已经拥有而组织自身还不具备的战略性科技成果（该部分属于获取外部科技范畴）；(3）阻止别人发展某种战略性科技成果的路线与基础（该部分属于科技情报反击范畴）；(4）基于竞争态势之上的未来科技发展规划（该部分属于科技谋略范畴）；(5）基于利益共同体的技术结盟以构筑起一致对外的技术防御

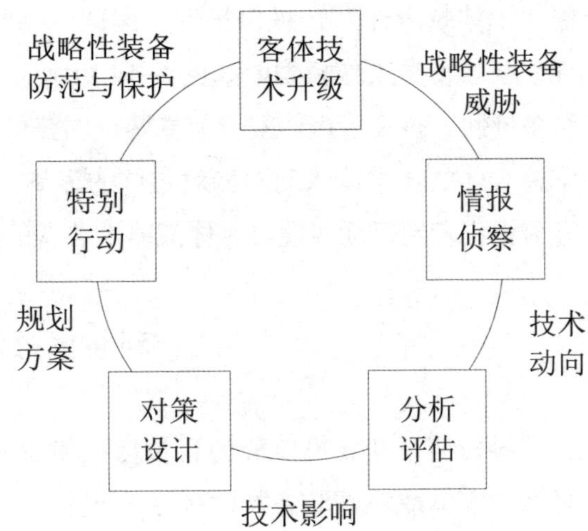

图 5–14　科技情报工作循环模型

或攻击体系。2012 年，美国国会情报委员会关于中国华为和中兴公司的市场准入否决[1]，就属于典型的国家层面的科技情报范畴；一直以来，封锁战略性科技成果流入中国或阻止中国成功研发与推广战略性科技成果是欧美国家的科技情报战略之一[2]，此次美国会同欧美亚等数国依据国家安全为由，对我先进的电信通讯技术实行“市场准入否决”正是这种科技情报战略的自然延伸。新中国科技情报体系的兴衰也说明了科技情报的上述内涵。我国的科技情报兴起于 20 世纪 60 年代初，苏联援建专家全面撤走后，我国迅速建设起从中央到地方的包括国家级、省级甚至市县级的全国性的科技情报体系[3]，开展了由中央单位牵头的包括“两弹一星”在内的“高精尖”型科技情报项目以及其他科技情报工作，从此中国的科技事业蒸蒸日上。但随着 20 世纪 80 年代初期中美建交和“以市场换技术”等国家科技战略的推行，科技情报体系从服务于国家计划性采购的战略地位转变为服务于市场用户需求的附属地位，科技情报体系也从此日趋式微。

科技情报活动的核心问题包括：客体技术体系升级状态的侦察、客体技术体系升级动向以及对主体的安全影响评估、客体技术体系升级的应对策

[1] 环球网．白宫报告：华为构成安全威胁 但没有间谍行为 [EB]. http://tech.huanqiu.com/it/2012-10/3198364.html.

[2] 许晔，程家瑜等．美对华技术出口限制与中国高技术发展重点选择 [J]. 中国科技论坛，2009(8):136.

[3] 包昌火，王秀玲等．中国情报研究发展纪实 [J]. 情报理论与实践，2010(1):1, 2.

略、主体技术体系升级保护等。因此，参照一般情报工作循环模型，可以建立科技情报工作模型，如图 5–14 所示，包括客体技术升级导致的战略性装备威胁、科技情报侦察和信息调查以获得客体技术最新情况、情报分析以掌握客体的技术体系动向和对主体的影响、情报设计形成对策性规划方案、开展情报特别行动实现对客体战略性装备的防范和自身战略性装备的保护。

二、科技情报侦察

科技情报搜集可以分为科技情报侦察和科技信息调查两种。情报侦察是掌握客体战略性装备技术体系升级状态的主要方式，信息调查则在客体公开技术信息搜集方面和科研环境的技术信息搜集方面具有重要价值。信息调查的内容包括科技政策、科研机构、科技产品、科技材料、科技工艺、科学仪器、科技理论与方法等[1]，方法包括二手资料收集、网络收集、数据库检索、会议收集、专家访谈、问卷调查、实地访察等，信息载体包括图书文献、报纸杂志、图片影像、科技实物等。

科技情报侦察的模式分为升级型侦察和防范型侦察。前者是客体的技术体系相对先进，主体围绕客体的战略性装备采取观察、监测、采集、刺探甚至窃取的方式获得对方的技术体系，以服务于主体战略性装备的技术升级。后者则恰好相反，主体的技术体系相对先进，主体围绕客体的战略性装备，开展监测活动以掌握客体的技术升级状态，防止客体的技术升级造成战略性威胁。

科技情报的侦察方法可分为人工和技术（或自动化）两种，前者包括科技间谍、社会组织侦察、专家访谈等，后者包括信号侦察、雷达侦察、网络侦察等。科技情报侦察的信息源包括文本和非文本、图像和非图像、实物和非实物等多种样式。科技情报的侦察内容非常广泛，武器系统方面包括核、导弹、大型船舰、卫星系统、指挥控制系统、军事通讯等，安全系统方面包

[1] 包昌火．中国情报工作和情报学研究 [M]. 北京 :科学出版社，2014:14.

括数据库、信息系统、网络系统、通讯系统、编码系统、密码系统等，工业系统方面包括高精尖设备、精密仪器、复杂生产体系、先进工艺流程等，科研系统方面包括新产品、新材料、新工艺、新仪器、新理论、新方法等。

三、科技情报分析、设计与行动

科技情报分析有两个目的，一是分析客体的先进技术为我所用，二是分析客体的技术状态以寻找机会来防范客体的技术升级。科技情报分析的基本原理是反求工程，即利用装备的技术性能表现，通过试验测试反推出装备内部的技术体系。

科技情报分析的内容分成两大类，一类是客体的技术动向分析[1]，一类是客体技术升级的影响分析，即新技术的威胁性评价。动向分析是获得客体的技术建设状态并预测客体的技术升级状态[2]，领域包括科学原理、技术方法和工程应用三大类，内容包括新技术、新产品、新材料、新设备、新工艺等。技术升级的影响分析是评估客体的新技术体系对主体安全造成的威胁程度，包括技术影响、经济影响、社会影响、军事影响、安全影响、政治影响等。

科技情报的设计即获取客体先进技术体系的行动规划，或针对客体的战略性装备技术升级的防范对策制定。前一种以升级主体的技术体系为目的，包括科技整体战略、技术创新战略、技术开发路径、科技人才战略等；后一种以防范客体的技术体系升级为目的，包括主体的科技成果防护、主体的科技人才防护、客体的研发人才控制、客体的科技政策影响、客体的研发环境影响等。

同样，科技情报的特别行动是为了保障自身的战略性科技装备技术体系的不断升级，以及防范客体的技术体系升级而开展的实质性活动。前

---

[1] 包昌火．中国情报工作和情报学研究 [M]. 北京：科学出版社，2014:6-7.

[2] 艾布拉姆·N. 舒尔斯基，加里·J. 斯密特．无声的战争 [M]. 北京：金城出版社，2011:89.

者包括科技产品保护、科技人才安保、科技创新环境维护、科技材料保障等；后者包括控制、瓦解甚至破坏客体的研发人才队伍，影响甚至摧毁客体的科技研发政策、影响甚至控制客体的科技研发环境等，比如美国的防扩散安全与情报政策，就是典型的科技情报特别行动。

第 8 节　国际情报

一、国际情报概念

国际情报是国家安全情报、外宣情报、军事情报、经济情报等在国际范围的延伸与总和。

由于新中国自成立以来，在军事与安全领域一直实行积极防御政策，国家情报更多地执行国家防御的功能，国家情报理论也极少研究国际情报领域。但是，随着中国国力的增长和国际化程度的提高，中国在国际社会的交往与利益日益加深，特别是国家安全委员会设立后，总体国家安全观多次论述和提及国际安全问题，2017 年的《国家情报法》强调境内外的情报工作，中共十九大报告强调构建人类命运共同体。因此，国际情报必将成为中国情报界与情报学界重点研究的新兴课题。

随着经济全球化的不断深入，中国在国际政治、军事外交、国防合作、商贸投资、跨国物流、国际金融、国际文化交流、全球科技创新、教育交流、全球生态与气候治理、打击恐怖主义、治理流行性疾病等领域，全方位地参与了全球活动，并以“合作共赢”的外交理念，与数十个国家搭建了包括上海合作组织、“一带一路”区域经济合作、亚洲基础设施投资银行、丝路基金、金砖银行、中国—东盟自由贸易区、中欧合作、中非合作、中拉合作、东北亚经济圈合作等全球伙伴关系，形成了联合国框架、单边或多边国际交往、区域商贸协定、国际会议与论坛、多层次的民间交往等全方位的外交活动网络。在和平共处五项原则指导下，我们积极参与了伊朗核、朝鲜半岛、巴以冲突、国际反恐、埃博拉疫情等各种重大危机的治理，并积极派遣联合国维和部队参与地区和平稳定。

但是随着国际交往的加深，国际安全问题被提上日程。关于国际安全问题，习近平总书记在 2014 年 4 月 15 日中央国家安全委员会第一次会议上指出，我们要走出一条中国特色的国家安全观，“既重视自身安全，又重视共同安全，打造命运共同体，推动各方朝着互利互惠、共同安全的目标相向而行”；2015 年 7 月 1 日施行的《国家安全法》明确规定，国际安全是国家安全的依托，“维护国家安全，应当坚持互信、互利、平等、协作，积极同外国政府和国际组织开展安全交流合作，履行国际安全义务，促进共同安全，维护世界和平”，并明确规定“参加国际军事安全合作，实施联合国维和、国际救援、海上护航和维护国家海外利益的军事行动”“加强国际资源能源合作”“加强国际合作，维护我国在外层空间、国际海底区域和基地的活动、资产和其他利益的安全”以及“国家依法采取必要措施，保护海外中国公民、组织和机构的安全和正当权益，保护国家的海外利益不受威胁和侵害”等四个领域、十项内容的国际安全治理要求。可以看出，《国家安全法》中的国际安全任务涉及军事、国防、外交、安全、商务、海洋、教育、科研、企业、社团等涉外的国家部门、社会组织以及公民等。国家对于这些部门和人员的安全保护与利益保障构成了国家情报当前工作的主要任务。但很明显，中国的国际安全与国际情报范围与美国、俄罗斯等的安全与情报范围相比，是比较有限的，中国国家安全力量在国际领域的投射是较为保守和节制的，这是我们一直奉行积极防御安全策略的必然结果。

二、国际情报工作

虽然中国的国际情报工作自新中国成立前就在日本等地开始了，但与美国、苏联以及今天的俄罗斯相比，其工作的规模和能力是比较弱小的。

中国提出国际安全概念的时间非常短，与我们提出的全球治理目标及能力相比，对应的国际情报工作还处于建设阶段，加之学术界关于国际情报工作的研究与资料公开极为有限，我们这里还无法展开系统化的、理论化的阐述，只能提供概念式的研究方向与工作理念。

从当前的国家部门设置分析，我们情报工作的重点区域主要有美国、日本、东南亚等地，这意味着我们的情报问题主要包括国家统一、中美大国关系处理、中日大国关系处理、周边国家关系处理等涉及国家重大政治与利益的基本问题。近年来，我国逐步明晰了国际安全战略，即依托周边安全，建设中美、中俄、中欧大国关系的“一圈三点”格局，这就为国际情报工作指明了方向。

在工作模式上，我们的国际情报工作往往与对台工作，港澳工作，中美关系，中日关系，中欧关系，中俄关系中的政治、外交、军事、经贸、金融、科技等工作融合在一起。

在工作重点上，当前的国家部门比较重视收集海外的媒体资讯和公开信息资源，比如西方媒体的报道、西方主要智库的研究报告、西方专家政要的言论，尤其是网络与新媒体的重点报道等，这些公开信息可以极大地节省国际情报侦察与信息搜集的成本。相关研究机构在与其他渠道信息的汇总分析基础上，会形成情报综述或专题报道进行上报；其中，国家各大部委下辖的研究机构与智库单位，如中央政研室、国务院发展研究中心、社会科学院、军事科学院、中国国际关系研究院等还将提出政策建议，通过内参或公开的形式服务于中央领导层。在高层决策后的行动方面，外交工作是主要的国际沟通与交往样式，与军事、政治、经贸以及其他部门工作共同组成国家对外行动，情报行动则隐藏于该类工作的后面。

近年来，随着国家实力的壮大，我们的国际安全体系也日益强大起来，在国际危机的预警与处理、国际争端的谈判与调解、国际话语权以及国家软实力等方面日益增强，这都标志着中国的国际情报体系正在逐步完善。

第 9 节　现代中国的部门情报

一、部门情报活动等级划分

现代中国的部门情报活动及国家情报活动是个非常复杂的历史演变过程，目前在公开资料中还没有发现对这个过程有系统化、逻辑化的研究。由于国家战略尤其是国家对外战略是部门情报的主导与决定因素，部门情报的历史研究必须与国家战略相结合；而国家战略又是国际环境下的一种国家选择，因此还需要综合考虑国际环境因素；另外，部门情报的历史研究还需要结合重大的历史事件，以表征其时代背景的主要特征，甚至还需要融合国家意志乃至国家领导人的意志，以在更为具体的社会环境中加以考察。部门情报的复杂过程研究，还需要通过适当的结构化与量化工具来加以阐释，从而达到清晰解剖和精细刻画的效果。

因此，这里采用等级划分的方法，将部门情报活动划分为：

Ⅰ级，指情报活动由国家最高领导机构指挥主导，整合国家多领域资源，具有国家战略性质，对国际环境产生重大影响；

Ⅱ级，指情报活动由情报部门主导开展，其他辅助部门联合协同，具有部门级的战略性质，对国内环境产生重大影响；

Ⅲ级，指情报活动局限于情报部门自身，具有部门级的战术性质，对部门环境及其所在领域产生重大影响。

当然，这种划分方法多少带有一些主观色彩，但通过等级之间的相对比较，可在宏观上获得比较精确的情报历史演变结构特征，如图 5–15 所示。在该图中，国际环境和国际战略部分大致依照 5 个等级划分（注：该部分等级属于示意性质，主要标示国家战略尤其是对外战略的相对强度变迁，该部分内容不属于本文研究重点，不再展开论述），而安全情报、外宣情报、军事情报、公安情报、经济情报（包括国家宏观经济领域的经济情报，以及微观市场经济领域的竞争情报）、科技情报（包括军事领域的国防科技情报，以及经济领域的工业科技情报）则依照Ⅰ级、Ⅱ级、Ⅲ级划分。

二、部门情报发展研判

从部门情报等级变迁图中，可以看出：

部门情报与国家战略尤其是国家对外战略具有强关联关系，情报不仅是国家战争冲突的伴生物，也是政治安全、公共安全、外交文宣、国家经济、国家科技等多领域冲突的伴生物，这与作者提出的国家情报与国家冲突的历史波动规律高度一致，同时也进一步证明了这个波动规律的科学性。另外，国家战略尤其是国家对外战略的调整，对各个部门情报都产生了一定程度的但并不一律相同的影响。可以预见，随着中国在世界格局中的崛起，大国关系尤其是中美关系将成为影响国家情报与部门情报未来的最重要外部环境因素。

比如，科技情报在新中国成立后的兴起，是由新中国大规模工业化建设的国家需求和赶超世界先进水平的经济需求所推动的，在20世纪80年代中后期初步建成完备的现代化工业体系以及90年初期“以市场换技术”的市场化改革战略实施后，科技情报随着国家需求的减少而走向转型道路。随着2014年国家安全委员会的设立，科技安全成为国家安全的重要构成因素，科技情报可能会迎来第二次发展的春天。但由于中国已经成为世界级工厂，中国国有企业和大型民营企业已经具备基本的自主研发能力和世界级的工业竞争能力，所以在随后数年中，科技情报无论其规模还是范围，都将比新中国成立后的第一波科技情报浪潮要小得多，极有可能依然维持在当前的Ⅲ级水平。这个历史现实是不以学术意志甚至不以国家意志为转移的。

从整个部门情报活动等级的历史变迁中可以看出，现代中国的国家情报和部门情报大致出现了两个历史高峰期，第一个发生在1941—1949年

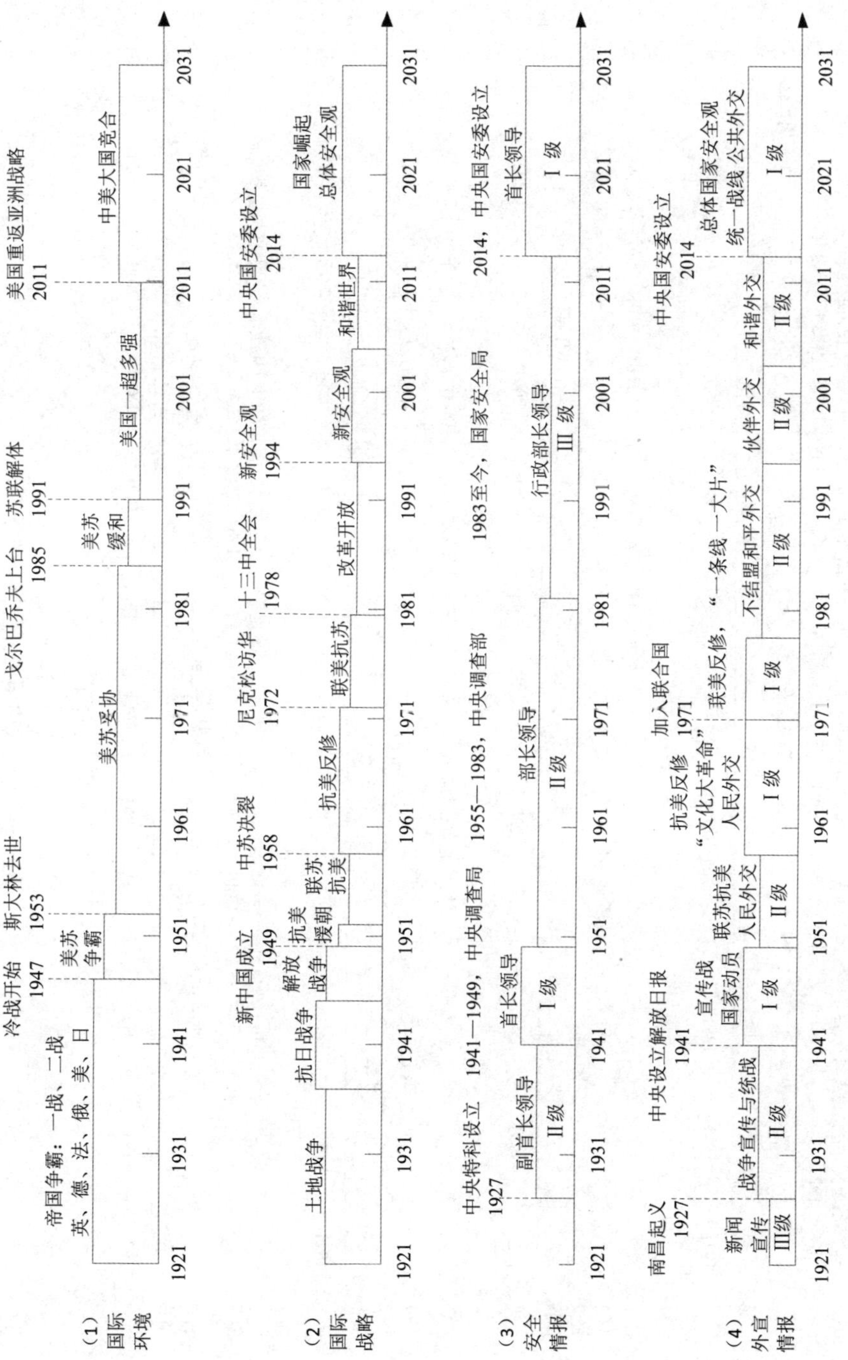
（1）国际环境
帝国争霸：一战、二战
英、德、法、俄、美、日
冷战开始 1947
美苏争霸
斯大林去世 1953
美苏妥协
戈尔巴乔夫上台 1985
美苏缓和
苏联解体 1991
美国一超多强
美国重返亚洲战略 2011
中美大国竞合
（2）国际战略
土地战争
抗日战争
新中国成立 1949
解放战争
抗美援朝
联苏抗美
中苏决裂 1958
抗美反修
尼克松访华 1972
联美抗苏
十三中全会 1978
改革开放
新安全观 1994
新安全观
和谐世界
中央国安委设立 2014
国家崛起
总体安全观
（3）安全情报
中央特科设立 1927
副首长领导
II级
1941—1949，中央调查局
首长领导
I级
1955—1983，中央调查部
部长领导
II级
1983至今，国家安全局
行政部长领导
III级
2014，中央国安委设立
首长领导
I级
（4）外宣情报
南昌起义 1927
新闻宣传
III级
战争宣传与统战
II级
中央设立解放日报 1941
宣传战
国家动员
I级
联苏抗美
人民外交
II级
抗美反修
“文化大革命”
人民外交
I级
加入联合国 1971
联美反修，“一条线 一大片”
不结盟和平外交
II级
伙伴外交
II级
和谐外交
II级
中央国安委设立 2014
总体国家安全观
统一战线 公共外交
I级
1921 1931 1941 1951 1961 1971 1981 1991 2001 2011 2021 2031

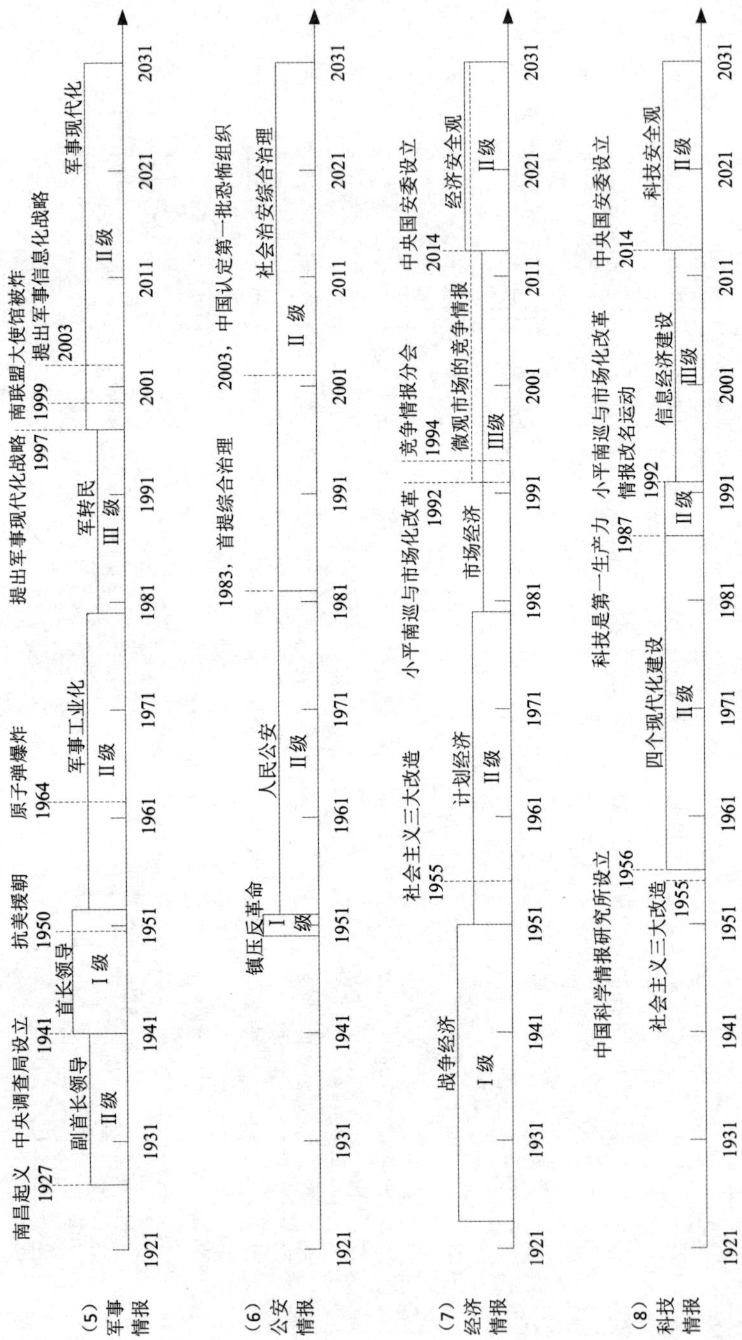

图 5–15 现代中国的部门情报等级变迁

期间，设立了由毛泽东亲自领导和指挥的中央调查局，开展了包括跨部门情报工作并与军事、统战、文宣、群众动员等相结合的大情报活动。新中国成立后至改革开放前，国家情报活动基本以外宣为牵引，其他部门为配合的情报活动。改革开放后，国家推行“和平”战略，各部门情报活动在其间虽有起伏，但整体趋于下降状态。直至第二个历史高峰期开始为止。第二个历史高峰期发生在 2014 年至可预期的未来 10—15 年内，设立了由习近平亲自领导和指挥的国家安全委员会，将开展包括军事、政治、外交、经济、科技、文宣、信息、资源、核等在内的多领域高要求的国家安全积极防御工作。我们目前正处于第二个历史高峰时期的起始阶段。因此在当前，我们面临着如何在国家战略框架下，开展有效的国家情报工作和部门情报工作的严峻命题。

在可预期的未来 10—15 年内，国家安全委员会将融合军事情报、外宣情报、公安情报、经济情报、科技情报等，形成统一的国家情报体系和国家安全力量，其活动等级也都将被提高到Ⅱ级。其中，安全情报部门目前依然归属行政部门领导，未来可能随着国际环境的变化以及国家安全战略的推进，其职能将被逐步强化，并转由中央直接领导，从而最终成为国家安全委员会直接领导的情报枢纽部门，其活动等级与外宣都将达到Ⅰ级。当然，如果在此期间发生了某些影响世界格局的重大事件，如大规模的国际战争冲突，则所有部门情报的等级都将随之上升。

第6章
国家情报

在构建部门情报治理方法基础上，情报学还需要研究国家的作用和意义，并总结其在情报活动中的历史规律与现实展现，从而为国家的情报治理提供学理依据。

因此，情报的研究需要放置到宏大的历史结构与迫切的现实冲突中，作为一类斗争活动进行深刻剖析，需要努力走到历史的前面去指导国家与社会的相关斗争活动。

国家情报是国家开展的军事、安全、公安、经济、外交、科技、外宣、国际等一切情报活动的总和。国家情报是由国家机构对危害国家安全与阻碍国家发展的敌对势力展开的认知对抗活动，通过情报搜集、情报分析、情报设计与情报行动等复杂活动，在对抗中构筑认知优势，实现国家治理目的。

关于国家情报理论，在欧美国家都有比较系统而且相当成熟的研究，无论是谢尔曼·肯特的《服务于美国世界政策的战略情报》(1949)，还是亚伯拉罕·N. 舒尔斯基的《无声的战争：理解情报世界》(1991)，都深入探讨了如何建设更为强大的国家情报体系。类似的研究在中国则由于长期受到国家政策的限制很少在公开文献中出现，中国如何建设起统一的国家情报体系，无论在理论层面还是实践层面都没有完成。

我们可以从国家治理的角度出发，依据国家冲突理论、国家安全理论、情报历史理论、国家治理策略、国际情报治理经验等，探索出适合中国新时期发展需要的国家情报理论，形成可称之为“和平建设型”的国家情报体系。

第 1 节　国家情报规律

一、情报历史演化规律

国家情报首先是个历史概念，除了具有人类情报历史演变的一般规律外，还具有每个国家的特殊规律，其历史活动表现出明显的结构性或阶段性特征。比如，在现代中国历史上，依照国家战略形势与国家情报活动以及部门情报活动的特征规律，大致可以划分出四大类情报活动模式，如图 6–1 及表 6–1 所示。

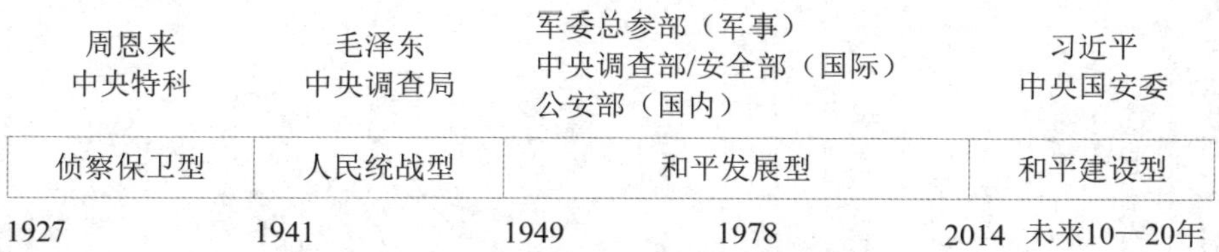

图 6–1　现代中国的四种国家情报模式

第一类是侦察保卫型，时间从 1927—1940 年，以周恩来领导的中央特科为典型工作模式，突出了侦察保卫的国家治理功能。

第二类是人民统战型，时间从 1941—1949 年，以毛泽东领导的中央调查局为典型工作模式，突出了社会调查、战略决策、统一战线、新闻宣传、群众动员等国家治理功能。

第三类是和平发展型，时间从 1950—2013 年，以周恩来、邓小平、江泽民、胡锦涛等领导指挥下的调查部、安全部、军委总参部、公安部、

表 6-1 现代中国的四种国家情报模式类型

情报模式	侦察保卫型	人民统战型	和平发展型	和平建设型
时代	1927—1940	1941—1949	1950—2013	2014—至今
国家主题	军事武装斗争、发展根据地	人民战争、建立人民政权	国家建设、和平发展	反对霸权主义、世界共同发展
情报主题	防止敌特破坏	战胜反动武装	国家生存与国家发展	国家崛起、民族复兴
领导人	周恩来	毛泽东	周恩来、邓小平、江泽民、胡锦涛等	习近平
领导机制	中共中央特别委员会	中共中央调查局	各部门领导机构	中共中央国家安全委员会
指导理论	侦察理论、特务理论	人民战争、革命武装斗争、统一战线	人民民主专政理论、中国特色社会主义理论	中国特色社会主义理论、现代化国家治理理论、总体国家安全观
情报策略	防御型	积极统战型	积极防御型	积极防御型
调动资源	局部军事力量 × 局域活动	国家力量 × 全域活动	局部国家力量 × 全域活动	国家主导的全球力量 × 全域活动
情报功能	侦察、分析、安保、审讯	侦察、调查、分析、安保、宣传、统战、动员、谋略	调查、分析、安保、文化宣传、统战、谋略	侦察、调查、分析、谋略设计、决策枢纽、意识形态防御、网络防御、统一战线、国际合作
先进技术	无线电技术、密码技术	侦察 / 侦查技术、密码技术	电子计算、计算机技术、通讯技术、其他尖端工业技术	网络通讯、卫星图像、电子电磁、仿真运算、数据库管理、机器人等

附件 1　中国共产党在新中国成立前的情报活动概览（由作者根据郝在今《中国秘密战》一书汇编而成）

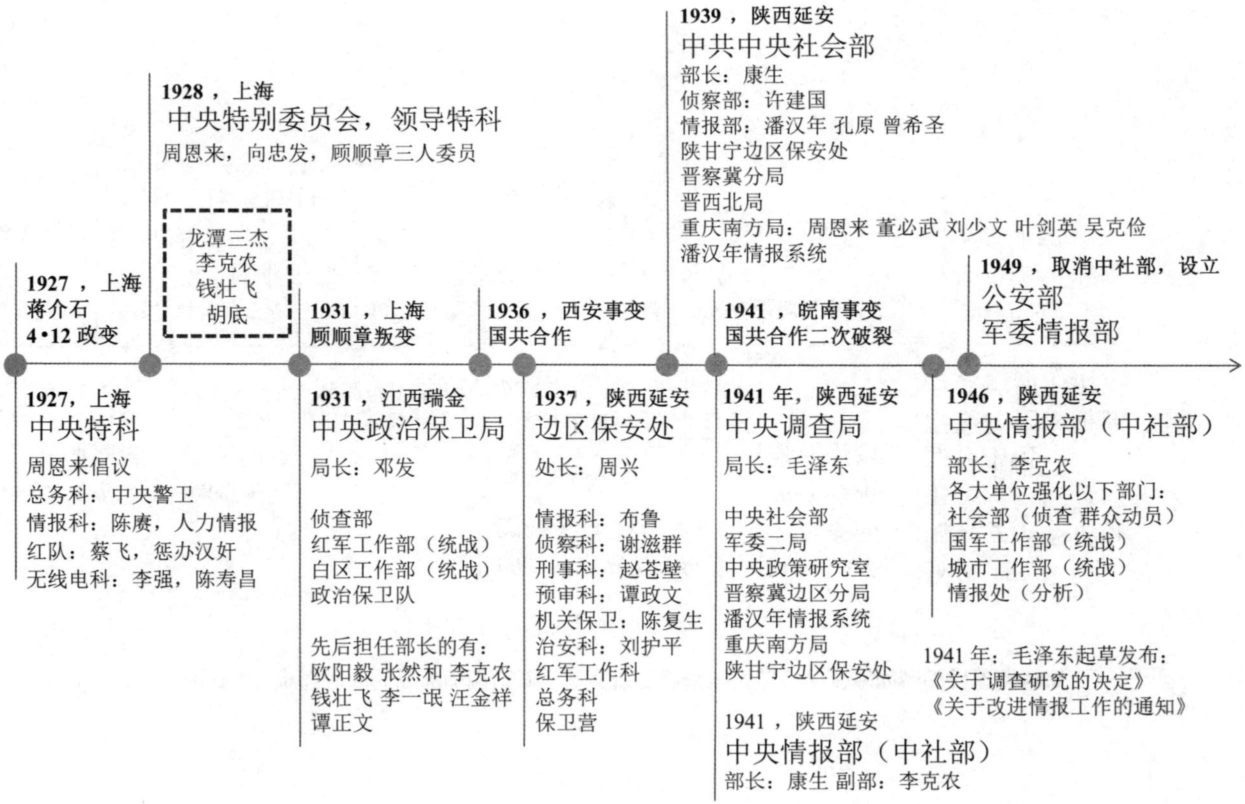

附件 2　中国共产党在新中国成立后的情报活动概览（由作者根据网络资料整理而成）

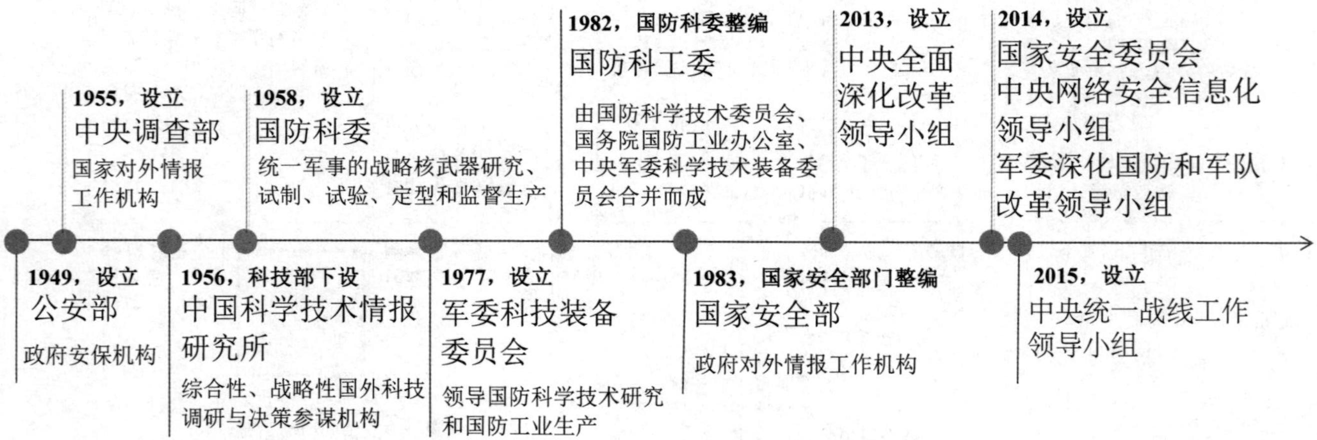

科技部等为典型工作模式，突出了外交宣传、军事建设、治安管理、工业建设等国家治理功能。

第四类是和平建设型，时间从 2014 年至今，以习近平领导的国家安全委员会为典型工作模式，突出战略决策、意识形态防御、网络防御、统一战线、国际合作等国家治理功能。

二、情报冲突伴生规律

国家情报的历史演化规律只是表征性规律，其背后还有核心的动力机制。国家情报演化的核心动力机制即国家冲突，其构成了国家情报现象的历史原因和现实主因，一切与国家情报重大转变相关的社会现象都可在该动力机制中找到恰当的解释。

Anderton 等统计了 1816—2000 年全球国家间军事冲突数量，结论表明国家间军事冲突存在周期为 15—30 年的巨型波动规律，如图 6–2 所示。而且在第一次世界大战开始出现一次转折，此后的军事冲突波动的波谷直线上扬，即军事冲突的历史基本面出现了陡然上翘的趋势。同样的统计数据表明，全球的国内冲突也符合同样的波动规律。[1]

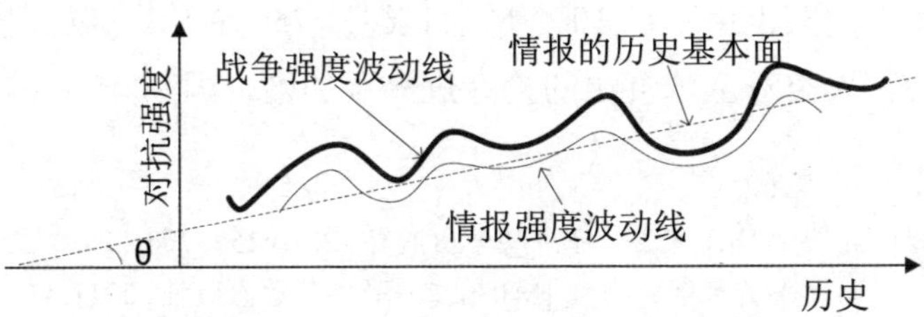

图 6–2 国家情报与国家冲突的历史波动与伴生规律

陈波在《国防经济学》一书中提出了以国防支出相对规模为指征的国防经济运行周期模型，并指出该周期受到国防支出规模与国防供给非均衡

[1] 陈波 . 国防经济学前沿专题 [M]. 北京 :经济科学出版社，2011:37, 68.

两个因素的制约。[1] 依据常识我们同样可以假定，情报活动与军事活动乃至国家对抗是完全伴生的或者是周期一致的，这样可以将军事活动或国家冲突的周期等比为情报周期。比如，设立于1947年的美国中情局的壮大正是伴随着美苏冷战兴起而发展的。当1991年苏联解体宣布冷战结束时，美国中情局的规模也随之大幅缩减[2]，美国的其他情报机构也随之被整改缩编甚至转行[3]，美国情报开销从冷战高潮期1971年的600亿美元[4]缩减至冷战结束后1997年的266亿美元[5]。直到“9·11”事件后反恐战争以及针对中国的“重返亚太”战略才再次唤起美国情报机构的扩张与膨胀。据媒体披露，美国2008年的情报支出恢复到了750亿美元。[6]

正如图6–2所示，情报对抗强度的历史波动包括两个方面，一方面是因战争等历史主题推动的周期性波动，一方面是因历史进化促生的历史基本面。情报活动的开支总和表征了情报的对抗强度，而情报历史基本面的仰角θ表达了人类作为一个总体在国家间对抗和国内对抗中的强度总和是在持续增加的。人类社会的仰角θ值，其变化规律需要进一步的历史数据证实，但依经验推断，θ值存在逐步增大的历史趋势。这是因为随着国际体系中民族国家数量增长以及国际同盟的不断兴起（据Anderton等的研究，世界体系中的国家数目从1820年不到25个增加为2000年的193个，国际军事同盟也由不足10个增加到超过250个[7]），以及世界经济一体化的发展，人类对全球资源的抢夺进一步加剧，国际间冲突和国内冲突

[1] 陈波．国防经济学[M]. 北京：经济科学出版社，2010:257, 704-714.

[2] 张晓军．美国军事情报理论研究[M]. 北京：军事科学出版社，2011:43, 194-198.

[3] 张晓军．美国军事情报理论著作评介[M]. 北京：时事出版社，2010:27, 130-146, 179, 181-183, 234, 290, 540-543.

[4] 张晓军．美国军事情报理论著作评介[M]. 北京：时事出版社，2010:27, 130-146, 179, 181-183, 234, 290, 540-543.

[5] 张晓军．美国军事情报理论研究[M]. 北京：军事科学出版社，2011:43, 194-198.

[6] 新华网．美国情报开支占全球三分之二达750亿美元[EB]. http://www.chinanews.com/gj/2010/07-19/2409284.shtml.

[7] 陈波．国防经济学前沿专题[M]. 北京：经济科学出版社，2011:37, 68.

不是减少了，而是增多了。

三、情报社会属性

国家情报不仅是个历史概念，也是个社会概念，具有丰富的社会属性规律。

在美国学术界与国家情报相关的理论非常发达，不仅在军事领域层出不穷，在国际政治、外交、传媒、经济、社会、信息、安全、核等广泛领域颇有建树，如震慑战、网络中心战、信息战、心理战、文化中心战、战略传播、公共外交、软实力、金融做空、广告战等。在中国情报学界，包括军事情报学界，都把情报限定于这样的概念逻辑，即“情报是服务于某种目的（比如军事、经济、科技等）的关于他方（或者敌方）的相关信息或知识”。比如，军事情报是服务于军事目的的关于敌方的相关信息或知识，科技情报是服务于科技目的的关于他方的相关信息或知识。这样就抽去了情报所反映的复杂而深刻的社会矛盾关系，使其成为一个几乎不包含任何具体社会关系的抽象空壳，导致情报学的研究严重地脱离了具体的情报实践活动，甚至成为一种概念游戏。因此，情报学的研究应该回归到现实的社会环境和具体的社会实践中来，面向科技研发、企业竞争、新闻传播、公共外交、国家安全、军事斗争、国家治理等各个领域，在学科建设上，将情报学与信息学、图书馆学、计算机科学等独立出来，将情报学与管理学、经济学、社会学、新闻学、外交学、安全学、军事学、政治学等结合起来；将情报活动与图书馆管理、科学研究、计算机应用等在实践上独立出来；将情报活动与科技竞争、经济竞争、社会管理、舆论控制、外交活动、安全防控、军事斗争、国家治理等在实践上结合起来。比如，进入 21 世纪以来，张晓军编著的《〈武经七书〉军事情报思想研究》和《美国军事情报理论研究》可算作经典情报理论的集大成者，在“知”理论、“间”理论、情报分析、欺骗理论、情报失误、情报控制、联合作战等方面多有系统性总结和阐发。作者的《情报论》一书为基础的认知对抗情报理论，则在元概念、本质、过程、历史、手段、建模、情报循环、情报设计、经济（竞争）情报、国家情报等更宽泛视角建立了一套较为自洽的理论体系。围绕信息时代背景，中国还涌现了一批与情报理论相关或相近的学术体系，包括思维战（沈伟光，1997）、超限战（乔良等，1999）、意识瘫痪战（叶征，2007）、战略传播（于朝辉，2008；毕研韬，2011）、心战（苗枫林，2009）、制脑权（曾华锋，2011）、知战（耿燎原，2013）等。其中，超限战理论将非军事战争纳入了战争范畴，提出包括金融战、网络战、法规战、贸易战、新恐怖战等在内的超越武装层面的国家总体战争理论，极大地影响了世界各国的军事理论研究，特别是美国情报界和军事界特别重视超限战，并加以认真研究，在一些代理人战争和非对称性战争中加以实战应用。心战理论则在系统梳理中国古代有关计谋、用间、外交等兵学著作基础上，融通古今，发掘历史。[1] 知战理论则在宏大的新军事变革时代背景基础上系统性地提出了我国的知战融合理论，并建立了一套知战融合实操战法。[2] 实际上，情报是研究和处理对抗性问题的一种方式，凡是有情报活动存在的地方，必然存在一对互相冲突的矛盾关系，并以冲突双方的认知要素为目标展开激烈的斗争运动。对抗是情报的第一特征，认知对抗是它的本质规定。情报是以对抗双方的认知要素及其认知过程为对象进行互相斗争的活动，情报不是某种信息或者某种知识，而是伐谋手段，是相当于军队或外交的国家治理手段。情报不但能让情报主体获得先知优势，而且能够通过情报设计的方法，破坏对方的决策机构、迷惑对方的决策目标、扰乱对方的决策过程、滞缓对方的决策行动，离间对方的内部关系，瓦解对方的组织关系，摧毁对方的认知体系，从而削弱对方的对抗力量，使组织的对抗形势向有利于主体的方向转化和发展。威慑、诱导、离间、致盲与瘫痪等，都是情报的实现策略。

具体而言，国家情报的社会属性可划分为目的属性和策略属性两大类，目的属性描述了国家情报的目的性与原则性，策略属性描述了国家情

[1] 苗枫林 . 中国古代心战 [M]. 北京 :军事科学出版社, 2009:97-104.

[2] 耿燎原 . 知彼知己与信息化战争 [M]. 北京 :军事科学院, 2013:13, 114.

报的策略性与可行性，二者之间形成互配关系。而当代中国国家情报的目的属性包括斗争性、战略性、人民性和防御型。

1. 国家情报的斗争性

情报并非狭义的信息搜集，而是与物质对抗、组织对抗相对应的人类认知对抗活动形态。“认知”不是“对抗”的一个属性或侧面，而是一种本质规定。比如，在军事领域，情报认知对抗不是必须通过智能化的装备或信息化的军队才能形成战斗力，而是自身就能够构成一种战争力量，发挥无可替代的不同寻常的战争效用，成为现代战争中实现“不战而屈人之兵”的最主要战争手段。高级的情报战甚至可以借助军事集团或者政治集团、经济集团、社会团队、文化团体，利用争取、致盲或瓦解等多种手段，通过在对方认知系统中“赢得民心”来实现对抗目的。因此，情报不仅是情报内容的搜集与分析，更是如情报认知对抗模型所示，通过认知要素展开全方位的对抗活动，是国家用于进攻、拉拢与防御的“大战争”手段，是现代战争的新常态，是治国之道。即使在古代战争中，例如中国秦帝国的崛起中，情报战争手段也起到了极其重要的战争价值，秦帝国通过合纵的伐交手段 6 次打破六国抗秦阵线，通过“亡金赂臣”的离间与游说手段逐一剪除六国防御体系。[1]

2. 国家情报的战略性

在国家治理中，正如三个世界划分模型中，情报活动广泛分布在军事、政治、文化、外交、公安、经济、新闻传播、信息管理甚至自然科学等领域，具有深刻的战略价值与社会意义，国家情报体系成为服务于国家战略的最重要参谋与智囊团。在国家治理中，以和平演变和颠覆政权为目的的意识形态斗争是最核心的情报战争形态，舆论成为主要的对抗形式，舆情成为反映对抗形势或战争态势的主要指标。同时，战争伦理成为一个核心命题，围绕“道义”问题建立诸如“正义”与“邪恶”的战争伦理和战争理由，千方百计抢占道德制高点成为这种“大战争”形态的主要作战

[1] 苗枫林 . 中国古代心战 [M]. 北京 :军事科学出版社, 2009:97-104.

样式。当“邪恶、失败、腐朽”等战争伦理被有效地附着在某组织集团身上时，该组织集团就面临着失败的命运。在国家治理中，以经济操纵为目的的情报战也发挥着战略性力量。发酵于 2011 年的“中概股”系列金融做空事件，就是欧美资本对“中国企业走出去战略”以及中国资本海外并购业务的一次大规模金融阻击，其核心手段是通过财经新闻的议程设置进行媒体操纵。

3. 国家情报的人民性

在国家治理中，国家情报需要借助人民的力量，从而形成最强大的国家战略优势。诚如人民军队来源于人民，人民战争服务于人民，中国国家情报的根本动力同样来自于人民，中国国家情报的最终目的也是为人民服务。徐焰将军在总结中国共产党隐蔽战线的斗争经验时指出，将群众工作、情报工作与统战工作有机结合是我们取得成功的关键，秘密工作是人心较量，不是谍战决定论，“智慧来自群众，力量来自信仰，是党的地下工作胜利的源泉”。[1] 因此，中国国家情报的根本属性是人民情报。

4. 国家情报的防御性

中国的军事武装、外交战略与安全战略等，都采用积极防御的政策，国家情报自然也具有积极防御的属性。中国的安全机构、军事情报部门、外交部门等紧密围绕国家战略，以和平、发展、合作、共赢的理念与国际社会开展积极的往来互动，是世界和平与发展的重要建设性力量。

当代中国国家情报的策略属性亦对应地划分为四大类：

1. 国家情报的战争性

国家情报具有斗争性，在中国国家情报的治理中应充分建立起情报的战争功能。参照美国国家战略与战术体系，我们可建立图 6–3 所示的集合模型，在对抗与合作、进攻（积极）与防御（消极）4 个对立维度上进行分解，形成中国国家情报与国家战略的组合策略参考。

---

[1] 徐焰 .“谍战片”俊男靓女歪曲中共地下工作 [EB]. http://www.guancha.cn/XuYan/2013_12_29_194792.shtml.

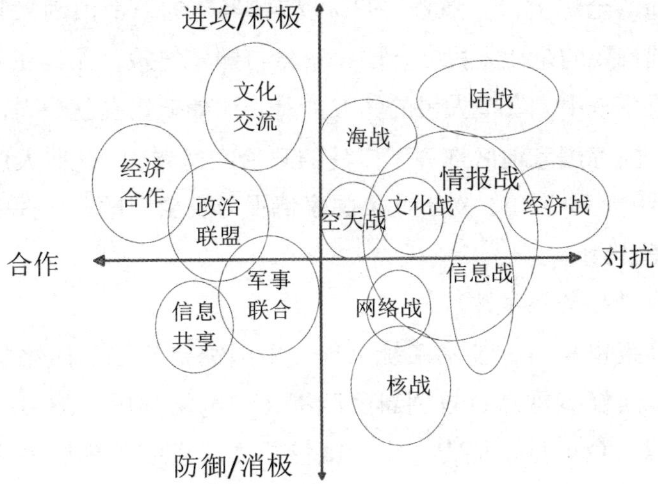

图 6–3　中国国家情报与国家战略的组合策略参考

2. 国家情报的谋略性

国家情报具有战略性，在中国国家情报治理中应充分发挥“情报设计”的功用。《孙子兵法》讲“势”，毛泽东强调“武器是战争的重要因素，但不是决定的因素，决定的因素是人不是物”，周恩来等老一辈革命家强调情报的“参谋”作用，它们都是“情报设计”的具体体现。我们主张在国家情报体系中，应充分发挥主观能动性，利用现有条件，依照“你打你的，我打我的”战略原则，建立积极的国家政治意识形态和坚强的国家意志，树立国家主义主导下的情报运作体系，通过“人机结合、专群结合”手段，主动塑造国家未来，积极造“势”，打破和改变游戏规则，创造有利于我的战略格局，始终赢得斗争的主动权。比如，近年来的国家安全工作会议就多次强调要“塑造”国际安全格局。

3. 国家情报的联合性

国家情报具有人民性，在中国国家情报治理中应充分发挥和组织起人民的力量。随着移动互联、大数据等新技术的广泛应用，随着“茉莉花”

等街头革命的全球流行，随着“99% 反对 1%”的革命浪潮兴起，中国国家情报治理首要的是让人民参与国家安全与国家情报，尤其在人民安全与国家反情报斗争中，发挥人民的伟大力量。比如斯诺登就爆料，美国国家安全局在中国等国家地区部署了广泛的政治同盟者[1]，这些人广泛地分布在各个领域的各个岗位，对于此类国家情报与安全问题非发挥人民群众力量不能彻底根除。

4. 国家情报的技术性

国家情报也是一个技术系统工程，中国需要建立一体化联合情报体系。比如，浙江省重点科技创新团队围绕“网络强国”战略，建议在基础设施保障、全球竞争能力、空间威慑能力、空间治理能力 4 个方面强化国家治理，并借鉴美国网络治理体系，强调国家统一谋划下的社会化治理形态。[2]

四、情报国家属性

国家情报不仅具有社会属性，还具有国家属性，特别是与国家安全和国家发展产生强烈的交互作用。

1. 国家安全的概念与本质

根据《国家安全学》（刘跃进，2004）的定义，“国家安全是国家的基本利益，是一个国家处于没有危险的客观状态，也就是国家没有外部的威胁和侵害也没有内部的混乱和疾患的客观状态”，其涉及国民、领土、主权、政治、军事、经济、文化、科技、生态、信息等多个领域。而在我国 2015 年颁布的《国家安全法》中则指“国家政权、主权、统一和领土完整、人民福祉、经济社会可持续发展和国家其他重大利益相对处于没有危

[1] 新华网．斯诺登再爆料称美国国家安全局在中国派驻间谍 [EB]. http://www.js.xinhuanet.com/2014-10/11/c_1112787391.htm.

[2] 方兴东，卢卫，胡怀亮等．网络强国能力指标体系与战略实现路径研究 [J]. 传播学报，2014(3):80-81.

险和不受内外威胁的状态，以及保障持续安全状态的能力”。刘跃进教授在2014年1月出版的《为国家安全立学》一书中，提出了覆盖政治、国土、军事、经济、文化、社会、科技、信息、生态、资源、核等在内的全面的国家安全理论和国家安全图谱，成为中国国家安全理论的基石。国家安全可划分为逻辑的国家安全和现实的国家安全两类概念，前者是理想国家的治理问题，属于国家安全学的研究对象，后者是具体国家的治理问题，属于国家安全政策的研究对象。

国家治理的现代化可划分为三大层次，即：一是建国过程，其根本目的是获得国家主权的独立性，使国家不再受到外部的统治，比如，二战后全球新生出一批主权独立国家，它们的统治权获得了解放；二是安全建设过程，其根本目的是获得国家治理的自主性，使国家不再受到外部的威胁，比如新中国的国防建设特别是“两弹一星”的国防装备建设，强化了新中国的周边安全环境；三是发展建设过程，其根本目的是获得国家生存的自由性，使国家不再受到自然环境的制约，比如，新中国的工业化建设和对外改革开放，使得中国经济获得了飞速发展，人民生活水平也因之大幅提高。简言之，即国家主权、国家安全和国家发展。

在安全建设过程中，国家治理的现代化又可进一步细分为国家自主和人民民主两大互为关联的目标。其中，人民是国家的主体和主人，党是人民的代表，人民与党及国家机器构成国家的总体；人民是国家安全治理的核心对象，国家是国家安全治理的总体对象，没有人民的安全，国家安全失去根本意义，没有国家的安全，人民安全失去依据根基。二者之间具有互为辩证的关系，中国的总体国家安全观，正体现了这种关系。国家安全的直接目的是国家自主，即国家的生存和发展不受外部威胁，人民安全的直接目的是人民民主，即人民的生存与发展通过国家安全的形式获得根本保障。

国家安全的本质是国际竞合的国家治理模式，是通过构筑国家防御体系，保障国家发展的持续动力，其根本目的是国家自主与人民民主。国家安全不是一种权宜之计，也不是一种施策方略，而是人类社会发展进程中，国家治理体系现代化的核心战略支撑之一，国家安全与国家发展共同构成国家现代化治理的核心战略支撑体系。实际上，无论是国家主权、国土、军事、政治等传统安全领域，还是国家经济、科技、文化、生态、信息、网络、核等非传统安全领域，它们都在国家安全框架内以整体方式构成国家治理支撑体系。

在人类当前的政治经济体系中，世界格局已经开始失序，大规模重组和变革的进程已经开启，本世纪以来世界大国纷纷强化国家安全治理，构筑国防强化军事实力，到处躁动不安。可以预测，世界即将迎来冲击全人类命运的大浪潮，其中可能会有大混乱、大冲突甚至发生大规模的战争。在这个大趋势下，中国的国家安全，其本质是在大浪潮来临之前，筑好家国的船底，在可能的大混乱爆发之前，强固好安全防堤。

2. 国家安全的两个基本属性

中国国家安全的两个基本属性是总体性和人民性。

国家安全的总体性至少具备三个内涵，即：(1) 国家安全的系统稳定性。参照木桶原理，中国国家安全在每一个领域和每一个层面都不能出现短板和重大问题，这就需要通过健全的国家安全评价与评估体系来加以系统改进，包括定期发布国家安全评估或战略报告等。(2) 国家安全的主导性与层次性，即安全治理的效益与效率问题。中国国家安全需要重点突出、关键引领，根据国际政治环境来选择国家安全策略，确定国家安全根本。比如，当前美国主要以军事安全为根本，俄罗斯则以核安全为根本。中国则确立以政治安全为根本，突出国家道义与权力基础，必在意识形态建设和国家治理能力等方面强化国家安全基础。(3) 国家安全的总体治理能力。中国国家安全不仅是国家治理的基本目标与要求，更是国家在政治、军事、外交、经济、科技等领域开展现代化建设与发展的盾牌和基础，是国家崛起和中华民族伟大复兴的手段和条件，需要综合治理和协同治理。

国家安全的人民性即是国家安全为人民服务。人民安全包括让人民安全和让人民保卫国家安全两个含义。人民性体现了人民民主的时代特征和国家本质，是保证中国共产党从胜利走向胜利的法宝，在人民战争、人民治安、人民情报等多个领域和土地革命战争、抗日战争、解放战争与新中国建设等多个历史时期发挥了无与伦比的作用。随着“茉莉花”革命为代表的“街头政治”和以移动互联与大数据为代表的信息革命的兴起，这更突显出人民性作为国家政治和国家安全的核心内涵。其中，“让人民安全”又包括两个内涵：(1) 人民安全首先是人民的生存安全。生存是人的第一要务，在国家层面建立和完善教育、医疗、养老等在内的国民福利保障体系是人民安全的首要工作，是现代化国家治理的核心内容。[1] 中国于 2014 年 10 月 17 日设立国家扶贫日，动员国家力量开展扶贫攻坚战，就是人民生存安全的具体体现。(2) 人民安全更是人民的发展安全，即首先要保障人民的政治民主安全即人民民主专政，其次要保障人民的经济安全即共同富裕，在发展的公平性（如城乡之间、东西部地区之间、基础建设方面、人才发展方面、资本的国民待遇方面等）与发展的空间性（如大学生就业、农民工工资、中小企业融资等）方面建立公平合理的国家安全基础。中共十九大报告指出，我国社会主要矛盾是人民日益增长的美好生活需要和不平衡不充分的发展之间的矛盾，即涉及发展安全问题。正如习近平总书记在 2017 年 2 月召开的国家安全工作会议上指出，国家安全一切为了人民，一切依靠人民，为群众安居乐业提供保障。

3. 国家安全与国家发展是底线与目标的关系

习近平总书记在 2014 年 4 月 15 日召开的中央国家安全委员会第一次会议上，正式明确了中国国家安全战略，坚持总体国家安全观，以人民安全为宗旨，以政治安全为根本，以经济安全为基础，以军事、文化、社会安全为保障，以促进国际安全为依托，走中国特色国家安全道路，通过国家安全法治建设，制定国家安全政策，解决国家安全重大问题。应该说，除部分资源与生态等客观因素外，国家安全主要是由国家间对抗引起的。

[1] 何新 . 新国家主义经济学 [M]. 北京 :同心出版社, 2013:12-13, 88.

国家安全的作用在国际政治、外交、军事、经济、科技、信息等领域体现的尤其明显。国家安全与国家发展实质是一对目标与底线、保障与保护的辩证关系，我们在国际政治活动中所坚持的“斗而不破原则”“底线原则”等，说的就是这种国家安全与国家发展的关系。

4. 国家安全战略是国家情报的最低标准，国家情报主导国家安全战略

国家安全战略是国家安全的全局方略，代表国家安全的总体目标和系统要求，因此可作为国家安全治理的核心指导要素。从逻辑关系上讲，国家安全战略是国家发展战略的“底线”或最低执行标准，国家安全机构是防护国家发展战略“底线”的情报机构，也就是说，在国家发展战略体系中，国家安全战略是国家情报的最低标准。中国 1993 年颁布的《国家安全法》（注：该法于 2014 年被修订为《反间谍法》，同时国家根据总体国家安全观于 2015 年颁布了新的《国家安全法》）是一部处理中国国家安全问题的法律，被一些学者认为是一份比年度安全战略报告或年度国防白皮书更权威的有关国家安全的官方文件 [1]，相当于一部关于中国的国家安全战略行动纲要，其认为威胁国家安全的行为具体地是指“危害中华人民共和国国家安全的行为”，其中包括“阴谋颠覆政府，分裂国家，推翻社会主义制度；参加间谍组织或者接受间谍组织及其代理人的任务；窃取、刺探、收买、非法提供国家秘密；策动、勾引、收买国家工作人员叛变；进行危害国家安全的其他破坏活动”等 5 种。2015 年颁布的《国家安全法》则将国家安全的概念扩大为一个完整的国家安全体系，成为“国家政权、主权、统一和领土完整、人民福祉、经济社会可持续发展和国家其他重大利益相对处于没有危险和不受内外威胁的状态，以及保障持续安全状态的能力”，坚持“以人民安全为宗旨，以政治安全为根本，以经济安全为基础，以军事、文化、社会安全为保障，以促进国际安全为依托，维护各领域国家安全，构建国家安全体系，走中国特色国家安全道路”的总体国家安全观，并逐一明确了政权、人民、军事、国防、经济、金融、资源、能

[1] 张清敏 . 国家安全 :中国对外安全战略的核心 [J]. 国际政治研究, 2009(4).

源、粮食、文化、科技、网络、民族、宗教信仰、反恐、公共安全、生态、核、空间、公民等更广泛的国家安全任务。可以说，《国家安全法》是中国国家情报的最低法律执行标准。

在《情报与国家安全》（情报与国家安全课题组，2002）一书中，提出了情报对国家安全的耳目、隐形盾牌、智囊、保障与枢纽等 4 种功用，认为情报工作是维护国家安全的重要组成部分。但无论是从“根据国家情报制定国家安全决策”的逻辑形式分析，还是从美国国家安全决策体制的实践情况[1]分析，国家情报始终是国家安全战略的主导因素，这至少体现在两个方面，一是国家情报内容是国家安全决策的主要依据[2]，二是国家情报工作是国家安全保障体系的主要组成部分，比如美国对外的国家安全体系主要是由中央情报局来承担和执行的。因此可以说，国家情报体系是维护国家安全战略的主要载体，国家安全战略为国家情报体系规定了最低的执行标准。近年来我国公安系统倡导“大情报”观念和从欧美引进的“情报主导警务”理论[3]，在实践层面也证明了国家情报与国家安全战略的这种主导关系。

5．国家发展战略是国家情报的最高标准，国家情报引导国家发展战略

所谓国家发展战略，往往是指从军事战略概念经过“大战略”概念演变而来[4]，是指导国家发展过程中各个领域的总方略，代表国家发展的总体目标和系统要求，因此可作为国家发展治理的核心指导要素。国家情报应紧密地围绕国家发展战略的总任务和总要求来展开。中国的国家发展战略集中地体现在国家宪法以及全国党代会报告、人大工作报告和政府工作报告等一系列纲领性文件当中。这些文件隐含着国家情报的总任务，即保护社会主义国家制度不受破坏，维护人民政权不受侵害，并对任何危害国家安全的力量予以反击。

[1] 高金虎．美国战略情报与决策体制研究 [M]. 西安 :陕西师范大学出版社，2004:181-124.

[2] 高金虎．美国战略情报与决策体制研究 [M]. 西安 :陕西师范大学出版社，2004:181-124.

[3] 李建飞．构建符合我国国情的情报信息主导警务机制 [J]. 公安研究，2009(2):10-16.

[4] 钮先钟．中国古代战略思想新论 [M]. 合肥 :安徽教育出版社，2005:1-3.

由于国家发展战略包括国内与国际等国家治理的诸多方面，而国家情报主要是国家处理敌对关系尤其是对外关系的主要方式和手段，所以，国家情报不是国家发展战略的主导因素。但是，国家情报在以下几个方面对国家发展战略起到了不可替代的作用：(1) 国家情报是认识国家发展战略环境的主要途径和根本依据；(2) 国家情报是国家防御与抗击内外部敌对势力的主要软实力；(3) 完善的国家情报体系将是协调国家内外部力量甚至全球力量的基础平台。因此可以说，国家情报引导国家发展战略，国家发展战略是国家情报的最高标准。

6. 国家情报的周期性战略互动模型

为了进一步阐述国家情报、国家安全与国家发展在国家治理中的互动关系，我们在情报历史波动曲线上抽象出如图 6–4 所示的模型，该模型描述了一个理想国家的情报对抗过程（该模型只是为国家战略推演提供一种工具，并不意味着那一个具体国家在具体历史时期是依照它进行战略演化的），即在国家情报维度中，情报对抗强度依照历史基本面出现近似于正弦的有规律波动，在历史基本面与两个下降波的交点之间形成一个完整周期。依照情报强度变化趋势，在情报波动中划分出Ⅰ、Ⅱ、Ⅲ和Ⅳ阶段，在国家战略维度中分别对应撤退、防御、进攻与收获 4 个战略期。需要注意的是，不同的国家有不同的战略偏好，积极对抗型国家会选择“撤退—防御—进攻—收获”路线，而消极对抗型国家会选择“撤退—妥协—守成—退让”路线。无论哪种战略路线，情报周期的 4 个阶段可在逻辑上与毛泽东军事理论的“十六字诀”即“敌进我退，敌驻我扰，敌疲我打，敌退我追”形成完全映射。根据 Anderton 等关于世界国家间军事冲突数量的研究结果推演[1]，人类的情报周期为 15—30 年，情报周期的 4 个战略阶段平均为 5 年，也即人类社会的国家情报战略转换周期平均为 5 年。

---

[1] 陈波．国防经济学前沿专题 [M]. 北京：经济科学出版社，2011:37,68.

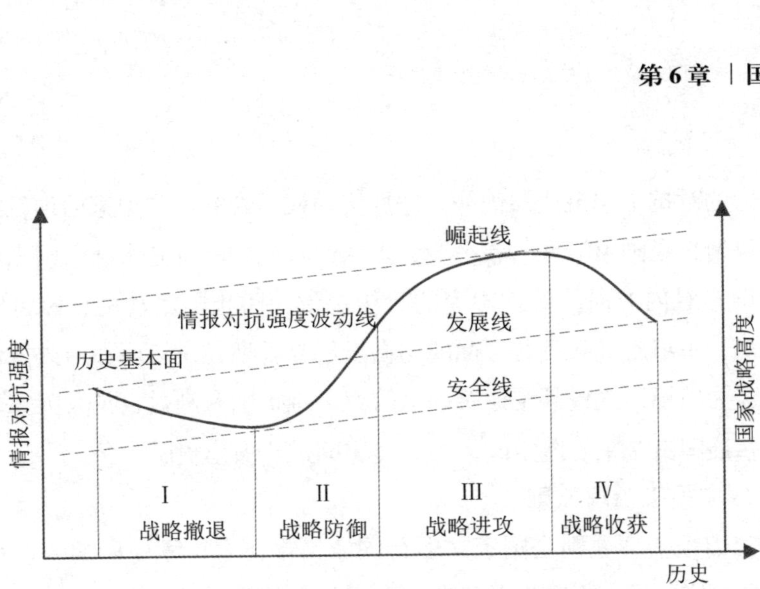

图 6–4 国家情报、国家安全与国家发展的周期性战略互动模型

在图 6–4 的国家战略维度中，波形最下部的安全线，是国家安全的底线和生命线，为国家发展和国家崛起提供了稳定与保障作用。波形中部与情报对抗强度历史基本面对应的发展线，是国家发展的基本要求，为国家安全提供保护与主导作用，为国家崛起提供了基础条件。波形最顶端的崛起线，是国家崛起的临界线，为国家发展提供了终极战略目标。在周期性战略互动模型中，国家安全不是处在安全线附近的一种防御性战略，而是在国家战略体系中始终保持安全底线原则，保证国家战略体系的总体稳定性。国家情报则往往隐藏在国家安全与国家发展的各类战略体系中，起到国家战略体系的桥梁与中枢作用。国家发展是国家处于安全状态下的一种战略态势，如果一个国家面临民族危机等生死存亡的国家安全问题时，国家根本谈不上发展问题。国家崛起往往在国家发展战略中进行表述，因此一般没有单独的国家崛起战略表述。

五、情报治理方略

国家情报治理是国家采用军事、政治、经济、外交、科技和文化等多种形式，经过情报搜集、情报分析、情报设计与情报行动等复杂活动，在与敌对势力的对抗中构筑认知优势，把握主动权，最终实现国家治理目的。因此，国家情报是国家治理的软手段。国家情报的功能首先服从于国家政治的功能，即在对内方面，维护国家的阶级统治，防止国家动乱，保持国内政治、经济、军事、文化等各方面的均衡发展与长期稳定；而在对外方面，防御敌对势力破坏、入侵甚至颠覆国家政权，维护国家利益，扩大国家政治影响力，拓展国家未来发展空间，为人类文明进步做出贡献。[1]

1. 国家主义治理原则

国家情报治理原则是国家在运行国家情报体系过程中所需要遵循的基本目的和基本规范。面对当前复杂而恶劣的外部环境，中国国家安全、国家情报与国家发展的协同治理，必须坚持国家主义。国家主义是主张国家利益与国家安全高于一切的政治观念，是主张国家在治理体系中发挥主导作用，并维护全体国民利益的一种形式。何新先生在《新国家主义经济学》中，将世界上所有经济主张划分为自由主义、国家主义和马克思主义三种，认为国家主义是指导中国崛起和中华民族复兴的核心理论。他建议中国应遵循德国经济学家李斯特的主张，重点强调国家在经济与政治改革中的主导作用，建立全民福利保障体系，让国家在经济上实行强有力的干预。[2]

在当下中国国家情报与安全领域，应该走同样的国家主义道路。情报与安全的国家主义，是指二者皆为国家机器，国家主导情报力量和安全力量，国家情报和国家安全与其他一切力量联合起来服务于国家发展，维护国家利益。情报与安全的国家主义首先应解决意识形态的安全防御体系并建立国家道德高地，在国家情报、安全、外交、传播、军事、政治、经济、文化等领域统一政策，强化意识形态抗冲击能力。同时，情报与安全体系需要建立囊括外交、军事、安全、经济、科技、文宣等跨部门联合体系，在情报搜集、情报分析、情报设计与情报行动中，开展大联合大运动，使情报真正成为国家联合行动的协调者和中枢系统。

关于如何实现国家情报、国家安全、国家发展的协同治理，中国是否

[1] 赵冰峰．情报论 [M]. 北京：兵器工业出版社，2011:41, 97, 144, 131.

[2] 何新．新国家主义经济学 [M]. 北京：同心出版社，2013:12-13, 88.

应该遵循国家主义的道路，在国家安全委员会框架下，依照“支部建在连上”的三湾改编模式，通过跨部门的安全与情报协调联络机制，建立覆盖军事、政治、外交、安全、经济、科技、文化、传媒、教育等领域的大国家情报体系，实现现代化的国家情报与安全治理结构？“支部建在连上”的思想曾经极大地增强了中国共产党的政治自觉和军队战斗力，可有力地改造既有国家机构和决策机制，现在也是有效地改造国家情报与安全体系的法宝，可迅速提升国家安全总体治理能力，甚至在国际间也可通过平等对话机制，共建包容与共赢的国际情报与安全体系。比如，面对非传统安全与反恐新特点，国家安全委员会可以通过“三湾改编”，在重点领域（包括传统安全领域以及非传统安全领域的经济、金融、信息、科技等）、重点区域（包括少数民族聚居区、边疆地区、社会问题多发地区等）和重点国家等，建立各层级常态化联络机制和安全联席会议制度，将国家情报和安全的“支部建在连上”。近期设立的中国反恐怖主义情报中心就是以统筹跨部门信息工作为核心，为进一步跨部门联合反恐行动奠定组织基础的。[1] 改造后的大国家情报体系至少可以在以下三个方面起到积极作用：国家情报资源的有效配置与高效率使用，国家情报行动的统一管理与协调运作，维护统一的国家情报文化并保障情报先进技术的有效利用。

2. 和平建设型国家情报模式

国家情报模式是国家在构建国家情报体系过程中所需要采纳的基本组织方法和基本治理策略。与适用于传统保卫条件、人民战争条件、和平发展条件下的侦察保卫型情报活动、人民统战型情报活动和和平发展型情报活动不同，新时期的中国国家情报可称为“和平建设型”国家情报，即以为人民服务为宗旨，以建设中国特色的社会主义国家为目标，依照总体国家安全观与和平外交理念，依照和平正义、联合建设的情报伦理观，在中央国家安全委员会框架下，采用“党的领导、国家主导、军民共建、专群结合”原则，统一与巩固国内各领域的情报单元基础上，与国家军事、政

[1] 新华网 . 我国拟建立国家反恐怖主义情报中心 [EB]. http://news.xinhuanet.com/2014-10/27/c_1112988607.htm.

治、外交、安全、经济、科教文宣等活动紧密结合，积极联合国际情报力量展开合作，增强国家情报认识功能，稳固国家情报实践功能，充实国家安全力量，强化国家建设力量，实行积极防御型情报政策[1]，不暗搞破坏，不剑拔弩张，不损人利已，不主动挑战对方底线，互相尊重，和平共处，合作共赢，在原则性问题上不让步、不妥协，积极维护国家利益，首要确保人民安全，并在国际整体安全与全球共同发展中发挥建设性作用，成为一只和平之狮、一柄正义之剑。

总体而言，“和平建设型”国家情报必须在政治层面上建立意识形态防御体系和国家道德高地，确保国家政治、文化与社会的安全；制度层面上，在侦察、分析与反谍保卫功能之外扩充情报设计与情报行动等现代情报功能，并依照“一导一体、两式两线”治理模式和三湾改编方法，在重点领域和重点区域建立“层级—网络”复合式会议联络机制，以便实现跨部门的联合行动，并强化情报立法，争取出台一部适应新时代新要求的《国家情报法》（注：2017 年国家正式颁布）；在管理层面，统一军事安全与社会三条情报战线，依照军民融合方式，构筑统一的国家情报战线，并配合“一带一路”倡议，与国际社会实现信息基础设施与数据管理的互联互通；在策略方法方面，可依照“综合集成研讨厅体系”，建立“人—人、人—机、机—机”互联的国家情报系统，强化国家信息安全防御能力、全球数据监测与态势感知能力、社会大数据挖掘与应用能力等，同时发挥智库功能，强化全球发展趋势研究，加强国家战略与策略设计，扶持中国情报学派，加大情报理论创新与新型高级人才培养。

3. 安全与发展指导下的国家情报治理策略

在国家发展战略和国家安全战略指导下，“和平建设型”国家情报体系可采用“一导一体、两式两线”的策略开展创新性建设（如图 6–5 所示）。

[1] 邱进. 以总体国家安全观为指导学习贯彻反间谍法 [EB]. http://politics.people.com.cn/n/2015/0212/c1001-26552115.html.

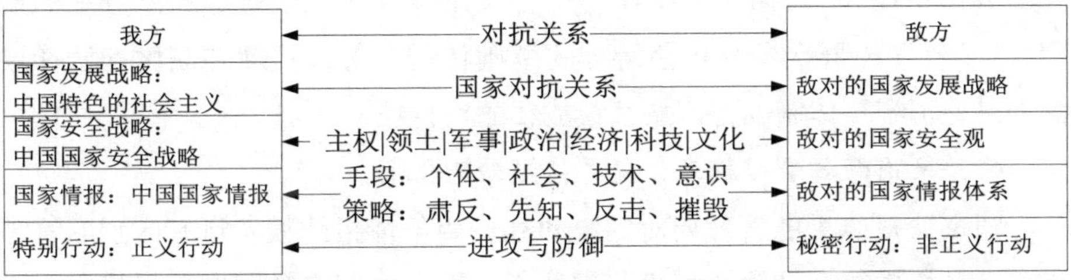

图 6–5　国家发展战略与国家安全战略指导下的国家情报体系概念框架

（1）紧密结合国家发展战略与国家安全战略，构筑国家情报体系

统一的国家治理体系决定了中国应该建立统一的国家情报体系，以支撑国家安全战略乃至国家发展战略的实施，即综合应用国家政治、军事、经济、外交、科技、文化等治理手段，构筑稳固而强大的国家安全防御与抗击体系，尤其是现代“软战争”不断扩张的世界趋势下，除了执行传统的情报任务外，包括哲学思想、经济思想、历史观念、科学观念、价值观念、文学艺术、文化娱乐、新闻传媒、舆论舆情、群体情绪甚至风俗习惯等重点围绕意识形态领域的情报斗争应作为当前中国国家情报体系的工作重点，以此开展多领域、多手段、多策略、多方式的情报对抗活动。

（2）以国家情报为主导，统一内外两条战线

国家情报体系是国家治理的基本手段之一，这首先需要在国家制度层面做出组织性保障，以形成国家与社会两条互为统一的情报战线，以整合国家与社会两种情报力量。即在国家情报组织的统领下，继续发挥体制内的包括军事情报与安全情报及公安情报三条支线的国家情报战线的作用，同时借助于统一的管理模式，发挥咨询公司、行会组织、图书馆等信息机构的采集能力，发挥高等教育机构、专业研究所等研究机构的信息分析与评估能力，发挥文化、传媒、科技、商业、金融等运作机构的活动策划及社会运作能力，构筑起体制外的社会情报战线，即在统一体制内的国家情报战线和体制外的社会情报战线基础上，建设起完整而强大的国家情报体系。在 2012 年的中共十八大报告中已明确提出要“加强基层社会管理和服务体系建设”“强化企事业单位、人民团体在社会管理和服务中的职责”“充分发挥群众参与社会管理的基础作用”等，这就在制度和法律层面上保证了统一体制内外两条情报战线的可行性。

（3）采用两种管理模式，完善情报治理机制

国家情报体系的管理要对国家和社会两条情报战线实行有区别的管理模式，以构成统一的国家情报治理体系，即在体制内的国家情报战线实行“行政管理”模式，而对体制外的社会情报战线实行“采购模式”，即通过资本与项目之间的供需关系，在国家情报组织的统一领导下，广泛地向社会采购一切与国家情报活动相关联的产品与服务，包括专业咨询与科学研究项目、特种技术、新闻传播与信息交换平台以及其他政治性、经济性、文化性、社会性甚至军事性的相关产品与服务。“采购模式”与“行政模式”比，虽然管控关系较为松散，但因其具有“市场”精神，因而可穿越组织界限乃至国界的局限，实现跨领域和跨地域的专业化、组件式的运作效果。在这方面，我国的军民融合战略开启了新篇章。

（4）通过建设信息平台，打造情报一体化联合系统

“一体化联合作战”已经成为现代战争的基本要求[1]，其物质基础即通过信息系统的建设，以整合各个独立战争单元的作战力量，通过“人—机”的信息互通，形成集中的、统一的战争联合体，从而在最大范围内形成战争力量的集中优势。国家情报体系是国家战略的有机组成部分，国家情报体系自身的“一体化”及其与其他国家治理手段的“联合”是国家情报体系的基本要求。通过一体化信息平台，综合各个情报单元的信息资源，整合各个情报单元的社会功能，实现联合协同的社会效果，从而最大限度地发挥国家情报体系的整体力量。基于“人机结合”和“集成”思想的经过大型系统工程验证的钱学森“综合集成研讨厅体系[2]”则可作为建设

[1] 孙景伟，范承斌．浅析一体化联合作战的本质特征及成因 [J]. 国防大学学报，2004(11):36-39.

[2] 戴汝为，李耀东．基于综合集成的研讨厅体系与系统复杂性 [J]. 复杂系统与复杂性科学，2004(4):1-24.

情报一体化联合系统的基本指导方法。

总之，国家情报是与外交同等重要的国家治理手段，是保障国家安全和维护世界和平的重要力量。中国作为全球多元化发展格局中的世界性大国，建设起强大而统一的国家情报体系，在推动全球治理机制变革、争取和平发展国际环境、提高中国国家竞争力、增强国家软实力和扩大中国的国际影响力等方面，在赢得主动、赢得优势和赢得未来方面，都将发挥不可替代的和十分积极的作用。因此，中国情报学界应积极努力出谋划策，为中国的国家情报体系建设贡献自己的全部力量。

第 2 节　美国国家情报

一、国家安全属性

总体而言，美国国家安全具有全局性、霸权性和资本性。

美国是一个战略至上的国家，其战略文化非常独特和深厚，比较注重中长期目标与短期目标的结合，但其与社会主义国家的治理方式不同，美国政府一直没有确立类似于中国的“五年计划”一类的国家中长期发展战略体系，而总统就职演说以及每年一度的国情咨文报告成为美国政府向社会公众公布其未来战略设想的主要方式。

从冷战开始一直到后冷战时期，美国的对外战略主要依据三大体系来支撑，一是以军事为基础的全球安全防务体系，二是以跨国经济为核心的国际经济秩序，三是以自由民主价值观为核心的资本主义世界意识形态体系。这三大体系既是美国国家安全体系的主要组成部分，又是美国国家对外战略的主要组成部分。

随着国家安全委员会建设的推进，美国政府出现了逐步将国家安全战略报告作为国家战略总纲要的趋势。1947 年颁布《国家安全法》是美国国家治理历史上的一次跃升，是学习英国国家治理体系设立的依照“情报支撑决策、决策支撑治理”的现代化国家治理新模式。1986 年里根政府通过的《戈—尼法案》[1],规定总统每年必须向国会提交一份国家安全战略报告，从而在国家制度上确立了总统与国会之间的战略协调，而这样的国家安全战略报告逐步囊括军事防务、外交、经济、政治、文化、信息、生态等几乎所有与国家治理相关的重要国际议题与重要国内议题。根据 1997 年美国参联会《军语和相关术语》的定义 [2]，美国的国家安全战略即通过协调外交、经济、军事、信息等各部分以实现国家安全目标的国家战略或大战略。因此，美国国家安全战略等同于美国国家的总体战略，美国国家安全治理体系具有国家治理的全局特性，比如美国冷战期间推行的遏制战略，就既是国家安全战略，又是国家对外的大战略。

为什么美国的国家安全治理会具有国家治理的全局性功能呢？这需要从其国家制度的资本属性与霸权属性上寻找原因，而后二者又具有相辅相成、互为因果的关系。

美国是个典型的资本主义国家，资本财团通过国会来控制总统领导下的行政系统，形成所谓的三权分立体系。美国资本财团经过二战而崛起，成为全球跨国资本的主力，获得了以美元、生产和信息为核心网络的全球经济控制权。这种体系又通过军工复合体与媒介资本控制了部署全球的军事力量与传媒力量，继而掌握了全球政治与安全治理的领导权和话语权，形成非常庞大的帝国霸权性势力，主导着冷战后“一超多强”的全球政治格局。这样的资本主义体系，其核心诉求不是生存与发展的问题，而是巩固资本垄断地位的问题，不是国内发展的问题，而是国际扩张与稳固的问题，因此其关注的核心议题是国际安全威胁，因为只有国际安全问题才会在根本上动摇其霸权地位。这就是美国国家安全治理的霸权性与资本性这对孪生体，与国家安全形成互为表里的统一体，成为同一枚硬币的正反面。

[1] 王荣 .《美国国家安全战略报告》研究 [M]. 北京 :时事出版社, 2014:57.

[2] 林治远 . 外国国家安全战略与军事战略教程 [M]. 北京 :军事科学出版社, 2013:20.

二、国家情报演化

美国国家情报体系是国家安全的决策枢纽，发挥着环境认知、安全协同、决策参谋等重要作用。现代美国的国家情报体系经历了比较复杂的历史演变，根据国际战略形势以及国家安全情报活动规律，大致可将其划分为三大情报活动模式，该三种模式实质上也代表了现代美国国家情报的三大历史演化阶段，如图 6–6 所示。

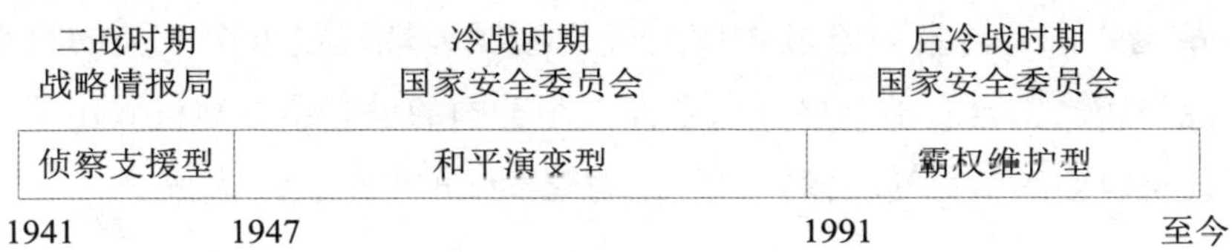

图 6–6　现代美国的三种国家情报模式

第一种模式处于二战时期的 1941—1947 年，以威廉 · 多诺万领导的情报协调局及其随后合并成立的战略情报局为主要领导机构。该时期的情报工作主要模仿英国国家情报体系，从事隐蔽侦察行动以配合国家的军事作战，可称之为侦察支援型情报模式。

第二种模式处于冷战时期的 1947—1991 年，以 1947 年设立的国家安全委员会及其下属独立情报机构中情局为主要领导机构，会同国防部下属的各大军种情报机构展开联合作战行动。该时期的情报活动以美国国家安全的"遏制战略"为基本框架，主要针对苏联等社会主义阵营，围绕意识形态对抗，开展包括文化战、学术战、新闻战、思想战、公共外交等为主体的和平演变活动。该时期也是美国安全情报理论大爆发时期，以中情局为研究主体，创设了大量的情报理论，在情报侦察、情报分析、情报流程与技术、隐蔽行动、反情报等方面突飞猛进。该时期的情报活动模式可称之为和平演变型情报模式。

第三种模式处于后冷战时期的 1991 年至今，在国家安全委员会领导下，整合安全情报部门（如中情局）、军事情报部门（如国家安全局、国防情报局、各军种情报机构），以及外交、司法、国土、财政、能源等情报部门，形成庞大的覆盖多领域的综合情报网络体系。该时期的情报工作随着苏联解体，美国确立世界霸主地位为国际战略背景，在 20 世纪 90 年代经历短暂的规模缩减后，2001 年的“9 · 11”事件提出了恐怖主义和大规模杀伤性武器扩散等重大情报议题，接着以反恐战略为目标，推动了情报规模的再次扩张。2004 年的情报改革方案增设了国家情报总监岗位，开始全面统筹情报界各部门力量，融合互联网技术，开展面向 21 世纪的情报变革工作，将情报网络从传统的安全领域大规模侵入全人类的社会领域、经济领域甚至政治领域，为全面巩固美国的世界霸主地位做出了巨大贡献。该时期的情报活动模式可称之为霸权维护型情报模式。

三、国家情报体系

美国国家情报体系具有非常完备的治理机制，包括制度运行与监督机制、组织运行机制（情报界）、决策机制、技术系统与流程控制等，其中的情报界与法律保障体系是其运行机制的核心体系。

1. 美国情报界

美国情报界是相对于美国国家安全治理体系而言，由政府建立的军事情报部门、独立情报部门和部属情报部门联合组成的体系。美国情报界的确立以 1947 年的《国家安全法》、国家安全委员会以及中情局的密集设立为标志，往后逐步趋于完善与稳定。

目前，美国情报界在“三权分立”的国家体系中，由总统下设的国家安全委员会统筹与协调，是国家安全体系的重要决策中枢与参谋系统，并受到国会两院的立法、预算与监督控制。在图 6–7 所示的情报界，覆盖国家情报总监、国防部、国务院、司法部、财政部、能源部、国土安全部等 7 大部类。其中，国家情报总监负责统筹整个情报界的情报信息内容综合与分析工作，其领导的独立情报部门包括中央情报局、国家反恐中心、国

附件 3　美国现代情报活动概览（由作者根据网络资料整理而成）

家防扩散中心，以及国家情报委员会、反情报办公室和国家情报总监参谋部。国家情报总监还与国防部共同管辖国家安全局、国家地理情报局、国家侦察办公室，这些机构主要负责美国对外的信息侦察、图像侦察等情报搜集工作。国防部则依然独立领导国防情报局、国防部机载系统、陆军情报机构、海军情报机构、空军情报机构和海军陆战队情报机构以及其他军事情报机构。负责外交事务的国务院也拥有独立的情报研究局以及自己的情报搜集与处理机构。负责国内与国际法律事务的司法部则下辖联邦调查局以及毒品管制局，主要从事国内安全相关的情报工作。另外，财政部和能源部也拥有自己独立的情报分析机构，国土安全部则下辖情报分析处与海岸警卫队情报部门。

从其构成中可以看出，美国情报界的边界划分是比较强调情报搜集部门、分析部门与反情报部门，而包括心理战、文化战、学术战、电子战、网络战、赛博战、经济战等在内的隐蔽行动部门和实践型情报部门则极少被划入或标示其中，这一方面反映了美国情报文化的特性，另一方面也反映了美国情报界有意识地回避或隐藏了具有“实战”功能的强力部门，从而避免过多的公众监督和司法监督，并降低对外开展情报活动的社会压力和国际压力。

2. 美国情报法律保障体系

美国情报界的法律保障体系非常完善。据资料统计，美国法典中有30多部与情报治理相关的法律[1]，涉及情报界的组织体系、人员任免、权责关系、工作内容、运行规范、奖惩体系、工作方法、预算控制、薪酬费用等。

其中有两部法律至为关键，第一部是1947年颁布的《国家安全法》，主要规定了：(1) 国家安全委员的设立、成员构成、职责、协调机制、费用薪酬等；(2) 中情局的设立、官员任命、职责、经费等问题；(3) 国防部各军事机构的安全职责、协调措施、经费管理等问题；(4) 明确了国

[1] 胡荟，孟揺祥．论法在美国情报管理体制中的地位与作用 [J]. 情报杂志，2015(8):9.

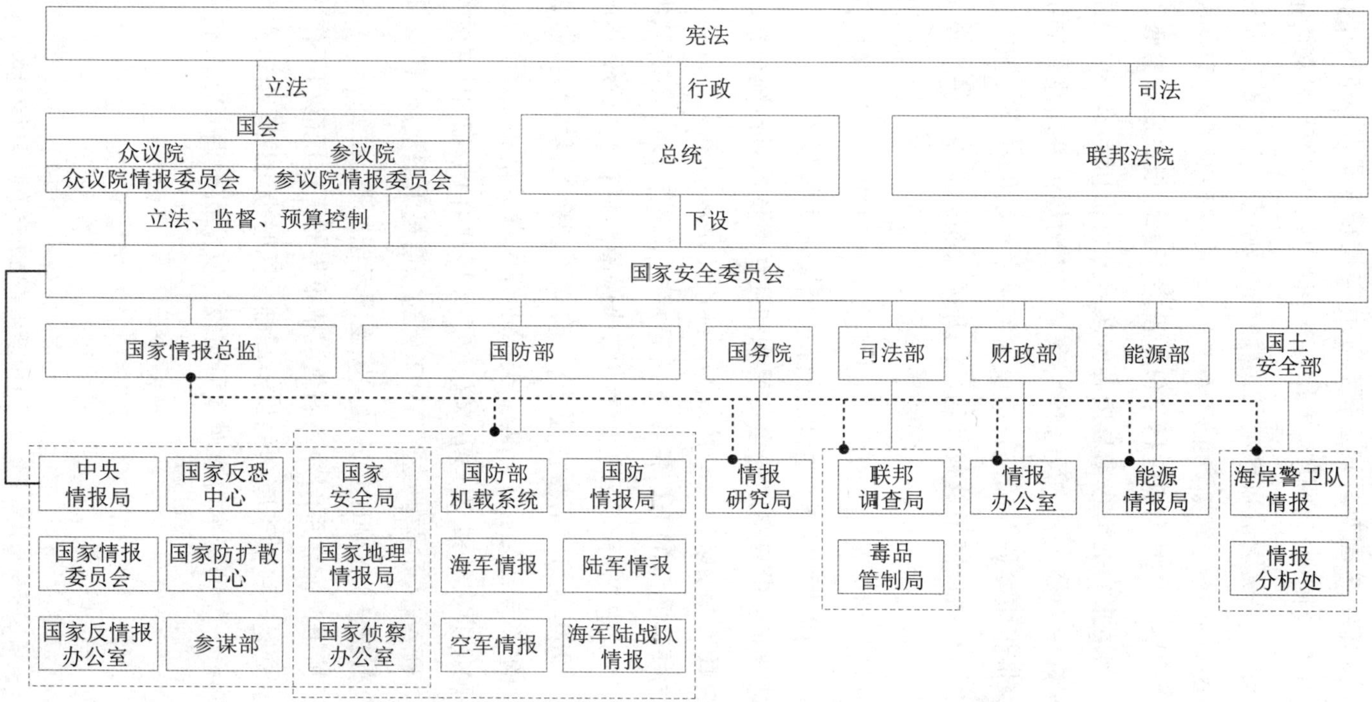

图 6–7　美国情报界

注：上图综合自 Loch K. Johnson 主编的 *Handbook of Intelligence Studies*（Routledge，2007，P363），以及马克 · 洛文塔尔的《情报：从秘密到政策》第五版（金城出版社，2015，第 46 页）

会监督机制；(5) 规定了美国对外秘密情报工作与情报人员的保护问题。《国家安全法》奠定了美国的现代化国家情报治理机制，确立了国家情报工作机制与保障体系，是美国情报界被正式确立的起始点。第二部重要法律是2004年颁布的《情报改革与防止恐怖法》，该法案是对"9·11"事件进行系统反思的结果，主要议题包括：(1) 设立国家情报总监，打破部门壁垒，以统筹整个情报界的情报信息内容收集与分析工作；(2) 增设国家反恐中心、防扩散中心等，将"反恐怖"和"防止大规模杀伤性武器扩散"等确立为国家情报主要任务；(3) 增设国家秘密行动部（有时被中文译作"隐蔽行动部"），强化情报隐蔽行动，提升情报实战能力；(4) 强化情报界的情报战略规划工作，出台《国家情报战略》报告；(5) 设立公开源情报中心，提升情报协同配合能力与信息共享平台的技术水平。《情报改革法》是美国政府借助恐怖主义危机进行系统性重组情报界的一次尝试，融合了美国对冷战后世界格局的重塑思想和互联网技术对传统情报组织的变革思想，重点在于突破传统的情报部门隔阂，形成网络化平台式的管理机制。除此之外，美国的部门情报立法异常丰富，如1947年的《中央情报局法》（确立了中央情报局的职责和法律保障及特权）、1959年的《国家安全局法》、1980年的《情报监督法》（确立了国会的两大情报监督委员会）、2002年的《国土安全法》等。美国也有大量的情报治理立法，如1961年的《外国援助法》和《休斯—瑞安法》、1978年的《外国情报侦查法》、1982年的《情报人员保护法》、1992年的《情报组织法》、1994年的《反情报与安全促进法》、2001年的《美国爱国者法》等。[1]

总之，美国的情报法律体系明确和细化了情报界的工作规范和工作内容，为情报界的系统运行提供了厚实的保障基础。同时也可以看出，作为典型的资本主义国家，美国资本力量对政府情报与安全机构拥有强大的监督和控制能力。

[1] 刘胜湘，李明月．美国国家安全体制研究述评 [J]. 湖北文理学院学报，2013(1):52-53.

四、国家情报属性

从其历史演变逻辑可以看出，当代美国的国家情报体系是跟随国家战略即国家安全战略的发展而不断深化走向成熟的，体现了国家安全的需求和国家资本主义体系的根本需求。整体而言，当代的美国国家情报体系具有攻击性、世界性与系统性三大基本属性。

1. 美国国家情报的攻击性

当代美国国家情报的攻击性，首先表现在情报技术的武装性上。美国是个技术至上的国家，整个情报界对技术的迷恋与依赖达到了一定的程度，其技术投资占据整个情报开支的大部分，从而建成了世界上最庞大的无以匹敌的情报系统，尤其在情报侦察领域不惜重金，构建了包括卫星系统、网络系统、无线电系统等复杂的情报技术体系，监控包括全球各国政要、重要目标人物、平民等在内的邮件通讯等几乎所有的信息活动，并通过技术手段影响公众舆论和宣传造势，甚至操纵他国政治。

美国国家情报行为具有攻击性。美国的隐蔽行动较少为外人知晓，不仅包括暗杀、间谍、离间、欺骗等小规模的活动，还开展意识形态进攻等超大规模的攻击行为，也正是由于重视这方面的原因，中情局也被一些学者称之为美国文化宣传部，其在拉美地区、中东地区、东欧地区参与的政治活动都极具轰动性和影响力。比如美苏冷战时期，美国在军事战争能力无法取胜的情况下，不得已发动和平演变为目的的软实力战争，以意识形态进攻为重要手段，最终瓦解苏联阵营。小约瑟夫 · 奈曾指出，信息革命下的全球政治已经成为一场争夺可信度的竞争，增强自身可信度与削弱对手可信度成为国际政治权力竞争的主要手段，而且随着信誉成为政府和非政府组织的重要权力来源，软权力相对硬权力变得比过去更加重要 [1]。美国将战略传播作为公共外交的核心内容，系统性地制定和推进国家传播体系，不仅出台了类似于《国家战略传播构架》的各种指导性方案，而且形

[1] 小约瑟夫 · 奈 . 理解全球冲突与合作 : 理论与历史 [M]. 上海 : 上海人民出版社，2012:349, 357, 390.

成了传媒体系与国家机器的深度互动。比如2012年4月11日好莱坞电影《超级战舰》全球上映，为美国“重返亚洲”战略竭力铺陈，随后的6月2日国防部长帕内塔宣布美国将在2020年前把60%的战舰部署到太平洋地区[1]。爱德华·斯诺登于2014年2月和4月两次爆料，美英情报机构利用Twitter、YouTube和Facebook等媒体散布虚假信息，制造网络谣言操控舆论，通过政治宣传煽动民众抗议政府。2014年9月以来，美英国家在香港“占中”活动中，利用香港媒体《苹果日报》鼓吹“雨伞革命”，龌龊不断，图谋夺取最高香港治权以挑战中国国家主权。[2]

2. 美国国家情报的世界性

当代美国国家情报的世界性，首先表现在其情报组织的世界性。美国不仅具有庞大的情报界，还具有包括“五眼联盟”等在内的国际情报合作体系，并与日本、韩国、以色列、法国等国家建立了长期的战略性情报合作关系，并与世界主要大国甚至与中、俄这样具有竞合关系的国家都建立了特种情报合作关系。

美国国家情报的世界性还表现在情报活动的世界性。冷战中与冷战后，美国为了建立霸权地位和维护霸权地位，不断通过大规模的国家情报活动，经略全球，广泛构筑战略利益，对人类造成了深远的影响。比如乔治·索罗斯在《这个时代的无知与傲慢》一书中详细阐释了他“建设全球开放社会”的政治主张，并记录了其通过“开放社会基金网络”，资助自由主义经济理论，参与苏联解体、波兰改革、亚洲金融危机、颜色革命等重大国际政治活动，以及在颠覆国家统治、反恐怖、防核扩散、推广自由民主、应对能源危机和气候变暖等领域的经济与情报活动。何新先生也系统地论述过欧美国家以学术名义向中国政府推广激进的经济改革措施，最终导致中国在20世纪80年代末出现国家经济大混乱直至爆发震惊中外的

[1] 中新网. 美防长称将在2020年前把60%战舰部署到太平洋 [EB]. http://www.chinanews.com/gj/2012/06-02/3933841.shtml.

[2] 新华网. 香港“占中”十问 [EB]. http://news.xinhuanet.com/gangao/2014-10/03/c1112709140.htm.

政治事件。

3. 美国国家情报的系统性

当代美国国家情报的系统性，首先表现在制度建设的国家性。美国是个工业发达的资本主义国家，从二战时期开始的工业成绩奠定了美国成为世界性帝国的基础，从而在国家治理的基因中形成了深刻的系统工程思想，并引申出诸如技术主义、流程思想、变革思想等崭新的文化伦理体系。在美国国家情报体系中，系统思想深刻影响了国家制度的建设与变革。曾任美国国家安全局局长的奥多姆在其《重建情报》(2003) 中建议美国采用"国家管理者"的理念来改革"9 · 11"事件后的美国情报机构，通过增强情报机构间的合作、设立国家情报局、在情报机构中设立国家管理者等措施来实现一元化的美国国家情报组织模式[1]。而曾任中情局专案官员的罗伯特 · D. 斯蒂尔在《新情报技艺》(2002) 中已建议美国要从非传统安全的角度建立国家主导下的国家情报共同体和全球情报共同体，建立覆盖政府、军队、企业、媒体、学界、社会等各个领域的"情报记录人"网络，以及覆盖全球的由网络数据库与国际共同体组成的国际情报联盟[2]。"9 · 11"事件后美国在 2004 年提出增设联合情报界委员会以及国家反恐、国家反扩散、国家秘密行动部和公开来源 4 个国家情报中心。其中，联合情报界委员会囊括了国家情报总监、国务卿、财政部长、国防部长、司法部长、能源部长和国土安全部长等。同时，美国国家反恐中心的策略也强调"运用国家力量中的一切要素"推动反恐工作[3]。可见美国正在强化国家主义治理下的国家安全与情报体系。不仅如此，根据何新先生关于共济会的研究，欧美日等发达国家看似是独立的主权国家，实质是由欧美共济会统治的联合体，该联合体既是超级经

[1] 张晓军 . 美国军事情报理论著作评介 [M]. 北京 :时事出版社 , 2010:27, 130-146, 179, 181-183, 234, 290, 540-543.

[2] 张晓军 . 美国军事情报理论著作评介 [M]. 北京 :时事出版社 , 2010:27, 130-146, 179, 181-183, 234, 290, 540-543.

[3] 张晓军 . 美国军事情报理论研究 [M]. 北京 :军事科学出版社 , 2011:43, 194-198.

济组织又是超级情报机构，根本上主导着西方发达国家乃至全球的政治经济以及科教文化体系。

美国国家情报的系统性，还表现在情报智库建设的全方位与情报战略管理的结构化。比如美国情报界实际上存在以谢尔曼·肯特等情报专家为代表的强调情报依据重要性的论据派、以亨利·基辛格等智囊团为代表的强调历史传统重要性的论证派，以及罗伯特·盖茨等官僚为代表的强调实战方法重要性的策略派，他们各自以部门利益出发，分别从军事、政治、经济、外交等角度共同服务于美国国家治理，使情报成为与外交同等重要的国家治理手段。在情报战略管理方面，美国情报学者在 1982 年出版的《军事欺骗和战略突袭》一书中论述了欺骗的因素模型，该模型从核心到外围由隐蔽、讹误、诡计、欺骗 4 要素构成，并对欺骗的运作过程和欺骗的目标类型等做了深入研究[1]。该书作者迈克尔·汉德尔还在 1989 年出版的《战争、战略与情报》中就外交与奇袭的关系提出了从正规外交到革命或奇袭外交的外交等级类型[2]。罗伯特·D. 斯蒂尔在 2002 年出版的《新情报技艺》中，针对全球化下的非传统安全环境，提出美国应该使用游击战、经济战、文化战和恐怖活动 4 种战争策略分别应对实体性破坏、数字化破坏、精神性破坏和物质性破坏 4 种国家威胁[3]。美国兰德公司在 2008 年出版的《美国如何打赢网络战争》报告中提出了一个国家应对外部冲突的 4 种反映策略，从轻微到严重程度分别为：外交与经济、网络空间、实体力量、核力量。这种策略大致反映了美国军方乃至美国政府的对外应对策略[4]。小约瑟夫·奈在 2012 年出版的《理解全球冲突与合作：理论与历史》教材中，从干涉的角度，提出了强度由低到高排列的讲话、广播、经

[1] 张晓军 . 美国军事情报理论著作评介 [M]. 北京 :时事出版社, 2010:27, 130-146, 179, 181-183, 234, 290, 540-543.

[2] 张晓军 . 美国军事情报理论著作评介 [M]. 北京 :时事出版社, 2010:27, 130-146, 179, 181-183, 234, 290, 540-543.

[3] 张晓军 . 美国军事情报理论著作评介 [M]. 北京 :时事出版社, 2010:27, 130-146, 179, 181-183, 234, 290, 540-543.

[4] 马丁 · C. 利比基 . 美国如何打赢网络战争 [M]. 北京 :东方出版社 2013:26, 171.

济援助、军事顾问、支持反对派、封锁、有限军事行动、军事入侵等不同等级的国家干涉策略模型，可以看作是美国政府当前对外战略与战术组合的完整阐述。

美国国家情报的系统性，也表现在技术装备体系的系统性上。美国的情报技术是世界独一无二的，在情报侦察方面覆盖了海、天、空、无线电、网络五大技术门类和技术系统，在情报分析与信息存储领域拥有了全球最先进的软件系统、数据库系统和安全访问系统，在情报实战方面拥有心理影响、电子干扰、信息欺骗、网络攻击、作战保密等复杂的系统功能。在这些看似五花八门的复杂系统中，美国的国家情报技术体系主要依据信息化战争理论，构建出所谓的 C4ISR 指挥、控制、通信、计算机、情报及监视与侦察系统，通过该系统链接了美国所有的情报收集终端与指挥体系，成为军事与安全情报体系的中枢神经。随着互联网应用的发展，该系统又融合了网络战与赛博战理论，借助通讯技术、互联网技术、物联网技术、云计算等，形成了复杂的网络电磁赛博空间，继而推动情报系统侵入了整个人类社会的生活领域、经济领域甚至政治领域，成为全面掌控人类活动的情报技术体系。

五、国家情报治理

美国是国家情报体系最为完善与发达的国家，美国视国家情报为与外交同等重要的国家治理手段[1]，美国建设国家情报的成功经验可以作为中国建设国家情报的参考。

美国的国家对外情报体系被放置在国家战略的高度，并服从于国家战略的需要。从表面上看起来，美国的国家对外情报体系基本是由中央情报局和隶属于国防部的国防情报局、国土安全局、国家侦查局以及国家地理情报局等情报部门组成的，这些机构目前由总统下属的国家情报总监办公

[1] 张晓军．美国军事情报理论研究 [M]. 北京：军事科学出版社，2011:103-134.

室统一领导，并向总统负责。但很明显，美国国家对外情报工作的领导者是总统，而不是情报机构，这就在组织关系上保证了美国国家情报战略与国家战略的一致性，美国《2009年国家情报战略》报告将情报工作重点定义为“挑战美国利益的民族国家”[1]，由此可见美国的国家对外情报体系是完全地服务于美国的国家战略需要的，并对国家战略的实施具有十分巨大的影响。

美国的国家对外情报工作是依靠分布在全社会乃至于世界各地的各类组织来共同完成的，而且这个工作主要借助于美国的国家资本及民间资本的“采购模式”来建设和维持。在美国情报战略报告中，明确规定了“情报系统将提供情报以支持驻外的外交官、部队、政府部门间组织和国内各级执法机构，有时我们将根据总统指示实施秘密活动，并在美国法律界限内忠实履行”，可见情报部门在某些领域里是国家情报活动的领导部门，而在另外一些领域里则是国家情报活动的支持部门。同时，即使是包括咨询、内容分析、软件系统、信息处理、安全、审计等原本属于情报部门的工作都进行了大规模的外包，根据2008年国家情报总监办公室的报告，美国当年有4万个私有情报承包商雇佣了约26.5万名情报系统员工共同为美国的情报部门服务[2]，这还不算那些被美国政府控制的跨国公司所提供的全球情报服务。由此可见，美国的情报组织体系可以分为总统、情报部门（包括军事部门）、政府部门、核心社会组织（比如情报服务分包商等）、外围社会组织（比如跨国公司、一般咨询机构等）、其他服务成员或组织（比如间谍、代理人、代理组织等）从里到外分层排布的庞大而有序的国家情报营运体系。

美国的国家对外情报具有很高的谋略属性。从张晓军主编的《美国军事情报理论著作评介》中，我们很难看到美国关于国家情报有什么成熟的理论体系指导，但是如果我们翻阅美国军事理论的资料就会发现，美国的

[1] The office of the Director of National Intelligence. The National Intelligence Strategy [EB]. http://www.odni.gov/press_releases.htm, August 2009.

[2] 蒲实.美国情报外包的秘密世界[J].三联生活周刊,2010(31):76.

情报理论是十分丰富而且十分具有谋略属性的，比较知名的包括心理战理论、文化战理论、信息战理论、威慑战理论、网络中心战理论、一体化联合作战理论、致盲理论、决策周期理论、公共外交理论、战略沟通理论、认知管理理论、影响战等在内的情报理论体系，这些理论体系往往融合在国家情报机构的各种“隐蔽行动”中，覆盖情报工作的各个层面和各个领域，体现着深刻的谋略属性，并且在各种战争或对抗运动中取得了实效验证，尤其是冷战时期对苏联实施的所谓“心理战”“文化战”等“和平演变”过程中，在这些理论体系支撑下的美国国家对外情报体系渗透和深入到了苏联社会的各个领域，并最终取得了巨大的效果。这一方面表明美国的国家对外情报体系具有十分旺盛的谋略创新能力和深厚的谋略策划能力，另一方面也表明美国的国家对外情报体系具有超过军事实力的谋略实施能力，相当于学术界常说的“软实力”。

美国的国家对外情报体系是个复杂的社会工程系统。美国可以被认为是系统工程的鼻祖，从其铁路网的建设开始，到汽车工业、军事工业、航天工业、信息工业，甚至运输业、金融业等无不是系统思想支撑起来的现代化产业体系。系统工程思想对美国国家情报体系的影响也是如此。美国每年投资数百亿美元用于情报开支[1],这些开支的很大一部分用于诸如计算机网络、软件系统、卫星侦察及传感系统、通讯系统、监听系统等的建设和更新上，从而打造出全世界最先进的情报技术平台，依此为基础，通过结构化分工、标准化互联和流程化运作，将广泛分布在世界各地的情报组织整合起来，在世界范围内实现了国家情报的包括动态信息获取、信息预警、情报伪装、舆论控制、电子攻击等在内的十分复杂的情报功能，为国家的一体化联合作战乃至情报与国家政治、军事以及经济的整体互动提供了战略性保障和重要的物质基础。

但是美国的国家对外情报体系如同美国的国家战略一样，都是为其军事入侵别国或干涉别国内政服务的，是美国霸权体系的一个重要组成部

[1] 新华网 . 美一年情报开支 750 亿美元 [EB]. http://news.xinhuanet.com/world/2009-09/21/content_12089296.htm.

分，因此在全世界人民的道义中是孤立的和反动的。同时美国是个被金钱哲学统治的国家，资本成为支配一切的也是唯一的工具，这就造成了情报体系对资本的极强的依赖性，造成了情报体系缺乏精神力量和道德力量的支撑，因此其在政治上是脆弱的。

总之，美国的国家对外情报体系在目前世界范围内还属较先进的体系，其优秀的部分可作为中国建设和完善国家对外情报体系的参照。

第 3 节　俄罗斯国家情报

一、国家安全属性

苏联解体后，俄罗斯曾全面倒向西方国家，不仅设立了三权分立的国家制度，而且在国家安全治理方面，也试图全面学习欧美。作为学习遗产之一，俄罗斯与美国同样以安全战略作为国家战略的替代，在《国家安全战略》[1] 这个纲领性文件中，对国家中长期发展所需要遵循的时代判断、威胁机遇、对外方针、内政措施等治理内容做出规划设计，并作为国家对外关系、国家内部治理、国家内外协调发展的根本依据。俄罗斯自建国以来，在 1997 年、1999 年、2009 年、2015 年四次修改《国家安全战略》文件（前两次以“国家安全构想”命名），这种大规模的修订工作主要发生在每届领导人的主政初期，与其说是国家战略规划，不如说其更像是新领导人上任伊始的施政纲领。

在战略态势上，俄罗斯首先地处世界心脏地带，是世界能源密集与地理交通枢纽区域；其次，斯拉夫民族具有强烈的帝国扩张意识，无论是沙皇时期、苏联时期，还是当代俄罗斯，总是通过区域空间的扩张来维系国

[1] 林治远 . 外国国家安全战略与军事战略教程 [M]. 北京 : 军事科学出版社, 2013:51-53.

家的生存与安全[1][2]，并将建立以俄罗斯为中心的欧亚帝国作为其终极目标；另外，当代俄罗斯继承了苏联的军事装备、国防工业、安全体系、科教体系、制度体系、社会文化等多方面的雄厚遗产，特别是其核武器和能源工业，依然让西方国家心有忌惮。因此，今日俄罗斯的国家安全具有独特的属性，其在安全治理手段上带有浓厚的军事性，在安全治理行动上表现出鲜明的强权性，而在安全治理目的上则体现出国家性。

正如俄罗斯在处理格鲁吉亚与南奥塞梯共和国的问题中，不惜与格鲁吉亚发生军事战争，最终击退格鲁吉亚，保持了南奥塞梯的独立；在过去的乌克兰危机中，俄罗斯也采用军事手段与乌克兰展开了对东乌克兰地区的争夺，并最终将克里米亚纳入俄罗斯版图；俄罗斯每遇到重大的外部危机时，总是优先采用军事手段解决问题。这种思想也反映在其国家战略报告当中，并突出地强调了核力量的应用。究其原因，这与俄罗斯国家经济体系存在重大缺陷有关：受苏联重工业化和重军事化影响，当代俄罗斯并没有能够建立起独立完整的工业体系，截止到 2013 年，其能源与原料工业产值占据整个国家工业体系的 67%，而制造业只占据 33%，这种经济结构具有致命的缺陷，并在世界经济困难时期陷入了巨大的发展困境中[3]。因此，俄罗斯唯有相对先进的军事装备体系和规模庞大的核武器，可用于国家战略的最后屏障。

尽管俄罗斯的安全力量相对单一，但其国家野心很大，在国家力量的国际投射上显得非常强硬，特别是在以独联体为核心的前苏联地区，通过军事实力与安全势力的渗透，比较强势地将这些地区划入其国家势力范围，对于存在可能脱离、反抗甚至进攻的国家或地区，会做出不惜一战的强硬姿态。而且，俄罗斯的这种强权性，不仅表现在维护大国地位或强国

[1] 环球网．普京强调情报安全问题，称俄去年抓获 300 外国间谍 [EB]. http://world.huanqiu.com/exclusive/2015-03/6022047.html.

[2] 中国新闻网．普京：俄情报部门 2015 年挫败逾 30 起恐怖阴谋 [EB]. http://legal.people.com.cn/n1/2015/1221/c188502-27954964.html:37-41.

[3] 经济观察报．俄罗斯经济：复杂又艰难的一年 [EB]. http://money.163.com/16/0201/18/BEOS4ADV00253B0H.html.

战略的各种行动中，也作为一种国家态度被写入全球传播的安全战略报告当中，起到国民激励和外部威慑的作用。

俄罗斯的国家安全具有比较明显的国家性，突出维护其历史传统的大国地位。俄罗斯比较完整地继承了沙俄、苏联的历史遗产，国民意识中具有浓郁的大国沙文主义，即使是国家经济实力在全球的地位大幅下降，但依然全方位贯彻了大国战略和强国战略。所以，俄罗斯一方面希望与西方国家特别是欧洲国家进行全面和解甚至建立军事与能源的反制手段，另一方面，加快全面发展与亚太各国的战略关系，试图在全球政治经济格局中，建立起横跨欧亚大陆的大国权力平衡体系，从而体现出其独特的国家地位。

二、国家情报演化

同美国的情报体系一样，俄国（从沙俄、苏联到俄罗斯）的情报体系也是对外战争、国家防御等涉及国家重大对外关系的决策枢纽，发挥着认识环境、决策参谋，甚至具备一定的隐形防御和攻击的作用。近代以来的俄国国家情报体系经历了非常波折的历史变迁，国家体制从封建国家、社会主义国家到现代资本主义国家频繁转变。根据其国际形势和国家情报活动的总体规律，大致可划分为以下四大活动模式，该四种模式实质也代表了近代俄国的四大历史演化阶段，如图 6–8 所示。

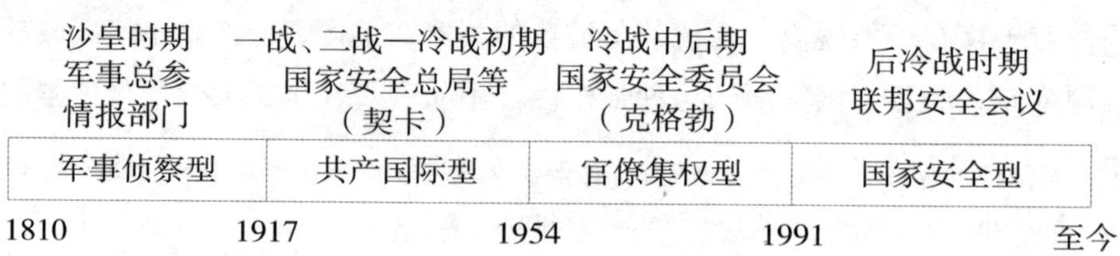

图 6–8 近代俄国的四种国家情报模式

第一种模式处于沙皇时期至世界一战末期的 1810—1917 年，以军事总参局下设的秘密情报科或情报局[1]为主要领导机构。该时期的情报工作还主要以军事情报为主，从事军事侦察和初步的情报分析工作，并配合国家对外作战，可称之为军事侦察型情报模式。

第二种模式处于一战末期开始至冷战初期的1917—1954年，期间苏联经历列宁和斯大林两位超级领导人的前后统辖，以全俄肃反委员会、国家政治保卫局、国家安全总局、国家安全部、情报委员会等[2]历次改名的契卡组织为主要领导机构，期间经历了多部门并立、一主多辅、国家一统的情报制度变迁，其中隶属于政治部门的契卡组织是主要领导机构，军事参谋部门的格鲁乌等为辅助机构。特别是1947—1953年斯大林领导下的情报委员会，形成了类同于毛泽东领导下的中共中央调查局（1941—1949）和美国冷战初期设立的中央情报局（1947—至今）等全面统一的国家情报组织体系；同期还伴随着“共产党和工人党情报局”的设立，有人称其为第三次共产国际，形成斯大林关于国家情报与国际情报统一起来的内外两大支柱。总之，该时期的苏联情报工作非常独特，在情报调查、情报侦察、反情报、对外宣传、思想战，特别是国际联络与政治统战等方面表现出积极活动态势与极高实践水平，为世界社会主义国家阵营的情报建制与工作方法积累了宝贵财富。该时期的情报活动模式可称之为共产国际型情报模式。

第三种模式处于冷战中后期的1954—1991年，斯大林去世后，苏联解散情报委员会，设立国家安全委员会即克格勃组织，原有的契卡体系被分别回归各自的政治、军事、政府、外交、对外贸易等部门，形成主要由克格勃领导对外情报工作的“一主多辅”局面[3]。在整个冷战期间，历经数位国家领导人的更迭，苏联对外关系特别是美苏关系经历多次反复，但国家情报体制一直保持稳定。期间，苏联逐步放弃以意识形态引领国家治理

[1] 彭亚平．俄罗斯对外情报分析力量发展研究[M]. 北京：军事科学院出版社，2014:33.

[2] 彭亚平．俄罗斯对外情报分析力量发展研究[M]. 北京：军事科学院出版社，2014:38-50.

[3] 彭里中．苏联情报组织的若干特点[J]. 情报杂志，1987(2):80-84.

和国际治理的战略方针，国家上层实行特权政策，出现了贪污腐化的特权阶层[1]，导致国家政治体系出现巨大裂隙和危机；同时，欧美以中情局为首的情报机构得以凭借心理战、文化战、新闻战、学术战、公共外交等新型情报工作方法先后在北约同盟成员国、社会主义阵营国家、最终直接进入苏联内部，实施规模宏大的和平演变政策，最终导致苏联在内外交困中全面解体。该时期的情报活动模式可称之为官僚集权型情报模式。

第四种模式处于苏联解体后的1991年至今，俄罗斯参照欧美国家，设立三权分立国家制度，构建了以联邦安全会议为顶层决策统领，对外情报局、联邦安全局、总参情报局、内务部、保卫局等为各领域牵头的，政治、军事、政府、外交、贸易、科技、安保等多部门协同的国家安全与情报治理格局。并以《国家安全战略》报告（前两次为“国家安全构想”）为原则性指导文件[2]，强化情报立法，将国家对外关系由推动与西方的全面战略合作转变为以国家安全防御的现实主义政策[3]，尤其是普京上台后，将从事反情报与国内安全防御工作的联邦安全局逐步打造成为仅次于军事武装部门的俄罗斯第二大强力机构[4]；并全面总结苏联情报工作经验，出版六卷本的《俄罗斯对外情报历史研究》[5]，强调侦察与分析并重的工作思想[6]，在世界军事防务、区域安全治理、反恐治理、信息与网络安全治理等方面积极应对，为维护俄罗斯的大国战略、强国战略等提供情报支撑。这时期的情报活动模式可称之为国家安全型情报模式。

---

[1] 李慎明．居安思危：苏共亡党的历史教训[M]．北京：社会科学文献出版社，2013:46-57, 74-88.

[2] 林治远．外国国家安全战略与军事战略教程[M]．北京：军事科学出版社，2013:51-53.

[3] 新华网．普京签署新版俄国家安全战略[EB]. http://news.xinhuanet.com/world/2016-01/01/c_1117643758.htm.

[4] 人民网．俄强力部门改组，联邦安全局成“克格勃”缩版[EB]. http://www.people.com.cn/GB/guoji/22/84/20030317/945432.html.

[5] David Schimmelpenninck Van Der Oye. Russia's official intelligence history volume 1 [J]. Intelligence and National Security, 1999(1):220-223.

[6] 彭亚平．俄罗斯对外情报分析力量发展研究[M]．北京：军事科学院出版社，2014:70.

附件 4　俄罗斯情报活动概览（根据彭亚平的《俄罗斯对外情报分析力量发展研究》一书及网络资料整理而成）

三、国家情报体系

俄罗斯的情报体系具有复杂的权力结构与治理机制，这与俄罗斯国家制度的频繁变迁以及国家领导人的个人风格有紧密的相关关系。俄罗斯情报体系以情报界及其法制体系为其核心构成。

1. 俄罗斯情报界

情报界是俄罗斯国家安全治理体系的重要组成部分。其自苏联解体后形成初始架构，后经普京总统的强力改革，围绕总统的决策与行动，形成安全情报部门、对外情报部门、军事情报部门、保卫情报部门、内务情报部门、其他秘密强力机构等在内的复杂的情报运行体系。

目前，俄罗斯情报界在“三权分立”国家制度下，宪法是国家的根本大法，是国家运行的根本制度依据。其中，总统下设的联邦安全会议发挥整体统筹与协调运作作用，是国家安全体系乃至国家战略决策体系的中枢与参谋系统，如图 6–9 所示。尽管与欧美国家类似，俄罗斯各情报界的实体部门受到联邦会议（议会）上下两院、预算委员会等的立法、监督和预算控制，但俄罗斯总统在特殊情况下拥有解散议会的权力，在实质上具备了领导联邦会议的能力；总统对联邦政府和联邦法院也有人事任免等类似的领导权力。联邦安全会议设立秘书长，常设机关为安全会议办公厅，负责主持全面工作；会议由常委和普通委员组成，普通委员只有议事权而无表决权，常委则来自总统、上议院、下议院、联邦政府、对外情报局、联邦安全局、总统办公厅、国防部长、外交部长、司法部长等第一负责人[1]。联邦安全会议之下，则包括安全、对外、军事（含战区）、外交、内务、司法、禁毒、保卫、海关、金融、能源、经济、工业贸易、科教、民防等多个涉及情报工作的实体部门组成。其中情报界最大的强力部门当属联邦安全局，负责反情报、国内情报防御等对外情报任务。在领导关系上，总统直接与国防部和联邦政府下设的各领域核心情报部门接触，这一方面将

[1] 王海运 . 新世纪的俄罗斯 [M]. 上海 :上海大学出版社, 2015:349-350.

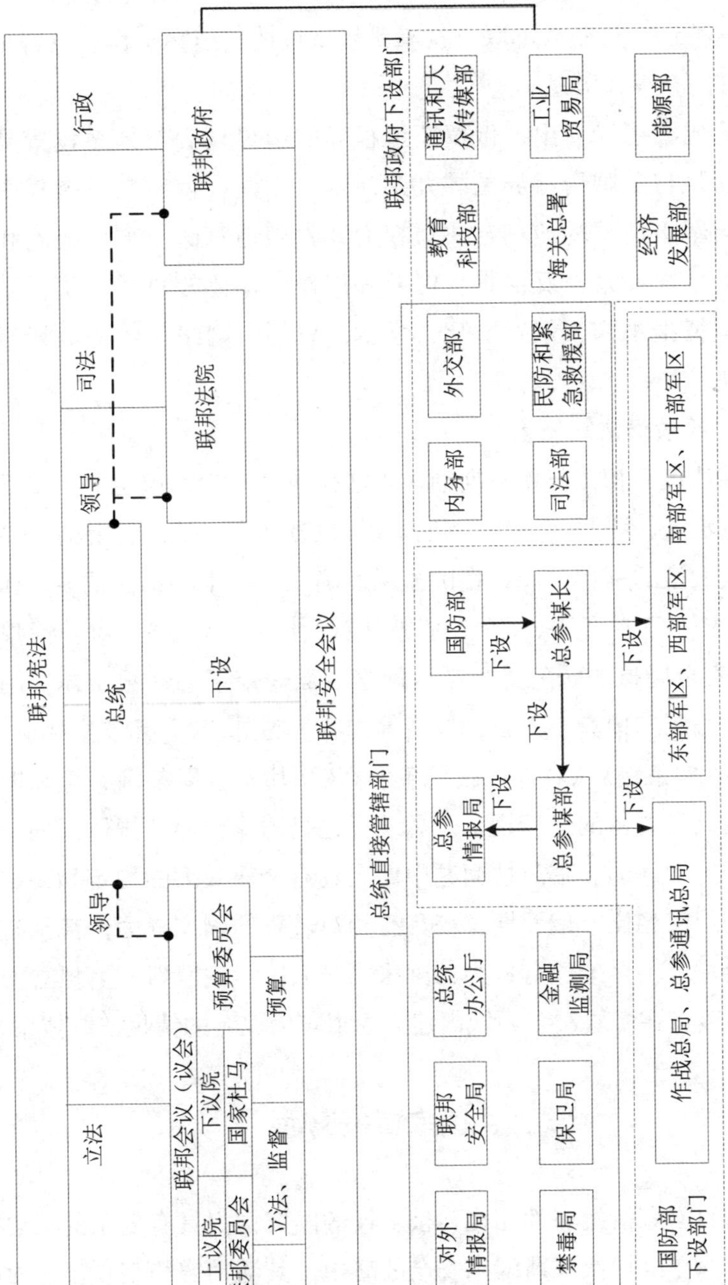

联邦宪法
行政
司法
立法
领导
领导
联邦政府
联邦法院
总统
下设
联邦会议（议会）
上议院
联邦委员会
下议院
国家杜马
预算委员会
立法、监督
预算
联邦安全会议
联邦政府下设部门
通讯和大众传媒部
工业贸易局
能源部
教育科技部
海关总署
经济发展部
外交部
民防和紧急救援部
内务部
司法部
国防部
下设
总参谋长
下设
总参情报局
下设
总参谋部
下设
下设
东部军区、西部军区、南部军区、中部军区
作战总局、总参通讯总局
国防部下设部门
总统直接管辖部门
总统办公厅
金融监测局
联邦安全局
保卫局
对外情报局
禁毒局

图 6–9 俄罗斯情报界

情报与国家决策直接关联起来，另一方面也显示出总统在情报体系中的强势地位；这种运行机制与苏联一直来比较重视情报侦察工作以及普京总统出身情报部门有很大关系。

从其构成中可以看出，俄罗斯情报界的边界划分与体系设置是比较清晰的，而且与美国情报界的“九龙治水”不同，俄罗斯总统集中了最大的安全与军事情报的侦察与决策权力，强烈地打破了部门隔阂和官僚限制，极为重视侦察、反情报、保卫等工作，也比较重视外交、金融等现代的新型情报工作，但对文化、学术、思想、网络、经济等情报工作则明显短缺。

2. 俄罗斯情报法制体系

与美国情报界相比，俄罗斯的情报法律条文较少，但也非常重视法制建设。除宪法外，联邦《刑法》《刑事诉讼法》《安全法》《国防法》《保密法》等是较大型的基本法律，在国家层面确立了基本的司法框架。而《通信法》《国家公务制度法》《对外侦察法》《侦查活动法》《对外情报机关法》《联邦安全局机关法》等，则从国家层面规定了各情报实体部门的职能、任务、编制、预算、人员、权责等内容。另外，《联邦安全会议条例》《安全会议机构条例》《对外情报局条例》《联邦安全局条例》等则以部门法规方式建立了具体的运行规范。总统令也是国家法律法规体系的有效补充，在若干重大问题和临时性问题中做出具有法律效力的规定和要求。因此，与欧美国家相比，俄罗斯总统具有相对较强的国家权力，甚至有西方媒体将普金评选为全球最有权力的国家领导人，但俄罗斯的情报立法亦具有自己的特色，在多层次多领域内建立起了较为完善的情报法制体系。

四、国家情报属性

与美国的国家情报属性相比，俄罗斯的国家情报具有复杂的历史因素和现实因素，在维护俄罗斯国家安全战略中，其活动态势表现出明显的防御性，活动范围具有清晰的区域性，活动方式则突显出侦察的重要性。

1. **俄罗斯国家情报的防御性**

情报是国家战略与国家实力的体现，当国家战略处于守势和收缩状态时，其情报力量亦将呈现出防御态势。俄罗斯就是这样一个国家，在被西方国家持续围攻态势下，苏联最终走向分崩离析。但欧美国家并没有因此弹冠相庆，而是继续在军事上进一步北约东扩，在政治上支持前苏联地区国家“脱苏入欧”，在经济上控制和私有化俄罗斯的国民经济与工业体系，在技术和思想方面也没有丝毫放松景象，舞动所有西方媒体尽力打压俄罗斯的国际生存与发展空间。

俄罗斯国家情报的防御性体现在：(1) 情报力量部署的缩减性。昔日苏联的情报机构无论是契卡还是克格勃，都将力量深入欧美阵营，在全球范围内与其对垒角逐。但到叶利钦时代，俄罗斯只继承了苏联境外和俄境内的情报力量，并将其改组为对外情报、国内反情报、信号情报和保卫四大体系。特别是经过“休克疗法”的经济改革失败后，俄罗斯大幅裁减对外情报体系。[1] 因此，俄罗斯的情报实力较苏联大为缩减。[2] (2) 情报力量重心从对外情报转向国内安全防御部门。特别是普京上台后，大力改革情报机构，经过多次调整，壮大联邦国家安全总局规模，其人员规模一度达到 30 万之巨[3]，是俄罗斯最大的情报机构，主要强调反间谍、反恐和信息安全等防御性功能。[4] [5] (3) 情报力量任务从服务苏联的国际扩张转变为防止国家分裂和破坏。在叶利钦上台伊始，以美国为首的西方势力发动了所谓的“休克疗法”，使俄罗斯国家经济和政治遭受了前所有未的动荡和破坏，地方寡头垄断严重，国民信心全面崩溃，内部危机重重。普京上台后，借助情报强力机构，重点打击国内豪强和外国势力破坏，重组国家

[1] 杨杞 . 面临严重危机的俄罗斯对外情报工作 [J]. 情报杂志 , 1994(6):9-10.

[2] Robert W. Pringle. Putin: The New Andropov? [J]. International Journal of Intelligence and CounterIntelligence, 2001(4): 545-558.

[3] 刘助仁 . 受总统青睐的俄罗斯情报安全体系 [J]. 中国公共安全 · 学术版, 2006(3):113-115.

[4] 耿贵宁，崔翀 . 俄罗斯情报体系研究 [J]. 保密科学技术 , 2013(10):17-18.

[5] 戴艳梅 . 俄罗斯联邦安全总局探析 [J]. 情报杂志 , 2010(6):51-53.

秩序[1]，成功避免国家分裂，并且将这种情报安全战略保持至今。[2][3]

2. 俄罗斯国家情报的区域性

与前苏联的世界性情报活动体系不同，俄罗斯国家情报的防御性决定了其对外情报活动范围的急剧回缩，并与国家安全力量（主要是军事力量）进行协同布局，由世界大国、中东地区、前苏联边缘国家到独联体国家，形成从外圈到里圈逐级强化的情报力量空间投射结构，对不同等级区域分别采用不同的情报工作模式。比如，俄罗斯的四份国家安全战略报告中，对美国的态度由期盼合作逐步转向了威胁对抗，情报机构也随之强化了针对美国的情报侦察和反情报工作；在中东地区，由于近年来美国深陷泥潭，俄罗斯则有意将势力深入其中，特别是借助出兵叙利亚打击ISIS恐怖组织中，通过与国际社会建立情报联盟的方式[4]，加大对中东地区的情报力量投入；东欧地区则是北约东扩的前沿阵地，也是俄罗斯国家安全战略的底线，俄罗斯在该地区重兵投入军事情报与对外情报力量，构建了最大规模的国家对外情报重点网络，特别是在乌克兰危机中，俄美之间更形成了兵力对抗的形势；另外，作为传统势力范围，俄罗斯在独联体国家通过强化《集体安全条约》，稳步建立起合作发展、协同行动的情报安全战略体系。[5]

3. 俄罗斯国家情报的侦察性

与美国的情报力量重点部署在技术侦察与分析以及隐蔽行动等领域的

---

[1] Robert W. Pringle. Putin: The New Andropov? [J]. International Journal of Intelligence and CounterIntelligence, 2001(4): 545-558.

[2] 环球网 . 普京强调情报安全问题 称俄去年抓获 300 外国间谍 [EB]. http://world.huanqiu.com/exclusive/2015-03/6022047.html.

[3] 中国新闻网 . 普京：俄情报部门 2015 年挫败逾 30 起恐怖阴谋 [EB]. http://legal.people.com.cn/n1/2015/1221/c188502-27954964.html.

[4] 央广网 . 法俄将交换反恐情报共同对付 IS 看美欧俄调整战略棋局 [EB]. http://china.cnr.cn/qqhygbw/20151127/t20151127_520618112.shtml.

[5] 人民网 . 普京 :俄罗斯将继续为独联体国家安全部门培养人才 [EB]. http://world.people.com.cn/n/2014/0711/c1002-25270368.html.

情况完全不同，俄罗斯极其重视人力情报侦察的投入，并且“重侦察轻分析”。俄罗斯的这种国家情报特性有着深厚的历史传统。据称，斯大林在收到情报部门的报告时，希望获得未经分析处理的一手材料；而且在克格勃时代，俄罗斯的情报机构也是直接将侦察结果呈递给中央委员会，而不做任何的分析，克格勃在 1985 年提交的 8000 份报告中只有 186 份属于分析评估类报告。[1] 但侦察是比分析投入更多资源和更高经济成本的情报工作模式，随着苏联的解体，国家实力的大幅下降，俄罗斯对这种情报工作模式做了一些改善性调整。比如出身政治研究的俄联邦对外情报局首任局长普里马科夫在 20 世纪 90 年代应时地提出了“分析与侦察并重”思想。普京上台后，更是强化情报机构改革，在几乎所有重要的情报机构中设立了与侦察部门并列的专职情报分析部门，重点加强对国际关系和政治形势的情报评估。

为什么美国重技术重分析，而俄罗斯却重人力重侦察呢？为什么俄罗斯没有出现像中情局谢尔曼 · 肯特那样的情报分析专家呢？这种现象应该与本书“情报场”章节中所指出的那样，情报侦察与情报分析之间存在功能性替代等有着紧密的关联关系，具体分析在此不赘。

五、国家情报治理

俄罗斯的国家情报治理有其特色，亦有其短缺，特征比较鲜明。

俄罗斯的情报治理比较现实主义，这与普京总统的个性有很大关系。普京是个务实、灵活、高效、果敢的领导人，从叶利钦手中接过来俄罗斯这个“烂摊子”时，面对政党林立、政治分裂、经济崩溃、民心丧失的局面，经过一番综合整治，加强中央集权，通过车臣等对外战争恢复国民信心，打击地方垄断豪强，控制国家媒体，稳步发展国民经济，消除政府腐

[1] Robert W. Pringle. The heritage and future of the Russian intelligence community [J]. International Journal of Intelligence and CounterIntelligence, 1998(2):175-184.

败，国家从此由乱而治，获得了持续发展。[1] 具体到情报治理，则通过情报机构改革，强化总统情报权力，重点突出国内安全防御，在重点区域开展有层次的国际情报工作，依照国家实力在国际领域开展安全联盟、战略结盟、联合行动、情报交换等多种方式灵活应对各类安全危机，而在方法论层面则注重提升情报分析与反情报能力。

但是，与现实主义相对应的是，俄罗斯的情报治理缺乏深谋远虑。与美国国家情报治理相比，俄罗斯的情报手段非常单薄，依然强调传统的安全情报侦察和军事情报侦察手段，适当辅助使用反情报与隐蔽行动。在软实力治理上，则非常传统和缺乏创新思维，在面对美国战略传播（政治领域）、公共外交（外交领域）、金融战（经济领域）等方面往往被动应付，受人操纵，缺少长远谋略设计，比如 2014 年的卢布贬值危机中（1998 年、2008 年已发生过两次），俄罗斯情报机构与经济部门都束手无策，教训深刻。[2] 这与俄罗斯的情报分析评估机构力量羸弱，以及它们在总统决策体系中分量较轻有很大关系。而从国家治理层面分析，俄罗斯的安全战略和国家战略亦飘忽不定，国家政策缺乏稳定性和长周期布局，往往以目标代替现实来确定战略规划。从国家文化等深层次分析，俄罗斯近代以来所实行的社会主义道路和资本主义道路均遭受到巨大挫折，整个国家对未来的两类道路都丧失了基本的信心。

另外，俄罗斯的情报治理也缺乏技术精神和创新精神。尽管俄罗斯的情报工作曾经创造了无数的成功历史，但是毕竟随着时代演化和对手国家的日趋成熟，情报工作机制亦需要创新进步。相对于技术武装到牙齿的美国情报界，俄罗斯更钟情于昔日的人力侦察体系，对技术侦察手段重视不够，信息化程度较低，特别是对基于技术系统的情报工作方法体系的研究缺少兴趣，理论成果非常少。美国之所以发展出极其强大的情报方法研究与理论创新能力，其主要目的在于改进人机结合的效率与情报分析的质

[1] 王海运 . 新世纪的俄罗斯 [M]. 上海 :上海大学出版社, 2015:29-32.

[2] 中国经济网 . 权威经济学家解读卢布贬值对中国的影响与启示 [EB]. http://intl.ce.cn/specials/zxxx/201501/15/t20150115_4353726.shtml.

量，进而提高精确命中情报目标的概率，所以其情报学界的分析理论人才辈出，成果丰厚，全球首冠。而俄罗斯情报界和情报学界都对此中奥秘缺乏深刻认识，比如这两年来，普京总统依然将打击外国间谍的规模数量作为宣示国家情报工作的杰出成果，其情报思想的传统性可见一斑。

但无论如何，俄罗斯的情报实力与工作成绩值得我们尊重。

第 4 节　其他国家情报

一、英国国家情报

英国曾在 19 世纪和 20 世纪前半叶一直是世界帝国，并在全球广泛部署了情报网络，其建制、模式与思想都是世界领先。但二战后国家体系连同国家情报体系一同衰落，并最终委身于新的世界性帝国——美国。

从架构上看，英国情报界的领导部门为内阁级的联合情报委员会，是国家情报工作的协同和统筹机构，但其本身并没有情报侦察与情报行动能力，主要从事情报汇总和情报评估两大工作。[1] 随着英国在 2010 年设立国家安全委员会，情报界也被集体纳入安全体系，受到安全委员会的领导。英国情报界的实体机构包括从事政治安全与反情报的保安局（MI5）、从事人力情报搜集的对外情报机构秘密情报局（MI6）、从事信号情报搜集的对外情报机构政府通讯总部、从事军事情报工作的国防情报局，以及从事保卫工作的都市警察局（又称苏格兰场特情处）；它们的行政级别比较低，都在部门级别之下，比如秘密情报局和政府通讯总部受到了外交与联邦事务局的领导，这些机构都没有直属内阁或首相领导，其组织建制模式还停留在近现代状态；而且它们的规模都很小，总数不超过 2 万人。除了这些

[1] 和晓强，刘瀛泽 . 析英国国家情报分析机制 [J]. 江南社会学院学报，2013(3):23-26.

强力机构外，联合情报委员会还会同了外交、国防、内政、贸易与工业、国际发展部、财政部以及内阁办公室等部门成员[1]，进行联合战略评估与政策建议工作。

在情报治理方面，因国力限制与战略需要，二战后的英国一直采用与美国构建铁杆同盟的对外情报策略，携手加、澳、新等英联邦国家与美国组建了“五眼联盟”，借助美国的雄厚实力维持和构建了覆盖全球的情报网络体系。比如，从近年来斯诺登爆料的英美情报体系关于互联网、移动通讯、商贸交易等情报合作项目中可以看出，英国在情报技术、情报组织、情报经费、情报共享等方面特别是信号情报方面与美国进行了全面的融合。

同时，也正是因为借助了美国铁杆盟友的国际支撑，英国采用了国家防御的总体治理策略，特别是苏联解体后，传统的军事对峙与意识形态斗争突然消失，国际情报对抗形势发生逆转，在度过一段迷茫期之后，英国最终将反恐怖、防止大规模杀伤性武器扩散、防止网络攻击、禁止非法贸易等新型情报问题确定为国家治理主题[2]，重点强化情报侦察、情报预警及其他反情报等防御性功能，并在2002年将“情报主导警务”（ILP）理念确立为“国家情报模式”（NIM）[3]，全面实施以技术侦察为先导、以预防治理为策略、以整体消除犯罪威胁为宗旨的国内安全治理计划。同时，也积极向欧美国家推广这种治理模式，并积极共享国际警务情报信息，从而在更大范围内发挥情报防御的效力。

二、法国国家情报

法国一直是欧洲的军事强国，在一战和二战中最终战胜德国而获得强

[1] 王谦 . 英国情报体制简介 [J]. 国际资料信息, 2009(10):19-25.

[2] 王谦 . 英国情报体制简介 [J]. 国际资料信息, 2009(10):19-25.

[3] 吕雪梅, 王瑾 . 中英两国情报运行模式比较研究 [J]. 上海公安高等专科学校学报, 2008(2):91-95.

大的国际政治资本。法国一直追求世界大国地位，维持独立自主的国家政策，但受到国家经济实力的限制，往往以军事和国防力量特别是核力量作为其国家安全和国家战略的实施工具。

法国情报体系的领导机构为直属总统的国防与国家安全委员会，其常设机构国防与国家安全总秘书处，管辖国家安全与保卫局、国际—战略—技术事务局、国家信息系统安全局等实体性强力部门。安全委员会还下设专门的国家情报委员会，负责统筹和协调情报实体部门[1]；包括国防部领导的对外安全总局，负责国家对外情报侦察、分析与情报行动，领域覆盖军事、政治、外交、经济、科技等，属于全能型超级机构；国防部还领导军事情报局和国防保卫安全局，前者专门负责军事战略情报工作，后者负责军事反情报和军事保卫工作，而各兵种部队的情报机构则负责军事战术情报工作；内政部领导的国内安全局（由普通情报局和领土监事局合并）[2]，负责边防情报、国内反情报、情报安保等警务情报工作；外交部领导的国际合作与发展总司、文化署、教育国际协作署、法国文化院等，负责文化外交与对外宣传工作[3]；经济部领导的经济情报协调署[4]，负责国家经济情报统筹、评估与政策建议等工作。

法国情报与安全体系服务国家对外扩张战略，试图经略全球。近代以来，法国人形成了世界大国的国家意识，从 19 世纪开始，法国就采用战争的方式与英国展开全球殖民地争夺，扩展其势力范围，构造了世界第二大殖民帝国，但那时候的情报体系基本以军事侦察和反军事间谍为主。二战中，被德国入侵后，法国才开始大规模地发展地下秘密武装力量，开展情报侦察与隐蔽行动等现代情报活动。二战取得胜利后至 60 年代期间，法国在以越南为代表的亚洲地区、阿尔及利亚为代表的非洲地区[5]开展了

[1] 刘胜湘，何慧．新世纪法国国家安全体制改革评析 [J]. 现代国际关系，2015(12):36-44.

[2] 刘胜湘，何慧．新世纪法国国家安全体制改革评析 [J]. 现代国际关系，2015(12):36-44.

[3] 教莹．法国政府力促文化外交与时俱进 [N]. 中国文化报，2015-9-21.

[4] 蒋慧．法国国家经济情报体系的演变 [J]. 图书情报工作，2012(10):6-10.

[5] 江穗春．法国情报与安全机构 [J]. 国际资料信息，2003(8):19-23.

包括暗杀、破坏、渗透、宣传等各种隐蔽活动，但最终没有拯救殖民帝国的彻底瓦解。如今，法国人的情报力量主要活动在欧洲地区，但依然没有放弃北非、中东、北美等地的势力渗透。

法国情报与安全体系采用一体化治理策略和半军事化管理模式。比如在组织上，法国合并国防与安全治理，统一为国防与国家安全委员会[1]，覆盖总统、总理、外交、国防、司法、内政、经济、预算、财政等核心部门，并在此基础上建设起跨部门的情报信息共享与预警系统，打造情报共同体；另外，法国也逐步规范情报治理，并于2015年通过了第一部情报立法《情报法》。[2]法国情报体系的军事化风格比较明显，其安全与情报体系主要归属于总统和首相直接管辖，而两大国家决策人分别是国家武装力量的统帅和执行人，在国家制度上带有明显的军政国家的特征；在机构编制上，法国情报体系实行半军事化管理，军人占据一大部分职位[3]，而且特别重视隐蔽行动等情报作战功能。

法国情报与安全体系顶层宏大、实体众多、技术先进[4]，但根基不牢：（1）法国情报体系采用了双寡头制度，总统和总理的情报领导关系互有重叠，导致情报机构被严重的政治派系所牵制和分裂，情报活动不能连续推进和做长程布局，情报界也长期形成临时调适性文化，在应对外部变化时，情报部门总是做局部性改善措施，而不是整体协同和系统调整，比如法国在应对当前的恐怖主义危机时，只局限在人员安检与预警方面做了调整，而不是从国家层面将警务与其他情报机构协同起来[5]，导致情报机构之间互相竞争、互相掣肘。（2）法国情报体系日常运行的系统效率较低。受国家财力所限，其在信息系统、技术装备、人员配置、教育训练、活动经费等基础建设方面投入不足，在近年来发生的多起恐怖事件中，其基层情

[1] 刘胜湘，何慧．新世纪法国国家安全体制改革评析[J]．现代国际关系，2015(12):36-44.

[2] 崔翀．法国国民议会通过《情报法》[J]．保密科学技术，2015(6):69.

[3] 江穗春．法国情报与安全机构[J]．国际资料信息，2003(8):19-23.

[4] 常鑫，向圣羽．法国航天侦察力量浅析[J]．电脑知识与技术，2011(7):5235-5236, 5240.

[5] Frank Foley. Reforming Counterterrorism: Institutions and Organizational Routines in Britain and France [J]. Security Studies, 2009(3): 435-478.

报安保与警务司法系统的低下效率被暴露无遗。[1]（3）法国情报体系重视进攻，但疏于防御。源于二战时期“抵抗运动”的成功实践，法国始终热衷于隐蔽行动[2]，而忽视情报侦察、情报分析甚至反情报等基础性工作，而且其行动往往能被他国曝光，造成国际丑闻。[3]

整体而言，法国国家情报体系有大国架构，具有半军事属性，某些思想理念也较为先进，值得关注。

三、德国国家情报

德国是第一次和第二次世界大战的发动者和失败者。1945 年被美苏分裂为东西两德，1990 年苏联解体后，国家重新获得统一。尽管德国在冷战早期（1954 年）就加入了北约，但国家权力依然受制于国际约束特别是美国的约束，比如美英至今在德国保留有大规模的驻军；同时，德国的基本法规定其国防与军事体系只能用于国家防御目的。如今，德国在全力发展经济与科技的同时，也通过欧盟治理（例如，德国在欧债危机的经济援助中充分发挥了强有力的经济地位[4]）、欧俄合作（例如，德国在处理乌克兰危机中，与法俄展开合作）以及其他国际事务的处理等，努力实现国家的“正常化”。

德国国家情报的领导机构是联邦总理管辖的联邦安全委员会，其下设的联邦总理府国务秘书委员会负责协调情报实体部门，但其只具备工作协调功能，不设立情报收集、分析与其他功能。德国的情报实体部门包括联邦总理办公室的联邦情报局，负责对外情报的技术侦察和人工侦察、情报分析与评估、情报安保与反情报、情报技术研发等，覆盖军事、政治、外交、安全、经济、科技等情报内容，它不是一个典型的安全或政治情报机

---

[1] 刘胜湘,何慧.新世纪法国国家安全体制改革评析[J].现代国际关系,2015(12):36-44.

[2] 刘亚莉.略论法国情报文化的特点及影响[J].情报杂志,2002(7):97-98.

[3] 刘亚莉.略论法国情报文化的特点及影响[J].情报杂志,2002(7):97-98.

[4] 乌尔里希·贝克.德国的欧洲[M].上海:同济大学出版社,2014:52-70.

构，而是具有跨部门功能的军政外交与经济等复合型超级情报部门，是西欧最大的情报机构；联邦内政部的宪法保卫局，负责国内反极端组织、反恐怖主义和反情报工作；联邦国防部的军事反间谍局，主要负责国防部门内部的违宪与分裂等反情报工作；另外，外交部的政治二局具有情报评估和政策服务功能。

从公开资料分析，德国的情报机构只具备防御功能，即在情报侦察、情报分析和反情报方面，其规模与实力都处于西方国家的前列，但其完全不具备行动实战功能，无论是传统的政治渗透、准军事行动等，还是新型的电子攻击和网络攻击等，都没有设立这方面的专门部门。特别是国防部的军事反间谍局，基本不具备军事情报侦察、分析与特别行动的能力，只是一个类似于安保组织的机构。而且，根据德国法律规定，所有的情报机构都没有警察的强制执法权，情报部门与警察部门之间有严格的职能规定，二者之间必须通过协同才能执行情报行动任务。[1]

德国的对外情报机构在运行、技术等方面，受到美国的强烈干预。德国联邦情报局是由美国中情局在二战后直接领导建设的，值到 1955 年才将其转交给德国联邦政府[2]。2013 年斯诺登爆料美国情报机构监听德国的行动中可以发现，德国联邦情报局一直采用美国国家安全局的技术系统，其情报侦察内容直接传递给美国情报机构[3]，即使遭大面积的媒体曝光后，依然与美国保持了这种事实上的控制关系。

德国在情报监管方面具有西方发达国家少有的严密程度，德国的情报机构在实际运行中服从于联邦议会和联邦政府的双头管理，这也在一定程度上削弱了联邦政府或总理的情报权力。根据法律规定，联邦议会不仅掌

[1] Jan-Hendrik Dietrich. Of Toothless Windbags, Blind Guardians and Blunt Swords: The Ongoing Controversy about the Reform of Intelligence Services Oversight in Germany [J]. Intelligence and National Security, 2016(3):397-415.

[2] 苏谷 . 德国情报机构一瞥 [J]. 欧洲, 1993(2):77-78.

[3] 武小小 . 美、德情报机构再“牵手”—— “棱镜门”后美国与德国恢复网络监控合作 [J]. 信息安全与通信保密, 2016(2):64-65.

握情报机构的预算权，而且对运行过程具有监督权[1][2]，可以对一切重大活动及相关资料和人员进行监督、质询和司法处置。这也意味着，通过立法与司法体系，德国的情报活动将间接地受制于国际政治体系的影响，比如2015 年德国被爆出监听丑闻后，迫于美国和欧洲同盟国的压力，联邦议会不得不做出进一步强化情报监控力度的措施规定[3]。

德国正在寻求制度化改革，来提升国家情报能力。特别是德国政府一直追求设立类似于美国国家安全委员会一样强大的国家机构，以在国家制度层面全面提升国家安全治理能力[4],但这样的改革必将受到国际和国内政治军事经济等多方面的压力，注定不会一帆风顺。

总之，作为国家正常化努力的一部分，德国国家情报体系正处在内部壮大与外部受控的矛盾中，其创新成果值得学习。

四、日本国家情报

自近代日本明治维新（1868—1877 年）以来，日本的国家战略始终以扩大国土、占领亚洲、称霸世界为其核心目标，并以战争方式推行其“大陆政策”，围绕中国和朝鲜半岛展开对外扩张。经过十多次的对外战争，值到二战战败投降，帝国覆灭，走上政治、军事、安全全面受控于美国，经济与技术全面发展的国家道路。

目前日本的国家情报机构主要由政府、军事和民间三大领域构

[1] Jan-Hendrik Dietrich. Of Toothless Windbags, Blind Guardians and Blunt Swords: The Ongoing Controversy about the Reform of Intelligence Services Oversight in Germany [J]. Intelligence and National Security, 2016(3):397-415.

[2] 孙春玲 . 德国的安全情报机构 [J]. 国际资料信息 , 2002(12):9-12, 25.

[3] 环球网 . 德国联邦情报局被曝监听盟友 [EB]. http://news.sina.com.cn/w/zx/2015-11-09/doc-ifxknius9753188.shtml.

[4] 刘胜湘 , 许超 . 德国联邦安全委员会的演变探析 [J]. 德国研究 , 2015(2):17-33.

成[1][2][3]。其中，政府情报机构包括内阁情报调查室（情报综合与分析）、外务省国际情报局（对外情报侦察与分析）、法务省公安调查厅（国内反情报）、警察厅警备局（情报安保）、海洋情报局（海洋情报）、经济产业省日本贸易振兴机构（经济情报）等；军事情报机构包括：防卫省情报本部（军事战略情报）、防卫政策局（情报保卫与保密）、陆—海—空自卫队情报系统（军事战术情报）、自卫队情报保全队（军事情报保卫）等；民间情报机构包括三菱、三井、丸红等综合商社以及野村证券等金融机构；日本之所以在国家情报体系中，纳入了民间情报体系，其原因是日本决策层往往需要借助民间情报机构来完成政府决策和国家情报目的。

日本缺乏统筹全国情报活动的部级机构。二战战败后，其军事与安全等核心情报机构被全部取缔。在1952年，日本努力设立一个类似于中情局的独立部门级情报机构，但最终出台的内阁情报调查室，功能只类似于英国联合情报委员会[4]，仅具备情报汇总与基本的情报评估能力，而且大部分的评估项目还以外包方式进行[5]，情报质量大打折扣。冷战结束后，随着经济实力的增长，日本积极寻求对外情报能力的扩张，希望在美国的安全保护框架内，建立与其他的美国同盟国比如英国、法国、德国的对等地位。[6]因此，它一方面加大提升情报技术能力，特别是信号情报收集体系和卫星情报收集体系[7]，另一方面，改革情报组织系统，大幅提升情报协同与决策能力，特别是2007年设立防卫省、2013年设立国家安全保障会议

---

[1] Andrew L. Oros. Japan's Growing Intelligence Capability [J]. International Journal of Intelligence and CounterIntelligence, 2002(1): 1- 25.

[2] 卢坦，耿贵宁. 日本情报体系研究 [J]. 保密科学技术，2013(10):19-22.

[3] 周婵，张锦顺，赵延东. 日本竞争情报服务现状及模式探讨 [J]. 中国科技信息，2010(11):193-195.

[4] 付红红. 日本情报工作历史考察 [J]. 西安政治学院学报，2015(4):120-124.

[5] 赵瑛瑛. 日本情报与安全机构 [J]. 国际资料信息，2010(3):12-15.

[6] Andrew L. Oros. Japan's Growing Intelligence Capability [J]. International Journal of Intelligence and CounterIntelligence, 2002(1): 1- 25.

[7] 赵瑛瑛. 日本情报与安全机构 [J]. 国际资料信息，2010(3):12-15.

及其常设机构国家安全保障局（2014 年），将首相、内阁官房长官、外相、防卫大臣，以及警察、交通、财政等部门也集中纳入国家安全治理体系，从而全面提高了情报协同与决策效率。但由于受到美国的安全控制，日本官方的情报活动只能局限在情报侦察、情报分析和反情报三大领域，而在隐蔽行动方面则几乎没有突破[1]。另外，国家安全保障局的规模非常小，只有几十人[2]，其情报统筹与谋划的效力极为有限。

在情报治理上，日本实质采用了三种基本策略组合：(1) 与美国建立紧密同盟。日本情报治理体系中，美国是最大的制约因素；一是它在二战战败后实行“和平宪法”，国家主权与政治受到法理约束；二是它在军事、思想与经济等领域受到美国的严密控制。所以，建立日美同盟是其迫不得已的选择。(2) 在日美同盟框架内，实施情报防御策略。日本在冷战结束后所争取的所有情报能力扩充，都只局限在情报侦察和反情报两个方面，在情报协同与情报谋略以及情报行动方面都徒有空架，所以其情报体系最终只具备防御功能。(3) 积极突破日美框架，实行变通策略。日本并不甘心做美国的跟班，一是通过发展和壮大经济情报体系来弥补军事和安全情报能力的不足，二是借助核扩散、恐怖主义、海外救援等非传统安全问题，积极扩大国家情报安保与预警能力。

总之，日本拥有庞大的国家情报体系和技术实力，但其总体国家情报能力则比较有限。

五、印度国家情报

印度自 1947 年独立，1950 年成为英联邦成员国。自苏联解体后，印度寻求国家发展，意图经营南亚，控制印度洋，成为世界性大国。目前，

[1] Andrew L. Oros. Japan’s Growing Intelligence Capability [J]. International Journal of Intelligence and CounterIntelligence, 2002(1): 1- 25.

[2] 新华网．日本成立国家安全保障局 [EB]. http://news.xinhuanet.com/world/2014-01/07/c_118865246.htm.

其人口世界第二，属于五大金砖国家之一，近年来在软件业、金融业等方面发展迅速。

在组织机构上，印度1999年设立了国家安全委员会，下设专门的联合情报委员会即国家安全委员会秘书处,归总理直接管理[1]。印度的情报实体机构中，政府体系有内阁秘书处研究分析局，专门负责对外情报侦察、分析与行动；安全体系有内政部的情报局、国家调查局、边境警察与安全卫队等[2],负责国内安全情报、反情报与安保工作等；军事体系有国防情报局及其下属的技术情报局，负责军事战略情报工作，而海陆空三大军种的自有情报机构则负责军事战术情报工作[3]；经济体系有财政部中央经济情报局，负责经济情报、经济犯罪治理等。

印度的情报工作自建国以来，一直处于积极发展的态势，特别是内阁秘书处下设的情报技术、情报侦察、情报分析、情报行动、情报安保等非常完整的情报功能，在原子弹研制保密、印巴战争等方面取得过一些成功案例[4]，为其在南亚地区的势力扩张，提供了安全基础。

印度的情报治理目标非常宏伟，以“大国情报”为核心，积极学习英美情报体系，保障印度国家安全战略与对外扩张战略。一方面，它构建起全面的国家安全和国家情报制度体系，在安全、军事、经济等各个部门设立大规模的情报机构；另一方面，它积极创新情报工作模式，比如在军事情报体系中，效仿美国开展心理战和舆论战等新型作战体系的研究与部署[5]；第三，印度在技术情报侦察领域投入巨资，通过外购和自行研制方式，欲打造世界级的海陆空天全域覆盖的信号情报和卫星情报网络[6]；第四，印度的国家安全意识比较谨慎，一方面加大各领域的反情报工作，同

[1] 新华网．印度国家安全委员会在有形与无形之间 [EB]. http://news.xinhuanet.com/world/2014-03/15/c_126245125.htm.

[2] 印度内务部网站 :http://mha.nic.in/attached.

[3] 任海英．印度大力提高情报能力 [J]. 国家安全通讯, 2001(12):27-29.

[4] 尚茜．印度对外情报总管——研究分析处解密 [J]. 国际瞭望, 1987(5):12-13.

[5] 王星龙, 钟涛．印度军队舆论战思想浅析 [J]. 青年记者 2014(1) 上 :70-71.

[6] 王恒科．印度情报侦察装备的现状与未来发展 [J]. 电视技术, 2009(7):93-98.

时加强网络与通讯等技术安全控制。[1]

但是，印度的情报治理体系比较粗糙，缺乏长程战略规划，整体战力较为低下，主要表现为：(1) 印度试图在国际格局中，通过与大国的分别合作，从中交叉牵制，渔翁得利，却导致其情报与安全体系形成大杂烩格局，技术标准杂乱，部门协同困难；(2) 印度的政治派系林立，各大情报机构受制于政治纷争，难以集中协同，特别是内阁与内务部门、内阁与军事部门等隔阂严重，导致整体国家情报效能较低；(3) 印度的情报实战能力非常不牢固，在基础作业方面能力低下，比如印度孟买爆炸案中，印度安全情报体系可谓形同虚设[2],与“大国情报”的目标要求相去甚远。正如曾任印度外交国务部长的辛格在其 2013 年出版的《印度对外情报》一书中所描述的，印度的对外情报机构“花费巨大、缺少监管、缺乏领导力、缺乏效率，并建立在外国的情报技术系统之上”。[3]

总之，印度的国家情报体系有些“架大根虚”，但其野心大、潜力强，作为中国的重要邻国，值得持续关注。

六、以色列国家情报

以色列是欧洲犹太人在二战后的复国主义（或锡安主义）推动下，通过国际政治与军事战争等手段于 1948 年才建立起来的中东国家，是美国在中东地区的铁杆盟友，以美关系类同于英美关系。以色列目前拥有 800 多万人口，信奉犹太教，实行资本主义议会民主制度，高科技特别是军事科技工业体系发达。

冷战期间，美国扶持以色列，使其成为中东地区对抗苏联的安全堡

[1] 周季礼 . 2014 年印度网络空间安全发展举措综述 [J]. 中国信息安全, 2015(6):88-92.

[2] 梅建明 . 2014 年印度网络空间安全发展举措综述 [J]. 中国人民公安大学学报 (社会科学版), 2009(5):143-147.

[3] Ryan Sh. Unraveling India's Foreign Intelligence: The Origins and Evolution of the Research and Analysis Wing [J]. International Journal of Intelligence and CounterIntelligence, 2015(2):252-289.

垒。因此，以色列迅速构建起了庞大而高效的情报体系，在中东和北非地区积极运作[1]，为打击苏联支撑下的阿拉伯国家军事进攻和恐怖活动，并为自身的领土扩张、资源抢夺和建立国际地位等发挥了战略效用。苏联解体后，美国基本控制中东地区局势，中东和平大局既定[2]，以色列国防战略转变为“应对低强度冲突”[3]，其安全情报体系亦转入防御态势。2001 年，三大情报机构（摩萨德、阿曼、辛贝特）签署《自由宪章 2》协议，明确三方工作边界，摩萨德精简为专门的情报行动机构，阿曼为全面的对外情报侦察与分析机构。[4] 从此，以色列的情报机构全面加入推动中东“和平进程”的行列。

与其国力相比，以色列情报体系具有非常庞大的规模和非常完善的治理结构，其领导机构为内阁直接下设的情报局长联席会议[5]，由情报与特殊使命局局长长期负责。以色列的情报实体众多[6]，包括内阁直接领导的情报与特殊使命局（摩萨德），以往主要从事对外情报侦察和对外情报行动，当前已经整体编制为专门的类似于特种作战部队结构的情报行动机构；内阁还直接领导国内安全局（辛贝特），主要从事国内情报防御与情报安保等；国防部领导的军事情报局（阿曼），以往主要负责对外军事情报侦察、分析、反情报与军事情报行动等，当前已经扩充为囊括政治、经济、文化、科技等全领域情报侦察与分析机构；外交部领导的情报研究司，主要完成外交情报的侦察与分析工作；警察部下属的治安保卫局、犯罪调查局等，主要负责国内公共安全的情报治理。

---

[1] 新华国际．以色列情报机构摩萨德 [EB]. http://news.xinhuanet.com/world/2010-08/04/c_12408963.htm.

[2] 王泽胜．冷战后以色列的安全战略 [J]. 国际问题研究，1998(2):44-48.

[3] 陈宇，刘晓静．应对低强度冲突——以色列国防军改革新动向 [J]. 环球军事，2004(12):27-29.

[4] Ephraim Kahana. Reorganizing Israel's Intelligence Community [J]. International Journal of Intelligence and CounterIntelligence, 2002(3):415-428.

[5] 李梅，曹炳焱．兵之国——以色列的军事情报组织 [J]. 兵器知识，2015(1):70-73.

[6] 李梅，曹炳焱．兵之国——以色列的军事情报组织 [J]. 兵器知识，2015(1):70-73.

因国力弱小、人口稀少，以色列的情报治理采用了多种策略组合，以扩大其情报势力：(1) 与美国和西方国家结盟，在情报共享[1]、联合反恐、协同作战等方面与这些国家紧密合作；(2) 采用军事化编制，开展以政治渗透、社会破坏、技术攻击等为主要方式的隐蔽行动，特别是对外情报机构摩萨德，其特工的作战能力给阿拉伯国家造成巨大压力；(3) 以技术替代人工，积极装备高科技情报侦察体系[2][3]和情报攻击体系[4]，在信号情报、图像情报、通讯情报、赛博战等方面，具备世界一流的技术水准。

国虽小，但情报机构却享誉世界，以色列的情报治理能力值得我们学习。

---

[1] 新华网．美以定期共享监控数据，未过滤涉及公民隐私信息 [EB]. http://news.xinhuanet.com/world/2013-09/12/c_125374791.htm.

[2] 郑同良，邵建华．以色列的电子战支援侦察技术 [J]. 航天电子对抗，1995(1):83-86.

[3] 北京日报．以色列发射第 10 颗侦察卫星，紧盯伊朗核力量发展 [EB]. http://news.ifeng.com/a/20140430/40115429_0.shtml.

[4] 中国国防科技信息网．以色列和沙特阿拉伯合作开发比 Stuxnet 病毒更危险的赛博武器 [EB]. http://express.cetin.net.cn/cetin2/servlet/cetin/action/HtmlDocumentAction?baseid=108&docno=142428.

第7章
情报发展

到此为止，情报学的理论架构已基本廓清，但它还需要研究另外一个更为重要的问题，即情报的发展。我们只有洞悉了国家与世界的未来大势，才能让情报学发挥起指导、引领和再总结的学术价值与理论意义。

世界大势，分久必合，合久必分。“一超多强”的世界格局经过2008年的美国金融危机冲之后，正在走向大国关系迅速分化与再重组的新形态。因此，未来的10—20年是全球格局发生剧变的时代，国家间关系也将超越某一领域的具体交往而扩展为系统的、集成的、联合的、体系的、整体的、总体的斗争与合作。

我们应该时刻记住：这既是危机四伏的时代，又是机遇遍地的时代。当我们又一次走到历史的关口时，唯有认清时局，勇于变革，才能在惊涛骇浪中，开辟出成功的道路。

一、情报发展机制

在情报三个世界划分模型中，人类在客观层面的不断开发，最终通过先进的科学技术集中表现出来，而主观层面的开发，则通过整合知识、思想、文化等具体内容在政治领域形成不断创新的意识形态，成为人类或国家社会相对统一与集中的认知体系。科学技术和意识形态的双边进化又反过来促进了社会网络的结构化蜕变，使其不断适应新的历史进化需要，如图 7–1 所示。因此，在未来的情报发展中，科学技术和意识形态是两个主变量。

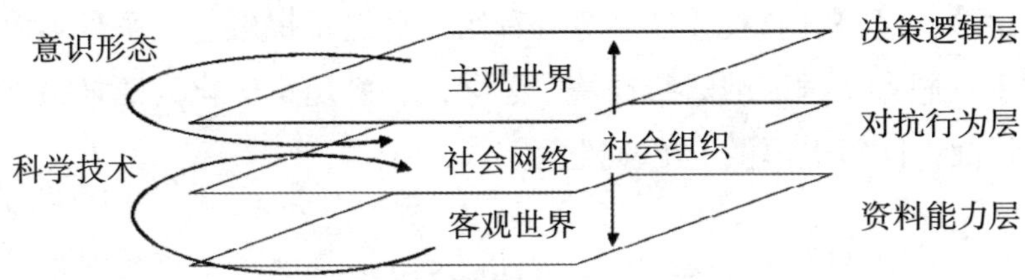

图 7–1 情报发展的动力机制

在未来的 10—20 年，新技术将不断革新，出现物联网与互联网相结合的智能系统，技术系统进一步替代人力系统，出现功能更为全面、精准和适应复杂条件的数据采集、信息分析、人机通讯、决策研判的集成系统，比如卫星系统具有更精准的动态监测能力、网络机器人具有更智能的请求应答能力、大数据分析系统具有更加复杂与个性化的挖掘能力等。情报自动化将具备全域覆盖、动态采集、智能反应、快速处理等功能。

随着信息技术的广泛应用，技术系统将渗透到意识形态方面去，实现意识形态符号的自动化理解、生产与传播，以传播系统为载体的意识形态化情报活动将广泛出现，互联网媒介下的意识形态化情报工具将成为主流样式，包括操纵新闻以开展舆论战，操纵社会事件以开展公共外交，操纵娱乐习俗以开展文化战，操纵宗教以开展心理战，操纵知识研究以开展学术战，操纵财经传媒以开展金融战等。具有侵略野心的部分国际资本集团将通过控制传媒体系，利用新闻议题与议程设置调节社会舆论和国家话语权，试图与目标政权的法权力相抗衡，比如美国大资本集团曾通过发挥全球垄断型的传媒力量，掀起了诸如世人熟知的中东茉莉花革命浪潮，进而控制中东战略要地和战略性资源。

随着新技术和网络化组织的应用，独立式的个体活动与科层制的组织活动都将被融合到网络化组织当中，人机结合、系统协同、跨领域联合、行动一体化的网络化合作时代即将到来，出现社区化的、平台化的、生态化的和社会化的新型情报组织模式，比如更多的商贸公司与数据公司参与到国家的战略性数据采集与信息分析中，智囊团与各种智库与国家决策体系紧密融合，经济、科技、社会等各种组织通过军民融合体系和其他国家采购体系共同参与国家战略行动等。总之，新的历史进化为情报领域提出了各种挑战，同时也提供了更多机遇。

二、情报战略环境

未来 10—20 年，我国的情报事业面临着三大战略环境的变革，一是以中国为代表的新兴市场国家对国际政治经济秩序的渐进式变革，二是以互联网为代表的新技术对人类社会生产与生活的跃迁式革命，三是以总体国家安全观为指导的中国国家安全治理体系的深度建设。这三大战略环境的变革从根本上决定了我国情报事业的未来发展方向，也为我国的国家情报工作和各领域情报工作指明了未来发展方向。

世界政治经济格局正发生着深刻的变化，全球权力体系被日益崛起的新兴市场国家和经济快速增长的发展中国家逐步改变，在金融、贸易、信息、文化、人才等推动下，国际关系出现了新的特征，生产体系和消费体系已经将世界各国紧密地联系在同一张信息网络、物流网络和资本网络当中，世界各种因素互相影响的程度越来越显著，革命性技术、经济危机、流行性疾病、气候变化、恐怖主义、大规模杀伤性武器扩散、妇女儿童问题、贫困问题等，越来越成为世界各国政府与人民的共同话题。而在这个“你中有我，我中有你”的变局中，作为世界级工厂和拥有超强经济增长实力的中国，已被推至世界网络的中心，无论是中国的民主政治、国家外交、经贸往来，还是科技创新、人文交流等，已然无法自行其是地局限在国内进行，必须兼顾国内与国际两个大局，确保国内发展的同时推进国际发展，与各国政府和世界人民一道“建设平等相待、互商互谅的伙伴关系，营造公道正义、共建共享的安全格局，谋求开放创新、包容互惠的发展前景，促进和而不同、兼收并蓄的文明交流，构筑尊崇自然、绿色发展的生态体系，打造人类命运共同体”。[1] 特别是“一带一路”倡议的实施，需要协同和带领沿线数十个国家克服政治主张分歧、经济发展失衡、民族矛盾、种族冲突、恐怖主义、文化隔阂、语言障碍等种种问题，共谋发展，共建未来，其任务之艰巨、问题之多、困难之大，远远超过新中国成立以来的国际治理能力范畴，需要跨越历史传统与国家现实的局限，站在全球化的高度与视野上，以非凡的气度和勇力披荆斩棘，攻坚克难，成就伟业。

世界政治与经济变革的背后，是科技创新这个生产力的有力发展。世界无时无刻不处在大变局的前夜或进程当中，以互联网为代表的新技术所开创的革命是一个特别的大变局。云计算、物联网、3D 打印、智能机器、赛博空间等，极大地刺激了世界新经济、新商业的发展，无论是欧美等发达国家还是中、印等广大发展中国家，凡是最受资本市场追捧的公司一定是与这类新经济直接相关的公司。生产力变革的同时，互联网也带领人类进入了一个超低成本沟通互联与前所未有信息交互的世界，在互联网上，无论是国家首领、娱乐明星、财经事件、平常人物，都会成为广泛传播的新闻材料，国家大事与市井小事拥有同一的虚拟空间。互联网开创了一个崭新时代，它将人类社会的特定活动大数据化，特定言行广泛传播。在这样的大变局中，战争与和平、政治与民主、经济与生活，边界被逐步融合和模糊，关系被逐步拼贴和链接。

然而，国家发展与科技创新必须有底线思维，总体国家安全观的提出正当其时。中国的国家安全形势可谓复杂多元，既有国家统一、霸权干预、军事斗争、边界冲突、周边国家稳定等传统安全治理问题，又有金融危机、恐怖主义、网络治理、生态保护等非传统安全治理问题。这些因素和问题相互影响渗透，国际与国内互动，既有历史遗留又有新生矛盾，可

[1] 人民网 . 同心打造人类命运共同体——以习近平同志为总书记的党中央创新外交理念与实践述评 [EB]. http://paper.people.com.cn/rmrb/html/2016-01/26/nw.D110000renmrb_20160126_3-01.htm.

谓危机空前，整体上存在“国家被侵略、被颠覆、被分裂的危险，改革发展稳定大局被破坏的危险，中国特色社会主义发展进程被打断的危险”。[1]面对如此形势，习近平总书记提出了总体国家安全观，指出以人民安全为宗旨，以政治安全为根本，既要确保国内安全，又要促进国际安全，从而全面建设起覆盖政治、国土、军事、经济、文化、社会、科技、信息、生态、资源、核等 11 个领域的国家安全治理体系，从而拉开国家安全体系深度建设的大幕。军事建设、国土防卫、意识形态治理、社会治安等安全治理活动次第展开。

三、情报战略任务

在明晰了战略环境后，需要进一步厘清我们的战略任务。战略任务是指导我们开展情报工作的总方针和总目标。我们要特别重视情报与军事、政治、安全、经济和外交等领域的相互融合，以集中地发挥出情报的软实力作用，为国家治理和国际治理服务。

战略是刀尖上的哲学，世界要靠实力说话，实力首先来自于军事实力；我们要善于斗争并赢得和平。[2]在当今世界，西方资本主义国家经济实力下降，危机加剧。尤其是美国经过阿富汗战争、伊拉克战争、2008 年金融危机后，国家经济与政治已经出现重大疲态。[3]从打击利比亚到支持乌克兰，从纵容以色列到中国南海四处军演，“一超多强”的世界格局在西方发动的战争冲击下正走向全面“失控”。亨利 · 基辛格在分析美国战略时指出，过往美国全球化战略的成功在于新兴市场国家经济对以美国为首的工业国家经济的资本市场依赖和对美国经济增长的乐观预期，但是这

[1] 孙建国 . 坚定不移走中国特色国家安全道路——学习习近平主席总体国家安全观重大战略思想 [EB]. http://www.qstheory.cn/dukan/qs/2015-02/28/c_1114428331.htm.

[2] 张文木 . 国家战略能力的提高需要提升哲学境界 [J]. 解放军艺术学院学报，2014(1):64.

[3] 张文木 . 国家战略能力与大国博弈 [M]. 济南 :山东人民出版社,2012:297, 337.

种全球化体系降低了新兴市场国家的公众福利并挤压了这些国家民族资本的发展空间，从而导致越来越多的全球化政治危机。因此他建议美国建立一种全新的全球化道德共识，以延续帝国的权力[1]。实际上奥巴马政府已经实行了一种克制政策，在继续推进霸权重建和自由主义政策的同时，收缩了国家安全战略[2]，在对华政策上维持“防范 + 接触”策略，尝试建立“竞争性共存”的中美新型大国关系。[3] 特朗普新政府也基本延续了这种战略。

2012 年的中共十八大报告指出：“国际金融危机影响深远，世界经济增长不稳定不确定因素增多，全球发展不平衡加剧，霸权主义、强权政治和新干涉主义有所上升，局部动荡频繁发生，粮食安全、能源资源安全、网络安全等全球性问题更加突出”，特别是美国的重返亚太战略和加强针对中国的军事部署行动，对中国的国家安全和国际政治环境造成了巨大的威胁和影响，使得我国面临着复杂的安全问题和发展环境问题。如何统筹国家安全与经济建设，协调国家安全战略与国家发展战略，提高国家防御能力和战争能力，是中国面临的重要问题。而统一的国家情报体系将不仅主导国家安全的建设，还将为国家发展战略中的宏观环境认识、发展态势感知、主要国家的问题研究、国家战略风险预警、国家外交政策制定、世界重大事件研究、国家战略行动的统筹与协调、国家特别行动保障等提供强有力的支撑。尤其是在当今世界传媒与网络异常发达的情况下，如何防止文化渗透和开展意识形态防御，统一的国家情报体系都将承担极其重要的角色。

同时在经济方面，尽管欧美发达国家推行世界经济一体化，推广全球化和现代化等理论，但世界经济主要是以发达国家为代表的资本输出国和以非发达国家为代表的生产制造国，由此构成结构清晰分工明确的世界经济二元格局，世界经济的实质就是这种不平等的二元产销体系。中国和美

[1] 亨利·基辛格．美国的全球战略 [M]. 海口：海南出版社，2012:209-234, 330.

[2] 达巍．全球再平衡：奥巴马政府国家安全战略再思考 [J]. 外交评论，2014(2):59-81.

[3] 赵明浩．当代世界：奥巴马政府外交战略的再平衡与中美关系 [EB]. http://world.people.com.cn/n/2014/0225/c188726-24460535.html.

国是世界上最大的两个生产分工与国际贸易联合体，2012 年中美贸易额约为 5000 亿美元，2017 年为 5800 亿美元，美国成为中国最大的生产商品出口市场，同时也成为中国最大债务国家和经贸壁垒最严重国家。中国如何突破这种二元产销体系，摆脱对美国资本的依赖，开展平等的国际贸易，注重发展国内民生，需要在国家层面上建立统一的国家情报体系，从而为国家经济的发展认清环境、提供经济决策依据、提出宏观经济预警、研究重大经济体、推出产业扶持与限制政策、辅助重大经济项目、培育科研创新能力、扶持重大科技创新项目、提高国民的经济安全意识、保障国家经济安全、保护国家经济发展战略等提供强有力的服务。

如果以中国建立国家安全委员会、大力推进国防建设、逐步建立“一带一路”经贸体系等系列举措来看，相对于美国的战略收缩，中国正处于国防波动曲线或周期性战略互动模型与安全线的交点上升段，是国家由战略撤退转向战略防御甚至战略进攻的时期。因此未来 5—10 年是中国国家崛起的关键阶段，中国在经济、安全等领域必将受到美国及周边邻国的巨大压力。在此背景下，周方银建议中国应组合运用国家能力，坚持互利共赢、保持威慑、适度安抚相结合，兼顾世界不同国家的利益考量，分清战略主次和政策组合。[1] 张文木建议中国应坚持独立自主原则和外交有度原则，深化中俄合作，重建中、俄、美主导的世界“雅尔塔体系”，防止日本军国主义抬头，防止欧洲霸权再次崛起[2]。在中美关系上，赵明昊建议为中美经贸关系培育新的“互补性”，为中美互动和竞争建立新规则，寻找中美共通的核心价值，探索中美共同的“全球秩序”愿景。[3]

未来的全球化将是多维立体、互相依存的世界体系（基辛格），“你中有我、我中有你”将成为一种新常态。因此在全球的冲突与合作中，采取“斗而不破”策略，走独立自主、和平共处的国际化道路，是中国的未

---

[1] 周方银．周边环境走向与中国的周边战略选择 [J]. 外交评论，2014(1):28-42.

[2] 张文木．国家战略能力与大国博弈 [M]. 济南：山东人民出版社，2012:297, 337.

[3] 赵明浩．当代世界：奥巴马政府外交战略的再平衡与中美关系 [EB]. http://world.people.com.cn/n/2014/0225/c188726-24460535.html.

来发展方向，是中华民族复兴的正确道路。国家情报联合国家外交成为国家安全与国家发展的“两手”，共同铸就强大的现代化国家治理与国际治理两个体系，是我们一切工作的基础。基于此，中国必将实行国家情报、国家安全与国家发展的协同治理，在军事、政治、经济、外交、公安、文化、传媒等广泛领域，稳固国家情报，强化国家安全，促进国家发展，非如此不能实现国家崛起和民族复兴。

四、情报战略转型

随着战略环境的变革和新型战略任务的提出，我们必须转变我们的工作模式，朝着情报领域国际化、情报体系网络化、情报治理一体化的方向迈进，以在新的工作格局中更好地实现我们的目的。

国际安全是国家安全在国际领域的自然延伸，国际情报也是国家情报在国际领域的自然延伸。随着全球化的发展进程，中国在政治、军事、国防、投资、贸易、金融、文化、科技、教育、生态等领域全方位参与了国际活动，与几乎所有国家建立了外交与往来关系，通过上合组织、“一带一路”、亚投行、区域自贸区等构建了中国特色的全球治理机制，在联合国框架内，开展了层次丰富、活动多元的国际商贸、沟通与交往关系，参与了诸如伊朗核、朝鲜半岛、巴以冲突、国际反恐等国际重大危机治理，发挥了负责任大国的积极作用。而这些国际活动开展的同时，为中国的国际安全提出了严重挑战。如何借助侦察与搜集体系开展情报信息获取，通过安全与情报智库提供治理措施，进而动态支撑起国家安全决策体系，最大限度地发挥出安全机构与社会力量的作用，有效协调起国家军事、国防、外交、安全、商务、海洋、教育、科研、企业、社团等部门机构的行动，在国际军事合作、国际维和与救援、国际资源与能源安全、空间安全、资产安全、公民与机构安全等方面发挥作用，有效保护国家海外利益，促进国际安全治理。特别是“一带一路”战略的实施，如何综合国家行政力量和社会各界力量，如何整合国内资本走出去，吸引沿线国家的国际资本走进来，确保商贸便利化、投资安全化、安保常态化，国家情报与安全机构需要努力协同各类政府部门、投资与贸易企业、金融服务机构、传媒与调查机构、智库与咨询机构、安保与中介机构、行会组织等各界力量，形成覆盖“一带一路”的信息情报网络，构筑起保护国家利益、维护公平正义的国际安全体系。

中国各层级情报体系的网络化已迫在眉睫。“斯诺登”事件反映出以互联网为代表的新技术在情报信息侦察方面的巨大威力，“全域覆盖、动态监测、无孔不入、无处不在”，超强的技术实力让美国情报侦察能力无人能敌；而且，不断发展的云计算与大数据技术突破传统信息分析框架脱臼，让美国的安全与军事情报分析能力进入全面智能化阶段；虚拟技术、仿真推演技术等，让原本只有依靠参谋人员的谋略经验进行个性化设计的工作，已被推进到机器自动化演算与实施效果量化评估的状态；而在情报行动方面，美国的赛博空间早已具备大面积心理干预、大规模信息欺骗、大范围电子攻击等实战化能力，在诸如中东“茉莉花”革命、伊朗核设施“震网”攻击等重大行动中表现出强大威力。互联网对情报体系的影响，还不仅体现在其对情报职能的这些革命性变革方面，其对情报组织形态的影响也异常深刻；比如 2015 年，美国中情局宣布实施其史上最大规模的重组改革，计划在全球设立 10 个任务中心，每个中心采用情报分析与情报行动的一体化运作模式，任务中心之间通过网络化进行协同；这意味着美国的情报体系已经在组织体系上主动地适应了互联网时代的技术要求，将原有的情报部门分工结构转型为一体化的联合机制，将原有的情报层级合作方式转型为网络化的协同模式，从而将沉重的、官僚的传统组织体系一跃成为功能完备、决策快速、战术灵活、行动高效的现代化组织系统。正如 2015 年以来，中国人民解放军亦启动了大规模、现代化的军事改革，其“军委管总、战区主战、军种主建”的总原则正体现了互联网时代的军事战争需要，可见习近平总书记的军事思想确是迎应时代、世界领先的。相信中国国家安全与情报组织体系的革命性变革也将很快到来。

随着环境变革与技术创新的推动，我国的情报治理一体化时代也将到来。首先，以美国为代表的重要国家情报对象，已建立了情报一体化运作体系，实行情报各职能间的联合作战模式，以及情报与军事安全、政治外交、科技装备、经济金融、文化传播等的协同作战方式，这就在客观上要求我国必须采取适应性战略变革，以强化情报防御能力，提高国家安全治理水平。其次，以互联网、大数据、智能机器等为代表的新技术及其装备是集成式创新的形态出现的，一个系统的功能发挥往往需要多个功能和多个系统的集成与协同，这就在技术上要求我国必须实行跨部门的战略协同，以实现信息互联、功能互补、系统配套的基本要求。更为重要的是，国家总体安全观的提出和《国家安全法》的制定，在国家治理与国家制度上要求我们建立系统的、全面的、现代的安全与情报治理体系，以满足国家安全治理的需要。因此，未来一段时期的我国情报体系治理关键词是“融合”，即数据与系统的融合、线上与线下的融合、组织与技术的融合、群众与专家的融合、国家与社会的融合，即信息调查与情报侦察的融合、情报分析与信息挖掘的融合、情报谋划与组织决策的融合、情报行动与组织行动的融合，即军事情报工作与军事国防的融合、安全情报工作与政治保卫的融合、文化情报工作与意识形态安全治理的融合、经济情报工作与经济安全治理的融合、公安情报工作与公共安全治理的融合、科技情报工作与科技安全治理的融合、国际情报工作与国际安全治理的融合等。实际上，以“为人民服务”为宗旨的社会主义国家情报体系，具有一体化治理的制度优势和道德优势，以“国家主导、市场运作、群众参与、集中力量办大事”为典型的工作方法，正是社会主义制度优势的集中体现。

五、情报方法论革命

而情报战略的转型，要求我们进一步革新思想观念，在方法论层面迎接新时代的挑战。

总体而言，我国当前的情报事业还存在诸多问题，比如，（1）各层面的情报工作重心主要集中在情报分析与评估方面，对情报侦察、情报设计与情报行动等工作着墨不多，用力不够；(2) 情报工作以传统的人工方法为主，新技术和新工具的应用未获得足够重视；(3) 各领域的情报活动局限于部门内部，部门间的信息烟囱化严重，行动协同性匮乏；(4) 情报活动局限于国内传统安全领域，在国内非传统安全领域以及国际安全领域尚无法满足时代和国家发展的需要；(5) 情报工作在国家安全治理特别是安全防御和保卫方面建制较多，力量充足，但在诸如软实力、对外宣传、公共外交、金融管控、贸易管制、信息保护、科技创新等促进和引领国家发展方面，尚未形成有力的战略支撑。诸如此类的问题错综复杂，交互影响，严重地制约着我国情报事业的现代化发展；这些问题也无法通过局部创新来实现全局性改善，必须借助底层思维和顶层设计来实行系统性再造。

为了从根本上破解上述问题，通过组织变革，引领未来发展，我国情报界必须掀起一场情报方法论革命。国家情报体系治理是个历史现实与理论策略的辩证交互运动过程，情报事业的重大战略转型必然意味着情报方法论的革命，即国家情报若需在根本上破解现实困境以迎接外部环境的重大变革，必须通过一场方法论革命，将情报治理的指导思想与方法体系提升至世界的战略高地和时代的先进前沿，以居高临下的姿态，厘清现实困局，开辟崭新道路，继而掀起情报事业发展的浪潮；而无法通过增添或修补中国传统情报理论，或移植与嫁接美国现代情报理论，形成适应于网络时代的整体的国家情报治理逻辑，也无法有力和彻底地解决国家情报面临的国际化等新问题，更无法指导国家建设起符合安全战略与全球治理要求的新型的一体化情报力量。在这方面，我们应着重学习曾在人类情报历史大转折时期成功地建立了先进的情报思想并开创了成功的情报事业的三位典型人物。第一位人物是孙子，他是春秋时期的军事家，世界著名的中国古代情报思想经典人物，其建立的“知、谋、诡、道、间”等情报理论体系，涵盖了传统情报战争的几乎所有核心理论方法，其领导的军队成功地取得了重要的战略性的军事胜利，其伟大的情报思想与情报事业始终都将对人类的战争产生重要影响；第二位人物是毛泽东，他是中华人民共和国的缔造者，中国现代情报思想的集大成者，其建立的人民战争理论、调查理论、统战理论、文宣思想等，为建设和保卫人民民主政权建立了系统的、完整的情报方法论体系，对社会主义情报事业的发展具有根本性引领作用；第三位人物是艾伦·杜勒斯，他是冷战初期的中情局局长，美国现代情报思想的集大成者，其所建立的技术侦察、用间、欺骗战、心理战、反情报行动等情报思想方法，囊括了现代情报战争几乎所有可能的活动形态，对资本主义对外扩张的情报工作发挥了深远的和根本性的影响。这三位集先进思想与成功事业于一身的典型情报人物，如何在情报事业的发展困局中认知自身所处的战略格局和历史潮流，如何杂糅百家思想自成一家理论，如何借势国家力量成就情报事业，布好战略局、做好长程控制，下好先手棋、保障事业梦想，对我们今天的情报方法论革命和情报事业大发展，都具有极其重要的参考价值。

纵观历史环境变迁，依照战略转型方向，综合古今情报思想，我们当前的情报方法论革命必须重视和发展两大情报思想：即情报工作的权变思想和情报治理的网络思想，唯有这两大思想，可以在方法论革命中发挥提纲挈领的作用。所谓的情报工作权变思想，主要地体现在以下几个重要方面：(1) 我们应该始终认识到，情报工作的对象是动态的，其情报组织、情报意图、情报任务、情报策略、情报技术、情报行动等都是随时变化的。这就要求我们的情报工作必须因敌而动、随机应变。(2) 我们应该始终认识到，因着情报工作对象的动态性，情报侦察的手段必须多样化，情报侦察的行动必须动态调整，情报分析的方法必须与工作对象相比要保持先进性，情报分析的活动必须实时进行。(3) 我们应该始终认识到，情报工作面临的是个具有对抗性的对象，我们的情报设计必须坚持谋略性和优势性，情报工作不仅要能够通盘掌握全局，而且还要积极造势，通过发挥主观能动性来实现战略优势性。(4) 我们应该始终认识到，情报工作的对象是个被强力武装起来的组织体系，情报行动必须采用机动灵活的策略，通过有效率的战术性行动实现高质量的战略性目的。另外，所谓的情报治理网络思想，主要地体现在以下几个重要方面：(1) 我们应该始终认识到，情报对象不是一个单独的个体，而是拥有政治、经济、文化、组织、技术，甚至军事、外交、宗教、心理等复杂交织的网络团体，我们的情报工作必须依照情报对象的网络关系，开展精准的、局域影响式的行动，反对盲目的、全面进攻或全面退却的行动。(2) 我们应该始终认识到，随着互联网时代的到来，情报对象已经逐步采用了网络化的组织变革，将互联网技术与网络化组织高效率地整合起来，从而极大地提高了情报体系的效率。而我们也必须随之做出对应性的组织变革，在更加先进的治理体系中，发挥网络化的组织力量和新技术力量，特别是要充分发挥社会主义国家制度优势，在新的组织体系中将人民群众的力量有力地组织起来。(3) 我们应该始终认识到，情报工作的目标对象是个异常庞大的遍布全球各地、充斥各个赛博空间与物理空间的人机网络，各个情报力量和情报行动必须采用网络化协同机制，实行战略一致与战术多样、战略分解与战术集中等原则，以在与目标对象的整体对抗中发挥出集中优势和规模优势。(4) 我们应该始终认识到，我们除了发挥集体智慧以外，必须充分重视以互联网为代表的新技术力量，积极推动新技术变革，通过技术武装实现战略转型。

尾　　声

伟大的事业需要伟大的思想引领。人类正进入又一轮的世界政治经济大变革与大重组中，但格局的重整就意味着混乱、冲突甚至战争。为国家安危计，中国国家安全治理应成为我们崇高而又神圣的使命，我们必须集中群体智慧，孵化出先进思想，通过方法论革命，突破现实，超越对手，谋好布局，下好先手棋！

最后回归到本质，我们致力于情报与安全的一切行动，其根本目的还在于建设起现代化的国家治理体系，以持久地维护国家自主与人民民主！

参考文献

Alan Breakspear. A New Definition of Intelligence [J]. Intelligence and National Security, 2013(28).

Andrew L. Oros. Japan's Growing Intelligence Capability[J]. International Journal of Intelligence and Counterintelligence, 2002(1).

Calvert Jones. Intelligence reform: The logic of information sharing [J]. Intelligence and National Security，2007(22).

Carl J. Jensen III, David H. McElreath, Melissa Graves. Introduction to Intelligence Studies [M]. CRC Press, 2012.

Craig S. Fleisher, Sheila Wright. Examining differences in competitive intelligence practice: China，Japan and the West [J]. Thunderbird International Business Review 2009(6).

David Kahn. Intelligence Studies on the Continent[J]. Intelligence and National Security, 2008(2).

David Schimmelpenninck Van Der Oye. Russia's official intelligence history volume 1 [J]. Intelligence and National Security, 1999(1).

DNI 2014 National Intelligence Strategy [EB].http://www.dni.gov/files/documents/2009-NIS/2009_NIS.pdf.

DNI 2014National Intelligence Strategy [EB].http://www.odni.gov/files/documents/2014_NIS_Publication.pdf.

Ephraim Kahana. Reorganizing Israel's Intelligence Community [J]. International Journal of Intelligence and Counterintelligence, 2002(3).

Eric Denécé, GéraldArboit. Intelligence Studies in France [J]. International Journal of

Intelligence and Counterintelligence，2010(4).

Frank Foley. Reforming Counterterrorism: Institutions and Organizational Routines in Britain and France [J]. Security Studies，2009(3).

Fumiyuki Takahashi, Yoshio Sugasawa. Competitive Technical Intelligence in an Era of Open Innovation[J]. Intelligence Management，2009(1).

Gustavo Diaz Matey. From Cooperation to Competition:Economic Intelligence as Part of Spain's National Security Strategy [J]. International Journal of Intelligence and Counterintelligence，2016(29).

Isabelle Duyvesteyn, Ben de Jong, Joop van Reijn. The Future of Intelligence [M]. London: Routledge，2014.

Jan-Hendrik Dietrich. Of Toothless Windbags, Blind Guardians and Blunt Swords: The Ongoing Controversy about the Reform of Intelligence Services Oversight in Germany [J]. Intelligence and National Security，2016(3).

John William Coyne，Peter Bell. Strategic intelligence in law enforcement: a review [J]. Journal of Policing，Intelligence and Counter Terrorism，2011(6).

Juro Nakagawa. "Competition and Intelligence" [J]. Intelligence Management，2009(1).

Lieut-Colonel，T. H. Sweeny，O.B.E. R.A.P.C. The Value of Financial Intelligence [J]. Royal United Services Institution Journal，1948(93).

Loch K.Johnson，Handbook of Intelligence Studies [M]. Routledge，2007.

Mai'a K. Davis Cross. A European Transgovernmental Intelligence Network and the Role of IntCen，Perspectives on European Politics and Society [J]. Perspectives on European Politics and Society，2013(3).

Newscientist the capitalist network that runs the world [EB].http://www.newscientist.com/article/mg21228354.500-revealed--the-capitalist-network-that-runs-the-world.html?full=true&print=true.

Robert W. Pringle. Putin: The New Andropov? [J]. International Journal of Intelligence and Counterintelligence，2001(4).

Robert W. Pringle. The heritage and future of the Russian intelligence community[J]. International Journal of Intelligence and Counterintelligence，1998(2).

Rousseau. Economic Intelligence [J]. Royal United Services InstitutionJournal，1925(70).

Ryan Sh. Unraveling India's Foreign Intelligence: The Origins and Evolution of the Research and Analysis Wing [J]. International Journal of Intelligence and Counterintelligence, 2015(2).

Sigurd Hess. Intelligence Cooperation in Europe 1990 to the Present [J]. The Journal of Intelligence History, 2003(Summer).

Toshiyuki Yasui. Birth and Development of Financial Intelligence [J]. Intelligence Management, 2009(1).

Yasuhiro Okuda. The Intelligence-Oriented Strategic Culture of Britain: It's Consideration in the Admiralty and War Offices and the Committee of Imperial Defence prior to the Establishment of the Secret Service Bureau [J]. International Relations 2012(167).

Yoshiki Kobayashi. Assessment of the United States Intelligence Community Reform: Effects of the Creation of Director of National Intelligence System [J]. International Relations, 2009.

Yousuke Nakajima, Toshiyuki Yasui, Naohiko Kohtake. Strategic Framework of Open Source Intelligence for Competitive Analysis [J]. Intelligence Management, 2011(3).

艾布拉姆·N. 舒尔斯基 . 无声的战争 :认识情报世界 [M]. 北京 :金城出版社,2011.

艾伦 · 杜勒斯 . 情报术 [M]. 北京 :金城出版社,2014.

白建才 . "第三种选择":冷战时期美国对外隐蔽行动战略研究 [M]. 北京 : 人民出版社,2012.

包昌火,王秀玲,李艳 . 中国情报研究发展纪实 [J]. 情报理论与实,2010(1).

包昌火,谢新洲,吴淑艳等 . 竞争情报战略——评美国企业的竞争情报活动 [J]. 情报学报,2003(5).

包昌火,赵刚,黄英等 . 略论竞争情报的发展走向 [J]. 情报学报,2004(3).

包昌火 . 让中国情报学回归本来面目 [J]. 情报杂志,2011(7).

包昌火 . 这里的黎明静悄悄——再谈 Intelligence 与中国情报学 [J]. 图书情报工作,2009(8).

包昌火 . 关于我国情报学研究中若干问题的思考 [J]. 情报理论与实践,2006(5).

包昌火 . 竞争对手分析论纲 [J]. 情报学报,2003(1).

包昌火 . 中国情报工作和情报学研究 [M]. 北京 : 科学出版社,2014.

北京日报 . 以色列发射第 10 颗侦察卫星,紧盯伊朗核力量发展 [EB]. http://news.ifeng.com/a/20140430/40115429_0.shtml.

北溟 . 日本情报机构全球撒网布兵 [N]. 中国国防报,2006-02-28.

曹广伟 . 世界经济秩序的历史变迁 [J]. 国际展望,2012(5).

曹志鸿,冯瑞健 . 情报战与日本经济的繁荣 [J]. 河北师范大学学报(自然科学版),1998(6).

曾忠禄 . 大数据时代的企业信息情报战略 [J]. 情报杂志,2015(3).
常鑫,向圣羽 . 法国航天侦察力量浅析 [J]. 电脑知识与技术,2011(7).
陈波 . 国防经济学 [M]. 北京 : 经济科学出版社,2010.
陈波 . 国防经济学前沿专题 [M]. 北京 : 经济科学出版社,2011.
陈昊苏,张胜军 . 民间外交与大国崛起 [M]. 南京 :凤凰出版社,2011.
陈力丹 . 我国古代报纸的历史前推 800 年 [J]. 当代传播,2004(1).
陈清硕 . 知识的本质与知识系统熵 [J]. 知识工程,1990(3).
陈维军 . 基于企业组织结构的竞争情报团队设计研究 [J]. 图书情报工作,2009(10).
陈耀盛 . 概论信息组织 [J]. 图书馆论坛,2003(1).
陈宇,刘晓静 . 应对低强度冲突——以色列国防军改革新动向 [J]. 环球军事,2004(12).
陈元琳 . 基于人工神经网络的动态系统仿真模型和算法研究 [D]. 黑龙江 :大庆石油学院,2006.
崔翀 . 法国国民议会通过《情报法》[J]. 保密科学技术,2015(6).
达巍 . 全球再平衡 :奥巴马政府国家安全战略再思考 [J]. 外交评论,2014(2).
戴汝为,李耀东 . 基于综合集成的研讨厅体系与系统复杂性 [J]. 复杂系统与复杂性科学,2004(10).
戴艳梅 . 俄罗斯联邦安全总局探析 [J]. 情报杂志,2010(6).
单纪才 . 情报管理的组织形式 [J]. 技术与市场,1981(2).
厄内斯特 · 沃克曼 . 间谍的历史 [M]. 上海 :文汇出版社,2009.
范玉顺,王刚,高展 . 企业建模理论与方法学导论 [M]. 北京 : 清华大学出版社,2001.
范玉顺,吴澄 . 集成化企业建模系统体系结构与实施方法研究 [J]. 控制与决策,2000(4).
方兴东,卢卫,胡怀亮等 . 网络强国能力指标体系与战略实现路径研究 [J]. 传播学报,2014(3).
房宁 . 社会主义是一种和谐 [M]. 北京 :中国社会科学出版社,2007.
弗朗西丝 · 斯托纳 · 桑德斯 . 文化冷战与中央情报局 [M]. 北京 :国际文化出版公司,2003.
弗里德曼 · 李斯特 . 政治经济学的国民体系 [M]. 北京 :商务印书馆,2012.
付红红 . 日本情报工作历史考察 [J]. 西安政治学院学报,2015(4).
高金虎 . 美国战略情报与决策体制研究 [M]. 西安 :陕西师范大学出版社,2004.
高金虎 . 战略欺骗 [M]. 北京 :金城出版社,2005.
耿贵宁,崔翀 . 俄罗斯情报体系研究 [J]. 保密科学技术,2013(10).
耿燎原 . 知彼知己与信息化战争 [M]. 北京 :军事科学院,2013.
国务院新闻办公室 .2000 年中国的国防 [EB]. http://www.gov.cn/gongbao/content/2001/

content_61220.htm.

韩德强 . 整体管理 [M]. 北京 :中国社会科学出版社,2008.

杭孝平 . 传播学概论 [M]. 北京 :中国书籍出版社,2012.

郝宏奎 . 侦查学原理研究 30 年探要 [J]. 山东警察学院学报,2009(1).

郝在今 . 中国秘密战 [M]. 北京 :金城出版社,2015.

何曼青 . 中国加入 WTO 与跨国公司在华投资新动向——兼谈中国企业的应对策略 [J]. 制造技术与机床,2002(9).

何新 . 何新论金融危机与中国经济 [M]. 北京 :华龄出版社,2009.

何新 . 我的哲学思考 :方法与逻辑 [M]. 北京 :时事出版社,2008.

何新 . 新国家主义经济学 [M]. 北京 :同心出版社,2013.

和晓强,刘瀛泽 . 析英国国家情报分析机制 [J]. 江南社会学院学报,2013(3).

河清 . 美国中央情报局是怎样进行“文化冷战”的? [J]. 史事,2006(3).

贺颖 . 情报学的认知视角分析 [D]. 天津 :天津师范大学,2002.

鶴見隆 . インテリジェンス・サイクルと特許情報調查活動 [J]. 情報管理,2010(6).

亨利 · 基辛格 . 美国的全球战略 [M]. 海口 :海南出版社,2012.

胡承槐 . 文化的本质、形式及文化竞争 [EB]. http://theory.people.com.cn/GB/49157/49165/16671904.html.

环球网 . 德国联邦情报局被曝监听盟友 [EB]. http://news.sina.com.cn/w/zx/2015-11-09/doc-ifxknius9753188.shtml.

环球网 . 普京强调情报安全问题,称俄去年抓获 300 外国间谍 [EB]. http://world.huanqiu.com/exclusive/2015-03/6022047.html.

环球网 . 西方“舆论战”惯用四招数 [EB]. http://world.huanqiu.com/Observation/2012-06/2779012.html.

环球网 . 白宫报告 :华为构成安全威胁,但没有间谍行为 [EB]. http://tech.huanqiu.com/it/2012-10/3198364.html.

黄立军 . 关于情报“中介性”的思考 [J]. 情报学刊,1988(4).

江穗春 . 法国情报与安全机构 [J]. 国际资料信息,2003(8).

蒋慧 . 法国国家经济情报体系的演变 [J]. 图书情报工作,2012(10).

焦玉英,刘鲁 . 企业竞争情报流程整合 [J]. 情报杂志,2003(10).

靳娟娟 . 情报学哲学基础研究述评 [J]. 图书与情报,1995(2).

经济观察报 . 俄罗斯经济 :复杂又艰难的一年 [EB]. http://money.163.com/16/0201/18/BEOS4ADV00253B0H.html.

雷蒙·阿隆.和平与战争:国际关系理论[M].北京:中央编译出版社,2013.
李渤.外交学[M].北京:时事出版社,2014.
李建飞.构建符合我国国情的情报信息主导警务机制[J].公安研究,2009(2).
李建勇,杨灵仙."9·11"后美国信息融合中心网络的形成、作用和启示[J].情报杂志,2015(3).
李剑林.美国文化霸权建立轨迹考察[J].长沙理工大学学报(社会科学版),2007(3).
李健,张程远.战略传播[M].北京:航空工业出版社,2015.
李景龙.美国情报分析理论发展研究[M].北京:军事科学出版社,2014.
李隆淼.情报战在信息战争中的地位和作用[J].情报杂志,2002(1).
李梅,曹炳焱.兵之国——以色列的军事情报组织[J].兵器知识,2015(1).
李少军.国际政治学概论[M].上海:上海人民出版社,2014.
李慎明.居安思危:苏共亡党的历史教训[M].北京:社会科学文献出版社,2013.
李文良.国家安全管理学[M].长春:吉林大学出版社,2014.
李响.竞争情报收集合法性划分及保护[J].现代情报,2006(9).
李晓灵,王晓梅.渊源与化变:延安《解放日报》的传播体系及其当代价值之研究[M].北京:中国社会科学出版社,2015.
李耀东,崔霞,戴汝为.综合集成研讨厅的理论框架、设计与实现[J].复杂系统与复杂性科学,2004(1).
李章瑞,邹振宁.美军情报系统综合集成现状与发展趋势[J].外国军事学术,2006(8).
梁战平.论企业知识战[J].情报理论与实践,2006(6).
梁战平.论情报学研究[J].中国信息导报,2003(1).
梁战平.情报学若干问题辨析[J].情报杂志,2007(9).
梁战平.情报学界的发展与进步[J].情报科学,2007(2).
梁战平.我国科技情报研究的探索与发展[J].情报探索,2007(7).
林治远.外国国家安全战略与军事战略教程[M].北京:军事科学出版社,2013.
刘家林.中国新闻史[M].武汉:武汉大学出版社,2012.
刘军.空间、帝国与俄罗斯国家安全[J].华东师范大学学报(哲学社会科学版),2011(4).
刘胜湘,何慧.新世纪法国国家安全体制改革评析[J].现代国际关系,2015(12).
刘胜湘,许超.德国联邦安全委员会的演变探析[J].德国研究,2015(2).
刘细文.技术竞争情报服务的理论框架构建[J].图书情报工作,2014(13).
刘亚莉.略论法国情报文化的特点及影响[J].情报杂志,2002(7).

刘跃进 . 为国家安全立学 [M]. 长春 :吉林大学出版社,2014.
刘助仁 . 受总统青睐的俄罗斯情报安全体系 [J]. 中国公共安全学术版,2006(3).
卢青 . 国家层面竞争情报的缘起与愿景 [J]. 情报杂志,2007(12).
卢坦,耿贵宁 . 日本情报体系研究 [J]. 保密科学技术,2013(10).
陆佳怡 . 媒体外交 :一种传播学视角的解读 [EB]. http://cjjc.ruc.edu.cn/fileup/HTML_EN/20150407.shtml.
罗伯特 · 克拉克 . 情报分析 :以目标为中心的方法 [M]. 北京 :金城出版社,2013.
吕斌,李国秋 . 钱学森情报学思想及其对情报学持续发展的启示 [J]. 情报理论与实践,2010(7).
吕祥 . 美国国家战略传播体系与美国对外宣传 [M]. 北京 :社会科学文献出版社,2011,原载于黄平主编《美国蓝皮书 2011》一书 .
吕雪梅,王瑾 . 中英两国情报运行模式比较研究 [J]. 上海公安高等专科学校学报,2008(2).
吕雪梅 . 英国国家情报模式对我国信息警务改革的几点启示 [J]. 北京人民警察学院学报,2007(3).
马德辉 . "Intelligence Studies" 视域下的中国公安情报学若干基本问题研究 [J]. 情报理论与实践,2013(5).
马丁 ·C. 利比基 . 美国如何打赢网络战争 [M]. 北京 :东方出版社,2013.
马继业,全晰纲 . 三十六计 [M]. 北京 :崇文书局,2009.
马克 · 洛文塔尔 . 情报 :从秘密到政策 [M]. 北京 :金城出版社,2015.
迈克 · 波特 . 竞争论 [M]. 北京 :中信出版社,2012.
马继业,全晰纲 . 三十六计 [M]. 北京 :崇文书局,2009.
毛泽东 . 毛泽东选集第一卷 [M]. 北京 :人民出版社,1991.
梅建明 .2014 年印度网络空间安全发展举措综述 [J]. 中国人民公安大学学报 (社会科学版),2009(5).
苗枫林 . 中国古代心战 [M]. 北京 :军事科学出版社,2009.
缪其浩 . 日本 "情报" 概念及其对情报工作的影响 [J]. 情报理论与实践,1995(5).
Mylene Hardy, 温建宏 . 法国经济情报研究 :机遇与挑战 [J]. 竞争情报,2009(4).
宁洪波 . 普京情报改革评述 [J]. 江南社会学院学报,2012(9).
钮先钟 . 中国古代战略思想新论 [M]. 合肥 :安徽教育出版社,2005.
彭奋 . 竞争情报与企业核心竞争力 [J]. 情报探索,2008(9).

彭国华 . 重构合理的生活世界 :哈贝马斯的现代性理论研究 [M]. 北京 :北京师范大学出版社,2015.

彭里中 . 苏联情报组织的若干特点 [J]. 情报杂志,1987(2).

彭亚平 . 俄罗斯对外情报分析力量发展研究 [M]. 北京 :军事科学院出版社,2014.

蒲实 . 美国情报外包的秘密世界 [J]. 三联生活周刊,2010(31).

乔迪 . 兰德决策 [M]. 成都 :天地出版社,1998.

乔治 · 索罗斯 . 这个时代的无知与傲慢 :索罗斯给开放社会的建言 [M]. 北京 :中信出版社,2013.

情报与国家安全课题组 . 情报与国家安全 [M]. 北京 :时事出版社,2002.

邱进 . 以总体国家安全观为指导学习贯彻反间谍法 [EB]. http://politics.people.com.cn/n/2015/0212/c1001-26552115.html.

人民网 . 与历史有多远《汉武大帝》历史顾问答问 [EB].http://news.xinhuanet.com/newscenter/2005-01/29/content_2522479.htm.

人民网 . 俄强力部门改组,联邦安全局成"克格勃"缩版 [EB]. http://www.people.com.cn/GB/guoji/22/84/20030317/945432.html.

任冠甲 . 专业科技情报网及其管理 [J]. 图书情报工作,1985(3).

任海英 . 印度大力提高情报能力 [J]. 国家安全通讯,2001(12).

尚茜 . 印度对外情报总管——研究分析处解密 [J]. 国际瞭望,1987(5).

石义彬 . 批判视野下的西方传播思想 [M]. 北京 :商务印书馆,2014.

宋新宁,田野 . 国际政治经济学概论 [M]. 北京 :中国人民大学出版社,2015.

苏谷 . 德国情报机构一瞥 [J]. 欧洲,1993(2).

孙春兰 . 新形势下统一战线事业的科学指导和行动指南 [EB]. http://gb.cri.cn/42071/2015/06/04/882s4985438_1.htm.

孙春玲 . 德国的安全情报机构 [J]. 国际资料信息,2002(12).

孙景伟,范承斌 . 浅析一体化联合作战的本质特征及成因 [J]. 国防大学学报,2004(11).

孙武 . 孙子兵法 [M]. 北京 :高等教育出版社,2008.

王海运 . 新世纪的俄罗斯 [M]. 上海 :上海大学出版社,2015.

王恒科 . 印度情报侦察装备的现状与未来发展 [J]. 电视技术,2009(7).

王洪林,赵冰峰 . "科技情报" 改名 "科技信息" 后的反思 [J]. 情报杂志,2014(6).

王君超 . 谁动了 "新闻" 的定义? [EB]. http://media.people.com.cn/n/2014/0429/c384405-24956181.html.

王谦 . 英国情报体制简介 [J]. 国际资料信息,2009(10).

王荣 .《美国国家安全战略报告》研究 [M]. 北京 :时事出版社,2014.

王星龙,钟涛 . 印度军队舆论战思想浅析 [J]. 青年记者,2014(1) 上 .

王泽胜 . 冷战后以色列的安全战略 [J]. 国际问题研究,1998(2).

乌尔里希 · 贝克 . 德国的欧洲 [M]. 上海 :同济大学出版社,2014.

吴玉兰 . 媒介素养十四讲 [M]. 北京 :北京大学出版社,2014.

武小小 . 美、德情报机构再"牵手"——"棱镜门"后美国与德国恢复网络监控合作 [J]. 信息安全与通信保密,2016(2).

肖裕声 .21 世纪初大国军事理论发展新动向 [M]. 北京 :军事科学出版社,2008.

小理查兹 ·J. 霍耶尔 . 情报分析心理学 [M]. 北京 :金城出版社,2015.

小约瑟夫 · 奈 . 理解全球冲突与合作 :理论与历史 [M]. 上海 :上海人民出版社,2012.

小约瑟夫 · 奈 . 软实力 [M]. 北京 :中信出版社,2013.

谢尔曼 · 肯特 . 战略情报 :为美国世界政策服务 [M]. 北京 :金城出版社,2012.

谢新洲,包昌火,张燕 . 企业竞争情报系统的主要模式 [J]. 图书情报工作,2002(11).

新华国际 . 以色列情报机构摩萨德 [EB]. http://news.xinhuanet.com/world/2010-08/04/c_12408963.htm.

新华网 . 奥巴马 :"占领华尔街" 运动显示民众广泛不满 [EB]. http://news.xinhuanet.com/world/2011-10/07/c_122123646.htm.

新华网 . 问题风波不断,中概股在美面临集体退市风险 [EB]. http://news.xinhuanet.com/yzyd/fortune/20121213/c_114008850.htm.

新华网 . 美报披露美国情报开支及网络攻击猛增 [EB]. http://news.xinhuanet.com/2013-08/30/c_117151793.htm.

新华网 . 美国情报开支占全球三分之二达 750 亿美元 [EB]. http://www.chinanews.com/gj/2010/07-19/2409284.shtml.

新华网 . 美国首次公布情报工作费用 2010 年达 800 亿美元 [EB]. http://news.xinhuanet.com/world/2010-10/30/c_12718180.htm.

新华网 . 美国正布局网络战,扩编网络安全部队 [EB]. http://news.xinhuanet.com/fortune/2013-02/21/c_124369838.htm.

新华网 . 美一年情报开支 750 亿美元 [EB]. http://news.xinhuanet.com/world/2009-09/21/content_12089296.htm.

新华网 . 美以定期共享监控数据,未过滤涉及公民隐私信息 [EB]. http://news.xinhuanet.

com/world/2013-09/12/c_125374791.htm.

新华网 . 普京强调俄罗斯应打好信息战 [EB]. http://news.xinhuanet.com/world/2013-07/06/c_124966196.htm.

新华网 . 普京说要加强俄战略设施、互联网信息安全 [EB]. http://news.xinhuanet.com/world/2016-02/26/c_128756489.htm.

新华网 . 日本成立国家安全保障局 [EB]. http://news.xinhuanet.com/world/2014-01/07/c_118865246.htm.

新华网 . 斯诺登再爆料称美国家安全局在中国派驻间谍 [EB]. http://www.js.xinhuanet.com/2014-10/11/c_1112787391.htm.

新华网 . 我国拟建立国家反恐怖主义情报中心 [EB]. http://news.xinhuanet.com/2014-10/27/c_1112988607.htm.

新华网 . 香港“占中”十问 [EB]. http://news.xinhuanet.com/gangao/2014-10/03/c_1112709140.htm.

新华网 . 印度国家安全委员会在有形与无形之间 [EB]. http://news.xinhuanet.com/world/2014-03/15/c_126245125.htm.

徐焰 .“谍战片”俊男靓女歪曲中共地下工作 [EB]. http://www.guancha.cn/XuYan/2013_12_29_194792.shtml.

徐跃权，刘晓铭，于涤 . 我国情报概念的特点及其对学科发展的影响 [J]. 情报科学，2003(4).

许富宏评注 . 鬼谷子 [M]. 北京 ：中华书局，2013.

许晔，程家瑜 . 美对华技术出口限制与中国高技术发展重点选择 [J]. 中国科技论坛，2009(8).

徐玉清，王国民注 . 六韬 [M]. 郑州 ：中州古籍出版社，2008.

闫晋中 . 军事情报学 [M]. 北京 ：时事出版社，2003.

央广网 . 美国中情局推史上最大规模重组改革 [EB]. http://china.cnr.cn/qqhygbw/20150308/t20150308_517926061.shtml.

杨杞 . 面临严重危机的俄罗斯对外情报工作 [J]. 情报杂志，1994(6).

杨韬，邹永利 . 情报学的认知学派及其研究进展 [J]. 情报杂志，2008(6).

印度内务部网站 ：http://mha.nic.in/attached.

于鹏 . 预计 2007 年全年中美贸易额有望超过 3000 亿美元 [EB]. http://finance.ce.cn/macro/main/sys/gz/my/200712/25/t20071225_12766088.shtml.

于群 . 新冷战史研究 :美国的心理宣传战和情报战 [M]. 上海 :上海三联书店,2009.
于运全,王眉 . 中国对外传播的变革与发展 [M]. 北京 :外文出版社,2014.
袁敏 .《六韬》军事情报思想浅析 [J]. 上饶师范学院学报,2001(4).
张清敏 . 国家安全 : 中国对外安全战略的核心 [J]. 国际政治研究,2009(4).
张卫 . 日本对外情报工作的转型 [J]. 江南社会学院学报,2009(6).
张文木 . 国家战略能力的提高需要提升哲学境界 [J]. 解放军艺术学院学报,2014(1).
张文木 . 国家战略能力与大国博弈 [M]. 济南 :山东人民出版社,2012.
张晓军 .《武经七书》军事情报思想研究 [M]. 北京 :军事科学出版社,2001.
张晓军 . 军事情报学 [M]. 北京 :军事科学出版社,2001.
张晓军 . 美国军事情报理论研究 [M]. 北京 :军事科学出版社,2011.
张晓军 . 美国军事情报理论著作评介 [M]. 北京 :时事出版社,2005.
张玉镶 . 场论与侦查简论 [J]. 铁道警官高等专科学校学报,2008(1).
赵冰峰 , 钟苇思 . 以运动的哲学观点建立情报学元理论 [J]. 情报杂志,2010(1).
赵冰峰 . 论情报的认知对抗本质 [J]. 情报杂志,2010(7).
赵冰峰 . 论国家情报 [J]. 情报杂志,2013(7).
赵冰峰 . 论国家情报与国家安全及国家发展的互动关系 [J]. 情报杂志,2015(1).
赵冰峰 . 论情报的过程 [J]. 情报杂志,2019(2).
赵冰峰 . 论情报的历史演化形态 [J]. 情报杂志,2010(6).
赵冰峰 . 论情报的逻辑 [J]. 情报杂志,2010(5).
赵冰峰 . 论情报设计及情报行动在情报活动中的意义 [J]. 情报杂志,2012(11).
赵冰峰 . 企业情报过程管理实战案例研究 [D]. 北京 :中国科学技术信息研究所,2007.
赵冰峰 . 情报论 [M]. 北京 :兵器工业出版社,2011.
朱逢甲 . 间书 [M]. 南宁 :广西人民出版社,2007.
赵瑾,斯图亚特 · 霍尔 . "编码与解码" 理论的研究 [D]. 桂林 :广西师范大学,2014.
赵明浩 . 当代世界 :奥巴马政府外交战略的再平衡与中美关系 [EB]. http://world.people.com.cn/n/2014/0225/c188726-24460535.html.
赵启正 . 公共外交战略 [M]. 北京 :学习出版社,2014.
赵瑛瑛 . 日本情报与安全机构 [J]. 国际资料信息,2010(3).
郑同良 , 邵建华 . 以色列的电子战支援侦察技术 [J]. 航天电子对抗,1995(1).
中国国防科技信息网 . 以色列和沙特阿拉伯合作开发比 Stuxnet 病毒更危险的赛博武器 [EB]. http://express.cetin.net.cn/cetin2/servlet/cetin/action/HtmlDocumentAction?baseid=108

&docno=142428.

中国经济网 . 外资角色再审视 :28 个主要产业中 21 个外资控制 [EB]. http://finance.ce.cn/macro/gdxw/200609/02/t20060902_8392322_1.shtml.

中国经济网 . 权威经济学家解读卢布贬值对中国的影响与启示 [EB]. http://intl.ce.cn/specials/zxxx/201501/15/t20150115_4353726.shtml.

中国新闻网 . 分析称监控计划曝光不会令美“五眼”联盟瓦解 [EB]. http://www.chinanews.com/gj/2013/07-22/5067241.shtml.

中国新闻网 . 普京 : 俄情报部门 2015 年挫败逾 30 起恐怖阴谋 [EB]. http://legal.people.com.cn/n1/2015/1221/c188502-27954964.html.

中国新闻网 . 美防长称将在 2020 年前把 60% 战舰部署到太平洋 [EB]. http://www.chinanews.com/gj/2012/06-02/3933841.shtml.

周婵,张锦顺,赵延东 . 日本竞争情报服务现状及模式探讨 [J]. 中国科技信息,2010(11).

周方银 . 周边环境走向与中国的周边战略选择 [J]. 外交评论,2014(1).

周换换 . 从信息采集和情报收集视角看两个 IS 融合 [J]. 情报杂志,2015(3).

周季礼 . 2014 年印度网络空间安全发展举措综述 [J]. 中国信息安全,2015(6).

兹比格纽 · 布热津斯基 . 大棋局 [M]. 上海 :上海人民出版社,2007.